自然災害・土壌汚染等と不動産取引

―現代型リスクをめぐる判例―

弁護士 升田　純

大成出版社

はしがき

本書は、筆者が日頃の裁判官・弁護士の実務から、あるいは不動産適正取引推進機構における判例研究会等を通じて関心を抱いていた不動産取引（主として土地）に関する現代社会に特徴的なリスクの概要と関連する判例の分析を取り上げ、説明しようとしたものである。

筆者が前記の各機会を通じて土地取引上のリスクに関心をもったのは、土壌汚染をめぐる判例であり、公表された判例は少なかったものの、事案の内容、裁判所の判断姿勢を概観すると、単に個々の事案、特定の地域のみで問題になり得るのではなく、全国各地で広範に問題になり得る重大な問題であるとの印象を抱いていた。その後、阪神・淡路大震災が発生し、当時、法務省民事局参事官としてマンションの再建、借地・借家等をめぐる問題を担当した際、地震による土地、土地取引に重大な影響が生じたことを目の当たりにして、地震国である日本においては広範に問題になり得るとの認識を抱いていた。

本書は、このようなきっかけから筆者が収集する等していた多数の判決を分析して取りまとめ、大成出版社の大塚氏の提案等を経て企画し、執筆に至ったものである。

本書の内容は、日本における土地等の取引につき自然災害・土壌汚染等の取引上想定されるリスクを前提として、取引をめぐる私法上の法律問題を取り上げ、関連する判例を紹介し、取引実務上の対応を検討ようとするものである。日本の現代社会においては、既に大地動乱の時期にさしかかっているし、土壌汚染の広がりも無視できない程度に至っており、国土の安全性の確保が社会の様々な分野で関心事になっているし、取引実務においてもこれらを想定して対応せざるを得なくなっている。

日本の国土をめぐる安全性の確保は、国、地方自治体の政策、行政に関わる問題である側面も強いが、土地等の取引にも影響を与えるものであり、取引の当事者、仲介業者、不動産業者等の関係者にとっては、今後、一層重大な関心事になることが予想される。本書がこれらの対応、関心事に少しでも参考になれば幸いである。

本書が無事出版にこぎつけることができたのは、大塚氏の日頃からの叱咤激励のお陰である。この場を借りて感謝をしたい。

平成26年盛夏

升田　純

自然災害・土壌汚染等と不動産取引
―現代型リスクをめぐる判例―

目　次

第１章

不動産取引における現代型リスクの概観

1　不動産取引の歴史と諸相

土地、建物の取引は、その種類、用途、規模を問わず、土地、建物につき個人の権利が何らかの形で認められて以来、重要な取引であったが（本書においては、土地、建物の取引を総称し、不動産取引ということがある）、近代社会において所有権が形成される等して不動産に関する権利が法律上明確にされた後には一層重要性を増してきたし、現代社会においても極めて重要な取引であることは間違いのない事実である。

土地、建物という不動産の価値は、時代ごとに多様であるとともに、大きく変化しているし、現代社会においても過去と現在の比較的短期間の時期を比較しても、その多様化、変化の状況が顕著に見られる。歴史を振り返って見れば、土地の保有を中心とする不動産の保有による富、地位といった重要な価値は、前世紀末のバブル経済の膨張と崩壊の時期を経験し、大きく価値の変化が起こり、土地等の不動産の価格の右肩上がりの歴史が終焉したとの認識がようやく広がり、不動産の保有に伴う負担、リスクの軽減を図る思考、不動産を投資商品とする取引の拡大、国内人口の減少に伴う不動産余りの時代が到来するとの予測が現代社会を覆っている。不動産の価値、不動産取引に対する社会的な常識、取引通念が大きく変化しているのが現在である。もっとも、このような認識が社会全体、取引社会にどの程度浸透しているか、どのような層に浸透しているかは明らかではなく、不動産の保有、取引に関与する個々の人ごとに様々であるが、不動産の価値、不動産取引を取り巻く社会環境、経済環境は大きく変化していることは否定できない。

土地、建物の取引は、その当事者の属性に照らすと、不動産の取引、仲介を業とする事業者、これを利用する個人・会社等の法人、投資のために取引を行う個人・会社等の法人、取引に金融サービスを提供する事業者、不動産の管理サービスを提供する事業者等の各種の個人、事業者が関与しているが、関与する事業者は、時代につれて拡大し、関与の内容・態様は多様化している。特に近年は、不動産を投資商品とする事業が拡大していることから、不動産の投資商品の設計、販売、運用、管理、保有等に関与する事業者が登場し、従来見られなかった事業者が取引に関与している。

土地、建物の取引は、その取引の動機、目的に照らすと、土地の値上がりを期待するもの、個人の居住用の住宅の所有を目的とするもの、事業用の住宅の所有・収益を目的とするもの、事業用の各種の建物の所有を目的とするもの、事業用の各種の建物の収益を目的とするもの、投資商品としての収益を目的とするもの等があり、個人の居住用の住宅、事業用の住宅を目的とするものの取引需要が従来と同様に見られる一方、投資商品としての収益を目的とする取引は、経済社会全体における投資商品の開発、国内の投資取引の意欲の増大、海外の投資家の投資取引の増加によって近年著しく増加する傾向が見られる。土地、建物に対する国民の見方、常識、価値観が変化しつつある。

土地、建物の取引は、その取引の内容、手法、手順に照らすと、従来は、仲介業者、不動産業者を介する売買取引、賃貸借取引、融資取引が主要な取引の内容であったが、近年は、不動産の有効利用の企画を前提とした各種のサービス取引、不動産の投資商品化を前提とした信託取引、融資取引、賃貸借等の取引、消費者保護を目的とする法律、法理の適用を前提とした各種の取引が行われるようになっている。近年見られるこれらの取引は、従来の伝統的な取引とは異なり、その内容が複雑であったり、複数の取引が関係して行われたり、消費者契約法等の法律、説明義務等の法理の適用が強行的かつ厳格に適用されたりするものであり（伝統的な契約の自由の原則を前提とした取引の内容が変化している）、法律、法理の適用のあり方も大きく変化しつつある。

しかも、不動産取引に適用される法律については、伝統的な宅地建物取引業法だけでなく、投資取引に関係する金融商品取引法等の法律の適用、消費者保護に関係する消費者契約法等の法律の適用に注意を払うべき範囲が拡大してきただけでなく、取引の対象である土地、建物に適用される法律も増加、拡大してきたものである。特に土地については、国土の汚染状況に照らし、土壌汚染対策法が平成14年に制定、同15年に施行され、土地の取引に重大な影響を及ぼしていることにも注意を払うことが必要になっている。

国土である日本国内の土地は、従来から繰り返して各種の取引の対象となり、建物の建築等によって利用されてきたものであり、今後もさらに多様化する各種の取引の対象になるものであるが、土地は同じであっても、取引の内容も、取引の目的も、利用の内容も変化するものと予想され、今後の不動産取引の動向には目を離すことができない状況にある。本書は、このような現状において、最近の不動産取引に当たって最も注意すべき事柄の一つである土地の地盤、土地の汚染というリスクに関わる法律問題を取り上げ、従来の判例を紹介し、不動産取引上の留意点を検討しようとするものである。

2　不動産取引と現代型リスク―大地動乱と土壌汚染の時代

不動産取引における法律問題は、従来から、土地、建物に関する瑕疵（物理的な瑕疵、権利の瑕疵）、虚偽の告知・説明、説明義務違反、公序良俗違反等が具体的に問題になり、また、法律問題の様相も多様になってきたものであるが（例えば、瑕疵の内容・態様は、伝統的な物理的な瑕疵、権利の瑕疵のほか、機能的な瑕疵、風評による瑕疵、心理的な瑕疵等が瑕疵として認められ、著しく拡大してきたところである）、近年は、さらに不動産取引に関する事情の変化を背景にして新たな類型の法律問題が現実化、顕在化している。

新たな類型の法律問題の一つとして、従来から問題としては認識されていたが、平成７年１月に発生した阪神・淡路大震災、平成23年３月に発生した東日本大震災において一層重大な法律問題として認識されてきたのが、土地の地盤の安全性･適合性、土地の地盤の沈下･隆起、土地の液状化、土地の移動等の土地をめぐる諸問題である（土地にこれらの問題がある場合には、当然の事柄として、土地上の建物、建物の建築計画にも重大な影響が及ぶ）。土地は、その物理的な性状として、動かないものと認識され、想定されているが、日本においては、近年、大地動乱の時代を迎えているようであり、この社会常識、取引通念が通用しなくなっている。土地の取引を行った場合、土地の地盤がどのような性状をもつものとして想定されているかは、個々の取引において定めることができるものの、実際にはその性状を明記する特約を利用することは少ないもののようである（もっとも、土地の取引の目的、利用目的の規定から解釈することができる場合がある）。取引の対象となる土地は、土地の利用目的等に照らして、土地の安定性、安全性等の性状が重要であることは当然であるが、一定の区画である土地の表面、従来の利用状況・履歴、周囲の土地の状況、周囲の環境等を検分してその性状を判断されることが多い。土地の取引に当たって、地盤に関する調査が行われることがあるが、この調査は異物の埋設、文化財の存在等の調査として行われることが多いものであり、地盤の構造、品質、性状にわたって調査が実施されることは、土地が旧来は沼地、湿地、河川道等であったり、埋立地である等の特段の事情がない限り、実施されないであろう。しかし、近年、前記の大地震、中規模の地震の多発によって一部地域における土地の液状化、崖・法面の亀裂・崩壊、地盤の沈下・隆起、地盤の亀裂・陥没、土地の横ずれ、土地の移動、土地の伸縮等の事態が発生し（例えば、土地の伸縮は、一見すると不可思議な現象であるが、土地が地域によって伸びたり、縮んだりしているものであり、従来問題になっていた縄伸びではなく、土地伸びの問題が生じている）、不動産取引の事業者、行政担当者、土地の所有者、土地の利用者だけでなく、国民一般の大きな関心を呼んでいるし、毎年のように発生する異常な集中豪雨等によって一部地域における土砂の流出、崖･法面の亀裂･崩壊、地盤の亀裂･陥没、地盤の崩壊等の事態も発生しているため、土地、建物の取引に当たって、個人の取引関与者を含め、取引関与者の土地の地盤・安全性等に対する関心が相当に高まっている現象が見られる（このような現象は、従来の大災害等に対する関心と同様に、ある程度の期間は継続するが、その後は忘れられる可能性が相当にある）。なお、土地の地盤・安全性は、民間の不動産取引において問題になるだけでなく、道路、港湾、公共の建物等の公共の設備についても問題になるため、国土の強靭化のための政策が国、地方の重要な政策として推進されている。日本においては、大規模災害による土地の様々な被害の発生のおそれが現実に存在し、その公的な対策が重要な課題になっているが、この被害は、私的な不動産取引にも重大な影響を与えてきたし、今後も重大な影響を与えるリスクになっている。

また、従来から一部の地域では問題になってきたものの、現在、全国的な問題になっているのが、国土の汚染をめぐる諸問題である。日本の土地は、火山の大量の噴出物によって形成され、多種の鉱物が多く含まれているし（これらの鉱物は地下水等によって広範に拡散されてきた）、鉱山における採掘、多様な工場、作業所における産業活動によって排出され、化学物質が土地に浸透する等している（産業活動による排出は、排水に限られるものではなく、排煙、排気、廃棄物によっても排出されるものである）。産業活動、日常生活によって膨大な量の廃棄物が発生し、法的な規制、監視が実施されてきたものの、これらの廃棄物の処理の過程で鉱物、化学物質が土地に流出、浸透している。鉱物、化学物質の中には、国土の環境に悪影響を与えるものもあり、その中には、人の生命、身体、財産に有害なものも含まれる。土地の汚染、環境の汚染をめぐる問題は、古くは鉱害の問題として現実化してきたし（鉱業法の制定は、明治38年のことであるが、昭和14年の改正で無過失賠償責任制度が導入された）、公害の問題として現実化してきたが（大気汚染防止法は、昭和43年に制定され、水質汚濁防止法は、昭和45年に制定され、公害紛争処理法は、昭和45年に制定される等しているし、鉱物、化学物質に起因する公害をめぐる訴訟もその前後に提訴されている）、平成14年には、土壌の特定有害物質による汚染の状況の把握に関する措置及びその汚染による人の健康に係る被害の防止に関する措置を定めることにより、土壌汚染対策の実施を図り、もって国民の健康を保護することを目的として、土壌汚染対策法（平成14年法律53号）が制定される等している。国内における工場、作業所の経済活動は、産業構造の変化、工場等の海外移転、産業の空洞化、企業の経営目標の変化等の事情によって国内の工場、作業所の大規模な売却が実施され、これらの土地の再開発等に伴って産業活動による土地の汚染が表面化、現実化してきた。国土は、国土の形成という成因のほか、長年にわたる利用や、産業活動による排出等によって様々に汚染されている。国土の汚染をめぐる諸問題は、国土の相当な部分が、内容と程度の差はあっても、様々に汚染されているため、国、地方自治体の公的な政策の課題であるだけでなく、土地の取引にも重大な影響を与えており、従来の土地の利用状況・履歴、周囲の土地の状況、周囲の環境等を検分し、調査することが基本になっているところであり、取引上の重大なリスクになっている。なお、東日本大震災の際に発生した福島第一原子力発電所の事故においては放射性物質による環境汚染のほか、土地の汚染の問題が大規模に発生しているが、この放射性物質による土地の汚染も土地の取引に重大な影響を与えている（現在もその諸問題の全容が明らかになっているものではなく、今後さらに問題の発生が予想される）。

さらに、国土は、過去、古代から現代に至るまで時代の需要に従って繰り返して改造、変更が加えられ、土地上には建物、建造物、設備が構築されて各種の活動が行われ（その過程において多様な物質が排出されてきた）、地中に構造物、設備が構築されてきたものであるが、国土全体がこれらの改造、活動によって地力が低下しているし、場所によっては疲弊している。国土は、海で囲まれた土地に山、丘陵、河川、湖沼、平地によって構成されているが、地域的にも、用途的にも、個人や事業者が利用できる範囲は相当に限定されているものであり、限られた地域にある土地を繰り返して各種の用途に利用せざるを得ない。過去には河川、湖沼、海岸の埋立て、丘陵、山の掘削等による土地の改造、造成が行われ、同じ土地は何度も土地上の建物等の構築、取壊し、地中の掘削、整地、建物等の構築等が繰り返され、土地上も、地中も改造等が行われてきたものであり（例えば、東京都等の大都市部の土地は、地上、地中が何層にもわたって様々な用途に利用され、その利用も複雑になっている）、今後も同様な改造がより一層規模を拡大して行われることが予想される。土地は、一定の位置に土砂が表面に存在することから、表面的には何らの変化がないように考えられがちであるが、土地の構造、利用の履歴、地域性、用途等の事情によって程度の差はあるものの、前記の諸事情によって疲弊し、老朽化しているところがあり、土地の利用の安全性に問題を投げかけるようになっている。土地の疲弊、老朽化は、国土の利用上のリスクになっているだけでなく、土地の取引にもリスクになっている。

なお、国土の安全な利用の観点からは、外国人による土地の自由な取得が認められていることも国土の利用上の重大なリスクになっている。日本には外国人土地法が制定され、外国人の土地取得につき相互主義を採用しているが(外国人の属する当該外国が日本人に土地の取得を認める場合に、当該外国人に日本における土地の取得を認める制度である)、実際には国土全体につき外国人による自由な取得を認めている（外国人の所属する国が日本人に当該外国の土地の取得を認めていない場合であっても、日本では外国人に自由な土地の取得を認めている)。特に問題になるのは、海岸、重要な国の施設付近等の国の防衛上必要な地域の土地、国民の生命、健康に極めて重要な地域の土地等について外国人の自由な土地の取得を認めているが、外国の法令と比較して稀な法令制度、土地の取引を認めているものであり、国土の利用に伴う安全性を大きく損なうものであり、利用上の重大なリスクになっている。

本書は、日本における土地、建物の取引について以上の取引上に想定されるリスクに関する関心事を前提として、取引をめぐる私法上の法律問題を取り上げ、関連する判例を紹介し、取引実務上の対応を検討するものである。

日本の国土をめぐる前記の安全性の確保は、国、地方自治体の政策、行政に関わる問題である側面も強いが、土地等の取引にも影響を与えるものであり、現代社会においては、取引の当事者、仲介業者、不動産業者等の関係者にとっても無視できない関心事であるし、今後は一層重大な関心事になることが予想される。

本書においては、法制度、判例の紹介、分析等を介して、前記の各観点からの法律問題を、土地の造成、土地の汚染につき順次取り上げ、不動産取引の関係者の対応の仕方を検討するものである。

第2章

現代型リスクをめぐる判例

1　造成された土地の取引をめぐる諸問題

【1】はじめに

日本の国土は、過去、相当に広い地域で改造、造成等の変更が実施されてきたところであり、特に現在人の活動が盛んに行われている地域は、多くの改造、造成等が実施されているということができる。

土地、建物の取引が行われるに当たっては、土地等の利用目的、取得目的等の事情にもよるが、程度の差はあっても、土地の現在の構造、品質、性状、改造、造成等の変更前の土地の状況、利用の履歴等を事情を認識することが重要になっている。土地が改造、造成された場合、従前の土地と比較し、有用性、機能性が向上していることが多いが、構造等の観点から安全性が向上しているかどうかは、個々の土地の地域性、構造、性状、改造・造成等の方法等の事情によって異なるものである（土地の安全性が向上することもあるし、低下することもあろうし、改造・造成は、とりあえず、改造・造成の目的、その後の用途に適した状態にすれば足りるものである）。

土地、建物の取引に当たって、土地の構造、性状、従来の改造・造成等の事情をどのように評価し、契約の条件として交渉し、契約の内容として盛り込むかは、個々の取引によって異なるが、土地の地域性、用途、土地取得の目的、過去の利用履歴によっては交渉事項として取り上げられ、契約の内容として定められることがある。最近は、相次いだ大地震に伴う土地の液状化、土地の沈下、地割れ等の事態が発生し、一部では改造・造成等された土地の取引をめぐるトラブルが訴訟に発展した事例が報道される等している。

【2】国土の急激な変貌

日本の国土は、山が多い上、平野、丘陵地であっても、古来の河川によって形成されたものが多い。平野、丘陵地の多くは、古くから農業等に利用されてきたものであり（平野といっても、湿地、河川の川筋の土地、原野が多く、河川の制御、湿地の排水等による農地の造成が長年にわたって行われてきた）、宅地は、山際、微高地等を利用することが多かったものと推測されるが、近世から海岸の埋立て、湖沼の埋立て等によって農地の造成が行われ、現代社会においては、同様な埋立てがより大規模に進行するとともに、農地、林地の工場用地、商業用地、住宅地への転用が大規模に進行してきた（農地として埋立ての計画が立てられた土地の中には工場等の用地として転用されたものもあった）。この転用に伴って道路等の公共設備の建設が全国にわたって大規模に行われ、農地が急激に減少してきたところである。

国土は、湿地、沼地、河口、海岸等は埋め立てられ、都市の傾斜地は削られ、都市の周辺の丘陵地は削られるとともに、隣接する沢は埋立てられる等して平地が造成され、その形状と様相を著しく変貌させてきたが、現代社会においては、前記の農地、林地の転用も加わり、急速に一層激しく形状と様相が変貌している。

国土の変貌の様子は、過去の地図を時代ごとに対照することによって相当程度分かるが、我々の子供の時代から慣れ親しんだ故郷、現在の生活地の変貌振りを比較することによっても実感できるものである。

【3】土地の安全性に関する関心の高まり

国土は、それぞれの時代における土地の需要に対応して造成、埋立て等が行われてきたということができるが、造成等は、土地の需要、用途に即して実施されている。土地の造成等の土木技術、施工方法等は、造成等が実施された時代の科学技術の知見、技術水準によって異なるものであり、土地の造成等は､その用途に適合した造成等を実施することが必要である。

土地のうち特に住宅地については、土地上に建物を建築し、人が居住することが予定されているため、この用途に適した構造、品質等の観点から安全性が求められる（なお、後記の宅地造成等規制法所定の宅地は、住宅地よりも広い概念であり、居住用の建物の敷地とか、建物の敷地といった土地を超える範囲の土地を含むものである。本書においては、住宅用の建物の敷地を住宅地ということがある）。宅地の安全性は、宅地が水害、崖崩れ、土砂崩れ、地盤の沈下、地震等の各種の災害に対応できるだけの宅地の構造、品質が求められる。近代以前の社会においては、過去の災害の経験から災害に遭い難い地域、土地を選択し、宅地としての安全の確保が図られてきたと考えられるが、国土全体が都市化、市街地化が急速に進行する現代社会においては、従来は宅地として選択されない土地（丘陵地、崖地、湿地、沼地、海岸等）が造成等によって宅地化され、土地の選択よりも造成等の施工技術に安全性の確保が依存してきたところである。

宅地をめぐる様々な災害、事故は、近年は多様化し、顕著になっているが、特に東日本大震災による被害、異常な降雨による被害は、宅地の造成等をめぐる問題が大規模に現実に発生したところであり、宅地の造成等の安全性の確保に対する社会的な関心が従来になく高まっている。近年、宅地の造成等をめぐる関心を集めた災害、事故としては、例えば、宅地の大規模な液状化、予想外の地域における液状化（過去、河川の道筋、湿地、沼地であった土地が宅地化された地域）、土地の沈下（地盤そのものの沈下）、土地の水没、崖崩れ、土砂崩れ、土砂の流出、擁壁の崩壊・亀裂等が見られ、深刻な事態が発生している（なお、宅地の災害、事故だけでなく、宅地を利用するための道路等の公共設備についても同様な災害等が発生しているところがあるため、より事態は深刻になっていることがある）。このような事態に直面し、土地の安全性に関する社会的な関心が高まっている。

宅地の造成等につき安全性を確保するためには、宅地として適切な地域の選択を前提とし、各種の災害、事故等を想定し、科学技術の知見、技術水準に適合した造成等が実施されることが重要であり、災害、事故の態様が変化しつつある現在、宅地の造成等の安全性の確保はより困難になっている。

【4】宅地の造成と宅地造成等規制法

宅地の選択、造成等については、宅地としての土地の取引にも重要な影響を与えることはいうまでもなく、宅地の品質が取引の当事者等の重要な関心事である。

土地の宅地化のうち、造成については、宅地造成に伴う崖崩れ又は土砂の流出による災害の防止のために必要な規制を行うとともに、国民の生命及び財産の保護を図り、もって公共の福祉に寄与することを目的として、宅地造成等規制法（昭和36年法律191号）が制定、施行されている。

宅地造成等規制法は、具体的には、目的（１条）、定義（２条）、宅地造成工事規制区域（３条ないし７条）、宅地造成工事規制区域内における宅地造成に関する工事等の規制（８条ないし19条）、造成宅地防災区域内における災害の防止のための措置（21条ないし23条）、雑則（24条ないし26条）、罰則（27条ないし31条）の規定があり、このうち、定義規定においては、宅地につき、農地、採草放牧地及び森林並びに道路、公園、河川その他政令で定める公共の用に供されている土地以外の土地をいい、宅地造成につき、宅地以外の土地を宅地にするため又は宅地において行う土地の形質の変更で政令で定めるもの(宅地を宅地以外の土地に行うものを除く)をいい、災害につき、崖崩れ又は土砂の流出による災害をいい、造成主につき、宅地造成に関する工事の請負契約の注文者又は請負契約によらないで自らその工事をする者をいい、工事施行者につき、宅地造成に関する工事の請負人又は請負契約によらないで自らその工事をする者をいう等と定義されている（２条１号ないし７号)。宅地造成等規制法にいう宅地の造成は、前記の土地の取引において問題になる土地の造成、埋立て等よりも狭い範囲のものであり、土地の取引においては、宅地造成等規制法の適用を受けた造成宅地のほか、この適用を受けない造成等が行われた土地が対象になるものである。

また、宅地造成等規制法は、その適用の範囲について、宅地造成工事規制区域を定めることになっており、宅地造成に伴い災害が生ずるおそれが大きい市街地又は市街地になろうとする土地の区域であって、宅地造成に関する工事について規制があるものについて宅地造成工事規制区域として指定されたものが適用の対象になるものである（３条１項)。

宅地造成に関する工事等の規制については、宅地造成工事規制区域内において行われる工事は、造成主は、当該工事に着手する前に、国土交通省で定めるところにより、都道府県知事の許可を受けなければならないとされている（８条１項本文。なお､同項但書､11条に例外が定められている)。都道府県知事の許可は、申請に係る宅地造成に関する工事の計画が９条の規定に適合しないときは、許可をしてはならないし（８条２項)、都道府県知事は、前記の許可に当たって、工事の施行に伴う災害を防止するために必要な条件を付すことができるものである（８条３項)。

宅地造成工事規制区域内において行われる宅地造成に関する工事は、政令（その政令で都道府県の規則に委任した事項に関しては、その規則を含む）で定める技術基準に従い､擁壁､排水施設その他政令で定める施設（擁壁等）の設置その他宅地造成に伴う災害を防止するために必要な措置が講じられたものでなければならないし（９条１項)、講ずべきものとされる措置のうち政令で定めるものの工事は、政令で定める資格を有する者の設計によらなければならないとされている（同条２項)。このような措置によって造成宅地の安全性の確保を図るものである。

前記の都道府県知事の許可を受けた者が当該許可に係る工事を完了した場合においては、国土交通省令で定めるところにより、その工事が前記の９条１項の規定（宅地造成に伴う災害を防止するために必要な措置）に適合しているかどうかについて、都道府県知事の検査を受けなければならないとされ（13条１項）、都道府県知事は、この検査の結果工事が９条１項の規定に適合していると認めた場合においては、国土交通省令で定める様式の検査済証を前記の許可を受けた者に交付しなければならないとされている（13条２項）。

さらに、宅地造成工事規制区域内の宅地の所有者、管理者又は占有者は、宅地造成（宅地造成工事規制区域の指定前に行われたものを含む）に伴う災害が生じないよう、その宅地を常時安全な状態に維持するように努めなければならないし（16条１項）、都道府県知事は、宅地造成工事規制区域内の宅地について、宅地造成に伴う災害の防止のため必要があると認める場合においては、その宅地の所有者、管理者、占有者、造成主又は工事施行者に対し、擁壁等の設置又は改造その他宅地造成に伴う災害の防止のため必要な措置をとることを勧告することができるとされている（同条２項）。この規定は、宅地造成工事規制区域の指定の前に行われた宅地造成（前記の都道府県知事の許可を要しないものである）にも適用されるものである。

宅地造成工事規制区域内における宅地の造成、造成宅地に係る安全性の確保のためには、これらの規定のほか、監督処分（14条）、改善命令（17条）、立入検査（18条）、報告の聴取（19条）等の規定が設けられている。

【5】宅地造成等規制法と土地の取引

宅地造成等規制法は、土地の改造、造成等の変更の一部に適用されるものであり、また、法律の種類、内容は、宅地造成に伴う崖崩れ又は土砂の流出による災害の防止のために必要な規制を行うとともに、国民の生命及び財産の保護を図り、もって公共の福祉に寄与することを目的とする行政的な取締りを内容とするものである。土地の取引については、宅地造成等規制法が直接適用されるものではないが、取引の対象になる土地が同法の適用を受ける土地で、造成された土地である場合には、土地の構造、性状が同法所定の技術的水準、工事に適合したものとして取り扱うことができるものである。

宅地造成等規制法は、この意味で、土地の取引に間接的に影響を与えるものであり、取引の対象になった土地が同法所定の技術的水準、工事に適合したものでない場合には、取引の内容、種類によるが、契約の当事者間で契約違反、債務不履行の各責任（民法415条、570条等）が生じることがある。実際に法的な責任が認められるかは、契約の種類・内容、契約締結の目的、土地の状態、改造等の内容、不適合の内容・程度、損害の発生の有無・内容等の事情によって異なる。この場合、土地の取引において問題になる救済の内容は、損害賠償であることが多いが、契約の内容に従った土地の補修、補強が問題になることもある。

土地、その上の建物、建造物等に起因する損害が発生した場合には、土地工作物責任（民法717条）に基づく損害賠償責任が問題になり、土地、その上の建物、建造物等の占有者、所有者が法的な責任を負う可能性がある（この場合の被害者は、契約の相手方に限られるものではなく、土地等に起因する損害を被った者が一応被害者として想定することができ、実際に損害賠償請求権が認められるためには、土地工作物責任の要件全部を満たすことが必要である）。この場合、この法的な責任の基本的な要件の一つとして、土地の工作物（土地、その上の建物、構造物等のことである）の設置又は保存の瑕疵の存在があるが、この瑕疵の存在の判断に当たって、土地が造成されたものであるときは、宅地造成等規制法所定の技術的水準、工事に適合したものであるかが事情として考慮されることになる。なお、土地、その上の建物、建造物等が公の営造物に当たる場合には、国家賠償法２条に基づく損害賠償責任が問題になる。

また、土地、その上の建物、建造物等に起因する損害が発生した場合においては、土地工作物責任に限られるものではなく、民法709条、715条の各不法行為責任が問題になることも多い。これらの各不法行為責任が認められるためには、基本的な要件の一つである土地、建物等の所有者、占有者、造成等の施工者の過失が認められることが必要であるが、この過失は、通常、損害発生の蓋然性の予見可能性があることと損害を回避すべき注意義務に違反したことと解することができ、この予見可能性の存在（実際に予見したことを含む）、結果回避義務の違反の判断に当たっては、宅地造成等規制法所定の技術的水準、工事に適合したものであるかが事情として考慮されることがある。

さらに、土地、その上の建物、建造物等に起因し、他人の土地、建物等に被害が生じた場合、前記の損害賠償責任のほか、被害を受けた土地、建物等の所有者は、加害の所有者（賃借人を含む）に対して加害の状態を原状に回復するよう請求をすることができ（その法的な根拠は、物権的請求権のうち、妨害排除請求権と呼ばれる権利に基づくものである）、被害が発生するおそれがある場合には、被害の予防のための措置をとるよう請求することができる（その法的な根拠は、妨害予防請求権である）。この場合、被害の原因、被害発生の蓋然性の判断に当たっては、宅地造成等規制法所定の技術的水準、工事に適合したものであるかが事情として考慮されることがある。

2　土地の地盤等をめぐる判例

土地の地盤は、その周囲の斜面、擁壁を含め、土地の安全性、安定性を確保し、また、土地上の建物の安全性、実用性を確保するために必要である。土地の地盤等が問題になり得る不動産取引は様々な種類、内容のものがあり、例えば、土地を一定の用途、目的に適合した状態にするための造成工事請負契約、土地の法面、擁壁の設置のための工事請負契約、各種の用途の土地の売買契約、土地と土地上の建物の売買契約、土地、建物の抵当権設定契約等の不動産取引において、土地の地盤等の不具合、土地の沈下、土地の陥没、土砂崩れ、擁壁の崩壊、土地上の建物の傾斜等の事態が生じ、これに伴って修理、損害賠償、代金の返還等をめぐる法律問題が生じ得る。

これらの法律問題は、具体的には債務不履行責任、不法行為責任、瑕疵担保責任等という法的な責任として問題になり、各法的な責任が認められるかどうかについては、それぞれの法的な責任の各種の要件を満たすかどうかによって判断される。法的な責任の要件の中には、債務の本旨に従ったものであるか（債務不履行の場合）、注意義務に違反したか（不法行為の場合）、隠れた瑕疵に当たるか（瑕疵担保責任の場合）という抽象的で重要な事柄の判断が必要になるが、これらの各種の要件を判断するに当たって、取引の対象になった土地の地盤等がどのような構造、性状、状態になっていることが必要であるかの具体的な基準は、契約上具体的に合意されていない場合は別として、明らかではない。契約の締結交渉の段階において、土地の地盤等の構造、性状、状態をめぐる交渉を行い、必要な場合には、専門業者等の調査を実施し、具体的に合意をし、契約締結後の紛争の場合の解決の基準、手続きにつき合意し、契約書に合意条項として盛り込むことは、前記のような紛争を事前に防止するために重要であるが（このような契約締結上の努力によって不要な紛争を相当程度防止することができるだけでなく、実際に紛争が発生した場合であっても、自己に有利な方向に紛争を解決することができる）、このような契約書を取り交わした場合であっても、実際には紛争が発生する可能性が残ることは否定できない（前記の具体的な基準を契約書上明記する場合であっても、一義的に明確かつ具体的に基準を定めることは困難である)。

土地の地盤等をめぐる判例は、法律雑誌に公表されているものは必ずしも多くはないが、各判例の事案の概要と判決の内容を紹介する。

神戸地判　昭和58.12.6　判時1119.117　[判例1]

〈事案の概要〉

不動産業者であるY株式会社は、所有する山林の宅地造成を計画し、A株式会社に造成工事を注文し、Aが造成工事を施工した後、宅地として分譲し、Xは、Yから宅地を購入したところ、造成地の盛土地区に地盤の不等沈下が発生し、建物が傾く等の事態が発生し、Yは、建物を建築する者に対して基礎等を通常よりも堅固な設計にするよう指導し、必要な資材を供与する等したが、Xは、Yの指導を受け、建物を建築したものの、基礎を強固なものにする等したことにより費用がかかったことから、XがYに対して造成地の選択上の過失、工事施工上の過失等を主張し、不法行為に基づき追加工事費用等の損害賠償等を請求した。

本判決は、前記地盤沈下は造成地の基礎地盤の勾配、盛土の厚み、破砕帯からの湧水等が複合的に作用して発生したものとした上、Yの造成工事の施工上の過失を認め、追加工事費用の損害を認め（土地の価格の低下による損害の主張は排斥した)、請求を認容した。

〈判旨〉

「三　被告の過失

前記のごとき地形、地質を有する本件中山台を宅地造成する工事業者としては、盛土の滑動、地盤沈下等の事故を防止すべく、工事に先だち、地形、地質の十分な事前調査、樹木、腐植土、木根等の入念な除去（伐開除根)、安全な基礎地盤の切込み（段切工事)、完全な盛土とその十分な転圧、地下水に対する十分な排水設備等、造成地の安全、確実を期するに必要な諸方策を講ずべきである。そして、本件造成工事の直接の施工者が大林組であることについては当事者間に争いがないが､被告もその発注者として、現場に事務所を設け、従業員を常駐させて大林組の工事を指揮していたことは、被告の明らかに争わないところであるから、被告も大林組と同様の責任を免れ得ない。

1、基礎地盤の急勾配による盛土の滑動についての被告の過失

基礎地盤の勾配が大きい場所には盛土の滑動が生じ易いこと、中山台における基礎地盤の勾配の大きいことは、前記二1認定のとおりである。

(一)　原告は、右のような事実のもとではこれを宅地造成すべきでないのに、被告はこれを造成地をして選択した過失があると主張するけれども、《証拠略》によれば、中山台においても、最近の土木工学的技術を駆使して、造成工事の際滑動を防止すべき万全の措置を講ずれば、盛土の滑動を防止することは必ずしも不可能ではないと認められるので、基礎地盤の勾配が大きい土地であるということだけでは、直ちに、これを宅地造成すべきでないとまで断定することは困難である。

したがって、右原告の主張は採用できない。

・・・・

3、破砕帯から湧出する地下水による地盤沈下についての被告の過失

(一)　まず、右の原因に基づく地盤沈下を被告が予見しえたか否かという点から判断していくこととする。

《証拠略》によれば、本件造成工事の当時から、宅地造成施工者の間では、環境のよい宅地を造るとともに土構造物の安定性を高めるために、浸透水や湧水の十分な排水工事をすべきものとされていたことが認められる。

右事実によれば、宅地造成業者の間では、本件造成工事着工の当時から、盛土地盤にとって湧水がその安定の障害となることが一般的に知られていたものと推認することができ、右認定を覆すに足りる証拠はない。

したがって、被告は、右当時、湧水が盛土地盤の沈下をもたらすことを予見しえたといえる。

もっとも、《証拠略》を総合すれば、破砕帯から被圧地下水の湧出することが多いという事実は、地質学会においては古くから一般的に知られていたが、土木工学者、土木業者の間では昭和四六年ころ以降に初めて知られるようになったのであり、現に、本件造成工事の着工時は被告、大林組の関係者にすら知られていなかったことが窺われ、被告においても、右当時、被圧地下水が破砕帯から湧出してくることは予見できなかったものといえる。

しかしながら、右のように被告が本件造成地区内における湧水が主として破砕帯に由来することを予見しえなかったとしても、前記限定のとおり湧水が盛土地盤の沈下をもたらすことを予見しえた以上は、被告には、中山台の盛土地盤に悪影響をもたらし、地盤沈下の一端の原因ともなる湧水の有無を的確に把握し、これへの対策を講じたうえ造成工事をなすべき義務があるものというべきである（中山台を造成地として選択しない義務があるとまではいえない）。

（二）　そこで、被告が右の義務を怠ったといえるか否かを検討する。

（１）《証拠略》を総合すると、湧水の調査としては、具体的には、現地踏査、観測用井戸等による地下水位の長期観測、地下水に溶解しているラドンガスの放射能測定により当該地下水がいかなる断層や破砕帯を経由してきたものか推知し、間隙水圧の測定による地下水圧の増大調査等の方法を駆使して総合的になすべきものとされている。

ところが、《証拠略》によれば、被告は、本件造成工事着工前の事前調査としては、地質図、地積図による地形、地層調査、盛土材や重機種選定の資料を得るため七か所の切土地区及び法定されている本件防止堰堤付近のボーリング調査をしたほか、弾性波探査を併用したにとどまり、地下水位の長期観測、地下水の放射能測定、間隙水圧の測定等はしていないことが認められ、右認定を覆すに足りる証拠はない。

右認定の事実によれば、被告は、高さ三〇メートル余に及ぶ峡谷を埋め立てるなど前記状況下にある本件中山台の造成工事に当たり、その盛土地盤に重大な影響を及ぼす地下水ないし湧水に関する調査としては、その調査義務を尽くしていないことが明らかである。

（２）《証拠略》によれば、湧水対策としては、被告は、透水性のよい盛土材料を使用し、十分な排水設備を設置すべき義務のあることが明らかである。」

〈実務上の留意点〉

この事案は、山林を所有していた会社（不動産業者）が宅地として分譲販売することを計画し（約31万㎡の造成工事が計画されたが、高さ30m余に及ぶ峡谷である）、施工業者（大手の建設業者）に宅地造成工事を依頼し、宅地造成が完成した後、分譲販売したこと、個人が分譲に係る土地を購入したこと、会社が建物を建築する者に対して基礎等を通常よりも堅固な設計にするよう指導し、必要な資材を供与する等したこと、個人が会社の指導を受けながら建物を建築したこと、建築に当たって基礎を強固なものとするために費用がかかったと主張し、個人が会社に対して不法行為責任を追及したこと、損害として追加工事費用、土地の価格の低下を主張したことというものである。この事案の宅地造成工事は、山林の尾根を切土し、沢部に盛土をしたものである。この訴訟では宅地造成工事の施工業者の不法行使責任は問題にならなかったものであるが、工事の発注者（分譲販売業者）は、施工業者の工事を指揮していたことを争わず、この判決は、施工業者と同様な責任を負うことを前提として判断している。

この判決は、まず、宅地造成工事の施工業者の義務として、この事案のような地形、地質を有する土地を宅地造成する工事業者としては、盛土の滑動、地盤沈下等の事故を防止すべく、工事に先だち、地形、地質の十分な事前調査、樹木、腐植土、木根等の入念な除去（伐開除根）、安全な基礎地盤の切込み（段切工事）、完全な盛土とその十分な転圧、地下水に対する十分な排水設備等、造成地の安全、確実を期するに必要な諸方策を講ずべきであるとしたこと、工事の発注者は、現場に事務所を設け、従業員を常駐させて施工業者の工事を指揮していたことから、施工業者と同様の責任を免れ得ないとしたことを判示し、この事案の分譲販売業者の法的な判断の枠組みを明らかにしている。この判決の提示する判断の枠組みは、施工業者の造成地の安全、確実を期するに必要な諸方策を講ずべき義務であるが、この注意義務は、抽象的な内容であり、判断の仕方によっては事業者に厳格な義務になる可能性がある。

この判決は、この注意義務を前提とし、この事案の地盤沈下は造成地の基礎地盤の勾配、盛土の厚み、破砕帯からの湧水等が複合的に作用して発生したものとした上、分譲販売業者が湧水対策としては、透水性のよい盛土材料を使用し、十分な排水設備を設置すべき義務のあるところ、盛土地盤に重大な影響を及ぼす地下水ないし湧水に関する調査としては、その調査義務を尽くしていないことが明らかである等とし、造成工事の施工上の過失を肯定したものである。

この判決は、追加工事費用22万7600円の損害を認めたが、土地価格の低下分（評価損）の主張は排斥し、結局、この範囲で損害賠償請求を認容したものである。

この事案の分譲地は、大規模な宅地開発地であるが、本来の地形が峡谷であり、尾根を切土して埋め立てる等したものであり、もともと地盤沈下の可能性が低くない土地である上、実際に広い範囲で地盤沈下が生じたものであり、分譲販売業者、施工業者の法的な責任は別として、土地の取引をめぐるトラブルが生じる可能性のある土地であり、取引に当たって相当な注意が必要であったというべきである。また、このような事案では購入者の被る損害、不利益、負担は、追加工事費用にとどまらないのが実際であり、訴訟によって勝訴判決を得ても、トラブルの発生から勝訴判決の確定、22万円余を手に入れるまでの各種の負担は重大である。

横浜地判　昭和60.2.27　判タ554.238　［判例2］

〈事案の概要〉

建売住宅の施工、販売業者であるY_1株式会社は、もともと沼地であった土地を買い受け、A株式会社に依頼して宅地として造成し、Bに建物の建築を注文し、Bは、Cに基礎工事を下請けさせる等し、建物を完成し、不動産業を営むY_2は、昭和45年３月から８月にかけて、建物、敷地を取得した上、X_1ないしX_5に建物、敷地を販売したところ、昭和48年４月頃から敷地の地盤沈下、建物の傾斜が見られ、建物のドアの開閉の困難、タイル、壁のひび割れが生じたため、X_1らがY_1、Y_2に対して瑕疵担保責任等に基づき損害賠償を請求した。

本判決は、建物の傾斜の原因は、隣接地の盛土の影響を無視することはできないものの、軟弱地盤上における建物建築の際の工法の過誤によるものであるとした上、Y_2の瑕疵担保責任を認め、Y_1の地盤の地質調査をすることなく、極めて短期間に簡単な盛土工事をし、有機質土層を破壊するような摩擦杭を打ち込んだ過失を認め、不法行為責任を肯定し、建物の補修復旧工事費用の損害を認め（建物の補修改良工事期間中の店舗新設費用、休業損失、移転先の賃料、移転料に関する主張は排斥した）、X_1らの請求を認容した。

〈判旨〉

「３　次に原告らは被告沢野商事は本件各土地・建物の施工業者として民法第七〇九条、第七一六条但書に基づく不法行為責任があると主張するので、この点について検討する。

本件各土地の地盤が有機質土層を含む極めて軟弱な地盤であり、その上に建物を建築するには、基礎工事として地表面から五、六メートルまでを置換し、この埋土の中にいわゆるべた基礎をコンクリート材でつくって基礎を固めるか、支持杭を使用するなどしなければならず、右有機質土層に達しこれを破壊するような長さの摩擦杭を打込むことは避けなければならないことは前記三で認定したとおりである。

ところで、被告沢野商事は地元の建売住宅の施工、販売業者であり、本件各土地がもと水田で同被告がこれを買取る直前まで半ば沼地の状態であったことをよく承知しており、従ってその地盤が軟弱なものであろうことは十分予想し得たのであるから、専門業者としても同地上に建売住宅を建築するには、予め地盤の地質調査を十分に行い、その結果判明した地質の状況に応じ適切な基礎工事を施し、いやしくも土地が地盤沈下を生じその上に建築された建物がそのため傾斜するような結果を招来することのないよう注意し、建築請負業者に宅地を造成及び建物建築工事を注文する場合には請負人に対し右の点について適切な指示をなすべき義務があるものというべきである。しかるに、前記三２で認定したように被告沢野商事は右調査を行うことなく、極めて短時間のうちに簡単な盛土工事を行い、かつ請負業者の長岡及びその下請業者の鈴木と協議の上基礎工事として摩擦杭を打ち込むこととしたのである。被告沢野商事としては、右のような工法で基礎工事が行われた場合、杭が埋土部分を超えて有機質土層にまで貫入し、地盤を破壊させるとともに軟弱地盤の圧蜜沈下との合成により、本件各建物が傾斜し沈下するであろうことを予測してこれを避け、他の適切な工法をとるように長岡もしくは鈴木に指示すべきであったのであり、従ってこれをしなかった点に過失があるものといわなければならない。

よって、被告沢野商事は原告らに対し右過失によって生じた損害を賠償する義務がある。」

〈実務上の留意点〉

この事案は、もともと沼地、水田であった土地が宅地造成され、土地上に建物を建築し、建物、土地が販売されたこと、不動産業者（株式会社）が土地を購入し、業者に依頼して宅地造成したこと、不動産業者が建物の建築を依頼し、建物が建築されたこと、土地、建物が個人の不動産業者に譲渡され、個人業者が土地、建物を販売したこと、販売の約３年後頃から敷地の地盤沈下、建物の傾斜が見られ、建物のドアの開閉の困難、タイル、壁のひび割れが生じたこと、購入者らが販売した個人業者、宅地造成した不動産業者の損害賠償責任を追及したこと（両者の責任が認められる場合には、不真正連帯責任になる）、個人業者の法的な責任としては、瑕疵担保責任（民法570条）が主張されたこと、不動産業者の法的な責任の根拠としては、瑕疵担保責任（実質的には売主であるとの主張が前提である）、不法行為責任（民法709条）、注文者の不法行為責任（民法716条但書）が主張されたこと、地盤沈下の原因が何かが問題になったことというものである。なお、この訴訟は、昭和48年に提訴され、昭和60年にこの判決が言い渡されたものであり、その間約12年が経過している。

この判決は、この事案の土地が軟弱地盤であること、土地の地質構造、打ち込まれた木杭の長さに鑑み、杭先が埋土部分を貫き、有機質土まで貫入し、地盤を破壊し、支持力を低下させたこと、これと有機質土、シルト等の軟弱地盤の圧密沈下が建物の傾斜と沈下を合成したこと、木杭の本数が足りないことを指摘し、土地の地盤の軟弱性と軟弱地盤上の建物の建築に際してとるべき建築　工法上の過誤が原因であると判断したものである（この訴訟においては、地盤沈下、建物の傾斜等の原因につき鑑定人の鑑定が採用されている）。

この判決は、個人業者の責任については、地盤の建築工法によって生じた土地の沈下、建物の傾斜の瑕疵が隠れた瑕疵であるとし、瑕疵担保責任を肯定したものである。

この判決は、また、造成工事の注文者の責任については、売主の瑕疵担保を否定したが、造成工事の施工業者に建物が傾斜し、沈下するであろうことを予測してこれを避け、他の適切な工法をとることを指示すべき過失があったとし、注文者の不法行為責任を肯定したものである。

この判決は、損害について、購入者らの各建物の補修復旧工事工法につき建物を持ち上げて、基礎のコンクリートの中に鉄筋を組み入れた上、建物を戻す方法によるとし、工事費用をそれぞれ算定し、建物の補修改良工事期間中の店舗新設費用、休業損失、移転先の賃料、移転料に関する主張は排斥したものである。

この訴訟は、その審理に前記のとおり約12年を要しているが（第一審の審理だけであり、さらに控訴審、上告審もあり得る）、土地、建物の取引をめぐるトラブルが訴訟に発展した場合には、事情によっては長期の年月を要することを予測し、覚悟すべきであろう。このような長期の審理になると、審理の内容が充実しているか、判決の内容が妥当かどうかが問題になるが、審理期間の長さも重大な問題になり、負担になる。

この判決が土地、建物の売主の瑕疵担保責任を認めた判断は合理的であるが、宅地造成工事の注文者の責任（民法716条但書）の責任の成否については、注文者の属性、工事の請負業者と注文者の関係等の事情によるところであり、この判決が注文者の責任を肯定したのは、この事案の注文者に関する事情を重視したものというべきである。

なお、この事案で問題になった土地は、水田を宅地造成したものであり、訴訟における結果とは別に、トラブルに巻き込まれないためには、買主としても土地の履歴等の事前の調査が無駄ではないことを示している。

最三判　平成3.4.2　民集45.4.349、判時1386.91、判タ758.125　[判例3]

〈事案の概要〉

この事案は、敷地賃借権付き建物の売買契約がされたところ、敷地に欠陥があり、買主が売買目的物の隠れた瑕疵を主張し、売主に対して瑕疵担保責任（民法570条）を追及することができるかが問題になった上告審の事件であり、理論的に参考になる判断を示したものである。

〈判旨〉

「すなわち、建物とその敷地の賃借権とが売買の目的とされた場合において、右敷地についてその賃貸人において修繕義務を負担すべき欠陥が右売買契約当時に存したことがその後に判明したとしても、右売買の目的物に隠れた瑕疵があるということはできない。けだし、右の場合において、建物と共に売買の目的とされたものは、建物の敷地そのものではなく、その賃借権であるところ、敷地の面積の不足、敷地に関する法的規制又は賃貸借契約における使用方法の制限等の客観的事由によって賃借権が制約を受けて売買の目的を達することができないときは、建物と共に売買の目的とされた賃借権に瑕疵があると解する余地があるとしても、賃貸人の修繕義務の履行により補完されるべき敷地の欠陥については、賃貸人に対してその修繕を請求すべきものであって、右敷地の欠陥をもって賃貸人に対する債権としての賃借権の欠陥ということはできないから、買主が、売買によって取得した賃借人たる地位に基づいて、賃貸人に対して、右修繕義務の履行を請求し、あるいは賃貸借の目的物に隠れた瑕疵があるとして瑕疵担保責任を追求することは格別、売買の目的物に瑕疵があるということはできないのである。なお、右の理は、債権の売買において、債権の履行を最終的に担保する債務者の資力の欠如が債権の瑕疵に当たらず、売主が当然に債務の履行について担保責任を負担するものではないこと（民法五六九条参照）との対比からしても、明らかである。

これを本件についてみるのに、前記事実関係によれば、本件土地には、本件擁壁の構造的欠陥により賃貸借契約上当然に予定された建物敷地としての性能を有しないという点において、賃貸借の目的物に隠れた瑕疵があったとすることは格別（民法五五九条、五七〇条）、売買の目的物に瑕疵があったものということはできない。」

〈実務上の留意点〉

この判決は、前記の問題について、建物とその敷地の賃借権とが売買の目的とされた場合において、賃貸人が修繕義務を負担すべき敷地の欠陥は、売買の目的物の隠れた瑕疵ではないこと、敷地の面積の不足、敷地に関する法的規制又は賃貸借契約における使用方法の制限等の客観的事由によって賃借権が制約を受けて売買の目的を達することができないときは、建物と共に売買の目的とされた賃借権に瑕疵があると解する余地があるとしても、賃貸人の修繕義務の履行により補完されるべき敷地の欠陥については、賃貸人に対してその修繕を請求すべきものであって、当該敷地の欠陥をもって賃貸人に対する債権としての賃借権の欠陥ということはできないことを判示したものである。この判決の判断と論理は、法的には明解で、合理的であるが、一読すると、不動産取引に経験の少ない者にとっては誤解しがちな事項であり、参考になるものである。

千葉地松戸支部判　平成6.8.25　判時1543.149　[判例4]

〈事案の概要〉

Xは、平成２年10月、Y_1株式会社所有の土地、建物を、不動産業を営むY_2株式会社の仲介により購入したが（本件土地を含む近隣一帯は元水田等の軟弱な湿地帯であった）、本件土地がＡ株式会社においてＢ株式会社に依頼して宅地造成工事を施工させ、建物を建築したものであり（Ａの権利義務は、その後、Y_3株式会社に承継された）、不等沈下があったため（建物には傾斜約70分の１があった）、XがY_1に対しては瑕疵担保責任、Y_2に対して瑕疵を知り又は重大な過失によりこれを知らず瑕疵の存在を告げなかった等と主張し、債務不履行責任、Y_3に対して不法行為責任に基づき沈下対策工事費、建物修補工事費等の損害賠償（約996万円）を請求した。

本判決は、本件建物が傾斜していることの瑕疵を認め、これが隠れた瑕疵であり、買受当時、Xが瑕疵を知らず、過失もなかったとしてY_1の瑕疵担保責任を肯定し、Y_2につき隠れた瑕疵に気付かなかったことに善管注意義務を怠った過失があるとはいえないとし、Y_2の債務不履行責任を否定し、Ａが宅地造成を専門業者に請け負わせて実施したこと等を考慮し、過失があるとはいえないとし、Ａの不法行為責任を否定し、Y_1に対する請求を認容し（損害賠償の範囲を建物の価格を限度とし、工事費等の損害が約990万円とし、そのうち本件建物の価格として算出される650万円が損害であるとした）、その余の請求を棄却した。

〈判旨〉

「②　したがって、床面にゴルフボールを置くと、南から北に向け自然に転がり出し、建物のドアーや家具の扉等も、少し開けると、自然に開いたり、或は閉じたりし、視覚的にもよく見れば、柱等が傾いているように見え、歩行も、何となく身体が傾斜している方向に引かれるように感じられることがそれぞれ認められる。

③　右認定に反する、本件建物に傾斜はなかった旨の証人八景俊彦の証言は、本件不動産に瑕疵があるとすれば、これを被告富士物産に売却した同証人自身が民事上の責任を追求される立場にあることを慮った供述と認

められ、措信できない。ちなみに、同証言によれば、訴外八景は、新築建物である本件不動産を購入し、昭和五九年三月に本件建物に入居してから、五年も経たないうちに引越し先を求め、平成元年一月には、新住居の申し込みをしているのである。また、訴外八景は、本件不動産売却前に、本件建物の傾斜について、訴外日本電建に修理を申し入れていた事実も窺えないではない。

④　そして、右建物の傾斜は、いわゆる経年変化によるものではなく、敷地たる本件土地の不当沈下に起因するものであることが認められる。そのため、本件土地の北側から南側の道路に流れるように設置されている排水施設にも影響があり、一年に二、三回、大雨の時などに、汚水が逆流して溢れ出ることもある事実が認められる。

2　したがって、中古住宅は、現状有姿のまま購入するのであるから、たとえ多少の変形があったとしても、それが、許容限度を超えていない限り、瑕疵とはいえない旨の被告富士物産の主張は、失当であり、採用できない。けだし、前示のような建物の傾斜は、築後の経年変化により通常生じるものとはいえないから、買受人が、前示の傾斜があることを承知で買い受けたり、価格が傾斜の存在を前提に決定されたような事情があるような場合を除き、当然これを許容すべきであるとはいえないからである。

・・・・

被告富士物産は、右の点をとらえて、原告に過失がある旨主張する。

④　しかしながら、原告は、土地建物の測量を業としたことはない。のみならず、本件不動産の前居住者の訴外八景が、これを被告富士物産に売却するに際し、同被告及び仲介人の被告住友販売に対し、一見して明らかな、一階階段そばの天井に染みがある事実のみを告げ、本件建物に傾斜のある事実を告げなかったこともあり、原告に本件不動産を仲介し、原告と共に本件建物内に入り、これを案内した被告住友販売の社員も、また、本件不動産を、訴外八景から買い受けるに際し、及びこれを原告に売却するに際し、何度か本件建物内に入り、自らこれを点検した被告富士物産の代表取締役も、同人の依頼により本件建物のリフォーム工事を担当した訴外柏住宅の従業員も、誰も本件建物の傾斜に気付いていない。その理由を推測するに、傾斜の程度が一見して気付く程ではなかったことと、後記のとおり、本件建物を建築するに際し、ベタ基礎工法が採用されたが、ベタ基

礎工法を採用すると、建物が傾斜した場合にも、全体に傾斜するため、土台や壁等に亀裂が走る等して建物が損傷することが少ない（そのため、気付くのが遅れることがよく見られる。）うえ、本件建物のリフォーム工事が行われて、きれいになっていたこと等が原因ではないかと推認される。

したがって、原告が、入居前にこれに気付かなかったことについて過失があるとはいえないし、入居後残代金支払日までの一週間についても、本件建物に宿泊したのは三日のみ、（比較的傾斜の少ない二階の和室において）であり、しかも、家中ダンボールだらけの状態であり、落ち着いて家の状態を点検する余裕はなかったものと認められるから、全く予期しない家の傾斜などに気付かなかったとしても、過失があるとはいえない。

２　よって、本件瑕疵は、「隠れた」瑕疵というべきであるから、被告富士物産が、売主として、瑕疵担保責任を負うことは明らかである。

・・・・

２　ところで、被告富士物産は、仮に同被告が、瑕疵担保責任を負うとしても、その賠償の範囲は、信頼利益に限られるところ、本件損害は、すべて履行利益であって、信頼利益に該当しない旨主張するので、この点について検討する。

なるほど、瑕疵担保責任の賠償の範囲は、信頼利益に限られるといってよい。しかしながら、本件損害が、信頼利益に該当しないというのは、疑問である。

すなわち、一般的に、信頼利益は、「当該瑕疵がないと信じたことによって被った損害」、或は「当該瑕疵を知ったならば被ることがなかった損害」と、履行利益は、「当該瑕疵がなかったとしたら得られたであろう利益」と定義される。

右の区別は、抽象的には、一見明白である。そして、具体的な適用に当たっても、買主が、契約の目的を達しないとして、当該契約を解除した場合には、信頼利益の範囲を、買主が、当該契約締結のために費やした費用（調査費用、登記費用、公正証書の手数料、印紙代）、受入れ態勢を準備したことによる費用（建築設計費、材料購入費）、請負人等に支払った違約金、瑕疵担保責任を訴求した費用等の損害に限定し、いわゆる転売利益等の得べかりし利益を排除するものであるとして、右の区別は、比較的明瞭である。

しかしながら、本件のように、契約を解除しないまま、買主が、いわば瑕疵の修補に代わる損害の賠償を求める場合に、右修補費用相当の損害が、信頼利益又は履行利益の、どちらに該当するかを判断することは、一転して、著しく困難になり、果たして、その区別の意味があるのかさえ疑問になる程である。けだし、瑕疵修補費用相当額は、「当該瑕疵がなかったとしたら得られたであろう利益」に該当するだけではなく、まさに、「当該瑕疵を知ったならば被ることがなかった損害」にも該当すると思われるからである（本来であれば、瑕疵担保責任の意義とその本質から説き起こすべきところであるかもしれないが、周知のとおり、瑕疵担保責任をめぐる民法学説の理論的状況は、現在、より一層錯綜を極めており、当裁判所は、この点について深入りすることは差し控えたい）。

もし、瑕疵修補費用相当額は、信頼利益に該当しないというのであれば、右のような場合における信頼利益とは、一体、どのようなものをいうのであろうか？想定することが困難である。もしそうだとすれば、結局、瑕疵担保責任の賠償の範囲は、信頼利益に限られるといっても、それは、転売利益等の得べかりし利益を排除すれば足りるのであって、瑕疵修補費用相当額の賠償責任まで、これを履行利益だとして全面的に否定する必要はないものというべきである。

但し、当裁判所は、公平の見地から、当該物件の売買代金の価格を超えることは許されず、右価格は、最高限度額とすべきであると考える。」

〈実務上の留意点〉

この事案は、元水田等の軟弱な湿地帯であった土地が宅地造成され、建物が建築され、販売されたこと、個人が仲介業者の仲介により、土地、建物を購入したこと（中古住宅の売買である）、土地に不等沈下があり、建物に傾斜約70分の１があったこと、買主である個人が売主に対して瑕疵担保責任を追及したこと、仲介業者に対して仲介契約上の債務不履行責任を追及したこと、宅地造成工事の注文者の権利・義務の承継人に対して不法行為責任を追及したこと、損害として沈下対策工事費用、建物補修工事費用が主張されたことというものである。

この判決は、まず、土地、建物の瑕疵について、建物の傾斜は、築後の経年変化により通常生じるものとはいえないから、買主が傾斜があることを承知で買い受けたり、価格が傾斜の存在を前提に決定されたような事情があるような場合を除き、当然これを許容すべきであるとはいえない等とし、瑕疵を肯定したものである。

この判決は、売主の瑕疵担保責任について、前記の瑕疵につき売主が気付かなかったものであるとし、隠れた瑕疵であることを認め、売主の責任を肯定したものである。

次に、この判決は、仲介業者の債務不履行責任について、前記瑕疵に気付かなかったとし、気付かなかったことに善管注意義務を怠った過失があるとはいえないとし、仲介業者の債務不履行責任を否定し、宅地造成工事の注文者の不法行為責任については、宅地造成を請け負う業者に対し、土地の状況を知らせ、宅地造成に当たり、建造物等に不等沈下が生じないよう、軟弱地盤対策について十分な配慮をするよう要請する義務があるとした上、この事案では請負業者が大手の専門業者であること等の事情から、注文者としての必要な指示を怠った過失があるとはいえないとし、注文者の不法行為責任を否定したものである。

さらに、この判決は、損害について、売主の瑕疵担保責任の損害賠償は信頼利益と履行利益の区別が困難であるものの、沈下対策工事費用、建物補修工事費用が含まれ、公平の見地から賠償額が当該物件の売買代金の価格を超えることは許されないとし、損害賠償額を算定し、結局、売主に対する請求を認容し、仲介業者、注文者に対する請求を棄却したものである。

この事案は、水田等の湿地が宅地造成され、建物が建築され、販売された中古住宅になった建物、敷地の売買契約をめぐるトラブルであり、売主、仲介業者、宅地造成の注文者の各損害賠償責任が問題になり、この判決は、売主の責任を肯定し、仲介業者、注文者の各責任を否定したものである。この判決の判断のうち、仲介業者、注文者の各責任を否定したことは、限界的な事例についての判断というべきであり、建物の傾斜は住宅としては緩やかとはいえないことに照らすと、逆の結論もあり得たといえよう。なお、この判決の損害論についての判断は、理論倒れとの印象も否定できないものであり、さほど参考になるものではない。

大阪地判　平成13.2.14　判時1759.80　［判例5］

〈事案の概要〉

ガソリンスタンドを経営するY_1株式会社は、A県所在の宅地化され、急斜面のある土地を購入し（斜面の土地を土取りして宅地化されたものであり、工事後の斜面は50度を超える急斜面であった）、土地上に建物を建築し、社宅として使用していたところ、二度傾斜地に土砂崩れが発生し、平成6年、A県から斜面地の防災工事が勧告され、Y_1が金属製ネットを張り、土留を置く防災工事を行ったが、その後平成9年1月、B株式会社の仲介により、Cに本件土地、本件建物を代金2600万円で売却し、Cが家族とともに居住していたところ、同年7月、集中豪雨により土砂崩れが発生し、C、妻、子2人が生き埋めとなって死亡したため、Cらの遺族であるX_1、X_2らがY_1、その代表者Y_2、Y_3に対して不法行為責任、Y_1に対して土地工作物責任、瑕疵担保責任に基づき損害賠償を請求した。

本判決は、土地、建物を他人の住居として売却するに当たっては、他人の生命、身体、財産等に被害を与えないよう、可能な限り傾斜地の安全性につき調査、研究を尽くした上、十分な防災工事を行う等して安全性を確保すべき義務があり、本件では最低限の安全性を確保する工事としても不十分であった等とし、Y_1らの各不法行為を認め、請求を認容した。

〈判旨〉

「二　争点1（被告らの不法行為の成否―被告会社が亡昌平に対し本件土地・建物を売却した際、十分な防災措置をとらなかったことにつき過失があるか。）について

1　前記一認定のとおり、本件斜面地は、切土され人工的に形状が変化された五〇度超える急斜面で、災害危険地域図では崖崩れ危険地域に指定され、本件建物と崖面の距離はわずか五メートル程度であったこと、本件斜面地において、少なくとも昭和五八年及び平成五年に土砂崩れが起こり、殊に平成五年七月の崩落事故は、本件土地付近まで土砂が押し寄せ、高さ四〇センチメートル、広さ一〇〇平方メートルにわたり堆積するという規模の大きなものであったこと、平成六年六月には被告会社が兵庫県民

局から本件斜面地の防災工事に関する勧告を受けたことからすれば、本件防災工事当時、被告会社の代表者であった被告利喜男及び被告真宏において、本件赦免地が崖崩れの危険の大きい箇所であることを認識し、崖崩れが発生した場合には、本件建物のみならず、本件建物に居住する住民の生命、身体、財産等が損害を被ることにつき、予見することは十分可能であったものと認められる。したがって、被告会社が本件土地・建物を他人に住居として売却するに当たっては、他人の生命、身体、財産等に被害を与えないよう、可能な限り本件斜面地の安全性について調査、研究を尽くした上、十分な防災工事を行うなどして安全性を確保するための措置を講じるべき義務があるので、被告利喜男及び被告真宏は、被告会社の代表者の職務として、被告会社の右の安全性を確保するための措置を講じさせ、もって事故の発生を防止すべき注意義務があり、右義務に違反して他人の生命、身体等に損害を被らせたときは、被告らはいずれも不法行為に基づく損害賠償義務を負うと解するのが相当である（民法七〇九条、七一九条、商法二六一条三項、七八条二項、民法四四条一項）。

２　ところで、被告会社が本件斜面地の防災工事として行った本件防災工事の内容は、前記一８認定のとおりであるところ、新田稔作成の技術意見書及び補充書（以下、併せて「原告意見書」という。）によれば、本件斜面地の崖面の形状は、日本道路協会の編纂による「のり面工・斜面安定工指針」記載の「切土のり面の崩壊及び斜面崩壊の分類」における「Ａ浸食、崩壊」の解説①ないし③に該当し、同指針には、右分類による斜面に対する防災工事として、崖面の性状により、ネット張工と植生工又はプレキャスト枠工と植生工の組み合わせによる工事、切直しと植生工の組み合わせによる工事、モルタル吹付工（浮石除去）と補強土工の組み合わせによる工事等の選択が検討対象として挙げられているところ、本件防災工事において採用された法面緑化工事は本件斜面のように五〇度を超える急斜面では土砂崩落を抑止する効果は極めて小さく、また、強化ネット工は落石に対する防止効果は期待できるが、水分の含有率の大きい土砂の流出に対しては防護効果が少ないことが認められ、右事実に照らせば、本件斜面地に対する恒久的な防災工事としては、勾配の異なる切土、吹付枠工、補強土工、植生工及びモルタル吹付工を組み合わせた防災工事が相当であり、少なくとも当面において、本件斜面地の隣接地を住居として使用するための最小限の防災工事としては、別紙図面のような、本件事故と同程度の土砂崩れに相当程度耐えうるだけの容量を擁壁背面に持った岩石・土砂防護擁壁の設置工事が必要であると認められる。したがって、本件防災工事は、最低限の安全性を確保するための工事としても不十分であったといわざるをえず、被告会社は、前記判示の安全性を確保すべき義務を果たしておらず、被告利喜男及び被告真宏は、被告会社に右安全性確保措置を講じさせ、事故の発生を防止すべき注意義務を怠った過失があると認められるから、被告らはいずれも不法行為責任に基づき、右により亡昌平らが被った損害を賠償すべき義務を負う。」

〈実務上の留意点〉

この事案は、傾斜地が斜面の土地を土取りし、宅地造成された土地につき株式会社が購入したこと、土地には50度を超える急斜面が存在したこと、会社は土地上に社宅を建築して使用したこと、その後２度傾斜地に土砂崩れが発生したこと、県から斜面地の防災工事が勧告されたこと、会社は斜面地に金属製ネットを張り、土留を置く防災工事を実施したこと、会社は土地、建物を個人に売却したこと、売却の際、会社は崖崩れ指定地域であることや防災工事の概要を説明したが、過去の土砂崩れ事故の説明はしなかったこと、その半年後、集中豪雨の際に土砂崩れが発生し、買主らの家族が生き埋めとなり死亡したこと、買主らの遺族らが会社の不法行為責任、土地工作物責任、瑕疵担保責任を追及したこと、会社の代表者の不法行為責任を追及したことというものである。

この判決は、会社がこの事案の土地・建物を他人に住居として売却するに当たっては、他人の生命、身体、財産等に被害を与えないよう、可能な限り斜面地の安全性について調査、研究を尽くした上、十分な防災工事を行うなどして安全性を確保するための措置を講じるべき義務があること、会社の代表者は、 その職務として、会社のこの安全性を確保するための措置を講じさせ、もって事故の発生を防止すべき注意義務があること、これらの義務違反により他人の生命、身体等に損害を被らせた場合には、不法行為に基づく損害賠償義務を負うこと、この事案では、斜面地の隣接地を住居として使用するための最小限の防災工事としては、今回の事故と同程度の土砂崩れに相当程度耐え得るだけの容量を擁壁背面に持った岩石・

土砂防護擁壁の設置工事が必要であるところ、前記の防災工事は、最低限の安全性を確保するための工事としても不十分であったこと、会社、代表者らの不法行為責任を肯定したことを判示している。この判決は、会社が売却した土地、建物の取引において土地の土砂崩れ事故が発生し、購入者ら家族が巻き込まれ、死亡した事案について、売主としての瑕疵担保責任でなく、不法行為責任を肯定するとともに、会社の代表者らの不法行為責任を肯定したところに重要な特徴がある。

この事案のような土砂崩れの原因は、もともと宅地としての選択、宅地造成工事の施工に問題があったものと推測されるが、このような土地を購入し、長年利用した後、宅地としての危険性を容易に予見し得た状況において住宅として売却したことが直接の原因になることは否定できない。この判決が会社、代表者の不法行為を肯定した根拠は、前記内容の説明義務違反であるが、判決が提示する説明の範囲・程度は相当に広範な内容であるから、土地の形状、地盤の構造、過去事故例の等の事情によっては、売主は、相当に慎重な説明が必要であり、取引上のリスクは高い。このような土地の取引を仲介する仲介業者も取引上のリスクは相当に高いといえよう（もっとも、この事案では仲介業者の責任は問題になっていない）。

東京地判　平成13.6.27　判時1779.44、判タ1095.158　[判例6]

〈事案の概要〉

X_1、X_2、X_3、X_4は、不動産業を営むY_2株式会社の仲介により、不動産業を営むY_1株式会社から、代金につきX_1は4716万円、X_2は5010万円、X_3は4950万円、X_4は4850万円で土地付建売住宅を購入したが（X_4については、Y_2のほか、不動産業を営むY_3株式会社の仲介もあった）、地盤が軟弱であり、地盤沈下が発生し、建物の床揺れ、床の変形、外壁の亀裂等の不具合が発生したため、X_1らがY_1に対して、主位的に瑕疵担保責任に基づき売買契約を解除し、売買代金の返還、損害賠償等を、予備的に瑕疵担保責任に基づき損害賠償を、Y_2に対して説明告知義務違反を主張し、不法行為に基づき損害賠償（X_4は、Y_3に対しても）を請求した。

本判決は、各建物に床面の傾斜、壁・床面の亀裂等の看過し難い不具合が発生し、次第に悪化しており、これらの不具合が軟弱地盤であることに起因し、施工された基礎工事の工法の選択上又は施工上不相当なものであった等とし、瑕疵担保責任に基づく契約の解除を肯定する等し、Y_1に対する請求を認容し、Y_2らは軟弱地盤であることの告知説明義務違反による不法行為を肯定し（慰謝料として、X_1につき480万円、X_2につき510万円、X_3につき500万円、X_4につき490万円、弁護士費用として各50万円の損害を認めた）、Y_2らに対する請求を認容した。

〈判旨〉

「四　争点三（被告千都住宅の責任の有無）について

（一）　前記のとおり、本件各土地においては現に地盤沈下が発生し、本件各建物には多数の不具合が発生しているが、本件各建物に不具合が発生したのは、本件各土地が軟弱地盤であり、そのため地盤沈下が発生したことが原因である。

そして、本件各土地が軟弱地盤であるという瑕疵は、本件各売買契約の前から存在したものであり、専門家の調査や異常の発生により初めて明らかになる性質のものであるから、売買契約時に存在した通常容易に発見し得ない「隠れた瑕疵」ということができる。

（二）　次に、原告らが上記瑕疵の存在により、本件各売買契約の目的を達することができないとみられるかどうかを検討する。

ア　本件瑕疵により生じている建物の不具合は、前記一（一）アないしエに詳細に認定したとおりであり、これらは日常生活を円滑に送ることを困難ならしめるものであり、安全面にも問題を生じさせるだけでなく、さらに、不具合の程度が悪化するという深刻な状態にある。

・・・・

エ　以上の認定の事実に照らして考えると、本件において発生した不具合は、本件各土地の地盤の性質に由来しているものであり、これを原因とする本件不具合を解消するためには、本件各建物の基礎工事について抜本的なやり直しが必要である上に、その実施の面でも困難が予想されるのである。加えて、そのために要する金額は、本件売買代金のおよそ半額に達し又は半額を超えるのであって、これは本件各建物と同様の居住用建物における建築費に匹敵する額である。そうすると、結局、本件各建物の不具合を経済的合理性が認められる範囲内で修理することはできないというに等しいというほかはない。

また、原告らが本件各売買契約を締結したのは、本件各不動産を取得して、本件各建物に居住するためであり、実際に、原告らは、売買契約締結後、いずれもそれまで住んでいた住居から本件各建物に引越し、居住し始めたのである。ところが、本件不具合を解消するための工事は、三か月という長期にわたり居住者の生活に重大な支障をきたすことになるものであり、しかも、本件土地の形状を考慮すると、施工が万全でなければ補修が功を奏しない可能性もないとはいえないのである。そうすると、何ら落ち度のない原告らがそのような不都合及びリスクを甘受すべきものとするのは相当とは思われない。

オ　以上によれば、本件においては、何よりも生活の本拠である家を購入したのにもかかわらず、居住に著しい困難をもたらす多数の不具合が発生しており、それが土地の性状に起因する地盤沈下によるものであって、さらに、本件各建物の補修に要する金具は多額で、建物新築に匹敵するほどのものであること等を考慮すれば、結局、原告らは、本件各売買契約の目的を達することができないものというべきである。

そうすると、原告らが、被告千都住宅に対した、瑕疵担保責任を理由とする本件各売買契約の解除は有効である。

五　争点四（被告住友不動産及び被告住商ハウジングの責任の有無）について

（一）　不動産の仲介業務を委託された者は、委託の本旨に従って善良な管理者の注意義務をもって誠実に仲介事務を処理すべきであり、信義則上、不動産売買契約における買主に対しては、買主が当該物件を購入するかどうかの意思決定を行うに際して重要な意義を有する情報について説明告知する義務を負っており（宅地建物取引業法35条、47条参照）、これに違反して買主に損害を与えた場合には、説明告知義務違反としてこれを賠償する責任があると解するのが相当である。

そして、上記の見地からすれば、不動産仲介業者は、消費者の立場にある買主が物件購入の意思決定をするに当たって過不足のない情報を提供すべきであるから、説明告知する義務を負う事項は宅地建物取引業法３５条に規定されている事項には限られないことはいうまでもない。

・・・・

（三）　以上によれば、水島は、保坂から交付された地盤調査報告書を見て、本件各売買契約を仲介する前に、本件各土地が軟弱地盤であることを認識していたものであり、関根も、原告柿澤の売買契約当日に、保坂及び水島の説明を聞き、本件各土地が軟弱地盤であることを認識していたのである。

そして、一般に、土地建物を購入する者にとって、買い受ける土地の性状がいかなるものであるのかという点は重大な関心事であり、その意味で本件各土地が軟弱地盤であるかどうかは当該土地を購入するかどうかの意思決定において大きな要素となるものである。原告らは、保坂、水島及び関根に対して、本件土地の性状について質問していたことは上記認定のとおりであって、原告らが実際にもこの点に重大な関心を有していたことは明らかである。

すなわち、本件各土地が軟弱地盤であることは、原告らが本件不動産を購入するかどうかを決定するに際して決定的に重要な要素であったというべきである。

（四）　そうすると、被告住友不動産及び被告住商ハウジングは、本件各土地が軟弱地盤であるとの事実が、買主が当該物件を購入するかどうかの意思決定に際して決定的に重要な要素となるのであるから、この点について原告らに十分に説明告知する義務を負っていたというべきところ、これを怠り、本件において、上記のとおり、水島及び関根は、原告らに対して、本件各土地軟弱地盤であるという事実を説明しなかった（水島及び関根においては、原告らに対し、本件各土地の地盤が軟弱であることについての説明をことさらに避けた説明をした）ものである。したがって、被告住友不動産は原告ら全員に対して、被告住商ハウジングは原告柿澤に対して、それぞれ説明告知義務違反を理由とする不法行為責任に基づく損害賠償の責任を負うべきものといわなければならない。」

〈実務上の留意点〉

この事案は、個人らが仲介業者の仲介により、不動産業者から土地付建売住宅を購入したこと、建物の敷地の地盤が軟弱であり、地盤沈下が発生し、建物の床揺れ、床の変形、外壁の亀裂等の不具合が発生したこと、個人らが売主に対して主位的に瑕疵担保責任に基づき売買契約を解除し、売買代金の返還、損害賠償等を請求したこと、予備的に瑕疵担保責任に基づき損害賠償を請求したこと、個人らが仲介業者に対して説明告知義務違反を主張し、不法行為責任に基づき損害賠償を請求したことというものである。

この判決は、この事案の土地が軟弱地盤であり、そのため地盤沈下が発生したことが原因であるとし、軟弱地盤であるという瑕疵は、各売買契約の前から存在したものであり、専門家の調査や異常の発生により初めて明らかになる性質のもので、通常容易に発見し得ない隠れた瑕疵であることを認め、各建物の不具合は、日常生活を円滑に送ることを困難にするとし、安全面にも問題を生じさせるだけでなく、不具合の程度が悪化するという深刻な状態にあるとして契約の目的を達成することができないものとし、売買契約の解除の効力を認め、売主の責任を肯定したものである。

また、この判決は、仲介業者の責任について、仲介業者は、委託の本旨に従って善良な管理者の注意義務をもって誠実に仲介事務を処理すべきであり、信義則上、不動産売買契約における買主に対しては、買主が当該物件を購入するかどうかの意思決定を行うに際して重要な意義を有する情報について説明告知する義務を負っていること（宅地建物取引業法３５条、47条参照)、説明告知義務に違反して買主に損害を与えた場合には、説明告知義務違反として損害を賠償する責任があること、説明告知する義務を負う事項は宅地建物取引業法35条に規定されている事項には限られないこと、この事案では仲介業者の担当者らが地盤調査報告書を見て、各売買契約を仲介する前に、各土地が軟弱地盤であることを認識する等していたものであり、軟弱地盤であるかどうかは土地を購入するかどうかの意思決定において大きな要素となるものであり、土地を購入するかどうかを決定するに際して決定的に重要な要素であったこと、軟弱地盤であることを告知しなかった仲介業者らの説明告知義務違反による不法行為責任を肯定したことを判示したものである。

この判決は、建物と敷地の取引において土地が軟弱地盤であり、地盤沈下により建物の不具合が発生した場合について、売主の瑕疵担保責任による原状回復義務を肯定するとともに、仲介業者の説明義務違反による不法行為責任を肯定した事例として参考になるものである。なお、この事案の仲介業者の不法行為の判断に当たっては、仲介業者の担当者らが土地が軟弱地盤であることを地盤調査報告書を見て認識していたところに大きな特徴があり、重大な事務処理上の問題があったということができる。

東京高判　平成13.12.26　判タ1115.185　[判例7]

〈事案の概要〉

前記の【判例6】東京地判平成13.6.27判時1779.44、判タ1095.158の控訴審判決であり、Y_2、Y_3が控訴した。Y_1との関係では、第一審判決が確定した。

本判決は、Y_2の担当者は軟弱地盤であることを十分に認識しながら、説明・告知しなかったとし、Y_3の担当者は軟弱地盤であることを明確に認識できたかが疑問であるとし、Y_2の控訴を棄却し、Y_3の控訴に基づき、X_4のY_3に対する原判決を取り消し、X_4のY_3に対する請求を棄却した。

〈判旨〉

「(2) 軟弱地盤であることの認識の有無について

② 証拠・・・によれば、甲野は、本件各売買契約に先立ち、千都住宅の代表者保坂から、地盤調査報告書（乙ロ１、２）を見せられ、これを交付されていること、このうち、乙ロ第１号証（調査地点は谷口土地、佐藤土地及び柿澤土地）には、柿澤土地は地上から１．５メートル付近まで軟らかく厚密沈下の発生が考えられる旨の記載があり、乙ロ第２号証（調査地点は佐藤土地及び柿澤土地）には地耐力不足の非常に軟弱なシルト層が厚く分布しているため地盤は不安定となっているので、建物を建築するに際しては、支持杭基礎工法を用いるべき旨の記載があること、この時点では、谷口建物及び小野建物は着工されており、地盤調査報告書（乙ロ２）を受けて、未着工であった他の建物の基礎工法は、支持杭を用いた工法に変更されたこと、甲野は、本件各建物の基礎工事について、支持杭基礎工法でなければならないことを認識しており、乙ロ２号証の提出後に、谷口建物及び小野建物以外の未着工建物の基礎工法が変更された事情を知っていたこと、それにもかかわらず、千都住宅から、谷口建物及び小野建物はべた基礎で、佐藤建物及び柿澤建物は杭により補強された布基礎で、それぞれ施工されていることを知らされていたこと、そこで、引用した原判決

の認定するとおり、甲野は、被控訴人小野を除く被控訴人らに対する重要事項説明書に、当該地区又はその近隣が軟弱地盤地区である旨の記載をしたことが認められる。

証人甲野は、本件各土地が軟弱地盤であると聞いていなかったと供述する（陳述書（乙ロ４）の記載も含む。）が、同供述は、上記のとおり、甲野自らが、重要事項説明書に本件各土地又はその近隣が軟弱地盤である旨記載していることに照らして、信用することができない。

③　甲野ないし控訴人住友不動産において、本件各土地が軟弱地盤であることを認識していたというためには、報告書に記載されていたような地質についての詳細な分布までを正確に認識していなければならないと解すべきものではなく、水分が多くて軟弱であり、沈下を起こしやすい地盤というほどの意味を認識していれば足りると解すべきである。

そして、上記②の事実に照らせば、甲野には、本件各土地が上記の意味での軟弱地盤であることの認識は、十分にあったものと認められ、地質に関する専門的知識がないからといって、上記の意味での軟弱地盤であることについて、説明、告知義務を免れるものではない。そうすると、控訴人住友不動産は、被控訴人らに対する説明、告知義務に違反したものというべきである。」

〈実務上の留意点〉

この事案は、【判例６】東京地判平成13.6.27判時1779.44、判タ1095.158の控訴審の事件であり、仲介業者らが控訴したものであり、事案の内容は同じである（売主との関係では第一審判決が確定した）。控訴審においては、主として、建物につき軟弱地盤による不等沈下があったか、仲介業者の担当者らが軟弱地盤であることを認識していたかが争点になったものである。

この判決は、建物の敷地が軟弱地盤であり、これにより不等沈下が生じたとした上、一社の仲介業者の担当者は敷地が軟弱地盤であることを認識していたとしたこと、この仲介業者の説明告知義務違反を肯定したこと、他社の仲介業者（買主の一人のみの仲介業者）の担当者は地域が軟弱地盤地域であることを認識していたものの、敷地が軟弱地盤であることを明確に認識できたかは疑問があり、認識することができたものと認めることはできないとしたこと、この仲介業者の説明告知義務違反を否定したことを判示している。この判決は、結局、仲介業者の一社につき担当者の認識に疑問を呈して説明義務違反を否定したところが、第一審判決の判断と異なるものであり、微妙な判断を示したものである。

この判決は、基本的には、第一審判決と同様な意義をもつものであり、仲介業者の担当者らが土地が軟弱地盤であることを地盤調査報告書を見て認識していたところに大きな特徴があり、重大な事務処理上の問題があったことは否定できない。

東京地判　平成15.4.10　判時1870.57　[判例8]

〈事案の概要〉

Y_1株式会社は、一級建築士事務所であるY_2株式会社にマンションの設計、工事監理を依頼し、A株式会社に建築工事を注文し、マンションを建築したが（Aは、数年後、会社更生手続開始決定を受けた）、平成６年10月、X_1、X_2がそれぞれ本件マンションの１階部分の専有部分を青田買いとして購入し（代金は、X_1につき4210万円、X_2につき4310万円。なお、瑕疵担保責任については引渡しから２年間とする旨の特約があった）、本件マンションが完成後、引渡しを受けたところ、平成８年９月以降浸水が続いたことから、X_1らがY_1に対して基礎杭が基準より短縮されている欠陥がある等と主張し、平成11年10月に瑕疵担保により契約を解除し、瑕疵担保責任、債務不履行等に基づき、Y_2に対して不法行為に基づき、売買代金、購入のための費用、修補に関する費用、慰謝料、調査鑑定費用、雑損、弁護士費用の損害賠償を請求した。

本判決は、本件マンションの敷地が浸水しやすい地盤であるのに、設計段階から盛り土等の十分な対策をとらなかったことによる瑕疵があるとし、契約の解除を認め、瑕疵担保責任は引渡しから２年間とする特約については、無過失の場合に限られ、本件には適用されないとし、説明義務違反の債務不履行、不法行為もあるとし（マンション購入関係費用、修補費用、慰謝料各100万円、訴訟追行費用（調査鑑定費用、雑損、弁護士費用）等の損害を認めた）、Y_2は建築主が地表面をそのままにした設計を委任した場合には、特段の事情のない限り、指示どおり設計しても完成建物の取得者に責任を負わない等とし、Y_2の不法行為責任を否定し、Y_1に対する請求を認容し、Y_2の不法行為を否定し、請求を棄却した。

〈判旨〉

「(1）被告志村の責任

ア　本件マンションには、上記のとおり、本件浸水被害の発生という欠陥がある。

イ　原告らは、被告志村の責任として、選択的に、債務不履行責任、瑕疵担保責任、不法行為責任などを主張するところ、以上説示したところによれば、本件マンションの上記欠陥は、本件売買契約の目的物の隠れたる瑕疵というのを妨げないから、少なくとも被告志村の瑕疵担保責任を認め得ることが明らかである。

そして、防潮板の設置では瑕疵の修補とならないのは、既に説示したとおりであって、弁論の全趣旨によれば、本件マンションの浸水被害を抜本的に防止するためには、本件マンションを取り壊し、本件マンション１階部分にあたる高さまで盛り土をして、その上に建物を建てるより他に方法がないと認められる。そのような方法は、現段階において、社会通念上不可能であって、修補不能といわざるを得ない。したがって、本件各室を住居として使用するという本件売買契約の目的を達成することが不可能であるといわざるを得ないから、原告らは、瑕疵担保責任に基づき、本件売買契約を解除することができるというべきである。

この点につき、被告志村は、本件売買契約には、同被告が瑕疵担保責任を負う期間が本件各室の引渡しから２年間とする特約によって、平成９年12月20日以降に原告等に生じた損害については、瑕疵担保責任を負わないと主張する。しかし、同特約を締結した際の当事者の合理的意思を推測すれば、同特約の趣旨が売主に瑕疵の存在について故意又は過失があった場合にまで、民法の規定に比べて短期間で、売主の瑕疵担保責任を免除させてしまうことにあったとは解されない。同特約は、要するに、売主が瑕疵の作出あるいは存在について無過失である場合に限定して適用されると解すべきであるが、本件では、被告志村に本件瑕疵の作出について過失があることは、以上説示したところから明らかである。被告志村が同特約の存在を理由に瑕疵担保責任を免れることはできないといわざるを得ないのであって、同被告の主張は失当というほかはない。

また、被告志村は、平成９年４月30日、本件マンションの管理組合との間で、同被告が浸水対策工事を実施することを条件に、以後、雨水浸水については、同被告に異議を述べない旨の合意をし、直ちに浸水対策工事を実施しているから、その合意後に発生した浸水被害については、原告らとの関係でも責任を負わないとも主張する。しかし、この合意が直ちに原告らとの間で効力が及ぶかという点をしばらく置いても、当該合意が、マンション施工業者との間で取り交わされていることからしても、合意の内容である浸水対策工事が実効性のあるものであって、これから生じる浸水被害が自然災害といい得るような被告志村に過失がない場合に、重ねて被告志村の責任を追及しない、いわばアフターサービスにとどまるものであったことは容易に推認することができる。これと異なり、以上認定のとおり、その後も毎年のように浸水被害が生じている本件においてもなお、この点に関する被告志村の主張も理由がない。

したがって、被告志村については、上記した瑕疵担保責任、しかも、その瑕疵の作出について同被告に過失がある場合であることを前提に、原告らが被った損害の有無・額を改めて検討することとする。

（2）被告平山の責任

ア　本件瑕疵は、以上説示のとおり、盛り土をして地表面をかさ上げして建築すべきであったのに、当初の地表面を基準にして建築したため、一階部分が浸水し易い状態になっていることであって、当初の地表面を前提にした本件マンションの設計それ自体に格別の欠陥があったわけではない。

イ　そこで、本件マンションの設計を請け負った被告平山の責任を検討するには、本件マンションの敷地に盛り土をする前提で、その地表面がかさ上げられた状態で設計すべきであったか否かということになるが、地表面をそのままにした設計では、完成したマンションの一階部分に浸水事故が発生し易く、これを販売し得ないか、販売したとしても、買主から苦情が述べられ、紛争に至ることが予想されるので、浸水対策を講じる必要があるといえる。しかし、それは、建築主である被告志村が、その費用対効果を考えて検討すべき問題であって、もっぱら建築主の判断に委ねられるべき問題である。民法636条本文は、目的物の瑕疵が注文者の指図によって生じたときは、請負人は、瑕疵担保責任以外に、一般の債務不履行責任を負わないと解するのが相当であるが、それらの趣旨に鑑みても、建築主が地表面をそのままにした設計を委任した場合に、受任者がその指示どおりに設計しても、建築主に対して責任を負うべきものではなく、まして、その設計に基づき、建築主が自らの判断で建築したマンションの浸水被害が発生したとしても、設計者が建築主からその完成する建物の取得者の権利・利益を積極的に侵害する意思で設計した等の特段の事情がある場合に限られ、それ以外は、建築主が対処すべき問題といわざるを得ない。

これを本件についてみるに、被告平山が、原告らの権利を積極的に侵害する意思で本件マンションの設計監理を行ったとまで認めるに足りる証拠はない。

原告らは、建物の設計を請け負った者は、その注文者である建築主から要望を受けたとしても、その内容によっては、その要望を拒絶し、あるいは、これを適宜変更すべき義務がある場合があって、本件においても、前田には被告志村あるいは建築工事を請け負った国土開発に対し、浸水被害対策をした設計を行うべき義務があったように主張する。しかし、以上説示したとおり、建築主の裁量の範囲で建築の当否が決せられる範囲にとどまる限り、その委任を拒絶すべきであるということはできないところ、本件もその例にとどまる。したがって、原告らの主張を採用することはできない。」

〈実務上の留意点〉

この事案は、マンションの分譲販売業者が設計業者にマンションの設計を依頼したこと、分譲販売業者がこの設計を基に建築業者にマンションの建築を依頼したこと（建築業者は、完成後、倒産した）、分譲販売業者はマンションの完成前に分譲販売を開始したこと、個人らが１階部分の専有部分を購入したこと、マンションの完成後、１階部分に浸水が続いたこと、個人らが浸水が開始した後、２年余を経て、瑕疵担保責任に基づき売買契約を解除したこと、個人らが基礎杭が基準より短縮されたことによる安全性の欠陥、浸水被害が発生する欠陥等を主張したこと、個人らが売主に対して瑕疵担保責任、債務不履行責任、不法行為責任を追及したこと、設計業者に対して不法行為責任を追及したこと、損害として売買代金、購入のための費用、修補に関する費用、慰謝料、調査鑑定費用、雑損、弁護士費用が主張されたことというものである。この事案で問題になったのは、マンションの１階部分の専有部分であり､浸水被害の発生という瑕疵である。

この判決は、マンションの地表面が浸水しやすい状態であり、地表面を嵩上げしなかったものであり、浸水が不可抗力によるものではないとし、十分な浸水対策をとっていない欠陥があると判断したものである。

また、この判決は、分譲販売業者の責任について、前記欠陥が隠れた瑕疵であるとし、瑕疵担保責任を肯定した上、免責特約について、契約当事者の合理的な意思を根拠に、売主に瑕疵の存在に故意又は過失があった場合にまで、瑕疵担保責任を免除すると解されないとし（無過失の場合に限定して特約が適用されるとした)、この事案では分譲販売業者に過失が認められ、特約が適用されないとしたものである。

さらに、この判決は、設計業者の責任について、建築主が地表面をそのままにした設計を委任した場合には、特段の事情のない限り、受任者がその指示どおりに設計しても、建築主が自らの判断で建築したマンションに浸水被害が生じたとしても、完成建物の取得者に責任を負わないとし、この事案では特段の事情が認められないとし、不法行為責任を否定したものである。

この判決は、損害については、売買代金、購入のための費用（入居のための費用、転居のための費用)、修補に関する費用、慰謝料（各100万円)、調査鑑定費用（各13万円余)、雑損（建築確認書のコピー代、関係書類の取寄費用)、弁護士費用（各400万円）の損害を認めたものである。

この判決は、マンションの１階部分の専有部分につき土地を嵩上げする等の浸水対策が十分でないとの隠れた瑕疵を認め、分譲販売業者の瑕疵担保責任を肯定した事例として参考になるが、その損害額の判断は、理論的にも、認定事例としても相当に緩やかなものであり、議論の予想されるものである。もっとも、不動産取引において損害賠償の範囲、額の判断が問題になる訴訟においては、証拠の内容のほか、担当裁判官によって判断がまちまちになる可能性が相当にあることを示すものとしても参考になる。

この判決は、瑕疵担保責任の免責特約の効力について、契約当事者の合理的な意思を根拠として援用し、売主に瑕疵の存在に故意又は過失があった場合にまで、瑕疵担保責任を免除すると解されないと判断しているが、この判断は、免責特約の内容を全く無視し、合理的な根拠がないのに特約の効力を極めて狭く解したものであり（民法572条参照）、重大な疑問のあるものである。また、この判決については、理論が先走り過ぎているとの印象が否定できない。

東京高判　平成15.9.25　判タ1153.167　［判例９］

〈事案の概要〉

建売業者で、宅建業者であるＹ株式会社は、Ａから従前は栗林であり、平成元年頃から駐車場として使用されていた土地を購入し、住宅地として区画し、建物を建築して販売していたが、平成10年11月、Ｘに代金3600万円で建物、敷地を販売し、Ｘは、本件建物に居住していたところ、大雨のときなどに土地が冠水したため（建物の敷地、駐車場として利用することに生活上の不便が生じることがあった）、Ｙに対して瑕疵担保責任、説明義務違反による不法行為に基づき損害賠償を請求した。

第一審判決は、通常程度の降雨でも冠水して床下浸水を来すとか、地盤が崩壊するおそれがあることが必要であるところ、集中豪雨等のときは雨水が床下浸水に達する勢いがあるものの、通常程度の降雨のときはこのような状態になる証拠がないとし、瑕疵の存在を認めず、また、説明義務違反を否定し、請求を棄却したため、Ｘが控訴した。

本判決は、冠水による生活上の不便が一定程度まで達していることは無視できないものの、居住自体が困難であるとするものではなく、周辺一帯に冠水被害が生じており、土地の価格評価にある程度折り込まれていること、道路の排水設備の整備等により改善され得る性質のものであること等とし、独立して土地の瑕疵であると判断することは困難であるとし、瑕疵担保責任を否定し、Ｙが冠水しやすいと知っていたとはいえない等とし、説明義務を否定し、控訴を棄却した。

〈判旨〉

「(2)　本件土地の瑕疵の有無について

ア　売買の目的物に隠れたる瑕疵がある場合、売主は瑕疵担保責任に基づく損害賠償責任を負う。ここにいう瑕疵とは、当該目的物を売買した趣旨に照らし、目的物が通常有すべき品質、性能を有するか否かの観点から判断されるべきである。そして、本件のような居住用の建物の敷地の売買の場合は、その土地が通常有すべき品質、性能とは、基本的には、建物の敷地として、その存立を維持すること、すなわち、崩落、陥没等のおそれがなく、地盤として安定した支持機能を有することにあると解される。

もっとも、地盤が低く、降雨等により冠水しやすいというような場所的・環境的要因からくる土地の性状も、当該土地における日常生活に不便が生じることがあるのであるから、その土地の経済的価値に影響が生じることは否定できない。しかしながら、そのような土地の性状は、周囲の土地の宅地化の程度や、土地の排水事業の進展具合など、当該土地以外の要因に左右されることが多く、日時の経過によって変化し、一定するところがないのも事実である。また、そのような冠水被害は、一筆の土地だけに生じるのではなく、附近一帯に生じることが多いが、そのようなことになれば、附近一帯の土地の価格評価に、冠水被害の生じることが織り込まれることが通常である。そのような事態になれば、冠水被害があることは、価格評価の中で吸収されているのであり、それ自体を独立して、土地の瑕疵であると認めることは困難となる。

このようにみてくると、一定の時期に、冠水被害が生じたことのみをもって直ちに、土地の瑕疵があると断定することは、困難であるといわねばならない。

イ　本件についてこれをみるに、上記（1）認定事実によれば、本件土地及びその周辺の道路は、台風等による大雨の際など、水が貯留しやすく、それによる冠水が生じやすい傾向にあることは認められるが、それでも建物に床下浸水をもたらす程度にまでは至っておらず、建物敷地としての利用に何らかの具体的支障が生じたなどの事情も窺われない。

そして、上記のように、本件土地及びその周辺の土地に水が貯留しやすくなったのは、周辺の土地の区画整理などが進み、保水機能を有する畑などの耕地が減少する一方、それに見合う道路の排水設備が整備されなかったことによるものと考えられる。そうすると、上記のような土地の性状は、雨水管や雨水桝の整備などの浸水対策がとられれば、いずれは解消される性質のものである。

そして、現に本件土地周辺でも、近時、そのような対策がとられていることは上記（1）コ認定のとおりである。

ウ　本件土地の一部は、当初から駐車場として利用することが予定されていたのであるから、冠水による影響を検討する際には、降雨によって、駐車場としての利用が阻害されるか否かという点も考慮する必要がある。

そして、平成11年８月14日の降雨の際、本件土地の駐車場部分の冠水が、駐車車両のナンバプレートの下付近まで達したこと、また、平成12年７月８日及び平成13年９月11日にもその程度は不明であるが、本件土地の駐車場部分が冠水したことは上記（1）設定のとおりである。

しかし、上記の平成11年の降雨は、１日の総雨量が205㎜、最大降雨量が30㎜という短時間に極めて多量の降雨があった場合であるし、平成12年及び平成13年の降雨も同様に集中的かつ多量の降雨があった場合であり、いずれも特殊な気象条件下での出来事であって、通常の降雨によるものではない。また、その程度も、駐車車両に損傷をもたらす可能性があったのは、平成11年のときだけであると解されるし、その具体的な損傷の程度も必ずしも明らかでない（控訴人がその点に関する書証として提出した甲17、18記載の整備・点検等の内容には、ファンベルトの交換など、必ずしも冠水と関わらないものも含まれている。）。

エ　以上のように、冠水による生活上の不便は、本件土地を建物の敷地や駐車場として利用するうえで、一定の程度まで達していて無視することはできないものではある。しかし、本件土地での居住自体を困難とするものではない。

そして、本件土地と同様の冠水被害は、周辺一帯に生じていることが窺われるのであって、そうするとそのような冠水被害が、土地の価格評価にある程度織り込まれている可能性も否定できないところである。

オ　以上の事実関係のもとで判断すると、本件土地に前記のような冠水被害が生じていた事実は認められるが、これをもって直ちに本件土地に瑕疵があるとして、売主の瑕疵担保責任を求めることは困難であるというほかないものである。

（3）　説明義務違反について

ア　本件土地は、集中的な大量の降雨等の際にその駐車場部分などが冠水しやすいという性状があるけれども、それが売買の目的物の隠れたる瑕疵といえないことは上記（2）のとおりである。

しかし、このような瑕疵に当たらないからといって、直ちにその販売業者に、上記のような土地の性状等についての説明義務がないといえるものではない。このような事柄は、その程度いかんにもよるけれども、その性質上、当該土地建物の利用者に、日常生活の面で種々の支障をもたらす可能性があるからである。また、本件のように売主が宅建業者としての地位にある場合、当該業者は、宅地建物の専門的知識を有するのに対し、購入者はそのような知識に乏しく、専門家を信頼して宅地建物を購入するのであるから、売主たる当該業者は、この面からも、売買契約に付随する信義則上の義務として、その取引物件に関する重要な事柄については、これを事前に調査し、それを購入者に説明する義務を負うというべきである。

イ　しかし他方、上記のような場所的・環境的要因からする土地の性状は、その地域の一般的な特性として、当該物件固有の要因とはいえない場合も多い。そして、そのような土地の性状等は、長年の土地の取引の積み重ねを通じて、一定程度、土地の評価にも反映し、それが織り込まれて土地の価格を形成している場合も多いと考えられる。また、上記のような事柄は、当該土地の用途地域（工業地域、住居専用地域）などと異なり、簡便に調べられる事柄ではない。

そうすると、当該業者が上記のような土地の性状に関する具体的事実を認識していた場合はともかく、そうでない場合にもその説明義務があるというためには、そのような事態の発生可能性について、説明義務があることを基礎づけるような法令上の根拠あるいは業界の慣行等があり、また、そのような事態の発生可能性について、業者の側で情報を入手することが実際上可能であることが必要であると解される。

ウ　本件についてこれをみるに、被控訴人は、全体土地を有山から買い受けた際も、その付近の雨水の貯留状況等については何も説明を受けていなかったものであり、本件土地建物を分譲して販売するに際し、本件土地の周辺が冠水しやすいという事実を知っていたとは認め難い。」

〈実務上の留意点〉

この事案は、不動産業者が元栗林の土地を購入し、宅地として整備したこと、土地上に建物を建築し、建売住宅として販売したこと、個人が土地、建物を購入したこと、大雨の際に土地が浸水し、床下浸水したこと、個人が不動産業者に対して瑕疵担保責任、不法行為責任を追及したこと、第一審判決が土地の瑕疵を否定したこと、損害として売買契約に関する損害5686万円余、慰謝料1000万円の内金が主張されたことというものである。この事案は、床下浸水、地盤の崩壊のおそれが主張されたものである。

この判決は、瑕疵担保責任の瑕疵は、目的物を売買した趣旨に照らし、目的物が通常有すべき品質、性能を有するか否かの観点から判断されるべきであること、居住用の建物の敷地の売買の場合は、土地が通常有すべき品質、性能とは、基本的には、建物の敷地として、その存立を維持すること、すなわち、崩落、陥没等のおそれがなく、地盤として安定した支持機能を有することにあること、地盤が低く、降雨等により冠水しやすいというような場所的・環境的要因からくる土地の性状は、一筆の土地だけに生じるのではなく、附近一帯に生じることが多いこと、この場合、附近一帯の土地の価格評価に、冠水被害の生じることが織り込まれることが通常であり、価格評価の中で吸収され、それ自体を独立して、土地の瑕疵であると認めることは困難であること、一定の時期に、冠水被害が生じたことのみをもって直ちに、土地の瑕疵があると断定することは、困難であることを指摘した上、この事案では、冠水による生活上の不便は、土地を建物の敷地や駐車場として利用する上で一定の程度まで達していて無視することはできないものの、土地での居住自体を困難とするものではなく、同様の冠水被害が周辺一帯に生じていることが窺われ、冠水被害が、土地の価格評価にある程度織り込まれている可能性も否定できないとし、瑕疵の存在を認めず、瑕疵担保責任を否定したことを判示したものである。

また、この判決は、説明義務違反については、瑕疵担保責任が否定される状況においても、販売業者に土地の性状等についての説明義務がないとはいえないとした上、売主が宅建業者としての地位にある場合には、業者が宅地建物の専門的知識を有するのに対し、購入者はそのような知識に乏しく、専門家を信頼して宅地建物を購入するのであるから、売主たる業者は、売買契約に付随する信義則上の義務として、その取扱物件に関する重要な事柄につき事前に調査し、購入者に説明する義務を負うこと、この事案では土地の周辺が冠水しやすいという事実を知っていたとは認め難いとし、説明義務違反がないことを判示したものである。

この判決は、結論としては第一審判決と同様なものであるが、理論的にも、理論の適用としても興味深い判断を示したものであり、参考になる。この判決が瑕疵担保責任の成否を判断した枠組み、その適用の仕方は、従来一部の裁判例において安易かつ直感的な判断に流れがちであったのに対し、瑕疵の意義と判断の仕方を明確にするものであり、参考になるものである。また、この判決は、瑕疵担保責任と説明義務違反の不法行為責任との関係について一定の見解を提示したものであるが、議論が必要な問題であるものの、一つの見解を提唱するものであり、その結論は合理的なものである。

東京地判　平成25.1.16　判時2192.63　[判例10]

〈事案の概要〉

Xは、宅地建物取引業者であるY_2株式会社の仲介により、平成23年2月20日、Y_1から千葉県浦安市所在の建物、敷地を、同年3月20日までの解除期限までは手付放棄により契約を解除できる旨、引渡し前に天変地異により目的物が毀損したときは、Y_1が毀損を修復した上で引き渡す旨の特約で購入したところ、同年3月11日、大地震（東日本大震災）が発生し、本件建物が液状化により傾いたが、同月26日、本件建物等の引渡しを受けたものの、Y_1が本件建物の傾きを告知することがなかったことから、XがY_1らに対して、調査、告知せず、手付解除できなかった等と主張し、主位的に債務不履行、不法行為に基づき損害賠償、予備的に、Y_1に対して手付解除の期間制限はなく、解除したと主張し、不当利得の返還、予備的に、修復義務違反による債務不履行に基づき損害賠償を請求した。

本判決は、Y_1が引渡し前に本件建物の傾きを認識したとは認められないとし、債務不履行、不法行為を否定し、引渡し後、Y_1が傾きに気付き、修復を申し入れたものの、Xの協力が得られなかったことから、修復義務の不履行につき帰責事由が認められない等とし、主位的請求、予備的請求を棄却した。

〈判旨〉

「二　争点一（1）（被告乙山の虚偽告知等に係る債務不履行又は不法行為の有無）について

（１）　原告は、①被告乙山が、三月一二日に原告の訪問を受けた時点で、本件建物に生じた本件傾きに気付いていたにもかかわらず、原告に対し、本件建物に問題がない旨述べて原告を欺罔した、②仮に、被告乙山が三月一二日の原告訪問の時点で本件傾きを知らなかったとしても、被告乙山は三月二〇日（本件手付条項の解除権行使の期限の日）までは本件建物に傾きが生じたことを認識したと主張する。

（２）　しかし、被告乙山は、三月一二日の時点で本件建物の本件傾きに気付いておらず、同日から三月二〇日までの間も本件傾きに気付いていなかったと供述し、乙い七、八（被告乙山及び花子の陳述書）にも同趣旨の陳述記載部分がある。そして、前記一認定の事実によれば、本件傾きに関して次の事情が指摘できる。

ア　本件傾きは、最大で垂直方向一二〇cm当たり、水平方向に一・三cm程度であり、目視によって直ちに判明するものではない。

イ　本件傾きは、東日本大震災によって生じていた蓋然性が高い。本件傾きの程度は、人が傾いていることを認識するとされる程度に達するものである。また、本件物件においては、本件傾きのため、ドアが勝手に動くなどしているほか、床にビー玉等を置くと、一方向に転がっていくという状況である。

・・・・

（４）　以上のとおり、被告乙山が三月一二日時点で本件傾きを認識していたことを認めるに足りる証拠はないから、被告乙山は原告に対し三月一二日に虚偽の告知をしたということはできない。また、被告乙山が三月一二日以降三月二〇日までの間に本件傾きに気付くに至ったことを認めるに足りる証拠はないから、三月二〇日までの間に本件傾きに気付きながら、これを告知しなかったということもできない。したがって、原告の上記主張は採用することができない。

・・・・

四　争点三（１）（被告乙山の修復義務違反の有無）について

（１）　本件建物は東日本大震災により引渡し前に本件傾きが生じているから、被告乙山は、本件修復条項に基づき、本件傾きを修復する義務を負っている。原告は、被告乙山が本件傾きを修復していないのは修復義務に違反すると主張するので、検討する。

（2）　本件修復条項は、「本件物件の引渡し前に、天災地変、その他売主又は買主のいずれかの責めに帰すことのできない事由により、本件物件が毀損したときは、売主は、本件物件を修復して引き渡すものとする」旨規定している。本件修復条項は、当事者に帰責事由がなく上記毀損が生じた場合に毀損を修復することによって売買の対価的な均衡を維持することを目的とするものと解される。このような同条項の趣旨に照らせば、本件物件の引渡し前の天災地変等により本件物件が毀損したときは、売主が修復義務を果たすことなく本件物件を引き渡した場合にも、修復義務を負うものと解される。もっとも、この場合には、引渡しが済んでいるために、売主が修復義務を履行するためには、買主の協力が必要となるから、売主が修復するために必要な協力を買主がする義務を負うことが当然想定されているものと解される。また、本件修復条項は、修復義務の内容、方法及び程度について規定していないけれども、同条項の上記趣旨に照らせば、毀損の具体的内容及び程度、修復に要する費用等を総合的に考慮して、修復の内容及び方法は毀損を修復するのに必要かつ相当なものに限られるというべきである。

そして、引渡し時までに本件物件の毀損が修復されず、かつ、引渡し後も毀損が修復されない場合には、修復しないことについて売主に帰責事由があれば、買主は修復義務の不履行について損害賠償請求をすることができると解される。

・・・・

このように、被告乙山は引渡し前に本件傾きに気付かなかった以上、引渡し前に本件傾きの修復義務を履行しなかったことについて帰責事由があるとはいえない。また、被告乙山は、引渡し後、速やかに修復を申し入れたが、原告が被告乙山の修復義務の履行に協力しないために、本件修復条項に基づく修復工事を決定することができないでいるのであるから、被告乙山は修復義務の不履行について帰責事由はない。したがって、被告乙山は本件傾きの修補義務の不履行について債務不履行責任を負わず、原告は修復に代えて損害賠償請求をすることはできない。

・・・・

五　争点一（2）（被告の会社の調査義務違反の有無）について

（1）　原告は、被告会社が本件媒介契約を締結して本件売買契約を媒介した者として、原告の求めに応じて本件売買契約の対象である本件物件を調査し、原告に正しい情報を提供する業務上の義務を負っているから、本件建物に水準器を用いた調査をすべきところ、被告会社従業員の丙川が３月17日に原告からの問い合わせに対し、水準器を用いた調査を行うことなく、「本件建物に異常はない」旨回答したのは被告会社の上記調査義務に違反すると主張する。

（２）　そこで検討するに、被告会社は、原告との間で本件媒介契約を締結し、本件売買契約を媒介したものである。媒介契約は、その性質上、宅建業者が売買契約の成立に向けて業務を行うことを目的としており、売買契約の締結により媒介業務が終了するものである。そうすると、被告会社は、本件売買契約締結の後の被告会社の作為又は不作為について、原則として、本件媒介契約上の義務を負うことはなく、その義務違反に問われることもないというべきである。

もっとも、買主から売買契約成立後に生じた建物に傾きの有無について調査の要求があり、宅建業者がこれに応じたりするなどの特段の事情があれば、被告会社も傾きの有無について調査義務を負うことになると解される。しかし、宅建業者は売買契約の締結後に発生した不動産の物的瑕疵について容易に知り得る立場にないこと等をも考慮すると、被告会社は、本件売買契約締結後に生じた本件建物の傾きの有無について積極的に情報を提供する義務を負うことはなく、買主からの調査要求に任意に協力する限度で調査すれば足りるものと解される。また、本件建物には、東日本大震災以降本件建物の引渡しまでの間、被告乙山とその家族が居住しており、被告会社は本件建物の中に入って調査をすることができない状態にあった。これらの事情を総合考慮すると、被告会社は、原告の要求に応じて本件建物の傾きの有無を調査する場合であっても、本件建物に居住している場合であっても、本件建物に居住している被告乙山やその家族に傾きがあるか否かを問い合わせることで足り、それ以上に被告会社が自ら本件建物に水準器を用いて調査を行う義務まで負うということはできない。

（３）　本件において、被告会社の従業員丙川は、東日本大震災後、３月13日に被告乙山の妻花子と電話で話をした際に、花子から本件建物は大丈夫である旨の回答を得ていたこと、これを受けて、丙川は、３月17日の原告からの本件建物の傾きの有無についての問い合わせに対して、花子の上記回答を基に、本件建物は大丈夫である旨回答したことは前記一認定のとおりである。そうすると、被告会社は、原告に対する調査義務を果たしたということができる。なお、丙川が原告に対して本件建物は大丈夫である旨の回答をした内容は客観的には誤りであったけれども、この点は調査義務違反がないとの上記判断を左右するものではない。

したがって、被告会社は本件建物の傾きの有無について調査義務違反がないから、原告に対する債務不履行はなく不法行為も成立しない。」

〈実務上の留意点〉

この事案は、東京湾岸の土地、建物につき、平成23年２月20日、仲介業者の仲介により、個人間の売買がされたこと、同年３月20日までの解除期限までは手付放棄により契約を解除できる旨の特約があったこと、引渡し前に天変地異により目的物が毀損したときは、売主が毀損を修復した上で引き渡す旨の特約があったこと、同年３月11日、東日本大震災が発生し、付近一帯に液状化が発生し、この事案の建物も液状化により傾いたこと、地震後間もなく買主が売主を訪問したこと、買主が地震後間もなく仲介業者に建物の状況等を問い合わせをしたこと、仲介業者の担当者は売主に電話で問い合わせ、大丈夫である旨の回答を受け、その旨を買主に連絡したこと、同年３月26日、土地、建物の引渡しがされたこと、建物の傾きがあったことから、買主が売主に債務不履行責任、不法行為責任を追及したこと、修復義務違反による債務不履行責任も追及したこと、仲介業者に水準器を使用して調査すべき義務違反等を主張し、債務不履行責任、不法行為責任を追及したことというものである。この事案は、東日本大震災による液状化が広範囲に発生した地域の中古住宅の売買契約が、地震前に締結され、地震後に契約が実行されて問題になった事件である。

この判決は、売主における訪問時の説明による虚偽告知等に係る債務不履行責任、不法行為責任を否定したこと、売買契約上の修復特約の不履行による債務不履行につき買主の協力が必要であるところ、協力が得られない等とし、債務不履行責任を否定したこと、仲介業者の水準器を使用して調査すべき義務違反に係る債務不履行責任、不法行為責任を否定したことを判示している。

この事案は、東日本大震災に伴う土地、建物の取引をめぐるトラブルであり、売買契約の締結日と実行日との間に大地震が発生し、これに起因する土地、建物の損傷をどのように取り扱うかという重大かつ興味深い問題を提起したものである。この判決は、売主の法的な責任について、建物の傾きが生じていた状況において、虚偽の事実の告知による債務不履行責任、不法行為責任を否定したものであるが、売買契約の締結後に生じた事項に関する説明義務、その義務違反をどのように位置付けるかは議論が必要である。また、この判決は、前記の修復義務に関する特約違反による債務不履行責任を否定したものであるが、この事案の事実関係を前提とする限り、不合理な判断とはいえないであろう（なお、この判決を前提としても、売主は修復義務に関する特約に基づき修復すべき義務を負うものであり、これによる解決もあり得る）。むしろ、この事案では、大地震後、売主が買主に正確な情報を提供しなかったことにより、買主が手付放棄による解約権の行使を妨げられたとみることが主要な問題になっているようであり、売主の情報提供が信義則に反するとの評価も可能であり、解約期間が過ぎた場合であっても、合理的な期間内には手付特約に基づき解約権の行使を認めることが合理的であると考えられる。さらに、この判決は、仲介業者の債務不履行責任、不法行為責任を否定しているが、この事案の事実関係を前提とすれば、不合理な判断とはいえないであろう。

以上の判例が造成等に係る土地、建物の取引をめぐるものであるが、そのほか、土地が崩壊等した場合をめぐる判例の概要のみを紹介したい。これらの判例は、土地の崩壊等による被害を受けた者が土地の所有者、造成等につき規制権限を有する者の損害賠償責任が問題になったものである。なお、日本各地には様々な理由から土地の崩壊のおそれがある土地が一応明らかにされているところであり、土地の取引に当たってもこれらの情報を十分に参考にすべきであろう。

東京地判　昭和50．4.24　判時797.113　［判例11］

〈事案の概要〉

Ｙ株式会社は、公道に面した傾斜地を所有し、所有地を宅地として造成するため全体を公道面まで掘削したところ、隣地と最高約５ｍの崖が生じたが（隣地は、Ｘ株式会社がＹから購入したものであった）、Ｙは、崖の土留工事をAに請け負わせたところ、Yの工事計画が不適法であったこと等からトラブルが発生し、工事が中断し、放置されたことから、土留の一部が崩壊し、隣地の崖沿いの私道部分が崩落したため、XがYに対して不法行為に基づき損害賠償を請求した。

本判決は、隣地崩落の危険性を容易に予見できたものであり、直ちに土留工事をして隣地崩落を補防止すべき注意義務違反を認め、請求を認容した。

東京地判　昭和58.5.27　判時1096.83　[判例12]

〈事案の概要〉

Y_2学校法人は、周囲より小高い国有地を譲り受け、高さ約8.6mの東側傾斜地に設置されていた擁壁の上段に擁壁を設置し、土地上に体育館を建築して使用していたが、A株式会社に本件土地を売却し、Y_1株式会社に本件体育館の解体、整地工事を請け負わせ、Y_1が体育館を解体し、コンクリート基礎を撤去する等し、埋め戻し、更地にしてY_2に引き渡したところ、工事終了後間もなく降雨により、東側傾斜面が擁壁とともに崩壊し、東隣のX_1株式会社の所有に係る厚生施設（X_2は、住込管理人）の一部が破壊される等したため、X_1らがY_1らに対して損害賠償を請求した（工事当時、本件土地の所有者はAであったが、Aの土地工作物責任は、X_1、Y_2、Aとの間でY_2が免責的に引き受ける旨の合意が成立した）。

本判決は、本件土地の地盤が透水性のある関東ローム層であり、降雨により地層が一層軟弱化し、地すべり現象を起こし、擁壁が崩落したものであり、Y_1はこの危険を予見できたにもかかわらず、危険防止のための十分な措置を講じなかった過失を認め、使用者責任を肯定し、Y_2については降雨による崩落の危険という設置・保存の瑕疵を認め、土地工作物責任を肯定し、請求を認容した。

山形地判　昭和63.12.26　判時1303.3　[判例13]

〈事案の概要〉

山形県最上郡大蔵村の松山（標高176m）においては、昭和16年から昭和43年まで亜炭が採掘されていたところ（廃坑になった）、昭和49年４月、大規模な山崩れが発生し、土砂流が付近の集落を襲い、多数の死傷者、建物の倒壊等の被害が発生したため、死者の相続人、建物の被害を受けた者X_1、X_2らがY_1（国）に対して公の営造物である保安林の瑕疵等を主張し、Y_2県（山形県）に対して急傾斜地の崩壊による災害の防止に関する法律による調査・危険回避義務違反等を主張し、損害賠償を請求した。

本判決は、本件崩壊が亜炭採掘による沈下に伴い上位地盤に亀裂が発生し、雨水・融雪水の浸透が容易になり、風化が促進され、土地の強度・粘着力が低下したところに、昭和49年の豪雪の融雪水が急速、大量に供給された結果である等とし、本件崩壊と亜炭採掘との事実的因果関係を認めたものの、予見可能性がなかった等とし、Y_1、Y_2の責任を否定し、請求を棄却した。

大阪地判　平成元.1.20　判時1304.25　[判例14]

〈事案の概要〉

Y_1町（奈良県生駒郡平群町。Y_4は、町長）は、Y_2県（奈良県）の審査を受け、林道の建築工事を実施し、工事に伴う残土を林道の法面、路肩に盛土工事を行ったが、その際、盛土の下方にある集落の住民から残土の撤去が要請され、一部の撤去が行われたところ、昭和58年７月、台風の降雨により、林道の路肩の盛土部分で地下水の異常流出が起こり、盛土部分が地すべりを発生させ、下方の集落を襲い、家屋を押し流し、死者が出る等したため、遺族等X_1、X_2らがY_1、Y_2、Y_3（国）、Y_4に対して国家賠償法２条１項、３条１項に基づき損害賠償を請求した。

本判決は、Y_1について残土の処理は他にも可能であったのに、住民の家屋の上方に盛土をしたものであり、設置・管理の瑕疵があったとし、Y_2の責任について補助金を交付し、実質的にY_1と共同して工事を執行したとし、Y_3、Y_4の責任を否定し、Y_1、Y_2に対する請求を認容し、その余の請求を棄却した。

青森地弘前支部判　平成元.5.25　判時1320.55　[判例15]

〈事案の概要〉

青森県の岩木山の南麓にある蔵助沢にスキー場が建設され、保安林が伐採される等し、ゲレンデの造成等が行われ、流域には土石流対策として堰堤が築造されたが、昭和50年８月、大量の豪雨があり、岩木山の山腹崩壊が発生し、土砂が流出し、下流の集落を襲い、建物が倒壊し、多数の死者が発生する等したため、遺族等X_1、X_2らがY_1（国）、Y_2（青森県）、Y_3（中津軽郡岩木町）に対して防災等に関する行政上の義務違反等を主張し、国家賠償法１条１項、２条１項に基づき損害賠償を請求した。

本判決は、土石流発生の具体的危険性につき予見可能性がなかった等とし、請求を棄却した。

千葉地松戸支部判　平成元.9.29　判時1330.80　[判例16]

〈事案の概要〉

X_1、X_2らの所有する土地、建物は、Y_1の所有する土地の南側に存在し、Y_1の所有土地が約1.7m高かったところ、Y_1が高さ約4.7m、長さ約47m、厚さ約43cmのブロック造の擁壁を設置していたが、昭和56年10月、台風の豪雨により、本件擁壁が崩壊し、X_1らの家屋を倒壊させ、死傷者を出す等したため、X_1、X_2らがY_1に対して土地工作物責任に基づき損害賠償、流入した土砂の撤去、妨害の予防Y_2県（千葉県）に対して国家賠償法１条１項に基づき損害賠償を請求した。

本判決は、本件擁壁の背面全面にわたって水抜き用の割栗石を投入し、少なくとも厚さ約0.3m、高さ４mの排水層を形成することが必要であったのに、水抜き用のパイプを設置しただけであるとし、設置上の瑕疵があったとし、Y_1に対する損害賠償請求を認容し、撤去請求等については、擁壁の設置場所、工事の内容、仕様が執行可能な程度に特定されていない等とし、不適法として却下し、Y_2に対する請求を棄却した。

静岡地判　平成2.2.9　判タ721.84　[判例17]

〈事案の概要〉

昭和49年７月、静岡県に集中豪雨が発生し（死者44名、負傷者241名、家屋の損壊743戸）、静岡市内の賤機山の斜面がＹ株式会社の経営に係る観光用リフトの擁壁とともに崩落し、斜面下の家屋が損壊し、住民８名が死亡したため、住民の遺族ＸらがＹに対して土地工作物責任に基づき損害賠償を請求した。

本判決は、本件リフト擁壁は豪雨時の土圧、水圧によって崩壊する危険性があるところ、積算雨量約229㎜に至るまでに崩壊しており、この程度の降雨量は過去の観測データにおいて数回ある等とし、リフトの設置・管理の瑕疵を肯定し、請求を認容した。

静岡地判　平成4.3.24　判時1428.42　[判例18]

〈事案の概要〉

昭和49年７月、静岡県に集中豪雨が発生し（死者44名、負傷者241名、家屋の損壊743戸）、静岡市内の賤機山の斜面がＹ株式会社の経営に係る観光用リフトの擁壁とともに崩落し、斜面下の家屋が損壊し、住民８名が死亡したため、住民の遺族ＸらがY_1に対して土地工作物責任に基づき、Y_2県（静岡県）に対して国家賠償法１条１項に基づき損害賠償を請求した（前記の【判例17】静岡地判平成2.2.9判タ721.84の関連事件である）。

本判決は、Y_1の責任について観光リフトの設置管理の瑕疵を認め、Y_1に対する請求を認容し、Y_2の責任について斜面崩壊の具体的危険性を予見することができなかった等とし、防災上の権限不行使の違法性を否定し、Y_2に対する請求を棄却した。

東京地判　平成8.9.27　判時1601.149　[判例19]

〈事案の概要〉

Ｙ株式会社は、福島県いわき市内で旅館を営業していたところ、平成５

年11月、豪雨があり、旅館の前面にある丘陵の一部が崩壊し、旅館前に駐車されていたX_1株式会社（代表者はX_2）の所有に係る自動車が破損し、旅館に宿泊していたX_1が旅館の２階便所に行こうとし、旅館内の浸水後のふき取り作業が行われた便所内に足を踏み入れたとたん足を滑らせて転倒して負傷したため、X_1らがYに対して土地工作物責任等に基づき損害賠償を請求した。

本判決は、X_1との関係において土地工作物責任を否定したが、場屋営業者の寄託責任を認め、不可抗力の主張を排斥し、X_2との関係において清掃管理につき泥水を除去し、又はこれが不十分な場合には、当該場所に立ち入ってはならない旨の表示をすべき安全配慮義務違反を認め（X_2の過失相殺を８割認めた）、請求を認容した。

広島地判　平成24.9.26　判タ2170.76　[判例20]

〈事案の概要〉

山林につき産業廃棄物業者Aが産業廃棄物処理場として開発され、堰堤、枡が設置される等したが、産業廃棄物処理場設置計画を断念した後、建設業者Bが本件土地を畑に転用する目的で購入し、建設残土を搬入し、本件土地の下部を埋め立てたところ（Y_1は、平成18年以降、現地調査等を実施していた）、平成21年７月、大雨が降り、本件土地の土砂が崩壊し、下流部にあったA宅が全壊し、Aが死亡し、X_1が負傷したため、X_1、Aの相続人X_2、X_3がY_1県（広島県）、Y_2市（東広島市）に対して宅地造成等規制法等所定の権限の不行使が違法である等と主張し、国家賠償法１条に基づき損害賠償を請求した。

本判決は、Y_1、Y_2が土砂の搬入業者に対して宅地造成等規制法所定の規制権限を行使しなかったことが同法の趣旨、目的に照らして著しく合理性に欠けるとし、違法であるとし、請求を認容した。

3　地震をめぐる判例

日本は世界的にみても、我々の日常生活の実感に照らしてみても、地震国である。例えば、幕末、あるいは明治維新の頃、様々な用務で日本に来訪した外国人の滞在記等を読んでみると、既に当時日本が地震国であることが広く知られており、滞在中に地震があると、その体験、驚きが臨場感溢れて記載されている。地震が日常的に発生していることは、世界的にみると、日本等一部の国、地域に特有な現象、出来事であるということができる。

日本人にとって地震自体は珍しい出来事ではないが、近年の地震が多発する事態は珍しい体験であるといえよう。特に平成7年1月に発生した阪神・淡路大震災は、高層化した大都市において初めて発生した大地震であり、その被害状況だけでなく、土地、建物の取引に与える影響にも重大な関心が寄せられたところである（法律問題だけでも多様な問題が発生したが、土地、建物をめぐる私法上の法律問題については、拙著・「大規模災害と被災建物をめぐる諸問題」法曹会（平成8年）参照)。また、平成23年3月には、東日本大震災が発生し、そのエネルギー（マグニチュード9.0）だけでなく、津波の規模の大きさに驚かされるばかりであったが、その後の余震も相当の規模のものが繰り返して発生している（東日本大震災は、地震、津波による被害だけでなく、福島第一原子力発電所における事故も発生し、原発事故に伴う被害、法律問題も深刻なものになっている)。しかも、近年の地震の多発は、さらに巨大な地震の兆しである等と指摘され、東海地震、南海地震等の大地震の発生も予想されている。

地震は、地盤の揺れ、地盤の沈下・隆起、地盤の移動、地盤の崩壊、土地の液状化、津波等を引き起こし、これに伴って建物の倒壊・損傷、建造物・施設・設備の倒壊・損傷、土地の下降・上昇、土地の水没、土地の移動、段差の発生、土地の陥没、崖崩れ、土砂の流出、土地の液状化等の事態が発生することがある（地震に伴って火災が発生し、建物の焼失、損傷が発生することがある)。地震が土地、建物に与えるこれらの影響は、土地、建物の所有者、占有者に法律問題を生じさせるだけでなく、土地、建物の取引にも影響を与え、取引の当事者等に法律問題を生じさせることがある。

地震による土地、建物への影響を検討し、判断する場合、地震については、放出されたエネルギー（マグニチュード）、加速度、速度、震度、振幅、周期、津波等のほか、震源からの距離、地盤の状況、建物の状況、周囲の状況、火災等の影響も重大であり、どの事項を取り上げて地震による影響を検討するかによって大きく異なるものであり、従来は震度が判断基準として取り上げられることがあったものの、震度が合理的な基準になるのか、具体的にどの地点の震度を取り上げることが合理的であるのか等といった問題がある。例えば、訴訟の実務において判断基準として利用されている震度を取り上げると、現在日本で使用されている震度は、気象庁の震度階級であり、数度の変更を経て、０、１、２、３、４、５弱、５強、６弱、６強、７に分類され、全国で4000箇所を超える地点で震度計によって観測されているが、各震度ごとに、人の体感･行動、屋内の状況、屋外の状況、建物（木造建物、鉄筋コンクリート造建物）の状況、地盤・斜面等の状況等が説明されている。地震に影響を受けたと考えられる不動産取引、不動産事故による地震をめぐる法律問題を検討する場合、地震の震度を基準として検討し、判断するに当たっては、問題となった土地、建物の所在地の震度の認定、判断は必ずしも容易ではないことに留意する必要がある。

近年の地震の多発状況に直面して、不動産の取引の現場では地震の発生を考慮した特約とか、耐震性を要件とする特約といった各種の特約（このような特約は地震特約ということができるが、特約の内容は異なるものの、損害保険契約においては相当前から地震による被害に関する特約が利用されている）の検討、締結がされたりしているし、地震の発生による土地の地盤、建物の構造等に対する影響が取引、土地、建物にどのような影響があるかを一応検討して取引を行うことも増加しているようである。地震の発生が不動産の取引に影響がある場合が増加しつつある現在（実際に影響があるとはいえない場合であっても、取引の当事者が影響があると考えたり、懸念したりする場合はさらに多いであろう）、具体的に地震のどの事態が取引にどのように影響するかを具体的に明らかにすることが重要であるところ、このような事柄は必ずしも明らかになってはいない。例えば、地震によって引き起こされる事態といっても、震度の前記の階級自体、気象庁において留意事項が公表されており、震度は限定された場所で限定された意義をもつものである上、震度階級によって示されている「人の体感･

行動」「屋内の状況」「屋外の状況」に記載された状況も抽象的であり、その判断は一義的に明確ではなく、観測地点以外では場所によって震度が異なることが前提となっているものである（具体的な内容は、後記のとおりである）。不動産の取引において前記の様々な法律問題が生じたり、前記の特約が締結されていたりした場合、具体的な土地、建物の被害状況と地震の影響について震度を基準とすることは、軽視することができない前記の問題を抱えているものであり、慎重な検討、判断が必要であり、重要である。なお、地震の影響についてマグニチュード、加速力等の他の指標を基準とする場合には、その指標と不動産の取引との関係、取引への影響との関係を考慮し、慎重な検討、判断が必要である。

阪神・淡路大震災によって引き起こされた借地、借家、マンションの区分所有等をめぐる法律問題については、前記の拙著によって紹介したところであるが、本書においては、地震による土地の損壊、建物の倒壊等をめぐる判例を紹介したい。

○気象庁震度階級関連解説表

〈使用にあたっての留意事項〉

1．気象庁が発表している震度は、原則として地表や低層建物の一階に設置した震度計による観測値です。この資料は、ある震度が観測された場合、その周辺で実際にどのような現象や被害が発生するかを示すもので、それぞれの震度に記述される現象から震度が決定されるものではありません。

2．地震動は、地盤や地形に大きく影響されます。震度は震度計が置かれている地点での観測値であり、同じ市町村であっても場所によって震度が異なることがあります。また、中高層建物の上層階では一般に地表より揺れが強くなるなど、同じ建物の中でも、階や場所によって揺れの強さが異なります。

3．震度が同じであっても、地震動の振幅（揺れの大きさ）、周期（揺れが繰り返す時の1回あたりの時間の長さ）及び継続時間などの違いや、対象となる建物や構造物の状態、地盤の状況により被害は異なります。

4．この資料では、ある震度が観測された際に発生する被害の中で、比較的多く見られるものを記述しており、これより大きな被害が発生したり、逆に小さな被害にとどまる場合もあります。また、それぞれの震度階級で示されている全ての現象が発生するわけではありません。

5．この資料は、主に近年発生した被害地震の事例から作成したものです。今後、5年程度で定期的に内容を点検し、新たな事例が得られたり、建物・構造物の耐震性の向上等によって実状と合わなくなった場合には変更します。

6．この資料では、被害などの量を概数で表せない場合に、一応の目安として、次の副詞・形容詞を用いています。

用語	意味
まれに わずか 大半 ほとんど	極めて少ない。めったにない。 数量・程度が非常に少ない。ほんの少し。 半分以上。ほとんどよりは少ない。 全部ではないが、全部に近い。
が（も）ある、 が（も）いる	当該震度階級に特徴的に現れ始めることを表し、量的には多くはないがその数量・程度の概数を表現できかねる場合に使用。
多くなる	量的に表現できかねるが、下位の階級より多くなることを表す。
さらに多くなる	上記の「多くなる」と同じ意味。下位の階級で上記の「多くなる」が使われている場合に使用。

※ 気象庁では、アンケート調査などにより得られた震度を公表することがありますが、これらは「震度○相当」と表現して、震度計の観測から得られる震度と区別しています。

〈人の体感・行動、屋内の状況、屋外の状況〉

震度階級	人の体感・行動	屋内の状況	屋外の状況
0	人は揺れを感じないが、地震計には記録される。	−	−
1	屋内で静かにしている人の中には、揺れをわずかに感じる人がいる。	−	−
2	屋内で静かにしている人の大半が、揺れを感じる。眠っている人の中には、目を覚ます人もいる。	電灯などのつり下げ物が、わずかに揺れる。	−
3	屋内にいる人のほとんどが、揺れを感じる。歩いている人の中には、揺れを感じる人もいる。眠っている人の大半が、目を覚ます。	棚にある食器類が音を立てることがある。	電線が少し揺れる。
4	ほとんどの人が驚く。歩いている人のほとんどが、揺れを感じる。眠っている人のほとんどが、目を覚ます。	電灯などのつり下げ物は大きく揺れ、棚にある食器類は音を立てる。座りの悪い置物が、倒れることがある。	電線が大きく揺れる。自動車を運転していて、揺れに気付く人がいる。
5弱	大半の人が、恐怖を覚え、物につかまりたいと感じる。	電灯などのつり下げ物は激しく揺れ、棚にある食器類、書棚の本が落ちることがある。座りの悪い置物の大半が倒れる。固定していない家具が移動することがあり、不安定なものは倒れることがある。	まれに窓ガラスが割れて落ちることがある。電柱が揺れるのがわかる。道路に被害が生じることがある。
5強	大半の人が、物につかまらないと歩くことが難しいなど、行動に支障を感じる。	棚にある食器類や書棚の本で、落ちるものが多くなる。テレビが台から落ちることがある。固定していない家具が倒れることがある。	窓ガラスが割れて落ちることがある。補強されていないブロック塀が崩れることがある。据付けが不十分な自動販売機が倒れることがある。自動車の運転が困難となり、停止する車もある。
6弱	立っていることが困難になる。	固定していない家具の大半が移動し、倒れるものもある。ドアが開かなくなることがある。	壁のタイルや窓ガラスが破損、落下することがある。
6強	立っていることができず、はわないと動くことができない。 揺れにほんろうされ、動くこともできず、飛ばされることもある。	固定していない家具のほとんどが移動し、倒れるものが多くなる。	壁のタイルや窓ガラスが破損、落下する建物が多くなる。補強されていないブロック塀のほとんどが崩れる。
7		固定していない家具のほとんどが移動したり倒れたりし、飛ぶこともある。	壁のタイルや窓ガラスが破損、落下する建物がさらに多くなる。補強されているブロック塀も破損するものがある。

出典：気象庁HPより

仙台地判　昭和56.5.8　判時1007.30　[判例21]

〈事案の概要〉

昭和53年６月12日、宮城県沖地震が発生し（マグニチュード7.4。震度５。死者27名）、宮城県泉市内の道路を歩行中のＡ（当時、８歳）が道路に沿って設置されていたＹの所有に係るブロック塀（高さ1.6m）の一部が崩壊し、その下敷きとなり、死亡したため、Ａの両親X_1、X_2がＹに対して土地工作物責任に基づき損害賠償を請求した。

本判決は、ブロック塀の設置・保存に瑕疵があるためにはその築造、維持、管理に不完全な点があり、ブロック塀が安全性を欠いていることが必要であるところ、本件でブロック塀が築造された当時通常発生することが予測された地震動に耐える安全性を有していたかをみると、築造当時震度５が予測されたところ、本件地震は一部地域で震度６のところもあり、震度５を超える強い振動であったとし、設置の瑕疵の証明がないとし、請求を棄却した。

〈判旨〉

「三　一般にブロック塀の設置又は保存に瑕疵があるとはブロック塀の築造及びその後の維持、管理に不完全な点があって、ブロック塀が安全性を欠いていることをいうものであるが、その要求される安全性は、如何なる事態が発生しても安全であるという意味のいわゆる絶対的な安全性ではなく、当該工作物の通常備えるべきいわゆる相対的な安全性をいうものと解すべきであり、右にいわゆる通常備えるべき安全性とは本件に則して言えば、本件は地震に関連して発生した事故であるから、本件ブロック塀が通常発生することが予測される地震動に耐え得る安全性を有していたか否かをいうものであるが、地震が地上の築造物に対して及ぼす影響は、地震そのものの規模に加えて、当該築造物の建てられている地盤、地質の状況及び当該築造物の構造、施工方法、管理状況等によって異なるものであるから、具体的に本件ブロック塀に瑕疵があったか否かを決するに当っては、右のような諸事情を総合して、本件ブロック塀がその築造された当時通常発生することが予測された地震動に耐え得る安全性を有していたか否かを客観的に判断し、右の点につき安全性が欠如し或いは安全性の維持について十分な管理を尽くさなかった場合には、本件ブロック塀の設置又は保存に瑕疵があるものというべきである。

・・・・

五　次に本件ブロック塀築造当時発生が予測し得べき地震の程度について検討するに、我国は世界でも地震の発生率の高い国であり、地震に関する研究もかなり進んでいるとはいうものの、将来どの程度の規模の地震が発生するかを確実に予知することは不可能に近いし、日本全国に一律に地震が発生しているわけではなく、地震が多発する地域は或る程度限定されているから、本件ブロック塀の安全性を考えるについても、仙台近郊において過去に発生した地震のうち最大級のものに耐えられるか否かを基準とすれば足りるものと考えられる。

ところで、・・・によれば、仙台管区気象台で最近50年間に観測された仙台市における地震のうち、震度四以上のものは別表（一）のとおりであって、これによると、仙台においては過去において震度六以上の地震の観測値はないことが認められ、右に加えて建築基準法施行令88条において水平震度が0.2と定められていたこと等の諸事情を考慮すると、本件ブロック塀築造当時においては、震度「五」程度の地震が仙台近郊において通常発生することが予測可能な最大級の地震であったと考えるのが相当である。

六　そうすると、本件ブロック塀の設置につき瑕疵があったというためには、前記認定のような構造であった本件ブロック塀が地盤、地質、施工状況等の諸事情に照らして震度「五」の地盤に耐え得る安全性を有していなかったことが明らかにされなければならないものといわなければならない。

・・・・

（四）　右のほか、《証拠略》によると、本件地震は原告小野寺弘子が被告方の二軒隣りの荒谷方の玄関にいた際発生したのであるが、地震の最中は立っていられない位の揺れで同人は玄関につかまっていたこと、また右荒谷方では地震の揺れで戸棚の中からいろいろな物が飛び出してきたこと、被告がその属する向陽台団地のブロック塀、大谷石塀の所有者に本件地震による被害状況について求めたアンケートに対する回答（65通）によると、ブロック塀又は大谷石塀が全壊したとの回答があったもの10戸、一部崩落又は損壊したとの回答があったもの約20戸、一部又は全部傾斜したとの回答があったもの約15戸であったことなどの事実が認められること、等の諸事情を併せ考えると、本件事故現場においては、震度五を超える強い振動であった可能性も十分考えられるから、本件地震の震度が五と仙台管区気象台から発表されたこと或いは本件ブロック塀が倒壊したことのみから、直ちに本件ブロック塀がその築造当時において通常予測すべき震度五に耐え得ない強度のものであったと速断することはできないし、他に本件ブロック塀が本来備えるべき震度五の地震に耐え得る安全性を欠いていたものであることを肯認し得る証拠はないから、結局、本件ブロック塀の設置の瑕疵については立証がないものといわなければならない。」

〈実務上の留意点〉

この事案は、マグニチュード7.4の宮城県沖地震が発生したこと、その際、宮城県泉市内の道路を児童が歩行中であったこと、道路に沿って設置されていたブロック塀の一部が崩壊したこと、児童が崩壊したブロック塀の下敷きとなり、死亡したこと、児童の両親がブロック塀の所有者に対して土地工作物責任に基づき損害賠償を請求したことというものである。この事案では、ブロック塀の設置・保存の瑕疵の有無が主として問題になったものである。

この判決は、ブロック塀の設置・保存の瑕疵は、ブロック塀が安全性を欠いていることであること、この安全性は、如何なる事態が発生しても安全であるという意味の絶対的な安全性ではなく、通常備えるべき相対的な安全性をいうこと（なお、この判決が絶対的な安全性、相対的な安全性の前に「いわゆる」との言葉を付加している意味は不明である）、通常備えるべき安全性は、地震の場合には、通常発生することが予測される地震動に耐え得る安全性を有していたことであること、地震が地上の築造物に対して及ぼす影響は、地震そのものの規模、築造物の建てられている地盤、地質の状況及び築造物の構造、施工方法、管理状況等によって異なるから、具体的にブロック塀に瑕疵があったか否かを判断するに当たっては、これらの諸事情を総合して、ブロック塀がその築造された当時通常発生することが予測された地震動に耐え得る安全性を有していたか否かを客観的に判断し、安全性が欠如し、あるいは安全性の維持について十分な管理を尽くさなかった場合には、ブロック塀の設置又は保存に瑕疵があるというべきであること、この事案では、仙台近郊において過去に発生した地震のうち最大級のものに耐えられるか否かを基準とすれば足りること、ブロック塀築造当時、震度5程度の地震が仙台近郊において通常発生することが予測可能な最大級の地震であったと考えるのが相当であること、事故現場においては、震度5を超える強い振動であった可能性も十分考えられること、ブロック塀が本来備えるべき震度5の地震に耐え得る安全性を欠いていたものであることを肯認し得る証拠はないことを判示している。

この判決の結論は、必ずしも不合理であるとはいえないが（不幸な事故であることは多言を要しない）、この判決が提示する土地工作物責任の設置・保存の瑕疵の判断基準については疑問がある（なお、この瑕疵の法的な意味については、客観的な性状をいうのか、占有者・所有者の義務違反をいうのか等の問題があり、国家賠償法2条1項所定の瑕疵とともに議論がされているが、客観的な性状をいうとの見解が優勢であるところ、この判決は、曖昧な表現が残るものの、客観的な性状であると考えているようである）。この判決は、瑕疵が通常備えるべき安全性を欠いていることであるとした上、通常備えるべき安全性は、地震の場合には、通常発生することが予測される地震動に耐え得る安全性を有していたことであるとしつつ、仙台近郊において過去に発生した地震のうち最大級のものに耐えられるか否かを基準とすれば足りることが瑕疵の判断基準であるとするものであるが、通常発生することが予測される地震動と問題の地域において過去に発生した最大級の地震に耐えられることとは全く異なる基準であるものの（通常の概念と最大級の概念は全く異なるというほかはない）、これを同視するものであって、不合理な論理であり、論理の大きな飛躍があるということができる。

この判決は、しかも、土地、建物、設備等の地震に対する安全性について、過去に発生した最大級の地震に耐えられるかどうかが瑕疵の判断基準であるとも説示するが、その説示の合理的な根拠は明らかにされていないし、その説示の合理性も疑わしいものである。

また、この判決も指摘するように、地震による揺れ等の影響は、地震の規模、築造物の地盤、地質の状況、築造物の構造、施工方法、管理状況等のほか、地震の震源地、原因、構造物の種類・性質・用途等によっても大きく異なり（この事案で問題になっているのは、ブロック塀であり、その規模、構造に照らしても、最大限の地震に備える安全性を求めることには疑問がある)、これらの事情を考慮することが必要である上、狭い地域であっても様々な影響が見られるから、地域一般の影響のほか、事故現場の影響を十分に検討することが重要である。この判決は、前記の判断基準を提示するだけで、地震の影響、構造物の種類・性質・用途等を適切に考慮していないものであり、その判断過程にも疑問が残る。

しかも、この判決のように仙台地域における最大級の地震に備えるべき安全性が必要であるということは、東日本大震災を経験した後には、地震があり、土地、土地上の建物、建造物による事故が発生した場合には、震度５であるかどうかを問わず、瑕疵を肯定するという論理になるものであり、不合理な判断基準であるというほかはない。

仙台地判　平成4.4.8　判時1446.98　[判例22]

〈事案の概要〉

昭和53年６月12日、宮城県沖地震が発生し（マグニチュード7.4。震度５。死者27名)、Y_2市（仙台市）のＡ地区において地盤の亀裂、ずり落ち、盛り上がり、陥没等が発生し、建物50戸が全半壊したところ、X_1、X_2らは、昭和32年、33年ころ、Y_1株式会社が造成し（造成業者については争点になっている)、販売したＡ地区内の土地を購入し、建物を建築していたが、前記地震により宅地が陥没、沈下し、建物が全半壊したため、X_1ら（合計14名）がY_1に対して建築物を安全に定着等できる宅地を造成すべき注意義務違反、Y_2に対して危険な宅地の造成・販売等を禁止等すべき義務違反、Y_3県（宮城県）に対して粗雑な造成が行われないような措置を講ずべき義務違反、Y_4（国）に対して宅地を造成、販売する業者に対する監督権限の不行使等を主張し、損害賠償を請求した。

本判決は、Y_1がＡ地区の宅地を造成していないし、通常発生することが予想される地震動に耐え得る安全性を欠いていたとは認められないとして瑕疵担保責任を否定し（震度５程度の地震に対する安全性の有無を基準として判断するのが相当であるとしている)、Y_2ないしY_4の義務違反を否定し、請求を棄却した。

〈判旨〉

「第六　本件宅地の造成者は被告会社であるか。

・・・・

三　右一、二に認定した事実を総合して判断すると、本件宅地はいずれも三和土地が造成したものというべく、被告会社が造成したものとはいえない。原告は、被告会社が本件宅地を販売したこと、緑ヶ丘町内会誌第一号中の被告会社仙台営業所所長代理大西政男の挨拶文、同第二号中の「伸びゆく緑ヶ丘」と題する東南商事小野由夫の一文を挙げて、本件宅地の造成者が被告会社であることの証左とするものの如くであるが、右は前記判断の妨げとなる証拠と解することはできず、他に右原告の主張を認めるに足りる的確な証拠は存在しない。

してみると、原告の被告会社に対する宅地造成に関する不法行為の主張は、前提事実を欠き失当である。

第七　被告会社に民法570条の瑕疵担保責任があるか。

一　被告会社がその所有する宅地を原告佐川、同内山、同水野に売渡したことは当事者間に争いがなく、その余の原告も被告会社からその所有土地を買受けたと主張し、被告会社はこれを争うが、その点はさておき、以下に右各宅地につき民法570条にいう隠れた瑕疵があったか否かを判断する。

二　民法570条にいう売買の目的物の瑕疵とは、売買の目的たる特定物が、契約の当時から、その種類のものとして通常の使用に適する性質を欠く場合で、その欠陥が外部に現れていないものをいうとされている。そうすると、売買の目的物が宅地である場合に、その目的物に隠れた瑕疵があるときとは、当該宅地に都市計画法、建築基準法等による建築制限があって意図した建物が建築できない等法律上の瑕疵が付着している場合のほかは、地盤軟弱、地表下の空洞の存在、盛土の不完全、周囲擁壁の脆弱等の欠陥があるために、建物を建築しても、その重力或いは他からの振動により、建物が傾斜し、倒壊する危険があるとか、当該宅地の地形上大雨、長雨のため地盤が流出し、崩落し、或いは隣地からの土砂流出、崩落により埋没する危険があるなどの物理的欠陥があり、かつ買主が注意してもその欠陥を容易に発見することができないようなものが考えられる。

三　ところで、原告は耐震性の面から、本件宅地について売買目的物の隠れた瑕疵の存否を問題とする。しかも地震災害の面からこれを問題とし、その瑕疵の存否の基準を民法717条の土地の工作物の設置保存の瑕疵と同一の水準にあるものと考えて主張するものの如くである。しかし、売買の瑕疵担保責任における物の瑕疵と土地の工作物の設置保存の瑕疵とは、前者が取引上の責任に関するものであるのに対し、後者は不法行為上の責任に関するものであるから、その内容、程度範囲におのずから差異があるところであるが、本件においては、便宜上民法570条の瑕疵が民法717条の瑕疵と等しいものと考えて判断することとする。

四　そうすると、本件宅地に民法570条の瑕疵があったか否かの判断基準を単純に図式化すれば、震源からかなり隔たった場所の宅地の地盤が、どの程度の規模の地震に対してまで、崩壊陥没等の災害を受けずに耐えられるならば、瑕疵がなかったといえるかということに帰着する。

・・・・

八　ところで、先の二乃至四及び六に説示した事項を要約するに、本件宅地に耐震性の点からの瑕疵の存否は、従来発生した地震の回数、頻度、規模、程度のほか、時代ごとに法令上要求される地上地下構築物の所在場所、地質、地形、強度等の諸要素を考慮し、一般常識的見地から、少なくとも震度五程度の地震に対して安全性の有無を基準として判断するのが相当であると解する。

しかるところ、前掲第一乃至第五第七に認定した事実関係によるとは、とりわけ、

1　本件地震以前過去50年間内に仙台市及びその周辺地域が影響を受けた公表震度五を記録する地震は、昭和８年３月３日の三陸沖地震、昭和11年11月３日の宮城県沖地震、昭和13年11月５日の福島県沖地震、昭和39年６月16日の新潟県沖地震の４回である。

2　これに対し、本件地震は公表震度五であるものの、後の調査の結果、実際には、全般的に震度六とみなすのが妥当と考えられており、地震による加速度（ガル）は、仙台市の旧市街地の地盤の固い場所と考えられている所でも、地上１階地下１階において烈震の範囲を示すものとなっている。そのため、第一の二に認定したように仙台市の各所に甚大な損害が生じ、地下に施設されている水道・ガス管に破損が生じ、これに復旧の多くの日時を要したのであって、本件地震は過去50年間に起きた震度五といわれる

地震と比較して、格段の差のある損害をもたらした。
　3　各原告の所有地は第一種住居専用地域で、地上建物は一、二階建の居宅又は集合住宅であったが、原告がこれを取得後、その宅地に格別の異状がなかった（一部の原告の宅地の擁壁に崩落した個所があった等の瑕疵は認められるが、これを補修する程度で使用に支障はなかった）。また、本件地震前に発生した昭和39年6月16日の新潟県沖地震（震度五）、昭和53年2月20日の宮城県沖地震（震度四）による被害も報告されていない。との諸事実に鑑み、なお、本件各宅地の造成には宅造法の規制はなかったが、・・・に顕れた「1978宮城県沖地震調査委員会」の「緑ヶ丘では発生した被害の多くは宅造法の技術基準に準拠していても防止できなかった可能性がある。」との指摘に照らしても、本件宅地に民法570条にいう隠れた瑕疵があったものと判断することはできず、このことから本件造成者が何人であったとしても、本件宅地の造成工事に違法の咎はなかったというべきである。」

〈実務上の留意点〉

　この事案は、前記の地震であるマグニチュード7.4の宮城県沖地震が発生したこと、個人らが造成地を購入し、建物を建築していたこと、地震によって地域において地盤の亀裂、ずり落ち、盛り上がり、陥没等が発生したこと、地域の建物50戸が全半壊したこと、個人らの建物の敷地が陥没、沈下し、建物が全半壊したこと、造成業者に対して建築物を安全に定着等できる宅地を造成すべき注意義務違反が主張されたこと、市に対して危険な宅地の造成・販売等を禁止等すべき義務違反が主張されたこと、県に対して粗雑な造成が行われないような措置を講ずべき義務違反が主張されたこと、国に対して宅地を造成、販売する業者に対する監督権限の不行使等が主張されたこと、造成業者に対して瑕疵担保責任、不法行為責任が追及されたこと、市らに対して国家賠償法1条等に基づく損害賠償責任が追及されたことというものである。この事案では、主として造成業者の瑕疵担保責任の成否、不法行為責任の成否が問題になった。なお、この事案の地震は、被災場所は異なるものの、前記の【判例20】仙台地判昭和56.5.8判時1007.30と同一の地震である。
　この判決は、造成業者の不法行為責任については、被告会社が造成者でないとしたこと、造成業者（販売業者）の瑕疵担保責任については、判断基準は、震源からかなり隔たった場所の宅地の地盤がどの程度の規模の地震に対してまで崩壊陥没等の災害を受けずに耐えられるならば瑕疵がなかったといえるかであるとしたこと、具体的には、宅地に関する耐震性の点からの瑕疵の存否は、従来発生した地震の回数、頻度、規模、程度のほか、時代ごとに法令上要求される地上地下構築物の所在場所、地質、地形、強度等の諸要素を考慮し、一般常識的見地から、少なくとも震度５程度の地震に対して安全性の有無を基準として判断するのが相当であるとしたこと、本件地震は公表震度５であるものの、後の調査の結果、実際には、全般的に震度６とみなすのが妥当と考えられ、実際にも本件地震は過去50年間に起きた震度５といわれる地震と比較して格段の差のある損害をもたらしたこと等から、本件宅地に隠れた瑕疵があると判断できないとしたこと、市等の国家賠償責任についてはこれを否定したことを判示している。

この判決が宅地の瑕疵の判断基準として提示した震度５程度の基準は、一つの見解というべきものであるが、この判決による公表された震度のほか、問題の土地、地域における実際の震度も、被害の実態も考慮すべきであるとする判断姿勢は参考になるものである。また、この判決が造成地の瑕疵を否定した判断は、事例として参考になるものである。

仙台地判　平成8.6.11　判時1625.85　[判例23]

〈事案の概要〉

昭和53年６月12日、宮城県沖地震が発生し（マグニチュード7.4。震度５。死者27名）、Y市（仙台市）のA地区において地盤の亀裂、盛り上がり、陥没等が発生し、Yが造成、販売した宅地を購入し、建物を建築していたX_1、X_2ら（合計８名）の建物が損傷を受けたことから、X_1らがYに対して瑕疵担保責任に基づき損害賠償を請求した。

本判決は、通常発生する可能性が経験的に予測される規模の地震に対する耐震性を具備していることによって瑕疵の有無を判断するとし、震度５程度の地震に対する耐震性を有していた場合には、原則として瑕疵はない等とした上、A地区の造成分譲地の震度は６程度であり、震度５程度の地震には耐え得る強度を有していた等とし、造成地の瑕疵を否定し、請求を棄却した。

〈判旨〉

「一　耐震性の面からみた本件各宅地の瑕疵の判断基準

1　民法570条にいう売買の目的物の瑕疵とは、売買の目的物である特定物が、契約の当時から、その種類のものとして通常有すべき品質・性能を欠いていることをいうものであり、本件で問題になるのは、耐震性の面からみた本件各宅地の瑕疵の有無であるから、これについては、本件各宅地の売買がされた当時、造成した上で売却される宅地において、社会通念上、どの程度の地震に対してまで、崩壊、陥没、隆起等を生じることのない耐震性を備えることが求められていたかを基準として判断すべきである。

2　造成された宅地は、購入者によって宅地上に居宅が建設され、遠い将来にわたっても居宅の敷地となることが見込まれるものである。

他方、わが国では地震の発生が比較的多く、地震予知に関する研究も進められているが、いつ、どこで、いかなる規模の地震が発生するかを予知することは依然としてできていないのが現状である。

右のような見地から検討すると、

（1）まず、造成宅地には、少なくとも、その地域でそれまで発生した地震の回数、頻度、震度等からみて、将来その地域で通常発生する可能性が経験的に予測される規模の地震に対する耐震性を具備することが求められているということができ、造成された宅地がこれを欠いていた場合には、瑕疵があるというべきである。

（2）また、造成当時、前記の経験的に予測される規模を超える規模の地震に対する耐震性を具備する宅地の造成を目的とする地盤条件の調査及び調査の結果に基づく工法についての基準又は一般的な経験則が存在したと認められる場合には、これに適合する工事が求められているということができ、これに適合しない工事がされたため、造成された宅地が右規模の地震に対する耐震性を欠いていた場合には、瑕疵があるというべきである。

（3）さらに、造成当時、右の基準又は一般的な経験則が存在しなかったとしても、当時の通常の技術水準に適合する工事がされていれば、前記の経験的に予測される規模を超える規模の地震に対する耐震性を具備する宅地を造成することが可能であったのに、当時の通常の技術水準に適合しない工事がされたために、造成された宅地が右規模の地震に対する耐震性を欠いていた場合には、瑕疵があるというべきである。

・・・・

五　本件各宅地の瑕疵の有無についての総合的検討

以上の認定、判断を総合して本件各宅地の瑕疵の有無について検討する。

1　まず、本件各宅地が経験的に予測された規模の地震に対する耐震性を具備していたかについて検討する（前記一２（１））。

（１）　本件各宅地の売買がされた当時、仙台市及びその周辺において震度五程度の地震が発生する可能性はそれまでの地震の発生例から経験的に予測されたものであり、本件各宅地には少なくともその程度の地震に対する耐震性を具備することは求められていた。

（２）　本件地震による鶴ケ谷団地を含む仙台市の一定地域における震度は六に近いものであり、経験的に通常発生が予測された地震の規模を超えるものであった。

（３）　鶴ケ谷団地における被害は、切盛境界付近に集中的に発生し、そこでは、盛土が本件地震による外力（震度六程度の地震力）に対して十分なほど締め固められていなかった。

しかし、造成宅地の盛土は、常時においては安定な宅地地盤であり、地震時でも、本件地震よりも外力がもう少し小さければ、耐え得るだけの強度は有していた。

（４）　昭和四五年（原告らのうち最も早く居宅を建築した原告片桐が居宅を建築した年）から昭和五二年（本件地震の前年）までの間に、仙台において震度四の地震が二回観測されているが、その際には本件各宅地に地震による格別の異常は生じなかった。

（５）　国道四号線の西部の団地（中山、西勝山、桜ケ丘、東勝山）は、鶴ヶ谷団地と比較すると、団地造成以前は東西を通じていずれも丘陵地であった点で同じであり、しかも、これらの丘陵地帯に発達していた水系の密度や谷の深さにほとんど差違はなく、この地域の団地がいずれもこれらの水系や谷を埋め立てたり、斜面に盛土して造成されたものであること等の点でも変わりはなく、被害例が、西部では少ないながら、そのほとんどが旧地形の水系沿いや、沼に面したところで発生している、という点でも全く同じである。

それにもかかわらず、鶴ケ谷団地に発生した被害が国道四号線よりも西部の団地に比べて大きかったのは、鶴ケ谷団地には三滝玄武岩層が存在しなかったことと、長町、利府断層に近接した部分の地盤が他と比べて弱くなっていた可能性があったこと等が関係して、鶴ケ谷団地の震度が六程度に及んだためと解せられる。そして、鶴ケ谷団地がこれらの西部の団地に比べて特に劣った造成工事をしたと認めるに足りる証拠はない。

（6）　以上を総合すると、本件各宅地は、本件地震による外力には耐えられなかったものの、震度五程度の地震には耐え得る強度を有していたと認めるのが相当である。

2　次に、本件造成工事当時、宅地造成に関し、震度六程度の地震に対する耐震性を具備する宅地の造成を目的とする地盤条件の調査及び調査の結果に基づく工法についての基準又は一般的な経験則が存在したかについて検討する（前記一2（2））。

・・・・

（4）以上の事実によれば、本件造成工事当時、宅地造成に関し、震度6程度の地震に対する耐震性との関係で、地盤条件を含めてどのような調査をし、どのような工法をとるべきかについては、明確な基準ないし一般的な経験則はなかったというほかはない。

3　さらに、本件造成工事が当時の技術水準に適合するものであったかについて検討する（前記一2（3））。

小林鑑定書は、前記四6（2）のとおり、より注意深い十分な施工がなされていれば本件地震による被害は未然に防止され得たと考えられるとしており、証人中側久夫も同旨の証言をしている。

しかし、前記四7で認定、判断したとおり、本件造成工事においては、地山の表層土が剥除されていない点など理想的とはいえない点はあるものの、小林鑑定書で推測されているような杜撰な工法がとられたとか、締め固めが不十分であったと認めるに足りる証拠はなく、前記四6（3）のとおり、守屋意見書は、鶴ヶ谷団地の造成工事は、締め固めの点を含めて、通常なされる常識的な造成工事であったと評価していること等からすると、本件宅地造成工事につき、当時の技術水準に達しない施工がされたとは、にわかに認定し難い。」

〈実務上の留意点〉

この事案は、前記の地震であるマグニチュード7.4の宮城県沖地震が発生したこと、個人らが造成地を購入し、建物を建築していたこと、地震によって地盤の亀裂、盛り上がり、陥没等が発生したこと、個人らが市の造成した宅地を購入し、建物を建築していたこと、地震によって建物が損傷したこと、市の瑕疵担保責任が追及されたことというものである。この事案の地震は、前記の【判例20】仙台地判昭和56.5.8判時1007.30、【判例21】仙台地判平成4.4.8判時1446.98と同一の地震である。

この判決は、売買の目的物の瑕疵は、売買の目的物である特定物が契約の当時から、その種類のものとして通常有すべき品質・性能を欠いていることをいうこと、本件では、耐震性の面からみた宅地の瑕疵の有無であるから、宅地の売買がされた当時、造成した上で売却される宅地において、社会通念上、どの程度の地震に対してまで、崩壊、陥没、隆起等を生じることのない耐震性を備えることが求められていたかを基準として判断すべきであること、日本では、地震の発生が比較的多く、いつ、どこで、いかなる規模の地震が発生するかを予知することは依然としてできていないのが現状であること、造成宅地は、少なくとも、その地域でそれまで発生した地震の回数、頻度、震度等からみて、将来その地域で通常発生する可能性が経験的に予測される規模の地震に対する耐震性を具備することが求められており、造成宅地がこれを欠いていた場合には、瑕疵があること、造成当時、前記の経験的に予測される規模を超える規模の地震に対する耐震性を具備する宅地の造成を目的とする地盤条件の調査及び調査の結果に基づく工法についての基準又は一般的な経験則が存在したと認められる場合には、これに適合しない工事がされたため、造成宅地がこの規模の地震に対する耐震性を欠いていたときは、瑕疵があること、造成当時、この基準又は一般的な経験則が存在しなかったとしても、当時の通常の技術水準に適合する工事がされていれば、前記の経験的に予測される規模を超える規模の地震に対する耐震性を具備する宅地を造成することが可能であったのに、当時の通常の技術水準に適合しない工事がされ、造成宅地がこの規模の地震に対する耐震性を欠いていたときは、瑕疵があること、本件では造成地が震度5程度の耐震性を有していたとし、本件では震度6の地震であり、瑕疵は認められないことを判示したものである。

この判決は、瑕疵の判断基準について、前記の【判例22】仙台地判平成4.4.8判時1446.98と同様な基準を採用しつつ、これをさらに具体化した基準を明らかにし、過去の地震等を考慮し、震度5の耐震性を有している場合には、原則として瑕疵がないとの基準を示したものであり、一つの見解として参考になるものである。もっとも、この判決は、将来その地域で通常発生する可能性が経験的に予測される規模の地震に対する耐震性を具備することが求められているとし、過去の地震の震度を重視しているが、仮に震度7強の地震が日本の相当に広い地域で予想され、警告されている現状においては、非現実的であり、空虚な基準というべきである。日本全国において巨大地震が発生した場合における最大の想定震度等が政府､学会、地震学者、さらにはマスコミ等が盛んに予想を発表しているのが、東日本大震災後の様相であり、予想の中には相当の責任と根拠によるものもある反面、無責任で予想の前提を適切に説明しないまま予想をしているものもあり、徒に不安を生じさせているものもある。仮に震度7が予想される場合には、震度7の地震にも耐え得る構造、品質の造成が必要であるとすれば、相当広範囲の造成地につき瑕疵担保責任が認められる可能性が生じるが、この判決は、このような疑問がある。

この判決が本件の造成地の瑕疵を否定した判断は事例として参考になるものである。

神戸地判　平成10.6.16　判タ1009.207　[判例24]

〈事案の概要〉

神戸市兵庫区所在の7階建てのホテルは、昭和39年6月に新築され、同年10月、昭和44年11月にそれぞれ増築された後、Y株式会社は、昭和61年12月、本件ホテルを購入していたところ、平成7年1月17日に発生した阪神淡路大震災により崩壊し、本件ホテル（406号室）に宿泊していたA、Bが崩壊部分の下敷きになり、死亡したため、Aの両親X_1、X_2、Bの両親X_3、X_4がYに対して土地工作物責任に基づき損害賠償を請求した。

本判決は、増築の際、接合部が破壊され易い構造的な危険性を有することになり、通常有すべき安全性を保持しないものになった等とし（本件ホテルの近隣の古い木造建物が崩壊しなかった状況がある）、不可抗力によって発生したことを否定し、土地工作物責任を肯定し、請求を認容した。

〈判旨〉

「建物は、強固に一体化された基礎・柱・梁によって建物の自重を鉛直下方向に伝えることによって地盤に安定して存立するとともに、建物に加わった外力を分散して地盤に伝えることによって倒壊を免れるという構造を有すべきものであるから、基礎・柱・梁が別々に構築された東棟・南棟・西棟本体は、それぞれが、いわば別個の建物というに等しいものとなっており、地震があった場合には、それぞれが、独自の基礎・柱・梁によって地震動に対応し、異なる揺れ方をすることになる。

5　したがって、被災空間に増築を施す場合には、異なる揺れ方をする左右の東棟及び西棟本体の両方と接合するのではなく、片方とのみ固定し、片方の棟との間には適当な間隙を設ける（いわゆるエキスパンション・ジョイント）という方法によって増築が行われるべきであった（その場合には、被災空間の間隙側にも独自の柱が必要になると考えられる。）そうでなければ、異なる揺れ方をする東棟及び西棟本体とが、被災増床によってつなぎ止められるという構造になってしまうから、被災増床が、東棟の梁と西棟本体の梁を強固につないで一体の梁とするような極めて堅牢な構造になっていない限り、被災増床が東棟及び西棟本体と接合する部分に地震による外力が極端に集中することになってしまい、その接合部が破壊される危険が高いからである。

6　ところで、被災増床は東棟と西棟とに接合されていた結果、兵庫県南部地震の際の揺れにより、接合部の鋼製アンカーが破損され、被災増床のうち六階、五階、四階の天井が真下に抜け落ち、本件客室に宿泊していた晋一及び愛を直撃し、その崩落の衝撃で両名を即死させたものである。

7　本件建物の被災増床以外の部分（東棟、南棟、西棟本体）は、地震による構造体等のひび割れなどの被害があったとはいえ、壁や天井の大きな規模の崩落や倒壊が生じた部分はなく、地震後も存立していた。また、本件建物の付近の兵庫県南部地震による震度は「６」であり、本件建物近隣の古い木造の家屋も多数が倒壊を免れている。

三　以上の事実が認められるところ、これによれば、被災増床は、その増築手法の結果、地震の際にその接合部が破壊され易いという構造的な危険性を有することになっていたものであり、本件建物は、被災増床において、地震に耐えて崩落・倒壊も免れ、もって建物内を安全な移住空間として保つという通常要求される強度を保持していないことが明らかであり、その設置に瑕疵があるといわざるをえない。そして、本件事故がその瑕疵によって招来されたことは、被災増床のみが崩落したという本件事故の状況に照らして明らかであるから、被告は、民法七一七条により、後記四の損害を賠償する責任を負う。

なお、被告は、本件事故が不可抗力によるものであると主張するが、その提出に係る乙第五、第六号証によっても、被災増床以外の本件建物や近隣の古い木造家屋が倒壊していないという状況を踏まえて、なお、本件事故が不可抗力によって発生したことを裏付ける事実関係を認めることはできない。」

〈実務上の留意点〉

この事案は、阪神·淡路大震災によるホテルの倒壊が問題になったこと、会社が中古のホテルを購入し、ホテルを営業していたこと、前記地震によりホテルが倒壊したこと、ホテルの付近の震度は６程度と推測されていること、ホテルの宿泊者らが崩壊部分の下敷きになり、死亡したこと、遺族が会社に対して損害賠償責任を追及したこと、会社の土地工作物責任（民法717条）が問題になったことというものである。この事案は、土地、建物の売買取引の当事者間で地震に起因するトラブルが生じたものではなく、建物が地震によって倒壊し、利用者が被害を被ったものである。

この判決は、ホテルの増床部分の接合部の鋼製アンカーが破損され、その増床のうち６階、５階、４階の天井が真下に抜け落ち、客室に宿泊していた利用者を直撃し、その崩落の衝撃で即死させたとしたこと、ホテルの付近の震度は６であり、近隣の古い木造の家屋も多数が倒壊を免れていたこと、ホテルの増床は、増築手法の結果、地震の際にその接合部が破壊され易いという構造的な危険性を有するものであり、地震に耐えて崩落・倒壊も免れ、建物内を安全な移住空間として保つという通常要求される強度を保持していなかったとし、設置上の瑕疵を認めたことを判示している。

この事案では、建物全体の設置又は保存の瑕疵が問題になったものではなく、増床部分の設置の瑕疵が問題になったところ、この判決は、ホテル、近隣の建物の被災の状況、震度等を考慮し、設置の瑕疵を肯定したものであり、事例として参考になる。なお、この判決は、不可抗力の抗弁が主張されたところ、この事故が不可抗力によって生じたとの事実関係が認められないとし、不可抗力の抗弁を排斥したが、この判断も事例として参考になる。

阪神・淡路大震災は、高層化した現代の大都市が地震に遭った事例として初めてのものであり、多数の建物が被災したところに大きな特徴があった。被災した建物としては、住宅、オフィスビル、店舗、マンション、借家等様々なものがあり、被災の状況も複雑であり、ビルが地震によって横倒しになるような事例も見られた（１階部分、あるいは途中の階だけが倒壊する事例は多数見られた)。この事案は、ホテルが地震によって倒壊したものであるが、倒壊によってホテルの利用者が死亡した事故について、建物の所有者の損害賠償責任が問題になったものである。

東日本大震災においては、阪神・淡路大震災ほどの建物の被害は報告されていないが（津波の被害、原発事故の被害は甚大なものであった)、発生が予想されている首都圏、東海地方等における地震においてはこの事案と同様な法律問題が生じると予想される。なお、建物については、耐震基準が強化されてきたところであり、建物の建築年、耐震補強工事の施工の有無等によって被害の発生が異なり、法的な責任の判断基準が異なるものである。

神戸地判　平成11.9.20　判時1716.105　[判例25]

〈事案の概要〉

Ａ、Ｂ、Ｃ、Ｄは、Y_2株式会社の仲介により、それぞれY_1から神戸市東灘区所在の賃貸マンション（補強コンクリートブロック造３階建ての建物）の１階の各部屋を賃借していたところ、平成７年１月17日に発生した阪神・淡路大震災（マグニチュード7.2）により本件建物が倒壊し（本件建物は震度７の地域にあった)、１階部分が押しつぶされ、死亡したため、Ａらの遺族であるX_1、X_2らがY_1に対して本件建物が建築基準法令所定の技術的水準に適合しない等と主張し、土地工作物責任、不法行為に基づき、Y_2に対して仲介の際に建物の構造につき虚偽の事実を告げたと主張し、債務不履行、不法行為に基づき損害賠償を請求した（X_1は、Ａと同居しており、傷害を負った）。

本判決は、本件建物が補強コンクリートブロック造として設計されたものであり、施工において軽微といえない不備があったとし、通常有すべき安全性を欠くものであり、倒壊が不可抗力によるものとはいえず、本件建物の設置の瑕疵と揺れが競合して原因となったとし、公平の見地から寄与度を５割とし、Y_1に対する請求を認容し、Y_2は建物の構造上の安全性につき安全性を疑うべき特段の事情が存在しない限り調査義務を負わないとし、Y_2に対する請求を棄却した。

〈判決〉

「3　施工上の問題点

・・・によれば、補強コンクリートブロック造は、同じ設計の壁でも、鉄筋とコンクリートの扱い方によってその壁の強さは全く違ったものになり、その施工が悪いと積木細工のような不安定な壁となるおそれが多分にあり、特に、コンクリートブロック壁が基礎、柱、臥梁等に緊結されていることが非常に重要であったが、当時、現場の実際の作業において鉄筋の入れ方や空洞のコンクリート充填などが雑に扱われたり、我流で行われるなど、施工上の信頼性に欠けることが多かったことが認められるところ、本件建物の実際の施工においても配筋及び緊結の点は以下のとおりの問題があった。

（一）配筋について、検甲第２号証の各写真によれば、

①　２階部分の西側外壁には、一番北のブロックと北から二個目のブロックの間、二個目と三個目の間、五個目と六個目の間、七個目と八個目の間に縦筋がある、

②　２階部分の西側外壁には、横筋が数本入っている、

③　２階部分の北側外壁には、一番西のブロックから少なくとも七個目のブロックまでの間に、縦筋は１本しか見当たらない、

④　２階部分の北側外壁には横筋がほとんど見当たらない、

⑤　１階部分の北側外壁には横筋が少なくとも１本入っている、

⑥　１階の間仕切壁には、ブロック２個に１本の割合で横筋が入っている部分が少なくとも１か所ある、
⑦　２階の間仕切壁には、横方向の数個のブロックの間に横筋が１本しか見当たらない個所がある
ことが認められる。
　このことに、・・・を総合すると、本件建物の壁には、ブロック２個に１本の割合で縦筋が入っている部分もあるが、配筋されていない部分が多かったものと推認することができる。
　(二) 緊結について、検甲第一、第二号証の各写真によれば、
①　鉄筋ないし金具が溶接ないしフックかけされた跡が広範囲にわたって見当たらない柱や鉄骨が数本ある(逆に、鉄筋ないし金具が溶接ないしフックかけされている柱や梁の鉄骨が存在することを示す写真はない。)、
②　１階出入口上部の壁はカッターで切ったようにきれいに落ちている、
③　１階南側の壁もきれいに落ちている、
④　間仕切り壁の下にパイプの通っている個所もある、
⑤　各階壁頂に鉄筋コンクリート造の臥梁はない
ことが認められる。
　このことに、・・・を総合すると、本件建物の壁のブロックに配筋された鉄筋のうち柱や梁の鉄骨に溶接等されていないものがかなりあったものと推認することができ、コンクリート壁と柱や梁（臥梁はない。）が十分緊結されていなかったものということができる。・・・

４　小括

　以上のとおりであり、補強コンクリートブロック造の設計及び施工は細心の注意を払って行わなければならないところ、本件建物は設計上も壁厚や壁量が不十分であり、それを補うために軽量鉄骨で補強するとの考え方で設計されたとしてもその妥当性に疑問があり、さらに、実際の施工においても、コンクリートブロック壁に配筋された鉄筋の量が十分でない上、その鉄筋が柱や梁の鉄骨に溶接等されていない等の補強コンクリートブロック造構造の肝要な点に軽微とはいえない不備があり、結局、本件建物は、建築当時を基準に考えても、建物が通常有すべき安全性を有していなかったものと推認することができる（なお、・・・によれば、神戸市では、本件建物が建築されてから本件地震までの間、震度４以上の地震はなかっ

たことが認められる。)。

したがって、本件建物には設置の瑕疵があったというべきである。これに反する被告らの主張は、採用することができない。

また、前記認定の建物の構造等に照らすと、本件建物は、本件地震によりコンクリートブロックが破壊・飛散し、壁全体が倒壊し、直ちに柱が折れ曲がって、1階部分が圧潰することになったものと推認することができる。

なお、本件建物は既に撤去されており、本件建物の構造及び瑕疵の有無についての事実認定には一定の制約はあるが、前示のような現場での実測結果等を記載した図面や本件建物の写真、各商人の証言等の本件証拠関係を総合すれば、前記のとおりの事実を認定することができるものである。

・・・・

以上のとおりであり、補強コンクリートブロック造の設計及び施工は細心の注意を払って行わなければならないところ、本件建物は設計上も壁厚や壁量が不十分であり、それを補うために軽量鉄骨で補強するとの考え方で設計されたとしてもその妥当性に疑問があり、さらに、実際の施工においても、コンクリートブロック壁に配筋されて鉄筋の量が十分でない上、その鉄筋が柱や梁の鉄骨に溶接等されていないため壁と柱とが十分緊結されていない等の補強コンクリートブロック造構造の肝要な点に軽微とはいえない不備があり、結局、本件建物は、建築当時を基準に考えても、建物が通常有すべき安全性を有していなかったものと推認することができる(なお、・・・によれば、神戸市では、本件建物が建築されてから本件地震発生までの間、震度四以上の地震はなかったことが認められる。)。

したがって、本件建物には設置の瑕疵があったというべきである。これに反する被告らの主張は、採用することができない。

また、前記認定の建物の構造等に照らすと、本件建物は、本件地震によりコンクリートブロックが破壊・飛散し、壁全体が倒壊し、直ちに柱が折れ曲がって、一階部分が圧潰することになったものと推認することができる。

・・・・

6　原因競合

以上の認定事実によると、本件地震は現行の設計震度をも上回る揺れの地震であったのであるから、本件建物が仮に建築当時の設計震度による最低限の耐震性を有していたとしても、本件建物は本件地震により倒壊していたと推認することができるし、逆に、本件地震が建築当時想定されていた水平震度程度の揺れの地震であったとしても、本件建物は倒壊していたと推認することができる。

しかし、本件建物は、結局は本件地震により倒壊する運命にあったとしても、仮に建築当時の基準により通常有すべき安全性を備えていたとすれば、その倒壊の状況は、壁の倒れる順序・方向、建物倒壊までの時間等の点で本件の実際の倒壊状況と同様であったとまで推認することはできず、実際の施工の不備の点を考慮すると、むしろ大いに異なるものとなっていたと考えるのが自然であって、本件賃借人らの死傷の原因となった、一階部分が完全に押しつぶされる形での倒壊には至らなかった可能性もあり、現に本件建物倒壊によっても本件地震の際に本件建物一階に居た者全員が死亡したわけではないことを併せ考えると、本件賃借人らの死傷は、本件地震という不可抗力によるものとはいえず、本件建物自体の設置の瑕疵と想定外の揺れの本件地震とが、競合してその原因となっているものと認めるのが相当である。

二　争点2について

1　被告増田の責任

原告らは債務不履行責任を主張するが、土地工作物責任とは選択的な主張と解されるので、まず土地工作物責任について判断するに、前述のとおり本件建物には設置の瑕疵があるので、右瑕疵に基づいて生じた損害について、本件建物所有者である被告増田は民法717条によって賠償の責めに任じなければならない（事案の性質上本件建物の占有者たる賃借人らに注意義務違反がないことは明らかである。）。

ただ、本件のように建物の設置の瑕疵と想定外の自然力とが競合して損害発生の原因となっている場合には、損害の公平な分担という損害賠償制度の趣旨からすれば、損害賠償額の算定に当たって、右自然力の損害発生への寄与度を割合的に斟酌するのが相当である。そして、右地震の損害発生への寄与度は、前記認定判断にかかる本件建物の設置の瑕疵の内容・程度及び本件地震の規模・被害状況等からすると５割と認めるのが相当である。

したがって、被告増田は、本件建物倒壊により生じた損害の５割相当額及び右金額を前提とした場合の弁護士費用相当額の合計額について損害賠償義務を負うことになる（仮に被告増田の債務不履行責任が肯定されたとしても、これにより賠償すべき損害の額は、右の土地工作物責任により賠償すべき損害の額を超えるとは考え難いので、債務不履行責任の有無については判断しない。）。

２　被告会社の責任

原告らは、被告会社は宅地建物取引業者として賃借人との間の仲介契約上、賃借人の生命を危うくするような建物の賃貸借契約を仲介してはならない信義則上の義務を負っているのに、右義務に違反して瑕疵ある建物の賃貸借契約を仲介した旨主張するが、仲介業者は建物の構造上の安全性については建築士のような専門的知識を有するものではないから、一般に、仲介業者は、仲介契約上あるいは信義則上も、建物の構造上の安全性については安全性を疑うべき特段の事情の存在しない限り調査する義務まで負担しているものではないと解するのが相当であり、本件建物が通常有すべき安全性を有しない建物であることを疑うべき特段の事情が存在したことを認めるに足りる証拠はない。また、本件建物が通常有すべき安全性を有しない建物であることを被告会社が知っていたことを認めるに足りる証拠もない。

さらに、被告会社が、本件建物の構造は登記簿上「軽量鉄骨コンクリートブロック造一部鉄筋コンクリート造陸屋根３階建」であるのに「鉄筋コンクリート造３階建」と表示したことは争いがないが、右表示を誤ったことと、本件賃借人らが本件建物の倒壊により死傷したこととの間に相当因果関係があるとは認められない。

したがって、被告会社は、本件建物倒壊により本件賃借人らが被った損害について債務不履行責任も不法行為責任も負わないというべきであるから、原告らの被告会社に対する請求は理由がない。」

〈実務上の留意点〉

この事案は、阪神・淡路大震災による建物の倒壊が問題になったこと、建物は、補強コンクリートブロック造３階建ての建物であったこと、建物が賃貸用の住宅であったこと、不動産業者の仲介により建物が賃貸されていたこと、阪神・淡路大震災により建物が倒壊したこと、建物が震度７の地域にあったこと、建物の１階部分が押しつぶされ、建物の賃借人らが死亡したり、負傷したりしたこと、死亡した賃借人らの遺族が建物の所有者・賃貸人、不動産業者に対して損害賠償責任を追及したこと、建物の所有者・賃貸人の土地工作物責任、不法行為責任が主張されたこと、不動産業者の債務不履行責任、不法行為責任が主張されたこと、本件訴訟の審理時には建物が取り壊されていたことというものである。この事案では、主として建物の崩壊の原因、建物の設置・保存の瑕疵の有無が問題になった。

この判決は、建物につき補強コンクリートブロック造の設計及び施工は細心の注意を払って行わなければならないところ、本件では建物は設計上も壁厚や壁量が不十分であり、それを補うために軽量鉄骨で補強するとの考え方で設計されたとしてもその妥当性に疑問があること、施工上、コンクリートブロック壁が基礎、柱、臥梁等に緊結されていることが非常に重要であったところ、現場の実際の作業において鉄筋の入れ方や空洞のコンクリート充填などが雑に扱われたり、我流で行われるなど、施工上の信頼性に欠けることが多かったこと、建物には軽微とはいえない不備があり、建築当時を基準に考えても、建物が通常有すべき安全性を有していなかったものと推認することができること、建物の存在する地域の震度が７であり、現行の設計震度をも上回る揺れの地震であったから、仮に建築当時の設計震度による最低限の耐震性を有していたとしても、建物は本件地震により倒壊していたと推認することができるものの、「仮に建築当時の基準により通常有すべき安全性を備えていたとすれば、その倒壊の状況は、壁の倒れる順序・方向、建物倒壊までの時間等の点で本件の実際の倒壊状況と同様であったとまで推認することはできず、実際の施工の不備の点を考慮すると、むしろ大いに異なるものとなっていたと考えるのが自然であって、本件賃借人らの死傷の原因となった、一階部分が完全に押しつぶされる形での倒壊には至らなかった可能性もあり、現に本件建物倒壊によっても本件地震の際に本件建物一階に居た者全員が死亡したわけではないことを併せ考えると、本件賃借人らの死傷は、本件地震という不可抗力によるものとはいえず、本件建物自体の設置の瑕疵と想定外の揺れの本件地震とが、競合してその原因となっているものと認めるのが相当」であり、設置の瑕疵が想定外の揺れの地震が競合したこと、建物の所有者・賃貸人の責任については、土地工作物責任が認められること、もっとも、損害の公平な分担という損害賠償制度の趣旨から、損害賠償額の算定に当たって、自然力の損害発生への寄与度を割合的に斟酌するのが相当であり、地震の損害発生への寄与度は、前記認定判断にかかる本件建物の設置の瑕疵の内容・程度及び本件地震の規模・被害状況等からすると５割であること、不動産業者の責任については、仲介業者は建物の構造上の安全性については建築士のような専門的知識を有するものではないから、一般に、仲介契約上あるいは信義則上も、建物の構造上の安全性については安全性を疑うべき特段の事情の存在しない限り調査する義務まで負担しているものではないこと、本件では、建物が通常有すべき安全性を有しない建物であることを疑うべき特段の事情が存在したことを認めるに足りる証拠はないこと、不動産業者の債務不履行責任、不法行為責任を認めなかったことを判示している。

この判決のうち、建物の倒壊の原因、設置の瑕疵の判断については、判決が摘示する不具合は推認である上、建物の倒壊の原因に当たるとする具体的かつ相当の関連性が説得的ではないし（推認に推認を重ねたものであり、説示の内容が抽象的な判断に終始している）、地震の強度を考慮すると、建物の倒壊は、特段の事情のない限り、地震であると推定するのが合理的であるというべきであろう。この判決は、震度７の影響を直接に受けた建物の設置上の瑕疵を認めるものであるが、前記の紹介した「」書きの部分を読む限り、土地工作物責任を認めようとする結論が先走り、寄与度を５割認めることによって当事者双方のバランスを図ろうとする意図が明白であり、また、建築法令上の建物の倒壊に直接に影響を与える特段の不備がないにもかかわらず瑕疵を認めることは、合理的な判断過程とはいい難い。この判決のように震度７の影響を直接に受けた建物が倒壊した場合であっても、建物の設置・保存の瑕疵を認めることは、特別に震度７の耐震性能を有するなど、肯定すべき特段の事情のない限り、瑕疵の解釈、適用を誤ったというべきである。

この判決のうち、建物の所有者・賃貸人の責任については、前記のとおり、建物の設置上の瑕疵を前提とするものであり、同様に疑問が残る。

この判決のうち、不動産業者（賃貸借の仲介業者）の責任については、理論的にも、事例の判断としても合理的な判断を示しており、参考になる。

仙台高判　平成12.10.25　判時1764.82　[判例26]

〈事案の概要〉

前記の【判例23】仙台地判平成8.6.11判時1625.85の控訴審判決であり、X_1らが控訴した。

本判決は、X_1らが購入した宅地の震度は５であり、Ａ地域では10年に１回程度で震度５程度の地震が発生していた等とし、耐震性に隠れた瑕疵があったとし、Ｙの瑕疵担保責任を肯定し、信頼利益の範囲で損害賠償を認めるべきであるとし、建物修理費用相当額の損害を認め、原判決を変更し、請求を認容した。

〈判旨〉

「一　争点１（隠れたる瑕疵）について

・・・・

３　耐震性に関して、本件各宅地が通常有すべき品質、性能について

本件各宅地について生じた前記の亀裂及び地盤沈下の被害は、本件買主らが日常生活を送るうえでの安全と平穏を大きく害するものであり、宅地の使用収益に障害を生じる程度のものであることは明らかである。

本件各宅地は、本件造成工事により造り出された売買対象物の人工物（人工地盤）であるから、外力に対して一定の強度を有しなければならないことは当然であり、このことは自然現象としての地震による外力についてもいえるから、本件各宅地に前記亀裂及び地盤沈下が発生して本件地震に耐えられなかったということが、耐震性に関して、通常有すべき品質、性能を欠いていたといえるかどうかについて検討すべきこととなる。

(一)　前記１で認定した経過に照らすと、本件各宅地の購入は、盛土地盤の宅地として購入されたものではなく、切土地盤で構成される分譲宅地を含めて全ての分譲宅地がほぼ同程度の耐震性を有するものであるとの前提で販売され購入されたものとみることができる。そして、次の事実に照らし、本件各宅地は、全部が切土地盤で構成される宅地に比べて、その耐震性において、明らかに劣るということができる。

・・・・

右によれば、仙台においては、本件各宅地購入時までに、３、４年に一回程度の割合で震度４の地震が、およそ10年に一回程度の割合で震度５の地震がそれぞれ発生する可能性があったものと一応いうことができるところ、右の地震の発生回数及び地震動の強さ、及び購入者の合理的意思に照らすと、本件各宅地が、震度４の「家屋の動揺が激しく、すわりの悪い花びんなどが倒れ、器内の水があふれ出る」程度の地震動にさえ耐え得ることができないものであれば、通常取引の対象たりえないし、また、震度５の「壁に割目が入り、墓石、石どうろうが倒れたり、煙突、土蔵、石垣などが破損する」程度の地震動に耐え得ることができないものであれば、そのような宅地に居宅を建築した場合、生命、身体、財産に対する安全性が保たれないものとして、通常の取引価格による取引対象にはならないものというべきである。

そうすると、本件各宅地について、一般的な造成宅地として販売する場合には、震度５程度の地震動に対して、地盤上の建築物に軽視できない影響を及ぼすような地盤の亀裂、沈下などが生じない程度の耐震性を備えることが要求されているとみるべきであり、右の程度の地震動により本件各宅地に亀裂等が発生するなどしてこれに耐えられなかった場合には、本件各宅地は、一般的な造成宅地としても通常有すべき品質と性能を欠いていると解すべきである。

・・・・

（３）　そうすると、本件各宅地は、震度五の震度階に対応する「壁に割目が入り、墓石、石どうろうが倒れたり、煙突、土蔵、石垣などが破損する」程度の地震動に耐え得る耐震性を有していなければならないところ、本件各宅地は、右と同程度の強さの地震動を受けて、これに耐え得ることができず、前記２で認定のとおり、地盤の亀裂及び沈下が発生したものである。

（三）　以上、（一）及び（二）で検討した結果によれば、本件各宅地は、耐震性において、通常有すべき品質、性能を欠いていたもの、すなわち、「隠れたる瑕疵」が存在するものといわざるを得ない。

なお、被控訴人は、本件造成工事当時、本件地震のような大きさの地震に対する耐震性について、如何なる調査をし、如何なる工法を採るべきかについて明確な基準ないし経験則が存在しなかったから、本件各宅地は通常有すべき品質、性能を有していなかったとはいえないと主張するが、右のような明確な基準ないし経験則が存在しなかったとしても、そもそも本件造成工事は、事前に地質調査（鶴ヶ谷団地造成管理に伴う境界築堤地質調査）も行い、宅地造成等規制法の下に、前記１のとおり、相当に広い範囲で人工地盤を造成するために実施され、盛土工事等の各工事については、重要点について概括的に工事要領を記載した工事一般仕様書が基準となって施工されているところであるし、仙台においては多数回にわたり相当規模の地震の経験があることは前記３（二）のとおりであるうえ、昭和39年６月の新潟地震や昭和43年５月の十勝沖地震では、埋め立てて造成した宅地や家屋に大きな被害が出たことは広く知れ渡っていたのであるから、被控訴人において、宅地の地盤沈下や崩壊などが発生しない強度を念頭に本件造成工事にあたっていたはずであるし、また、そうでなければならない。そうであれば、本件造成工事においては、地山部分の伐開、除根、雑草等の除去や傾斜部分の段切りを十分に行い、締め固め専門機械による転圧や転圧回数の増加などにより、締め固め度合いなどを高めて造成宅地の地盤を強固にして耐震性を高めることは、物理的には可能であったとみるべきである。そうであれば、被控訴人が主張する明確な基準ないし経験則が存在しなかったことをもって、本件地震に対する耐震性に関し、本件各宅地が通常有すべき品質、性能を有していなかったとはいえないとする論理は、売主の過失は問わない瑕疵担保責任の性質上、採用することはできない。

また、経済面での制約から、同様の結論を導こうとする論理も、売買における瑕疵ある物の給付と正常な物の対価としての代金支払いという反対給付との間での不均衡を是正するために存在する売主の瑕疵担保責任の制度に鑑みて、到底首肯できるものではない。

二　争点2（損害）について

１　本件各宅地は、前記認定のとおり、「隠れたる瑕疵」により、本件地震の地震動に耐え得ることができず、別紙「被害の概要」記載のとおりの被害が発生しているところ、控訴人らは右瑕疵による損害を本件各宅地の価格減少分と本件各宅地についての修補等に要する費用（７割相当分）と捉えて損害賠償を請求しているが、民法570条による売主の瑕疵担保責任は、売買の目的物に一部原始的不能と評価される劣性部分がある場合に、契約の有償性に鑑みて公平ないし買主保護のために売主の過失の有無を問わずに認められた一種の無過失責任であるから、損害の範囲は、買主が目的物の瑕疵を知っていたならば被らなかったであろう損害、すなわち、信頼利益に限ると解すべきであり、そうすると、控訴人らが主張する本件各宅地の価格減少分は、本来、買主が瑕疵のない宅地の給付を受けたことを前提にしてこれを他に転売した場合を想定して、瑕疵ある宅地の転売価格との差額を損害として評価するものであることに帰着し、すなわち、履行利益に相当する分であり、信頼利益ではないから、瑕疵担保責任による損害賠償の範囲には入らないと解すべきである。

一方､控訴人らが主張する本件各宅地についての修理等に要する費用は、買主が宅地の瑕疵を知っていたら、宅地を購入して一般的な工法により居宅を建築するという行動は避けて、他の行動を選択して修理費用等の支出は免れることのできた損害と評価し得るから、信頼利益の範囲に入るものと解される。」

〈実務上の留意点〉

この事案は、【判例23】仙台地判平成8.6.11判時1625.85の控訴審の事件である。

この判決は、販売された宅地は、造成工事により造り出された売買対象物の人工物（人工地盤）であるから、外力に対して一定の強度を有しなければならないことは当然であること、自然現象としての地震による外力についても同様であること、瑕疵の有無は、宅地に亀裂及び地盤沈下が発生して地震に耐えられなかったことが､耐震性に関して、通常有すべき品質、性能を欠いていたといえるかどうかについて検討すべきであること、一般的な造成宅地として販売する場合には、震度５程度の地震動に対して、地盤上の建築物に軽視できない影響を及ぼすような地盤の亀裂、沈下などが生じない程度の耐震性を備えることが要求されていること、震度５の程度の地震動により宅地に亀裂等が発生するなどしてこれに耐えられなかった場合には、宅地は一般的な造成宅地としても通常有すべき品質と性能を欠いていると解すべきであること、本件では震度５程度の強さの地震動を受けて、これに耐え得ることができず、地盤の亀裂及び沈下が発生したものであり、隠れた瑕疵があること、瑕疵担保責任に基づく損害賠償の範囲には、履行利益は含まれず、信頼利益に限ること、宅地の修理等に要する費用の損害賠償を認めたことを判示している。

この判決の判断のうち、結論については、前記のとおり、この判決の第一審判決である【判例23】仙台地判平成8.6.11判時1625.85は、本件宅地の地域の震度が6であると認定し、造成に係る宅地の瑕疵を否定したものであるが、この判決と第一審判決の内容を比較して読んでみると、震度の認定は第一審判決の判断、論理のほうが説得的であるようであり、この判決の認定、論理には疑問が残る。

また、この判決の判断のうち、瑕疵の定義、判断基準については、「被控訴人が主張する明確な基準ないし経験則が存在しなかったことをもって、本件地震に対する耐震性に関し、本件各宅地が通常有すべき品質、性能を有していなかったとはいえないとする論理は、売主の過失は問わない瑕疵担保責任の性質上、採用することはできない。」などと判示しているが、売買契約上の瑕疵担保の瑕疵は、社会通念、取引通念が基本的な基準であることに照らすと、明らかに誤った見解である。なお、この基準については、前記の【判例23】仙台地判平成8.6.11判時1625.85は、造成当時、経験的に予測される規模を超える規模の地震に対する耐震性を具備する宅地の造成を目的とする地盤条件の調査及び調査の結果に基づく工法についての基準又は一般的な経験則が存在したと認められる場合には、これに適合しない工事がされたため、造成宅地がこの規模の地震に対する耐震性を欠いていたときは、瑕疵があり、造成当時、この基準又は一般的な経験則が存在しなかったとしても、当時の通常の技術水準に適合する工事がされていれば、前記の経験的に予測される規模を超える規模の地震に対する耐震性を具備する宅地を造成することが可能であったのに、当時の通常の技術水準に適合しない工事がされ、造成宅地がこの規模の地震に対する耐震性を欠いていたときは、瑕疵があるなどと判示しているが、第一審判決にも検討すべき問題が残っているものの、この判決よりも合理的、妥当な判断であるというべきである。

4　土地の地中物をめぐる判例

土地の取引を行う場合、取引の当事者、仲介業者、関係者等は、土地を物理的、法的にどのようなものと考えているのであろうか。

土地は、民法上は、有体物であり（民法85条）、不動産であるが（同法86条１項）、通常、一定の範囲の地面に、合理的な範囲において、その上下（空中と地中）を包含させたものをいうと理解されている（「我妻・有泉コンメンタール民法第２版」187頁）。土地のうち、地面については、表面が土砂、岩石、植物、コンクリート、アスファルト等に覆われていることが多く（自然の状態のものもあれば、人工、加工の物が存在することもある）、特定の物に限定されるものではない。空中については、地面の上の空間であるが、大都市地域を除き、通常、問題になることは稀である。地中については、地面の下であり（地下と呼ばれることもある）、土砂、岩石が含まれるが、自然に堆積したものに限られるわけではない。地中には地下水、水分が含まれるが、植物、鉱物、化学物質、その他の固形物が含まれることもあり、自然の状態のものもあれば、人工、加工の物が存在することもある。地中が問題になる場合、地面からの深さの程度が問題になるが、事案によるとはいえ、取引上の通念によって判断するほかはない。土地の地中は、自然の状態のままのこともあれば、人工、加工の状態、人工、加工の物が含まれていることもあるし（現代の市街地においては、多数回にわたって様々な人工、加工が加えられていることが通常である）、地下水、雨水、地震等の影響により、地中の状態が変化することもある。

土地の取引においては、以上の地面、空中、地中から構成される土地が取引の対象であり、それぞれの物理的、法的な性状が取引に適した状態にあることを前提として取引が行われるものである。土地のうち空中については、その性状が取引上問題になることは稀である（空中について地上権が設定されていたり、周囲の建物、植物等が空中に侵入していることがある）。土地のうち地面については、現地を確認することによって容易にその性状を認識することができ、取引上問題になることは少ない（地面に産業廃棄物等の無用、有害の物が存在するような場合には、その撤去、取引の効力が問題になることがある）。土地のうち地中については、多種多様な地中物、地中の埋蔵物（文化財を除く）が存在し、地中の位置・性質、調査方法の限界等の事情があり、取引の前に完璧な調査を行うことは困難であることから、取引の効力、修繕・補修、損害賠償等の場面で問題になることがあり、実際上、訴訟に至るまで争われるのは地中の土地の性状をめぐる紛争である。

地中には、自然、人工・加工を問わず、多種多様な地中物が含まれていることが通常であるが、土地の売買等の取引において交渉、契約の締結をする場合、地中の内容につき明示の合意（特約）をすることがあるが、このような明示の合意をした場合には、合意の内容に従って地中物をめぐる事項を解決することができるし、解決することが適切である（合意の内容によっては、合理的な解釈が必要になることがあろう）。このような合意は、原則として有効であることは当然であるが、交渉段階における調査、情報提供（告知、説明）の過誤が生じ得るから、錯誤、債務不履行、瑕疵担保、不法行為をめぐる法律問題が生じ得る。

地中の内容につき明示の合意がなかった場合であっても、黙示の合意の成立が認められることがあり得るが、合意の内容の解釈とか、明示の合意がある場合と同様な法律問題が生じ得る。

地中の内容につき明示、黙示の合意が認められない場合には、錯誤、詐欺、債務不履行、瑕疵担保、不法行為等の法律問題が生じ得るが、各法律問題ごとに個別に各要件に従って検討し、判断することになる。この場合、売買の目的、土地の利用目的、土地の利用履歴の提供、土地の現状調査、地中物の種類・性状、地中物の所在場所・量、法令上の規制、売買代金の交渉の際の考慮事情等の事情を考慮して判断することになるが、売主側による情報の提供、買主側による調査・確認、売買の目的、土地の利用目的が重要な事情として考慮されることが多いであろう。土地には多種多様な地中物が包まれていることが通常であるから、取引の実行後において当事者、仲介業者の想定外の地中物が判明したとしても、買主側に結果責任を負わせることは、土地の取引にとって重大な障害になるものであり、法的な責任の範囲は合理的な根拠がある場合において合理的な範囲に限定することが必要である。

以下、土地の取引における地中物をめぐる判例を紹介したい。

東京地判　平成4.10.28　判時1467.124　【判例27】

〈事案の概要〉

Ｙ株式会社は、昭和61年11月、建物、その敷地をＡ株式会社らから購入し、昭和62年５月、不動産業者であるＸ株式会社に宅地として代金７億1417万円余で売却し、Ｘは、その後、Ｂ株式会社に売却したところ、地中からプラスチック等の産業廃棄物、地表から１ｍ辺りに従前の建物（鉄工所）の土間コンクリート、基礎が埋設されていたことから、Ｂが撤去工事費用（895万円）をＸに請求したため、ＸがＹに対して瑕疵担保責任に基づき損害賠償を請求した。

本判決は、地中の産業廃棄物等が瑕疵に当たるとした上、産業廃棄物等が通常容易に発見し得なかったとし、隠れた瑕疵を認め、Ｘが土間コンクリート及び基礎の存在につき悪意又は過失がある旨の主張を排斥し、Ｘに検査・通知義務があるところ、通知期間の経過を認めたものの、土間コンクリート及び基礎の存在につきＹの悪意を認め（なお、産業廃棄物については、Ｙに認識があったと認めるに足りる証拠はないとした）、撤去費用207万円余の損害を認め（Ｘは、Ｂから請求を受けただけであるが、瑕疵を修補するために通常必要と認められる費用は、現実にこれを支出したか否かにかかわらず、瑕疵担保責任に基づき損害賠償を請求することができるとした）、請求を一部認容した。

〈判旨〉

「２　本件取引は宅地及びその地上建物の売買であるが、《証拠略》によれば、本件建物は税金対策のために本件取引に際して建築されたプレハブ建物にすぎず、それ自体に実質的価値があるものとして売買の対象となったものではないことが明らかであるから、本件建物付土地の取引であるとして敷地たる本件土地の埋設物の存在は瑕疵にならないとする被告の主張は、その前提において失当であり採用できない。

ところで、宅地の売買において、地中に土以外の異物が存在する場合一般が、直ちに土地の瑕疵を構成するものではないことはいうまでもないが、その土地上に建物を建築するについて支障となる質・量の異物が地中に存在するために、その土地の外見から通常予測され得る地盤の整備・改良の程度を超える特別の異物除去工事等を必要とする場合には、宅地として通常有るべき性状を備えないものとして土地の瑕疵になるものと解すべきである。本件の場合、前記認定のように、大量の材木片等の産業廃棄物、広い範囲にわたる厚さ約一五センチメートルのコンクリート土間及び最長約二メートルのコンクリート基礎一〇個が地中に存在し、これらを除去するために後述のように相当の費用を要する特別の工事をしなければならなかったのであるから、これらの存在は土地の瑕疵にあたるものというべきである。

本件売買契約において、こうした異物の存在までも瑕疵とみないという特段の事情があったことは認められない（ちなみに、成立に争いのない甲第一号証の契約書には、売主が瑕疵担保責任を負うべき旨の規定がある）。

3　右産業廃棄物の存在については、これを容易に認識し得る状況になかったことを、被告は明らかに争わない。

そこで、土間コン及び建物基準が、本件売買契約当時、通常容易に発見できない瑕疵であったといえるかどうかを検討する。

(一)　本件土地のうち国道一五号線側から東南の方向に向かって約五分の三まで進んだ部分（以下「甲部分」という）については、土間コン及び建物基礎が地中に隠れていたことは当事者間に争いがない。

残余の約五分の二の部分（以下「乙部分」という）については、本件売買契約当時、原告は土で覆われていたと主張し、被告は土間コンが露出していたと主張している。もし、被告主張のとおりであるとすれば、甲部分の地中の土間コン、ひいては建物基礎についても存在を推測すべきこととなり、通常容易に発見し得ない瑕疵であったとはいえないことになろう。

・・・・

4　瑕疵が通常発見し得ないものであったとしても、買主がそれを知り又は知り得べき場合は、隠れた瑕疵とはいえない。被告は、土間コン及び建物基礎の存在について、原告に悪意または過失があったと主張する。

(一)　まず、悪意の有無については、前記認定のように、本件売買契約当時、本件土地上は全体的に土で覆われていたと認めるべきであるが、証人内尾、沖中は、同人らが初めて見たときから本件土地は右のような状態であって、原告側では乙部分の土間コンが露出している状態を見聞きしたことはないと証言しているところ、右証言の信用性を否定して、乙部分が土で覆われている以前の本件土地の状態を原告側で認識していたと認める証拠はない。証人藤岡、久次の各証言のうち、本件建物が土間コンの上に建てられたとする点は、もし、真実であるとすれば原告の悪意を認定する根拠となり得るが､右証言は前述のように採用できないものである。したがって、原告が、本件売買契約当時、土間コン及び建物基礎の存在を知っていたとは認められない。

(二)　次に、原告が右瑕疵を認識しなかったことに過失があるか否かについて検討する。

(1)　原告が不動産業者であること、本件土地が以前鉄工所の敷地として利用されていたこと、原告がこのことを知っていたことは当事者間に争いがない。しかし､《証拠略》によれば昭和鉄工所が本件土地を売却したのは本件売買契約の約四年前の昭和五八年のことと認められる上、鉄工所の敷地として利用されていたということだけから、通常その地中に土間コン等が埋設されている蓋然性が高いと判断すべきことにはならないから、右の点と原告が不動産業者であることをあわせ考慮したとしても、原告が本件土地に土間コン等が埋設されていることを認識しなかったことにつき過失があると認める根拠とすることはできない。

(2)《証拠略》によれば、原告が本件売買契約締結の直前の昭和六二年の三月終わりから四月初めまでの間に本件建物を訴外日東インダストリーから賃借したことが認められる。しかし、前記認定のように、右賃貸借契約は被告が税金対策のために締結した形式的なものにすぎず、本件売買契約を締結するまでの間に原告が本件建物を現実に利用したことはなかったと認められる。

(3)　被告は、原告が本件売買契約以前から本件土地を取得するため当時の所有者に働きかけており本件土地について熟知していたと主張するが、《証拠略》によれば、本件売買は、被告が本件土地を購入したあとの昭和六二年一月初めに沖中俊明が被告に持ちかけたものであり、原告は右沖中俊明から同年二月、買ってくれるようにいわれ、それから本件売買の交渉に入ったことが認められ、原告がそれ以前の本件土地の状況を知っていたとまで認めるに足る証拠はない。

(4)　よって、原告の過失は認められない。」

〈実務上の留意点〉

この事案は、建物と敷地の売買契約が締結されたこと、従前の建物は鉄工所であり、これが取り壊され、現在の建物が建築されたこと、売主は売却の約６か月前に建物、土地を購入したこと、売買の交渉において地中物の存在につき特段の調査・確認、説明が行われた形跡がないこと、買主が不動産業者であったこと（従前の建物が鉄工所であったことは認識していた）、買主が建物、敷地を転売したこと、転売に係る買主が土地の地中にプラスチック等の産業廃棄物､従前の建物（鉄工所）の土間コンクリート、基礎が存在することが分かったこと、買主が転売に係る買主から撤去費用の損害賠償の請求を受けたこと（もっとも、賠償に応じてないこと)、買主が売主に対して瑕疵担保責任に基づき撤去費用の損害賠償を請求したこと、産業廃棄物等が隠れた瑕疵に当たると主張されたこと、商法526条所定の検査･通知義務違反が主張されたことというものである。この事案は、建物、敷地の売買がされ、さらに転売された後、最初の売買の買主が売主に対して瑕疵担保責任に基づき損害賠償を請求したが、地中に存在するプラスチック等の産業廃棄物、従前の建物（鉄工所）の土間コンクリート、基礎が隠れた瑕疵に当たるかが主要な争点になったものである。

この判決は、宅地の売買においては、地中に土以外の異物が存在する場合一般が直ちに土地の瑕疵を構成するものではないこと、土地（宅地）の瑕疵は、土地上に建物を建築するについて支障となる質・量の異物が地中に存在するために、その土地の外見から通常予測され得る地盤の整備・改良の程度を超える特別の異物除去工事等を必要とする場合には、宅地として通常有るべき性状を備えないものとして土地の瑕疵になること、地中に存在するプラスチック等の産業廃棄物、従前の建物（鉄工所）の土間コンクリート、基礎が土地の瑕疵に当たること、瑕疵が通常発見し得ない場合であっても、買主が瑕疵を知り又は知り得べき場合には隠れた瑕疵とはいえないこと、この事案では買主の過失が認められないこと、この事案につき商法526条が適用され、買主が検査・通知義務を怠ったこと、もっとも、売主が産業廃棄物については認識があったとはいえないとしたものの、土間コンクリート、基礎については認識があったとし、売主の悪意を理由に土間コンクリート、基礎につき瑕疵担保責任を肯定したこと、その範囲の撤去費用が損害であることを判示している。

この判決は、土地（宅地）の瑕疵の意義、判断基準を説示し、この事案の土地の瑕疵を肯定しているが、瑕疵の意義、判断基準は参考になる見解である。この事案の地中に存在するプラスチック等の産業廃棄物、従前の建物（鉄工所）の土間コンクリート、基礎が土地の瑕疵に当たるかは、契約の内容、地中物の性状・量によるところであり、この判決の瑕疵を認めた判断は事例を提供するものである。

また、この判決は、隠れた瑕疵につき通常の発見可能性、買主の故意・過失を要素とする判断基準を説示しているが、合理的な見解である。この事案の隠れた瑕疵の成否については、買主が不動産業者であること、従前の建物の概要を認識していたこと、不動産業者としての通常の調査・確認がされていないこと等の事情に照らすと、隠れた瑕疵を否定することも強ち不合理とまではいい難いが、この判決は、隠れた瑕疵を肯定し、微妙な判断を示している。もっとも、この事案においては買主の説明、交渉経過が明らかにされておらず、仮に適切な情報提供がされていないとすれば、売主が地中物の存在の法的なリスクを一部負わされることもやむを得ないであろう。買主が不動産業者である場合には、不動産の性状等の認識、認識可能性は、専門業者であることを前提として判断される可能性が高いというべきである。

この判決は、さらに、買主が商法526条の検査・通知義務を怠ったとしたこと（売主の瑕疵担保責任が否定されることになる）、地中物の一部の存在につき売主の悪意があったとしたこと（再度、売主の瑕疵担保責任が肯定されることになる）を判示しているが、不動産売買に商法526条を適用し、瑕疵担保責任を肯定・否定した事例として参考になるものである。

なお、この判決は、前記のとおり、買主が転売の買主に損害賠償をしていない段階で、売主に損害賠償を請求した事案について、買主の損害を認めているが、損害の発生の要件を満たさないものであり、理論的に問題が残る。

この判決は、この事案のような建物、敷地の売買に当たっては、売主が買主に土地等の性状、履歴を説明し、双方が合理的な範囲で地中物の存在状況を調査・確認することが重要であることを改めて示している。

東京地判　平成7.12.8　判時1578.83　【判例28】

〈事案の概要〉

Xは、Y都（東京都）に公園用地として所有土地を売却し、昭和60年7月、代替としてYから代金9億5114万120円で土地（従前は食品工場の敷地であった）を購入したが、本件土地は元工場用地であり、売買契約の締結に先立ち、Yが地中埋設物等の調査を実施し、撤去して整地して引き渡したところ、Xが昭和61年7月頃本件土地上にレストランを建設し、その後、平成4年6月、レストランを解体し、A学校法人医学部附属病院の看護婦寮を建設する工事を開始したところ、地中埋設物（従前の建物の基礎部分に当たるコールタールを含んだレンガ等、その下の松杭が土地の全域に存在した）を発見したため、XがYに対して債務不履行責任、瑕疵担保責任に基づき埋設物の撤去費用の損害賠償を請求した。

本判決は、埋設物の調査・撤去の合意を否定したが、信義則上従前の土地の使用形態に見合った利用のため埋設物の調査･撤去義務があるところ、Yの調査・撤去は調査義務違反に当たらないとし、瑕疵担保責任については本件土地は中高層建物の建築のためには相当多額の費用がかかる埋設物の撤去工事が必要であるから、高層建物の可能性のある土地として通常有すべき性状を有していないとし、隠れた瑕疵を認めたものの、瑕疵担保免責特約があり、この特約が無効とはいえない等とし（Yの悪意、重過失を否定した）、請求を棄却した。

〈判旨〉

「一　まず、争点1（被告の責任原因）のうち債務不履行について検討する。

（四）　前記認定のとおり、被告は、原告から本件土地の地中埋設物についての話を受けており、前記認定事実に照らすと、同土地の売買契約時には、同土地に地中埋設物が存在する可能性を相当程度の確率で予想していたことが推認でき、しかも、同土地が銀ビス工場の跡地であったとの話であることからすれば、その地中埋設物も工場の残置物件としてかなり大規模な物件であることは予想し得たと推認できる。その上、右（三）のとおり、被告としては、原告に対し、従前の土地の使用形態を維持し得るような状態で本件土地を引き渡すことが必要であったのであるから、以上の諸点を総合的に考慮すると、右のような事実関係の下においては、原告と被告との間で本件土地の地中埋設物の調査及び撤去を行う契約が成立したものとまでは認められないものの、被告には、信義則上、本件土地の売買契約に付随する義務として、原告に対して地中埋設物の存在の可能性があることを説明して原告の了解を得るか、あるいは従前の土地の使用形態に見合った利用に支障がないよう、地中埋設物を調査して支障のある埋設物については除去する義務を負っていたと解するのが相当である。

本件では、原告の方から被告に対し、本件土地の地中埋設物を撤去して欲しい旨要求していたのであるから、被告は、従前の土地の使用形態に見合った利用に支障がないよう、本件土地の地中埋設物を調査して支障のある埋設物については除去する義務を負っていたというべきである。

・・・・

(二)　前記説示のとおり、本件土地に関する被告の義務は、従前の土地の使用形態に見合った利用をする場合に、支障がないように地中埋設物を調査し、支障ある埋設物については除去することを内容とすると解するのが相当であるところ、《証拠略》によれば、原告は、本件買収用地において、駐車場を経営していたこと、本件レストランの基礎部分は、約一メートルの深さであったところ、右基礎工事の際には、何ら支障がなかったことが認められ、また、前記のとおり、原告は本件土地取得後、昭和六一年七月ころ本件レストランを建築して翌六二年四月ころから営業を始めたが、本件レストランを解体して本件看護婦寮の建設工事を開始した平成四年六月下旬頃まで、何ら支障なく本件土地を使用していたことも考え合わせると、前記認定に係る本件調査及び撤去の方法は、その義務に違反したものとは認められず、債務不履行にはあたらないといわざるを得ない。

なお、コールタールについては除去不可能として埋め戻されているが、前記のとおり、その後の本件レストランの建築及び営業に何ら支障がなかったことからすれば、右埋戻の事実をもって、債務不履行にあたるとは認められない。

二　次に、争点1(被告の責任原因)のうち瑕疵担保責任について検討する。

1　本件埋設物が「隠れたる瑕疵」にあたるか。

(一)　前記のとおり、本件埋設物は、コールタールを含んだレンガやコンクリート等及びその下部に埋めこまれた相当数の松杭であって、同土地のほぼ全域に存在し、浅いところでは地表から約〇・四メートル、深いところでは地表から約四・五メートルの深さから存在し、そのレンガやコンクリート等の厚さは、薄いところで〇・五メートル、厚いところでは四・四メートル程に達し、その下部の松杭は長さ約三・五メートルであったことが認められる。そして、《証拠略》によれば、本件土地の南隣はイトーピア住吉マンション（一四階建）で、北東隣は訴外株式会社アサヒペンの本社ビル（八階建）であって、道路を隔てた北側は訴外東京ガスの支社等の建物（五階建）及び同深川体育館等の建物（八階建）がある等、本社土地周辺には、中高層建物が存在していることが認められ、右事実からすると、本件土地は、高層建物が建築されることも客観的に十分予想される土地であるというべきである。

また、前記本件埋設物の存在場所及び程度からすれば、本件土地に中高層建物を建築するには、本件埋設物を除去しなければ、基礎工事ができない状態にあると認められ、かつ、本件埋設物の程度からすれば、その除去工事には相当多額の撤去費用を要し、その費用は通常の高層建物を建築するに際して要する基礎工事の費用よりも相当高額になるものと推認される。

したがって、そのような地中埋設物が存在する本件土地は、高層建物が建築される可能性のある土地として通常有すべき性状を備えないものといえるから、本件埋設物は「瑕疵」にあたるといわなければならない。

被告は、「原告は、昭和六一年七月ころに本件土地上に本件レストランを建築して、五年余りも支障なく使用しており、また、目的どおりに同土地上に地上一一階建の高層建物を建築しているのであるから、本件埋設物は「瑕疵」にあたらない。」と主張するが、代替地売払の趣旨と当該土地の通常有すべき性状とは区別して考えるべきであるから、右被告の主張は採用できない。

（二）　前記のとおり、被告は、本件調査及び撤去により発見した埋設物をすべて除去し、原告は、その後の整地された状態で本件土地の引渡を受けたのであり、また、《証拠略》によれば、原告は、本件調査及び撤去により、本件土地には地中に埋設物が存在しないであろうと思っていたと認められるから、本件埋設物は、容易に認識し得る状況にはなかったといえる。したがって、本件埋設物は、「隠れたる瑕疵」にあたる。

2　本件代替地売買契約において、原告と被告は、瑕疵担保責任を免除する合意をしたか。

《証拠略》によれば、被告建設局用地部管理課移転係の訴外朝生は、昭和61年３月３日、被告用地部内において、原告と本件土地の売買契約を締結するに際して、原告に対し、売買契約書の各条項を一条ずつ説明し、特に右契約書の５条２項について、被告に分かる範囲の埋設物はすべて除去しているが、分からなかったものについては、責任を取れず買主の負担になる旨を説明したこと、原告は、その説明を受けた上で契約を締結したことが認められるから、原告と被告との間で、瑕疵担保責任免除の合意をしたことが認められる。

原告は、「被告から瑕疵担保責任免除特約についての説明はなく、本件用地買収契約と本件代替地売買契約について、いずれも被告作成の印刷された契約書が使用されていたため、両者とも同じ内容のものと思っていたところ、本件用地買収契約には瑕疵担保責任の免除特約はなかったので、本件代替地売買契約にもその特約はないものと思った。」と主張し、原告本人尋問の結果中にもこれに符合する供述部分があるが、右認定事実に照らし、右供述部分は信用できず、他に右主張事実を認めるに足りる証拠もないから、右主張は採用できない。

また、原告は、「仮に、瑕疵担保責任免除特約の説明があったとしても、それは、被告に判明している範囲の地中埋設物をすべて除去していることを前提に行われたのであって、実際は除去できない埋設物は埋め戻したのであるから、虚偽の事実に基づく説明であって、説明したとはいえない。」と主張するが、前記認定のとおり、被告は、発見した埋設物をすべて除去したのであるから、この主張も採用できない。

3　瑕疵担保責任免除特約は無効か、あるいは、被告が右免除特約を主張することは信義則に反するか。

原告は、「被告の行う用地買収契約と代替地売買契約は一体であり、その一方の代替地売買契約にのみ瑕疵担保責任免除特約を付すのは著しく公平を欠き、信義則に反するものであり、無効である。被告は、所有地の売却の場合にすべて貸し担保責任の免除特約を付しているのであるから、かかる瑕疵担保責任の免除特約は、単なる例文規定である。仮に無効でないとしても、本件で被告が瑕疵担保責任免除特約を主張することは信義則に反し許されない。」と主張する。

しかし、前記のとおり、代替地売払は、公共事業の施行に伴う損失補償の一環である生活再建のための措置として、移転先の入手が困難な者に対してなされるものであって、本件用地買収契約と本件代替地売買契約とは別個の契約であり、しかも、原告は、本件土地の売買契約の締結の際に、訴外朝生から、瑕疵担保責任の免除特約の説明を受けた上で右売買契約を締結しているのであるから、前記瑕疵担保責任免除特約は無効とは認められず、また、叙上認定の事実関係の下においては、被告が右特約の存在を主張することも信義則に反するとは認められない。」

〈実務上の留意点〉

この事案は、都内の土地の所有者である個人が都に公園用地として所有土地を売却したこと、個人が都から代替地を購入したこと、売買契約上瑕疵担保責任免除特約があったこと、本件土地は従前食品工場の敷地として利用されていたこと、都は、売買契約の締結に先立ち、地中埋設物等の調査を実施したこと、都は、地中埋設物を撤去して整地して引き渡したこと、個人は本件土地上にレストランを建築し、利用したこと、個人は、レストランを解体し、学校法人医学部附属病院の看護婦寮を建設する工事を開始したこと、本件土地の地中に、従前の建物の基礎部分に当たるコールタールを含んだレンガ等、その下の松杭が土地の全域に存在することが判明したこと、個人が都に対して埋設物の撤去費用の損害賠償を請求したこと、法的な根拠として、債務不履行責任、瑕疵担保責任が主張されたことというものである。この事案は、個人が都において地中埋設物の調査を実施した工場跡地を都から購入し、レストランを建築し、数年間利用した後、病院の看護婦寮の建築工事を行ったところ、地中にレンガ、松杭等が存在することが判明したため、個人が都の債務不履行責任、瑕疵担保責任を追及したものであり、債務不履行責任の成否、瑕疵担保責任の成否、瑕疵担保責任免除特約の効力・適用等が問題になった。

この判決は、個人と都との間では本件土地の地中埋設物の調査及び撤去を行う契約が成立したものとまでは認められないこと、都は、信義則上、本件土地の売買契約に付随する義務として、買主である個人に対して地中埋設物の存在の可能性があることを説明して個人の了解を得るか、あるいは従前の土地の使用形態に見合った利用に支障がないよう、地中埋設物を調査して支障のある埋設物については除去する義務を負っていたこと、この事案では、都は、従前の土地の使用形態に見合った利用に支障がないよう、本件土地の地中埋設物を調査して支障のある埋設物については除去する義務を負っていたこと、この事案では、都が行った調査及び撤去の方法は、その義務に違反したものとは認められず、債務不履行には当たらないこと（債務不履行責任を否定したこと）、この事案では、高層建物が建築される可能性のある土地として通常有すべき性状を備えているかが瑕疵の基準であるとし、本件土地に中高層建物を建築するには、レンガ、松杭等の埋設物を除去しなければ、基礎工事ができない状態にあり、その程度からみて、その除去工事には相当多額の撤去費用を要し、その費用は通常の高層建物を建築するに際して要する基礎工事の費用よりも相当高額になるとして瑕疵を認めたこと、この事案では瑕疵担保責任免除特約の成立を認め、売主である都がこの特約を援用することが信義則に反しないこと、売主の悪意・重過失を否定し、この特約による免責を肯定したことを判示している。

この判決は、前記のとおり、土地の売買契約において地中物の存在を理由とする売主の法的な責任をめぐる典型的な紛争を取り扱い、債務不履行責任、瑕疵担保を否定した事例として参考になるものである。

この判決が土地の売買について地中埋設物の調査・撤去義務の契約を否定した判断は、事例として参考になる。土地の売買によっては、売主と買主との間で調査、撤去、費用負担等に関する事項が交渉され、契約として取り交わされることがあるが（このような契約は原則として有効であり、契約に基づく権利行使がされることもある）、この判決は、このような契約を否定した事例を提供するものである。

この判決は、前記の明示の契約の成立を否定したが、土地の売買契約において信義則上、売買契約に付随する義務として、売主が買主に対して地中埋設物の存在の可能性があることを説明して買主の了解を得るか、あるいは従前の土地の使用形態に見合った利用に支障がないよう、地中埋設物を調査して支障のある埋設物については除去する義務を負い、この事案では、売主は、従前の土地の使用形態に見合った利用に支障がないよう、地中埋設物を調査して支障のある埋設物については除去する義務を負っていたとしたものであり、理論的に興味のある判断を示したものである。この判決の提示する地中物の調査等の義務は、その要件、範囲が問題になるし（すべての土地の売買契約につき信義則上付随する義務とはいえないであろう）、この義務違反による債務不履行責任と瑕疵担保責任との関係、位置づけが問題になる。

この判決の調査義務を履行した旨の判断は事例を提供するものである。

また、この判決は、瑕疵担保責任について、瑕疵の基準が高層建物が建築される可能性のある土地として通常有すべき性状を備えているかであるとした上、この事案では中高層建物を建築するには、レンガ、松杭等の埋設物を除去しなければ、基礎工事ができない状態にある等とし、瑕疵を肯定したものであり、事例として参考になる。もっとも、この判決の瑕疵の判断については、費用が通常の高層建物を建築するに際して要する基礎工事の費用よりも相当高額になることが必要であるとしたが、相当高額の基準も問題になる。

さらに、この判決は、瑕疵担保責任免除特約（民法５７２条参照）の効力、適用について、瑕疵担保責任免除特約の成立を認めたこと、売主がこの特約を援用することが信義則に反しないとしたこと、売主の悪意・重過失を否定したこと、瑕疵担保責任免除特約の適用を認め、売主の瑕疵担保責任を否定したことに関する事例として参考になるものである。

東京地判　平成9.5.29　判タ961.201　【判例29】

〈事案の概要〉

不動産業を営むＸ株式会社は、不動産業を営むＹ株式会社の担当者の知り合いであるＡ株式会社らから土地の購入の話が持ち込まれ、Ｙと交渉を行い、Ｙからマンション用地として土地を代金４億円余で購入し（交渉の過程で地中物に関する条項の交渉が行われ、後記の特約が締結された）、その後、土地を調査したところ、地中に従前存在した建物の地下室を伴う基礎があったため、ＸがＹに対して地中障害はＹの責任と負担において解決する旨の特約（「地中障害が発生した場合は、Ｙの責任と負担で解決する。但し、後記建物基礎の部分については、Ｘの責任と負担で解決する。」

との特約）に基づき撤去費用等の損害賠償を請求した。

本判決は、前記特約が木造建物の布基礎程度のものはXの負担とするが、それを超える地中障害はYの負担とする趣旨であったとし（瑕疵担保責任免除特約ではないとされた）、Yの責任を認め、瑕疵担保責任免除特約を認めず、地中障害の解体撤去工事費用として2987万円の損害を認め（マンションの建設が遅延したことによる損害は否定した）、請求を認容した。

〈判旨〉

「二　右一認定事実によれば、従前建物の基礎については、布基礎程度のものは原告の費用で撤去し、予想外の大規模な基礎があった場合には被告が撤去費用を負担する旨の合意であったといえる。

布基礎程度というのは、正確にはその内容が不明確であるが、本件で実際に発見された地下室を伴う基礎については、それを超えるものであったことは明らかであるといえる。したがって、その撤去費用については、被告が負担すべきである。

三　そこで、被告が原告に対して負う責任の範囲について判断する。

１　甲１号証によれば、予想外の地中障害が発生した場合に、被告が負う責任範囲について、特別の合意はないことが認められる。地中障害は、法的には売買目的物の瑕疵にあたるから、被告の責任は、瑕疵担保責任による損害賠償責任になる。右責任の範囲は、代金額から瑕疵ある目的物の客観的取引価格を控除した残額、すなわち瑕疵があることによる目的物の減価分であると解すべきである。

２　地中障害の撤去に要する費用は、買主負担の場合にはその分が控除されて売買代金が定められるものであり、瑕疵があることによる目的物の減価分であるから、損害として認められる。甲６号証によれば、原告は住友建設株式会社に地中障害の解体撤去工事を発注したが、その費用として2987万円を要したことが認められる。

３　原告は、大規模な地中障害があったことにより、マンション建設工事が予定より遅延したことによる損害として、売買残代金の支払いを受けるのが遅れたことによる運用益と借入金利息の追加支払分も請求している。しかし、地中障害の撤去に要する費用を考慮して、売買代金額を決める場合には、マンション建設が遅れることも含まれているから、撤去費用に付加して減価分が発生するわけではない。また、借入金利息の追加支払も、瑕疵があることによる減価とは無関係である。もっとも、売主である被告が予見できたとすれば、特別損害として認められる可能性があるが、資金の借入やマンション販売時期の決定は、大規模な地中障害の有無を調査してから行うこともできるから、大規模な地中障害が発生したからといって必ず借入金利息を支払う必要があるとは限らず、予見可能ともいえない。

したがって､マンション建設工事が予定より遅延したことによる損害は、地中障害による損害としては認められない。」

〈実務上の留意点〉

この事案は、従前建物があり、これが撤去された土地の売買契約が締結されたこと、売主の担当者の知り合いの会社らを介して買主に売却の話が持ち込まれたこと、売主も買主も不動産業者であること、買主はマンション用地として土地を購入したこと、交渉の過程で地中物の取扱いが話題になり､「地中障害が発生した場合は、Ｙの責任と負担で解決する。但し、後記建物基礎の部分については､Ｘの責任と負担で解決する。」との特約（本件特約）が締結されたこと、購入後、土地の調査を行ったところ、地中に従来の建物の地下室を伴う基礎が存在することが判明したこと、買主が本件特約に基づき撤去費用等の損害賠償を請求したことというものである。この事案は、土地の売買契約において地中物の存在が判明し、買主が瑕疵担保責任を追及したものではなく、本件特約に基づく損害賠償責任を追及したものである。

この判決は、本件特約は、従前の建物の基礎につき布基礎程度のものは買主の費用で撤去し、予想外の大規模な基礎があった場合には売主が撤去費用を負担する旨の合意であったこと、瑕疵担保免責特約の成立を否定したこと、本件特約にいう布基礎程度は、正確にはその内容が不明確であるが、本件で実際に発見された地下室を伴う基礎は、布基礎を超えるものであったとし、撤去費用は売主が負担すべきであること、本件の撤去費用を算定し、その範囲で損害を認めたこと、買主の主張に係るマンション建設工事が予定より遅延したことによる損害（売買残代金の支払いを受けるのが遅れたことによる運用益と借入金利息の追加支払分）は瑕疵とは無関係であり、予見可能であったとはいえないとし、損害を否定したことを判示している。

この事案の主要な争点は、前記内容の本件特約の解釈であるところ、この判決は、瑕疵担保免責特約であることを否定し、従前の建物の基礎につき布基礎程度のものは買主の費用で撤去し、予想外の大規模な基礎があった場合には売主が撤去費用を負担する旨の合意であると解したものであるが、特約の解釈事例として参考になる。なお、この事案のような紛争を防止するには、契約交渉の段階で明確な交渉、特約の締結に努めることが重要であるが、この判決はこの重要性を改めて示すものである。

この判決は、次に損害賠償の範囲について、撤去費用に限定し、算定したものであり、事例として参考になるものである。

東京地判　平成10.10.5　判タ1044.133　【判例30】

〈事案の概要〉

X株式会社は、自動車修理等を業とする会社であるところ、平成８年３月、Y株式会社から雑種地を工場建設用地として代金１億7226万円余で購入し、ボーリング調査を実施したところ、地中障害物等が発見されなかったことから、杭工事に着手したが、同年６月、地中に大量のコンクリート塊等の産業廃棄物が埋まっていることを発見し、これを搬出、処分し、その後も工事を行った際、コンクリート塊、瓦礫、ブロック等を発見し、これを搬出、処分したため、XがYに対して瑕疵担保責任に基づき搬出・処分費用の損害賠償を請求した。

本判決は、コンクリート塊等の存在が隠れた瑕疵に当たるとし、Xの悪意を否定し、商法526条所定の通知も行ったとし、請求を認容した。

〈判旨〉

「右認定事実によれば、ことに、原告は、自動車修理工場を建設する目的で本件売買契約を締結し、被告も、右目的を知っていたこと、コンクリート塊等の産業廃棄物は本件土地の地中に埋まっていてボーリング調査でも発見されず、杭工事に着手して初めて発見されたこと、伊東兄弟建設は、着手していた杭工事や根伐工事等を中断して右廃棄物を除去せざるを得なかったことに照らせば、本件土地には隠れた瑕疵があったと認められる。

そして、原告は、別紙記載の費用を支出したことにより同額の損害を被ったといえるから、請求原因事実が認められる。

被告は、小さなコンクリート塊等の除去は、請負業者が処理し、注文主には請求しないのが土木建築業界の慣習であると主張するが、本件土地に埋まっていたのは前記認定のとおり、巨大かつ大量のコンクリート塊等であるから、被告の主張はその前提を欠く。

被告は、さらに、巨大なコンクリート塊が多数埋まっていて、それが全く予知できなかった場合において、請負人が、注文主の了解を得て搬出処分したときは、請負人は、注文主に対し、追加工事代金の支払を請求することができるが、請負人が注文主の了解を得ずに搬出処分したときは、その費用は請負人が負担する、というのが土木建築業界の慣習であるとも主張する。

しかしながら、かかる慣習が存在するとは認められない上、仮に存在したとしても、本件では、請負人である明和工務店の請求に応じて注文主である原告が追加払いをしており、請負人は注文主の事前又は事後の了解を得てコンクリート塊等を搬出処分したといえるから、被告の主張は理由がない。

2　原告の悪意について

前記認定事実によれば、原告が、本件売買契約締結当時、右廃棄物の存在を知っていたとは到底認められない。

3　瑕疵通知義務について

前記認定事実によれば、ことに本件建物建築の下請業者である伊東兄弟建設が、三月二三日から二五日にかけてボーリング調査を行ったが、地中障害物が発見されなかったので、杭工事に着手したところ、六月四日に至り、本件土地の地中に初めて産業廃棄物等を発見したこと、原告は、翌五日には、新明和商事の高見を通じて、被告に対し、産業廃棄物が大量に発見されたので、本件土地を検分してほしい旨通知したことに照らせば、本件土地には直ちに発見することができない瑕疵があったと認められるところ、原告は、目的物を受け取ってから六か月以内に瑕疵を発見し、直ちに被告に対して通知したといえる。」

〈実務上の留意点〉

この事案は、事業者が雑種地を工場建設用地として購入したこと、当初実施したボーリング調査において地中障害物等は発見されなかったこと、その後、買主が杭工事に着手したところ、地中に大量のコンクリート塊等の産業廃棄物が埋まっていることを発見したこと、買主がその後の工事を行った際、コンクリート塊、瓦礫、ブロック等を発見したこと、買主がこれらの地中物を搬出、処分したこと、買主が売主に対して搬出・処分費用の損害賠償責任を追及したこと、瑕疵担保責任が主張されたことというものである。この事案は、事業者が工場建設用地として土地を購入し、工事に着手した後、コンクリート塊、瓦礫、ブロック等を発見され、売主に対して瑕疵担保責任を追及し、隠れた瑕疵の有無、商法526条の適用による免責の成否が争点になった。

この判決は、買主が売買契約当時に廃棄物の存在につき悪意であったとは認められないこと、巨大、大量のコンクリート塊等の存在による土地の隠れた瑕疵があったこと、本件では土地に直ちに発見することができない瑕疵があり、土地を受け取ってから６か月以内に瑕疵を発見し、直ちに売主に通知をしたこと（商法526条による売主の免責の主張を排斥したこと）を判示している。

この判決は、工場建設用地の雑種地の売買について、地中における巨大、大量のコンクリート塊等の存在が隠れた瑕疵に当たるとし、売主の瑕疵担保責任を肯定したものであり、瑕疵担保責任を肯定した事例として参考になるものである。

また、この判決は、売主の主張する商法526条の通知義務違反による免責について、売買の目的物である土地を受け取ってから６か月以内に瑕疵を発見し、直ちに売主に通知をしたことから（商法526条２項）、売主の免責を否定したものであり、この判断はその旨の事例として参考になる。

東京地判　平成10.11.26　判時1682.60　【判例31】

〈事案の概要〉

不動産業者であるX株式会社は、平成６年９月、信託銀行業を営むA株式会社の仲介により、マンションの建設用地として、Y_1株式会社との間で、土地、建物を代金７億1739万6000円で購入する売買契約、Ｂ株式会社との間で、隣接する土地を代金2761万3100円で購入する売買契約を締結し、同年11月、各代金を支払い、引渡しを受け（本件建物は、当時、飲食店として賃貸されており、平成７年２月に実際に引渡しを受けたが、その間、Ｘは、土地の一部のみの地質調査を実施した）、平成７年５月以降、本件各土地上にマンションを建築するため、建物の解体工事、マンション建設の基礎工事を行ったところ、Y_1の売却地から多数の杭、Ｂの売却地から埋設基礎（耐圧盤）が発見されたため、ＸがY_1、Ｂに対して瑕疵担保責任に基づき撤去費用の損害賠償を請求した（Ｂは、その後、会社更生手続が開始され、Y_2が更生管財人に選任され、Ｘの債権届出につき異議を述べ、更生債権等の確認請求に変更された）。

本判決は、杭等の存在が隠れた瑕疵に当たるとし、商法526条１項の期間内に通知されたとし、現実に撤去工事費用として支払った3090万円の損害を認め、請求を認容した。

〈判旨〉

「一　争点１（瑕疵の存在）について

２（一）　前記１認定の経緯に照らせば、本件各契約締結に際し、被告芙蓉及び京樽において、原告が本件各土地上に中高層マンションを建築する予定であることを地悉していたとの事実を認めることができる。

そして、《証拠略》によれば、原告は、本件各契約締結に先立ち、マンション建築計画に対する影響の有無等を調査するため、高岡らを通じて、被告芙蓉から資料図面等を借用して本件建物の基礎杭の位置等を確認したこと、ところが、本件各契約締結後、実際に本件建物の解体工事を進めるに従って、右図面等には一切記載されていない、多数のPC杭及び二重コンクリートの耐圧盤等の本件地中障害物が発見されたこと、本件各土地上に中高層マンションを建築しようとすれば、基礎工事を行うために本件地中障害物を撤去する必要があるところ、右撤去には通常の中高層マンション建築に要する費用とは別に金三〇〇〇万円以上の費用がかかることの各事実を認めることができる。

これらの諸事実に鑑みれば、本件地中障害物が存在する本件各土地は、中高層マンションが建築される予定の土地として通常有すべき性状を備えていないものというべきであるから、本件地中障害物の存在は、本件各契約の目的物たる本件土地の瑕疵に当たるといわざるを得ない。
（二）　本件地中障害物の存在が容易に認識しうる状態になかったことは、被告らにおいて明らかに争わない。
３　したがって、本件地中障害物の存在は、本件各土地の「隠れたる瑕疵」に該当する。
・・・・

三　争点3（損害の額）について

１《証拠略》によれば、原告は、本件地中障害物が発見された後、本件建物解体及びマンション建設工事の請負先であった多田建設に対し、本件地中障害物の撤去にかかる費用の見積もりを依頼したころ、多田建設は、当初、原告に対し、右撤去費用を合計金三二九〇万円とする見積もりを提示したこと、原告は、多田建設と交渉の上、撤去費用を合計金三〇九〇万円とすることで合意し、同社に依頼して本件地中障害物を撤去させた上、同社に対し、撤去費用として右金額を支払ったことの各事実が認められ、右事実に照らせば、本件各土地に本件地中障害物が埋設されたことによる原告の損害額は、右撤去に要した費用合計金三〇九〇万円と認めるのが相当である。

もっとも、被告の提出した訴外株式会社桐商エアコンによる見積書には、本件地中障害物の撤去費用として金一〇三八万円との記載があるけれども、《証拠略》によれば、右見積書には、工事に要する見込期間ないし単価等の点でその金額の妥当性に疑問があることが窺われるから、右見積書の記載金額をもって本件地中障害物の撤去に要する費用額として相当であるということはできない。

なお、原告は、多田建設による見積額である金三二九〇万円が客観的な損害であると主張するけれども、原告において現実に金三〇九〇万円しか支出しておらず、それ以外に支出を予定しているという事情も窺われない以上、金三〇九〇万円を超えて原告に損害が発生したとみるべき根拠がなく、そもそも、原告において現実に支出を要した以上の金額の賠償を受けられるとすれば、本件各土地に瑕疵があったことにより原告はかえって利得を得ることになるのであって、そのようなことは、民法五七〇条、五六六条一項の予定するところではないといわなければならない。

また、被告らは、本件地中障害物の存在は、低層建物を建築しようとする者にとっては障害となるものでなく、本件各土地の取引価格には影響がないとも主張するけれども、前記判示のとおり、本件各土地は、本件地中障害物が存在することにより、中高層建物を建築する予定の土地として通常有すべき品質・性状を欠くものとして瑕疵があるといわざるを得ず、本件各土地上に中高層建物を建築するためには本件地中障害物を撤去する必要があるというのであるから、右撤去に要する費用をもって本件各土地に存在する瑕疵による損害というほかはなく、本件各土地の取引価格に影響を及ぼすか否かによって右判断が左右されるものではないから、被告らの右主張は、採用することができない。」

〈実務上の留意点〉

この事案は、不動産業者がマンションの建設用地として土地等を購入したこと（売主は２名）、土地の一部には当時賃貸建物が存在し、その数か月後に引渡しを受けたこと、買主はその間土地の一部のみの地質調査を実施したこと、買主は、土地の引渡しを受けた後に建物の解体工事、マンション建設の基礎工事を行ったこと、土地の一部から多数の杭、埋設基礎（耐圧盤）が発見されたこと、買主が２名の売主に対して撤去費用の損害賠償責任を追及したこと、売主の１名につき会社更生手続が開始され、更生管財人に選任され、債権届出につき異議を述べられたことから、更生債権等の確認請求に変更されたこと、法的な根拠として瑕疵担保責任が主張されたこととというものである。この事案は、不動産業者がマンションの建設用地を購入し、工事に着手したところ、地中に多数の杭、埋設基礎（耐圧盤）が発見され、売主の瑕疵担保責任の成否が問題になった。

この判決は、多数の杭、埋設基礎（耐圧盤）の地中障害物が存在する各土地は、中高層マンションが建築される予定の土地として通常有すべき性状を備えていないこと、地中障害物の存在は、各契約の目的物たる各土地の瑕疵に当たること、地中障害物の存在が容易に認識しうる状態になかったことは、売主らにおいて明らかに争わないこと、隠れた瑕疵に当たること、撤去費用の損害を認めたことを判示している。

この判決は、マンションの建設用地としての土地の売買において、土地の一部に多数の杭、埋設基礎（耐圧盤）の地中障害物が存在したことにつき隠れた瑕疵を認めたものであり、売主の瑕疵担保責任を肯定した事例として参考になるものである。

東京地判　平成15.5.16　判時1849.59　【判例32】

〈事案の概要〉

不動産業者であるＸ株式会社は、平成13年５月、木造住宅の建築、敷地の分譲販売を目的としてＹ株式会社から代金２億2000万円、買主の本物件の利用を妨げる地中障害の存在が判明した場合、これを取り除くための費用は買主の負担とする特約（本件免責特約）で土地（従前はＹの社宅の敷地であったが、社宅はＲＣ構造であり、３階建て、４階建て、５階建ての３棟の社宅であったところ、建物の撤去後は、駐車場として使用されていた）を購入し、同土地を区画して分譲したが、一部を掘削したところ、コンクリート埋設物の存在が発見されたことから、瑕疵担保責任、説明義務違反を主張し、Ｙに対して撤去費用等につき損害賠償を請求した。

本判決は、地中にはコンクリートがら、硝子陶器くず、廃プラスチック類、金属くずが存在し、本件土地に一般木造住宅を建築し、浄化槽埋設工事を行うに当たっては本来必要のない地盤調査、地中埋設物の除去、地盤改良工事等を行う必要がある等、地中埋設物の存在が隠れた瑕疵に当たるとし、瑕疵担保責任、説明義務違反による債務不履行を認め、本件免責特約については、Ｙが業者に依頼して行った従前の建物の解体工事の状況によると、Ｙには少なくとも地中埋設物の存在を知らなかったことに悪意と同視すべき重大な過失があったとし、民法572条を類推適用し、Ｙが本件免責特約の効力を主張し得ないとするとともに、Ｙは、本件契約の締結に当たり地中埋設物の存在可能性につき問い合わせがあったときは、誠実にこれに関連する事実関係を説明すべき義務を負っていたところ、本件では調査をしていなかったにもかかわらず、Ｘに問題はない旨事実と異なる意見表明をしたものであるとし、債務不履行も認め、地盤改良工事費用、地盤調査費用、ブロック等の補修工事費用、産業廃棄物の廃棄・処分等の費用の損害（約991万円。なお、分譲が遅滞したことによる借入れの利息分の損害に関する主張は排斥した）を認め、請求を認容した。

〈判旨〉

「三　争点（2）（瑕疵の有無）について

（1）　前記認定のとおり、本件土地は、宅地であり、原告は、一般木造住宅用の宅地として分譲販売することを目的として、本件土地を購入したものであり、被告はこれを認識していたものであるところ、前記認定の本件地中埋設物の存在状況からすると、本件土地に一般木造住宅を建築し、浄化槽埋設工事を行うに当たっては、本件地中埋設物が存在しなければ本来必要のない地盤調査、地中埋設物の除去及びこれに伴う地盤改良工事等を行う必要があり、かかる調査・工事等を行うために相当額の費用の支出が必要となるものと認められるから、本件土地は、一般木造住宅を建築する土地として通常有すべき性状を備えていないものと認めるのが相当であり、前記認定の本件地中埋設物の存在は、本件売買における目的物の「瑕疵」に当たると認められる。

そして、前記認定のとおり、本件地中埋設物の存在は、本件売買契約後の地盤調査等によって初めて明らかになったものであり、本件売買契約当時、原告において本件地中埋設物が存在することを予想することなく、本件土地を買い受けたものであるから、本件地中埋設物は容易に認識しうる状況にはなかったものといえ、本件地中埋設物は、「隠れた瑕疵」に当たる。

（2）　なお、本件土地については、道路位置指定がなされ、原告もこれを認識していたこと、本件土地の従前建物についての閉鎖登記簿謄本の取得は一般に可能であること及び原告は不動産の売買・建築請負等を目的とする不動産の専門業者であることなどからすると、原告が、本件売買契約締結前に、本件土地上には従前建物が存在し、これが解体撤去されたことを調査することは極めて容易なことではあったということができるが、だからといって、地上建物の解体撤去に当たり、地中埋設物が地中に残置されるなどということは、社会通念上想定し難いことであるから、本件土地の地中に本件地中埋設物が存在するという瑕疵についてまで、原告において通常の注意をもってしても発見できたものとは言い難いものである。

四　争点（3）（本件免責特約適用の有無）について

（1）　前記第二の一（3）①記載のとおり、本件免責特約は、単に「買主の本物件の利用を阻害する地中障害の存在が判明した場合」としているのみであって、「地中障害」について、自然条件等によるものか、人工的なものかによって区別する文言は付加されていない上、本件売買契約締結時において、特段その旨の合意がなされたものとも認めるに足りる証拠もない。したがって、本件免責特約は、本件土地の人工的な地中埋設物に関しても適用があると認めるのが相当である。

（2）　原告は、本件売買契約時において、被告側担当者らが、本件土地には地中障害物は存在しないと思うという趣旨の説明をしたことから、本件免責特約が人工的地中障害には適用がない旨主張するが、被告側担当者らは、単に地中障害物の存在可能性についての意見を表明したに過ぎず、積極的に地中障害物の不存在を保証したものとまでは認められないし、被告とすれば、本件免責特約が人工的地中障害物に適用がないとすると、本件免責特約の存在意義は極めて減殺されるものであって、本件免責特約の通常の意思解釈として相当とはいえず、原告の主張は採用しない。

五　争点（5）（免責特約除外事由の有無）について

（1）　前記第三の一（2）②認定の被告自身が従前建物解体業者に依頼して行った従前建物の解体・撤去の態様によれば、本件土地中に本件地中工作物が残置されている可能性があったことは明らかであるとともに、前記第三の一（2）②及び前記第三の一（4）④認定のとおり、従前建物の撤去を自ら業者に依頼して行った被告において、これを把握することもまた極めて容易であったものである。したがって、被告には、少なくとも本件地中埋設物の存在を知らなかったことについて悪意と同視すべき重大な過失があったものと認めるのが相当である。

そこで、このように被告が本件地中埋設物の存在を知らなかったことにつき被告に重過失が認められる場合にも、民法572条が適用あるいは類推適用されるかどうか、あるいは、本件免責特約を主張することが信義則に反しないか否かについて検討する。

そもそも担保責任の規定は、特定物売買における対価的不均衡によって生じる不公平を是正するために、当事者の意思を問うことなく、法律が特別に定めた法定責任ではあるが、もともと売買契約当事者間の利害を調整しようとするためのものであるから、当事者間の特約によっても、法定の担保責任を排除・軽減することができるのが原則である。ただし、当事者間の特約によって信義に反する行為を正当化することは許されないから、民法572条は信義則に反するとみられる二つの場合を類型化して、担保責任を排除軽減する特約の効力を否認しているものと解される。そして、本件においては、被告は、少なくとも本件地中埋設物の存在を知らなかったことについて悪意と同視すべき重大な過失があったものと認めるのが相当であるとともに、前記認定のとおり、本件売買契約時における原告からの地中埋設物のないことについての問いかけに対し、被告は、地中埋設物の存在可能性について全く調査をしていなかったにもかかわらず、問題はない旨の事実と異なる全く根拠のない意見表明をしていたものであって、前記のような民法572条の趣旨からすれば、本件において、本件免責特約によって、被告の瑕疵担保責任を免除させることは、当事者間の公平に反し、信義則に反することは明らかであって、本件においては、民法572条を類推適用して、被告は、本件免責特約の効力を主張し得ず、民法570条に基づく責任を負うものと解するのが当事者間の公平に沿うゆえんである。

・・・・

六　争点（6）（説明義務違反の有無）について

（1）　前記のとおり、本件売買契約は、原告において、本件土地を一般木造住宅の敷地として分譲販売することを前提に、原告の購入申入れを端緒として交渉が始まり、双方の交渉の結果、価格の点での合意がなり、被告の申出を受け、本件免責特約が合意の一内容となって成立したものであること、本件土地は売主である被告がもともと自ら業者に依頼して従前建物を建築し、その敷地として自用し、従前建物の解体・撤去も被告自身が業者に依頼して行ったものであり、本件土地内に従前建物解体・撤去も被告自身が業者に依頼して行ったものであり、本件土地内に従前建物解体・撤去に伴う地中埋設物が残置しているか否かについて、第一次的に社会的責任を負うべき立場にあるとともに、これを容易に把握しうる立場にあったものと認められるところ、上記本件免責特約を含む本件売買契約成立の経過及び本件地中埋設物に関して被告が有していた地位に照らせば、被告は、原告との間において、本件免責特約を含む本件売買契約を締結するに当たり、本件土地を相当対価で購入する原告から地中埋設物の存否の可能性について問い合わせがあったときは、誠実にこれに関連する事実関係について説明すべき債務を負っていたものと解するのが相当である。そして、被告は、原告に対し、売買契約当事者の一方として、前記のような債務を負っていたのに、これを怠って原告からの地中埋設物がない旨の確認の問いかけに対し、地中埋設物の存在可能性について全く調査をしていなかったにもかかわらず、問題はない旨の事実と異なる意見表明をしたものであるから、被告に説明義務違反の債務不履行があることは明らかというべきである。そして、原告は、被告の上記債務不履行の結果、本件土地内に地中埋設物が存在することを全く予想せずに、本件地中埋設物の撤去に伴う支出を余儀なくされることを前提としないで、本件売買契約を締結したのに、前記認定のとおり、本件地中埋設物の撤去に伴う支出を余儀なくされたものであるから、被告は、原告に対し、上記債務不履行によって生じた損害の賠償責任を負うものと解するのが相当である。」

〈実務上の留意点〉

この事案は、不動産業者は木造住宅の建築、敷地の分譲販売を目的として土地を購入したこと、土地は、従前売主の社宅の敷地として使用されていたこと、売買契約には、買主の本物件の利用を妨げる地中障害の存在が判明した場合、これを取り除くための費用は買主の負担とする特約（本件免責特約）が締結されたこと、買主は土地を区画して分譲したが、その際、地盤調査を実施したこと、調査の結果、土地の一部にコンクリート埋設物（コンクリートがら、ガス管等）の存在が発見されたこと、買主が売主の瑕疵担保責任、説明義務違反の損害賠償責任を追及したことというものである。この事案は、不動産業者が宅地分譲を目的として従前社宅の敷地を瑕疵担保免責特約で購入したところ、分譲の際に実施した地盤調査によってコンクリートがら等が埋設されていることが判明したことから、売主の瑕疵担保責任の成否、瑕疵担保免責特約の適用、説明義務違反による債務不履行責任の成否等が問題になった。

この判決は、土地の売買が宅地分譲を目的とすることを前提とし、瑕疵は、一般木造住宅を建築する土地として通常有すべき性状を備えていないことであること、本件では地中埋設物が存在しなければ本来必要のない地盤調査、地中埋設物の除去及びこれに伴う地盤改良工事等を行う必要があり、かかる調査・工事等を行うために相当額の費用の支出が必要となるから、地中埋設物の存在は、瑕疵に当たること、地中埋設物の存在は、売買契約後の地盤調査等によって初めて明らかになった等とし、地中埋設物は容易に認識しうる状況にはなかったものであり、隠れた瑕疵に当たること、売主が地中埋設物の存在を把握することは極めて容易であり、少なくとも地中埋設物の存在を知らなかったことについて悪意と同視すべき重大な過失があったこと、売主は、地中埋設物の存在可能性について全く調査をしていなかったにもかかわらず、問題はない旨の事実と異なる全く根拠のない意見表明をしたものであり、免責特約により売主の瑕疵担保責任を免除させることは、当事者間の公平に反し、信義則に反すること、免責特約の適用を否定したこと、売主は、買主から地中埋設物の存否の可能性について問い合わせがあったときは、誠実にこれに関連する事実関係について説明すべき債務を負っていたこと、本件では買主からの地中埋設物がない旨の確認の問いかけに対し、地中埋設物の存在可能性について全く調査をしていなかったにもかかわらず、問題はない旨の事実と異なる意見表明をしたこと、売主に説明義務違反の債務不履行があること、損害として地盤改良工事費用、地盤調査費用、ブロック等の補修費用及び処分費用を認めたこと（1064万円余の損害の主張について、991万円余の損害を認めた）を判示している。

この判決は、宅地分譲を目的とする土地の売買において、瑕疵は、一般木造住宅を建築する土地として通常有すべき性状を備えていないことであるとした上、本来必要のない地盤調査、地中埋設物の除去及びこれに伴う地盤改良工事等の必要性、調査・工事等を行うために相当額の費用の支出の必要性等を根拠に隠れた瑕疵を肯定したものであり、その旨の事例を提供するものである。この事案では、買主が不動産業者であり、売主も大企業であることに照らすと、売買の交渉、契約の締結の際、地中物に関する事前の調査、確認を実施することは通常であり、特に従前の土地の利用履歴に照らすと、調査、確認が重要であるところ（なお、この判決は、不動産業者である買主が「地上建物の解体撤去に当たり、地中埋設物が地中に残置されるなどということは、社会通念上想定し難いことである」と判示しているが、土地の取引の実情によると疑問が残る）、買主が売主に確認の問い合わせをし、売主が虚偽の回答を行ったところに紛争の本質があるということができる。

この判決は、瑕疵担保免責特約について、地中埋設物の存在は従前建物の撤去を自ら業者に依頼して行った売主が把握することは極めて容易であり、少なくとも地中埋設物の存在を知らなかったことについて悪意と同視すべき重大な過失があったものと認めるのが相当であるとし、売主に重過失が認められる場合にも、民法５７２条が類推適用され、また、地中埋設物の存在可能性について全く調査をしていなかったにもかかわらず、売主が問題はない旨の事実と異なる全く根拠のない意見表明をした場合には、免責特約を主張することが信義則に反するとし、免責特約の適用を否定したものであり、免責特約をめぐる２つの法理を取り上げ、免責特約の適用を否定した事例として参考になるものである。

また、この判決は、債務不履行について、売主は買主から地中埋設物の存否の可能性について問い合わせがあった場合には、誠実にこれに関連する事実関係について説明すべき債務を負っていたとした上、本件で事実と異なる意見表明をしたものであるとし、説明義務違反を肯定したものであるが、問い合わせをきっかけとする説明義務違反を認めた事例として参考になるものである。もっとも、理論的には、この債務不履行責任と前記の瑕疵担保責任との関係が問題になり得る。

この判決の瑕疵担保責任、債務不履行責任に基づく損害賠償額を算定した判断は事例を提供するものである。

東京地判　平成16.10.28　判時1897.22　【判例33】

〈事案の概要〉

不動産業者であるＸ株式会社は、Ａ株式会社の仲介により、Ｙから分譲目的、代金7200万円、現状有姿で売り渡す、瑕疵担保責任の範囲を雨漏り等一定の事由に限定する旨の特約で土地建物を購入したところ、本件土地の中央部を横切る、隣接する土地の所有者Ｂ（Ｙの弟）と共有、共用の生活排水管が埋設され、隣地に跨る浄水槽等が設置されていたことから、建物を取り壊して本件土地を分譲することが困難になったため（Ｂが撤去に反対したため、Ａは、Ｂ、Ｙ、Ｘとの間の話し合いの場を設けたが、物別れに終わり、Ｂが撤去に応ずる考えがない旨を明言した）、Ｙに対して瑕疵担保責任、告知義務違反による債務不履行責任に基づき損害賠償を請求した（Ｘは、Ａから仲介手数料の返還を受けた）。

本判決は、排水管、浄水槽等が隠れた瑕疵に当たるとし（損害賠償の範囲は、信頼利益に限られるとした上、転売の解約違約金相当額、解除による原状回復義務のための建物に付した火災保険料の損害を認め、分譲代金の下落分、銀行金利負担分、固定資産税・都市計画税分の損害に関する主張を排斥した)、Yが排水管等の存在を知りながら告げなかったとし、特約の適用を制限し、信義則上の告知義務違反による債務不履行は法定責任である瑕疵担保責任とは相容れないし、本件では告知義務違反は認められないとして債務不履行を否定し、請求を認容した。

〈判旨〉

「二　争点（1）について

前提事実及び前記一（4）、（8）及び（9）において認定したとおり、本件売買契約締結時において、本件土地には中央部を横切る形で被告と野村二郎の共有共用の本件排水管が埋設され、隣地である甲野二郎の所有地にまたがる形で共有共用の本件浄化槽が埋設されていたこと、本件排水管等は地中に埋設されていたことから地表面からそれらの存在を認識することはできず本件不動産についての重要事項説明書等には本件排水管等が共有共用であることは記載されておらず、ちばリハウスからもその旨の説明がなかったことから、原告は本件排水管等が共有共用であることを知らなかったこと、甲野二郎は本件排水管等の撤去に反対していたこと、その結果、原告は当初の予定どおりに本件建物を取り壊して本件土地を造成して分譲することができなくなったことが認められ、これらの事実を総合すると、本件排水管等の存在は、民法570条にいう隠れた瑕疵に当たると解するのが相当である。

三　争点（2）について

前記一（4）において認定したとおり、本件売買契約の契約書には売主が買主に本件不動産を現状有姿のまま引き渡すことを前提に売主が負う瑕疵担保責任の範囲を雨漏り等一定の事由に限定する旨の本件特約が記載されていたことが認められる。原告は、本件特約の文言は極めて曖昧かつ不明確であり、それによって瑕疵担保責任を免除する旨の合意があったと解することは不可能であると主張するが、上記文言が曖昧かつ不明確であると解することはできず、原告が不動産の売買、仲介等を業とする会社であることを合わせ考慮すると、原告と被告は、本件特約において、売主が瑕疵担保責任を負う場合を一定の場合に限定することを合意したものと解するのが相当である。そして、本件特約の内容に照らすと、被告は、原告に対し、本件排水管等の存在について瑕疵担保責任を負わないものと解される。

ところで、民法572条は、売主が瑕疵担保責任を負わない旨を特約した場合であっても、瑕疵の存在を知りながらそれを告げなかった場合は責任を免れない旨規定している。そこで、次に、被告が本件排水管等の存在を知りながら原告に告げなかったか否かを検討する。

この点、被告は、本件土地を含む習志野市谷津・・・所在の土地はもともと父甲野太郎の所有であり、同人がそのライフラインの工事を行い、費用を負担してきたこと、甲野太郎が被告に対してライフラインの埋設状況について説明したことは一切なかったこと等から、本件排水管等の存在を知らなかったと主張し、被告本人としても同主張に沿う供述をしている。しかしながら、自己の所有する家屋の浄化槽がどのような状態になっているか、また、その費用がどの程度かかっているか等は、通常、重要な関心事であるはずであるところ、被告本人は、本件浄化槽を使用するためには、電気代、修理代及び維持管理費用がかかることを知っていたことを認めながら、甲野太郎が死亡した平成９年４月25日から平成14年６月８日に甲野二郎から本件浄化槽の存在を指摘されるまでの間自分の知らない誰かが維持管理費用を支払っていたとしか言えないなどと非常に不自然かつ不合理な供述に終始している。そして、一（７）及び（９）において認定しており、相続人の一人である隣地所有者の甲野二郎は本件排水管等が共有共用であることを知っていたこと及び少なくとも同人は被告との間で本件浄化槽等に関する費用の問題をかねてからの懸案事項として位置付けてきたこと、甲野二郎は本件売買契約締結以前から被告に対し自分の承諾なくしては本件土地を売ることはできないと公言していたことが認められることからすると、平成14年６月８日まで本件排水管等が共有共用のものであることを知らなかった旨の上記被告本人の供述を直ちに信用することはできないと解される。そして、上記各事実を総合すると、被告は、少なくとも本件浄化槽が甲野二郎との共有共用であった事実を知っていたものと推認することができ、それを本件売買契約締結時に原告に告げなかったものと認められる。なお、一（２）において認定したとおり、被告はちばリハウスから、本件不動産の浄化槽及び排水管の状況について特に確認を受けなかったことが認められるが、この事実によっても上記認定は左右されないと解される。したがって、被告は、本件特約によって瑕疵担保責任を免れることはできないと解される。

四　争点（3）について

被告は、原告に本件排水管等の存在について悪意又は過失があったと主張するが、本件全証拠を総合しても、原告が本件排水管等の存在について悪意であったことを認めることはできない。そして、一（4）及び（6）において認定した事実を総合すると、原告は被告及びちばリハウスの担当者から引渡しを受けるまで現地に立ち入らないように要請され、その要請に従った結果、本件土地の外部からの目測測量等しか行えなかったこと、本件土地の周囲には最高で２メートルを超える塀が存在し、外部から内部の状況を詳細に把握することは困難な状況にあったこと、本件排水管等は地中に埋設されており容易に発見できる状態にはなかったこと等が認められる。なお、確かに、原告は本件土地の存する地域が浄化槽の設置を要する地域であること、本件土地が分筆を経た土地であること、相続問題が絡んだ物件であること及び売主の親族が周囲に居住していること等を認識していたことが認められるが、これらの事実から直ちに本件排水管等が隣地所有者と共有共用のものであると推認することは困難であると解される。結局のところ、これらの事実を総合すると、原告に本件排水管等の存在について過失があったということはできないと解される。したがって、この点に関する被告の主張は理由がない。

五　争点（4）について

（1）　特定物の売主の瑕疵担保責任は、売買の目的物に原始的な瑕疵が存在するため売買契約がその給付不能の範囲において無効であることを前提とする法定の無過失責任であるから、契約が有効であることを前提とする債務不履行による損害賠償責任の場合とは異なり、その損害賠償の範囲は、目的物に不完全な点がなかったならば買主が得たであろう利益(履行利益)を失ったことによる損害には及ばず、買主が目的物に不完全な点があることを知ったならば被ることがなかったであろう損害（信頼利益）に限ると解するのが相当であり、その信頼による特別事情から生じた損害については民法416条２項を準用するのが相当である（大阪高判昭和35年８月９日判タ110号62頁、名古屋高判昭和40年９月30日判タ184号132頁参照)。

なお、原告は、上記のとおり、法定責任説に立ち損害賠償の範囲について信頼利益に限るとの立場に立つとしても、不動産という重要な財産の売買契約の当事者となった場合には、売主としては、当該特定物を引き渡せば足りるというだけでなく、買主に損害を与えるような事情が存在する場合には信義則上当該事情を告知する義務を負うとして、債務不履行に基づく損害賠償責任を負うべきと主張する。この原告の見解は、瑕疵担保責任の法定の無過失責任と解する上記の立場とは相容れない独自の見解というべきであって直ちに採用することはできないと解されるが、仮に、そのような立場に立つことができるとしても、売主が信義則上上記のような告知義務を負うのは、瑕疵の内容からして買主に損害を与えることが明白であるにもかかわらず売主がそれを知悉しながらあえて告げなかったような極めて例外的な場合に限られるというべきである。

ところで、三において検討したとおり、本件において、被告は少なくとも本件浄化槽が共有共用であることを認識していたことが認められるが、一方で、一（2）及び（5）において認定したとおり、被告は、ちばリハウスに対し、甲野二郎が他の相続人が土地を売却しようとした際いやがらせをした経緯があったこと及び従前甲野二郎から自分の許可なく本件土地を売ることができないといわれたことがあったこと等を伝え、同人との間で問題がないかどうか確認することを依頼したこと、その上でちばリハウスから特段の問題の指摘を受けなかったことから本件売買契約締結に至ったこと、本件売買契約締結後甲野二郎に対して書面にて本件不動産を売却したことについて意見を求めたが、それに対し甲野二郎は何らの応答をしなかったことが認められる。結局のところ、これらの事実を総合すると、本件売買契約締結当時、甲野二郎が本件排水管等の撤去に反対して原告に損害を与えることが明白であり、それを被告が知悉しながらあえて告げなかったとまで認めることはできないと解される。したがって、この点に関する原告の主張を採用することはできない。」

〈実務上の留意点〉

この事案は、不動産業者が分譲目的で土地建物を購入したこと（建物は取壊し予定であった）、売買契約には現状有姿で売り渡す旨の特約が締結されたこと、土地建物が売主の共同相続人との間で相続問題が絡んでいたこと、売主は、土地の引渡しまでは現地立入り調査等を実施しないよう申入れしていたこと、引渡し後、買主の担当者が現地の境界等を確認していたところ、土地の中央部を横切る、隣接する土地の所有者（売主の弟）と共有共用の生活排水管が埋設され、隣地に跨る浄水槽等が設置されていたことが判明したこと、売主の弟が排水管等の撤去に反対したこと、買主が建物を撤去することが困難になったこと（土地の分譲が困難になったこと）、買主は仲介業者の責任を追及し、仲介手数料の返還を受けたこと、買主が売主の瑕疵担保責任、告知義務違反による債務不履行責任を追及したことというものである。この事案は、不動産業者が分譲目的で土地建物を購入し（買主は売主から引渡しまでは現地確認等を控えることを要請されていた）、引渡し後、担当者が現地の境界等の確認を行っていたところ、隣接地と共用の排水管、浄化槽等が存在すること等が判明し、建物の取壊し、土地の分譲が困難になったため、売主の瑕疵担保責任の成否、債務不履行責任の成否、免責特約の成否、損害賠償額等が問題になった。

この判決は、買主が売買契約の当初の予定どおりに建物を取り壊して土地を造成して分譲することができなくなったことから、排水管等の存在が隠れた瑕疵に当たること（買主の悪意、過失を否定したこと）、本件では買主が不動産業者であること等を考慮すると、現状有姿のまま引き渡すことを前提に売主が負う瑕疵担保責任の範囲を雨漏り等一定の事由に限定する旨の特約が記載されていたことから、売主が瑕疵担保責任を負う場合を一定の場合に限定する旨の合意の成立を認めたこと、本件では売主が排水管等の存在を知っていたとし、民法572条により、前記免責特約の適用を否定したこと、瑕疵担保責任に基づく損害賠償の範囲は、目的物に不完全な点がなかったならば買主が得たであろう利益（履行利益）を失ったことによる損害には及ばず、買主が目的物に不完全な点があることを知ったならば被ることがなかったであろう損害（信頼利益）に限ること、信頼による特別事情から生じた損害については民法416条２項を準用するのが相当であること、売主が信義則上告知義務を負うのは、瑕疵の内容からして買主に損害を与えることが明白であるにもかかわらず売主がそれを知悉しながらあえて告げなかったような極めて例外的な場合に限られるというべきであるとし、本件ではこのような事情が認められないとし、告知義務違反を否定したこと（債務不履行責任を否定したこと）、転売の解約違約金相当額、解除による原状回復義務のための建物に付した火災保険料の損害を認め、分譲代金の下落分、銀行金利負担分、固定資産税・都市計画税分の損害に関する主張を排斥したことを判示している。

この判決は、排水管等の存在が隠れた瑕疵に当たるとし、排水管等の存在については買主の悪意、過失を否定し、瑕疵担保責任を肯定したものであり、その旨の事例として参考になる。

この判決は、また、買主が不動産業者であること等を考慮し、現状有姿のまま引き渡すことを前提に売主が負う瑕疵担保責任の範囲を雨漏り等一定の事由に限定する旨の特約の成立を認め、売主が瑕疵担保責任を負う場合を一定の場合に限定するものであると解釈したものであるが、責任限定特約の解釈事例として参考になるとともに、売主の地中物についての悪意を認め、民法572条により、特約の適用を否定したものであり、特約の適用の否定事例を加えるものである。

さらに、この判決は、売主の債務不履行責任については、理論的に瑕疵担保責任と相容れないとしたものであり、議論のある問題について一つの見解を提示したものである。もっとも、この判決は、傍論ながら、告知義務違反を否定し、債務不履行責任を否定したものでもある。

この判決は、瑕疵担保責任に基づく損害賠償の範囲、算定について、信頼利益に限定されるとし、従来の裁判例の流れに沿った判断を示している。また、この判決は、本件における信頼利益の項目を具体的に算定した事例としても参考になるものである。

札幌地判　平成17.4.22　判タ1203.189　【判例34】

〈事案の概要〉

Y_2株式会社は、土地を購入し、ガソリンスタンドを設置し、ガソリンスタンドを営業していたが、平成元年、ガソリンスタンドを閉鎖し、平成５年、Y_3株式会社に依頼し、ガソリンスタンド施設の解体撤去工事を施工し、平成７年８月頃、Y_1株式会社に本件土地を売却し、Y_1は、平成８年６月、担保責任免除特約で本件土地を土木建築業者であるX株式会社に売却し（Xは、本件土地に従前ガソリンスタンドが設置されていたことから、地中埋設物が撤去済みか否かを問い合わせたところ、Y_1は撤去済みと回答した)、Xは、平成14年２月、Ａ株式会社に売却し、境界測量を実施するため境界付近を掘り起こしたところ、ガソリンスタンド施設のコンクリート構造物等が埋設されていることを発見したため、XがY_1に対して債務不履行責任、瑕疵担保責任、埋設物撤去の合意、Y_2、Y_3に対して不法行為責任に基づき撤去等の費用等につき損害賠償を請求した。

本判決は、宅地の売買において地中に土以外の異物があることが直ちに瑕疵とはいえないものの、土地の外見から通常予測され得る地盤の整備・改良の程度を超える特別の異物除去工事等を必要とする場合には、瑕疵に当たるとし、本件では異物の質・量により瑕疵に当たるとした上、地中埋蔵物の存在を前提とした減額交渉が行われなかったこと等から担保責任免除特約の適用を否定し、Y_1の撤去の合意を否定したが、Y_1の瑕疵担保責任を認め、Y_3の不法行為責任を否定したものの、Y_1と同様な損害賠償義務を認めていることからこれを認め（障害物の撤去費用の相当額に限定して損害を認め、転売の際の売買代金の減額分の損害に関する主張を排斥した)、Y_1、Y_3に対する請求を認容し、Y_2の不法行為を否定し、Y_2に対する請求を棄却した。

〈判旨〉

「5　争点④（瑕疵担保責任免除特約）について

（1）　被告潮産業は、本件売買契約において、瑕疵担保責任免除特約があると主張し、証人Ｂもこれに沿う供述をする。そして、前記１で認定した事実によれば、本件売買契約における宅地建物取引業法第35条に基づく重要事項説明書においては、本件売買契約においては、売主である被告潮産業は、原告に対し、瑕疵担保責任を負わない旨が記載されていたとの事実を認めることができる。

しかしながら、他方で、前記１で認定した事実によれば、これに反する次のとおりの事実もまた認めることができる。

ア　被告潮産業及び原告は、本件土地がガソリンスタンドとして使用されていたことを認識した上で、あえて地中埋設物の存在を前提に、本件売買契約の代金を減額するなどの話合いをしたことはない。むしろ、被告潮産業は、原告の問い合わせに対し、本件土地の地中埋設物が撤去済みであると回答している。

イ　被告潮産業及び原告は、本件売買契約の締結の際、本件土地西側の境界線に、本件埋設物④の一部が露出していることを認識していた。被告潮産業主張の瑕疵担保責任免除特約は、この点を指しているとみることもできる。

したがって、被告潮産業の本件売買契約における瑕疵担保責任免除特約を理由に瑕疵担保責任を免れることはない。

（2）　以上から、被告潮産業が本件売買契約において、瑕疵担保責任免除特約を理由に瑕疵担保責任を免れることはない。

6　争点⑤（本件埋設物の瑕疵該当性）について

（1）　前記2で説示のとおり、本件土地には、別紙2の図面のとおり、被告出光興産が設置したと認められる本件埋設物①から⑥が存在しており、これらが、本件土地の「瑕疵」にあたるといえるか検討する。

（2）　前記3で説示のとおり、本件埋設物①から④は、被告平和建設において、本件施設撤去工事の際、撤去すべきものであったと認めることができ、本件埋設物⑤⑥については、高層建物の建設のために杭打ち工法をとる場合や、地下室の設置をする場合には、障害となるおそれがあり、本件施設撤去工事の際、撤去が望ましいものであったといえる。

ところで、本件土地のような宅地の売買において、地中に土以外の異物が存在する場合一般が、直ちに土地の「瑕疵」を構成するものでないことはいうまでもない。

しかし、その土地上に建物を建築するにあたり支障となる質・量の異物が地中に存するために、その土地の外観から通常予測され得る地盤の整備・改良の程度を超える特別の異物除去工事等を必要とする場合には、宅地として通常有すべき性状を備えないものとして土地の「瑕疵」になるというべきである。

本件の場合、前記認定のように、本件埋設物①から④については、本件施設工事の際、撤去すべきものであったと認めることができる以上、本件土地の「瑕疵」に当たるということができる。

そして、本件埋設物⑤⑥を検討してみるに、前記1で認定した事実及び後記認定に供した証拠によれば、次のとおりの事実を認めることができる。

ア　本件土地は、北側に幅員50メートルの札幌新道（国道274号）に接しているものの、本件転売契約当時、建築基準法上、建築面積の制限として建ぺい率80パーセント、延べ床面積の制限として容積率200パーセントであって、客観的に高層建物を建築することが十分に予想される土地とは言い難い。
イ　被告潮産業は、本件売買契約において、当初、本件土地について、宅地として売りに出しており、本件転売契約により本件土地を取得した藤和は、本件土地上に一般建売住宅を建築して分譲販売をした。（乙５の１ないし12、乙20の１ないし６、弁論の全趣旨）
　以上によれば、本件土地は、一般住宅を建築する予定の土地とみるべきであり、そうであれば、本件埋設物⑤⑥が存在することは、本件土地の利用に障害となることはないというべきである。そうすると、本件埋設物⑤⑥は、その土地上に建物を建築するにあたり支障となる質・量の異物とは言い難く、「瑕疵」とは認められない。」

〈実務上の留意点〉

　この事案は、ガソリンスタンドの経営会社がガソリンスタンドを設置し、営業していたこと、ガソリンスタンドの撤去を業者に依頼して解体撤去工事を実施したこと、ガソリンスタンドの経営会社が土地を会社に売却したこと、購入した会社（売主）が土地を土木建築業者（買主）に売却したこと、買主は交渉時に売主に土地に従前ガソリンスタンドが設置されていたことから、地中埋設物が撤去済みか否かを問い合わせたのに対し、売主は撤去済みと回答したこと、売買の際に担保責任免除特約が締結されたこと、買主は土地を転売したこと、転売の際に境界測量を実施するため境界付近を掘り起こしたところ、ガソリンスタンド施設のコンクリート構造物等が埋設されていることを発見したこと（転売契約は、代金を減額した上、実行された）、買主が売主のほか、ガソリンスタンドの経営会社、解体業者の損害賠償責任を追及したこと、売主の債務不履行責任、瑕疵担保責任、埋設物撤去の合意、経営会社、解体業者の不法行為責任等が主張されたこと、損害として撤去費用、転売の減額金が主張されたことというものである。この事案は、従前のガソリンスタンドが設備が解体撤去された後、敷地が転売され、転売に係る買主が境界測量をした際にガソリンスタンド施設のコンクリート構造物等が埋設されていることを発見したことから、売主、ガソリンスタンドの経営会社、解体工事業者に対して損害賠償責任を追及し、瑕疵担保責任の成否、不法行為責任の成否、担保責任免除特約の適用等が問題になった。

この事案で問題になった地中の埋設物は、次のとおりである。

埋設物①　高さ2メートルの防火塀の地中部分
埋設物②　防火塀の基礎部分
埋設物③　②を支えるための基礎部分
埋設物④　高さ2メートルの防火塀の地中部分
埋設物⑤　ガソリンスタンドのベース等
埋設物⑥　⑤と同じ

この判決は、買主において土地がガソリンスタンドとして使用されていたことを認識し、売主に地中埋設物の撤去につき問い合わせをしたのに対し、売主が土地の地中埋設物が撤去済みであると回答したこと等の事情から、瑕疵担保責任免除特約の適用を否定したこと、宅地の売買において、地中に土以外の異物が存在する場合一般が、直ちに土地の瑕疵を構成するものでないこと、土地上に建物を建築するにあたり支障となる質・量の異物が地中に存するために、その土地の外観から通常予測され得る地盤の整備・改良の程度を超える特別の異物除去工事等を必要とする場合には、宅地として通常有すべき性状を備えないものとして土地の瑕疵になること、本件では、土地は一般住宅を建築する予定の土地とみるべきであるとし、埋設物⑤、⑥が存在することは、土地の利用に障害となることはないとし、瑕疵を否定したこと、埋設物①ないし④につき瑕疵を肯定したこと、埋設物の撤去の合意の成立を否定したこと、ガソリンスタンドの経営会社、解体業者の不法行為を否定したこと、解体業者が損害賠償義務を認めたことを前提とし、売主と同様な損害賠償責任を肯定したこと、損害の範囲として、転売の減額分の損害を否定し、撤去費用の相当額の損害を認めたこと（買主の主張に係る撤去費用が高額すぎるとしたこと）を判示している。

この判決は、従前にガソリンスタンドであり、設備につき解体撤去工事がされた後の土地の売買について、瑕疵担保責任免除特約が売主が買主の問い合わせに対して撤去済みであると回答したこと等の事情を考慮し、特約の適用を否定したものであり、事例として参考になるが、その法的な根拠は必ずしも明らかではない。この判決が特約の適用を否定するに当たっては、売主の悪意・重過失であるのか、特約の適用範囲の合理的な解釈によるのか、信義則違反によるのかの解釈があり得るが、判決文上は判然としない。

また、この判決は、瑕疵の判断基準として、土地上に建物を建築するにあたり支障となる質・量の異物が地中に存するために、その土地の外観から通常予測され得る地盤の整備・改良の程度を超える特別の異物除去工事等を必要とする場合には、宅地として通常有すべき性状を備えないものとして土地の瑕疵になるとした上、本件では、土地は一般住宅を建築する予定の土地とみるべきであるとし、埋設物⑤、⑥が存在することは、土地の利用に障害となることはないとし、瑕疵を否定した反面、埋設物①ないし④の存在については瑕疵を肯定したものであるが、理論的にも、事例としても従前の判例に沿った判断を示したものである。

この判決は、ガソリンスタンドの経営会社、解体業者の不法行為を否定したものであるが、その旨の事例を提供するものである。

なお、この判決は、解体業者の損害賠償責任を認めているが、これは、この業者が訴訟上責任を認めたことを前提とするものであり、一般化することはできないものである。

さらに、この判決は、損害の認定、損害賠償額の算定について、転売の減額分の損害を否定し、撤去費用の相当額の損害を認めたものであるが、事例として参考になるものである。

名古屋地判　平成17.8.26　判時1928.98　【判例35】

〈事案の概要〉

Y_1市（瀬戸市）は、駅前地区市街地の再開発のために、Xから土地（土地上に歯科医院が存在し、Xが歯科医院を経営していた）を購入するため、代替地としてY_2株式会社から土地を購入し（本件土地は、従前建物が存在したが、Y_2が業者に依頼し、建物の取壊工事を実施し、アスファルト舗装をし、駐車場として使用されていた）、Y_1から購入した本件土地を代金8000万3960円でXに売却し（売買交渉時、アスファルト舗装の撤去が問題になり、売買代金を1坪あたり1万円減額することで合意された）、Xは、本件土地上に歯科医院を建築しようとし、A株式会社と建物建築請負契約を締結し、工事を開始し、本件土地のアスファルト舗装を剥がしたところ、地中に陶磁器くず、コンクリート塊、製陶窯等が埋設されていることが判明し、ＸがＡに依頼して埋設物を撤去したことから、ＸがY_1に対して瑕疵担保責任、Y_2に対して告知義務違反（Y_1に対する告知義務違反）による不法行為に基づき処理費用等の損害賠償等を請求した。

本判決は、本件廃棄物がアスファルト舗装等によって容易に認識できなかったものであり、建物の基礎部分に当たり確認できた範囲で平均で深さ1.184m付近まで存在し、地中において３分の１を超えること等、隠れた瑕疵を認め（既に支出した除去費用として283万5000円、今後の除去費用として控え目にみて360万円が必要であるとし、損害額を算定した）、Y_2の告知義務違反を否定し、Y_1に対する請求を認容し、Y_2に対する請求を棄却した。

〈判旨〉

「二　争点（１）についての判断

（１）　前記認定のように本件売買契約当時において本件廃棄物の存在はアスファルト等に隠されて容易にこれを認識できなかったことが認められる。

そして、本件廃棄物の性質はコンクリート塊、陶器片、製陶窯の一部又は本体、煙道とも思われる煉瓦造り構造物等であり、これは産業廃棄物に当たるものであること、建物の基礎部分に当たり確認できた範囲においても、平均で深さ一・一八四メートル付近まで本件産業廃棄物が存在したこと、それが地中に占める割合においても三分の一を超えるものであったことからすれば、本件廃棄物の存在が目的物の隠れた瑕疵に当たると認めるのが相当である。

（２）　この点についての被告らの主張について判断を示す。

ア　被告瀬戸市は、「原告は本件土地を本件建物建築の目的で買受けたものであり、現に通常の工法により本件建物を建築でき、その目的を達成したものであることからすると、本件土地は宅地の通常有すべき性能に欠けるところはない。」旨主張しているが、契約の目的を達することができることは契約の解除をすることができない理由とはなるが、瑕疵であることを否定する根拠とはなり得ない（前記認定のように原告は本件廃棄物の存在によって、現実に費用を支出しているのであって、これをどちらに負担させるのかが問われている。）から、被告瀬戸市の同主張は理由がない。
イ　被告らは、本件土地が古くから陶磁器の生産地として著名であるという地域性に照らすと、その地中に本件廃棄物のようなガラが埋没されていることはあり得ることであると主張している。同主張は売買の目的物たる土地が通常有すべき性状を有しているが否かはその土地の属する地域性に照らして判断すべき旨を主張しているものと解されるところ、同主張は一般論としては首肯できる部分もあるが、本件は地中に僅少の陶器片が埋没されていたような場合ではなく、廃棄物が大量に埋没されていた事案であり、かような大量の廃棄物が存することが本件土地の属する地域の一般的性状であるとは認められないから、被告らの同主張は理由がない。
ウ　被告会社の「遺構部分やコンクリート片は、新築工事の支障となる限りは、その部分をパワーシャベルで破砕して引き上げ他のガラ混じり残土とともに廃棄すればよい。」との主張は、廃棄物の処理及び清掃に関する法律に抵触する行為を容認するに等しい主張であるからこれを採用できない。

三　争点（2）についての判断

（1）　本件廃棄物の中に本件倉庫の残骸が含まれていることを認めるに足りる証拠はない。したがって、被告会社又は被告会社が依頼した業者が本件倉庫を違法に本件土地に埋没させた旨の原告の主張は理由がない。
（2）　被告会社において、本件土地を取得しこれを被告瀬戸市に売却するまでの経緯は、前記前提事実（7）及び上記（1）ないし（5）において摘示したとおりであって、被告会社において本件廃棄物の存在を知りながら、または本件廃棄物の存在を知ることができたのにこれを被告瀬戸市に告げなかったことを認めるに足りる証拠はない。
（3）　よって、原告の被告会社に対する請求は理由がない。」

〈実務上の留意点〉

この事案は、市が駅前地区市街地の再開発を計画したこと、駅前の土地の購入を歯科医と交渉したこと、土地の購入のため代替地（本件土地）を購入したこと、本件土地は従前建物が存在したが、所有者が業者に依頼し、建物の取壊工事を実施し、アスファルト舗装をし、駐車場として使用していたこと、市と駅前の土地の所有者との間で本件土地の売買交渉時、アスファルト舗装の撤去が問題になり、売買代金を１坪あたり１万円減額する内容の合意が成立したこと、買主が本件土地上に歯科医院を建築しようとし、建物建築請負契約を締結し、工事を開始し、本件土地のアスファルト舗装を剥がしたところ、地中に陶磁器くず、コンクリート塊、製陶窯等が埋設されていることが判明したこと、買主が業者に依頼して埋設物を撤去したこと、買主が売主、元の所有者に対して損害賠償責任を追及したこと、売主の瑕疵担保責任、元の所有者の告知義務違反の不法行為責任が主張されたことというものである。この事案は、地方自治体が駅前の再開発において土地の購入のため、代替地を購入し、駅前の土地の所有者に代替地を売却したところ、地中に陶磁器くず、コンクリート塊、製陶窯等が埋設されていることが判明し（この地域は、瀬戸焼で有名である)、売主、元の所有者の損害賠償責任の成否が問題になった。

この判決は、陶磁器くず、コンクリート塊、製陶窯等の埋設の状況から、土地の瑕疵を肯定したこと、瑕疵は、一般論としては、売買の目的物たる土地が通常有すべき性状を有しているが否かはその土地の属する地域性に照らして判断すべきところがあるものの、本件では、地中に僅少の陶器片が埋没されていたような場合ではなく、廃棄物が大量に埋没されていた事案であり、大量の廃棄物が存することが土地の属する地域の一般的性状であるとは認められないこと、アスファルト塗装等があり、隠れた瑕疵があること、元の所有者の告知義務違反は認められないこと、損害として、既に支出した除去費用、今後の除去費用として控え目にみて360万円が必要であるとし、損害賠償額を算定したことを判示している。

この判決は、陶磁器くず、コンクリート塊、製陶窯等の埋設の状況、地面のアスファルト舗装の状況から、土地の隠れた瑕疵を認め、売主の瑕疵担保責任を肯定した上、撤去費用の損害賠償額を算定したものであり、その旨の事例として参考になる。

この判決は、また、土地の元の所有者の告知義務違反の不法行為を否定したものであるが、この判断も事例として参考になる。

東京地判　平成19.7.23　判時1995.91　【判例36】

〈事案の概要〉

X_1、X_2は、平成12年８月、ＹからＹ所有の土地（雑種地。従前は、X_1が代表取締役を務めるＡ株式会社が賃借して資材置き場として使用していた）を代金8719万6000円で購入し（X_1が持分３分の２、X_2が持分３分の１）、平成16年５月頃、第三者に土地を売却しようとし、その準備のため土壌調査を実施し、地中を掘削したところ、大量の建築資材、ガラ、ビニール紐が埋設されていたことが判明したため、Ｙに対して瑕疵担保責任に基づき廃棄物の除去費用の損害賠償を請求した。

本判決は、地中に広範かつ大量の廃棄物が埋設されているところ、廃棄物の存在により通常の土地取引の対象とすることが困難になるものであるとし、土地として通常有すべき一般的性質を備えないものであるとし、隠れた瑕疵を認め、X_1らが廃棄物の存在を知っていたとはいえず、X_1らが廃棄物の存在を認識したのは土壌調査を実施した時であり、その後調停を申し立てる等したとして期間（除斥期間。民法570条、566条３項）の制限の適用を否定し、請求を認容した。

〈判旨〉

「(１)　争点（１）(本件契約当時、原告らは本件廃棄物の存在を知っていたか。）について

原告らは、被告から本件土地を買い受けたものであるところ、前記一の認定事実（以下「認定事実」という）はイ、ウのとおり、本件土地の地中には本件廃棄物が存在することが認められる(そして、後記(３)の争点(３)についての判断のとおり、本件廃棄物は本件土地の地中に広範かつ大量に存在するものと認められる。)。そうすると、本件土地は、本件廃棄物の存在によりその使途が限定され、通常の土地取引の対象とすることも困難となることが明らかであり、土地としての通常有すべき一般的性質を備えないものというべきであるから、本件廃棄物の存在は本件土地の瑕疵に当たるものと認めるのが相当である。

これに対し、被告は、原告らが本件廃棄物の存在を知っていたから、被

告に対し瑕疵担保責任を問うことはできないと主張するので、以下、判断する。
ア（ア）被告は、原告太郎が代表取締役を務める甲野組が、当初契約ないし本件契約を締結する相当程度以前から本件土地を資材置場として使用し、更には本件土地を繰り返し掘り返していたから、原告らは、本件契約時に本件廃棄物の存在を知っていたと主張する（第三の二（1）（被告の主張）ア）。
（イ）　しかしながら、認定事実（1）イによれば、甲野組が昭和62年から本件土地を賃借し、資材置場として使用していた事実は認めることができるものの、本件土地を繰り返し掘り返していたというような事実を認めることのできる証拠はない。
　また、認定事実（4）ウによれば、本件廃棄物が存在している位置は、盛土部分を除去した後の地表面から表層部分のおおむね0.4メートルより下に存在するものであることからすれば、特段の事情が認められない限り、地表面から直ちに本件廃棄物の存在を知ることは困難であり、原告太郎が代表者を潜める甲野組が本件土地を資材置場として使用していたとしても、そのことから、直ちに原告太郎が本件廃棄物の存在を知っていたものと推認することはできない。そして、他に、原告らが本件契約前から本件廃棄物の存在を知っていたことを認めるに足りる特段の事情があることは、証拠上、認められない。
　したがって、被告の上記主張は採用することができない。
（ウ）　なお、認定事実（2）イによれば、本件土地の盛土部分の法面には、本件当初契約以前から所々にコンクリートの破片、木材等が見えており、原告太郎も、本件土地の盛土部分には、残土以外の物が混入している可能性を認識していたことが認められる。
　しかしながら、原告らが隠れた瑕疵として主張する本件廃棄物は、上記（イ）のとおり、地表面からおおむね0.4メートルの表層部の更に下に存在していることからすれば、本件土地の盛土部分の法面に外部から異物の混入を認識することができたとしても、原告太郎が、盛土部分を除去した後の地表面から更に地下に掘り進んだ部分に本件廃棄物が存在することまで知ることができるものと認めることはできない。」

〈実務上の留意点〉

この事案は、資材置場として使用されていた土地が売買されたこと、買主らの一人が経営する会社が所有者から賃借して使用していたこと、買主らが購入後、第三者に売却しようとし、土壌調査を実施したこと、地中を掘削したところ、大量の建築資材、ガラ、ビニール紐が埋設されていたことが判明したこと、買主らが売主に対して損害賠償責任を追及したこと、売主の瑕疵担保責任が主張されたこと、民法570条、566条３項所定の期間の制限が問題になったことというものである。この事案は、従前は資材置場として使用されていた更地が売買され、買主らが転売しようとし、土壌調査を実施したところ、大量の建築資材、ガラ、ビニール紐が埋設されていたことが判明したため、売主の瑕疵担保責任の成否、買主らの悪意、権利行使の期間の制限の適用等が問題になった。この事案では､売買の交渉、締結の段階で土地の地中等に関する特段の調査が実施されていないが、買主の一人が経営する会社が長年土地を資材置場として使用していたこと等の事情が背景にあると推測される。

この判決は、土地が廃棄物の存在により使途が限定され、通常の土地取引の対象とすることも困難となることが明らかであり、土地としての通常有すべき一般的性質を備えないものであるとし、廃棄物の存在が土地の瑕疵に当たること、買主の一人が代表取締役である会社が長年土地を資材置場として使用していたことから、残土以外の物の混入している可能性を認識していたこと、廃棄物が地表面から表層部分のおおむね0.4メートルより下に存在するものであり、特段の事情が認められない限り、地表面から直ちに廃棄物の存在を知ることは困難であるとし、廃棄物の存在を知っていたと推認することはできないこと、民法570条、566条３項所定の除斥期間内に訴訟が提起されているとし、その適用を否定したことを判示している。

この判決は、地中に大量の建築資材、ガラ、ビニール紐が埋設されていたことが土地の瑕疵に当たるとしたものであるが、その旨の事例を提供するものである。

この判決は、次に、買主の悪意を否定したものであるが、買主が代表取締役を務める会社の長年の使用等の事情に照らすと、廃棄物の存在に関する認識可能性、過失については微妙であるということができる（なお、この事案では、買主の悪意のみが主張されている）。
　この判決は、さらに除斥期間の適用を否定したものであるが、事実関係によるところであり、事例を提供するものである。
　最後に、この判決は、鑑定嘱託を経て、廃棄物の除去費用を認定し、損害賠償額を算定したものであるが、事例として参考になる。

東京地判　平成21.2.6　判タ1312.274　【判例37】

〈事案の概要〉

　不動産業者であるＸ株式会社は、平成17年４月、Ｙから代金3150万円で土地（41.81㎡）を購入し、平成17年６月、Ａ株式会社に売却し、Ａが平成18年３月頃に地中調査を実施したところ、地下に井戸（地表から1.5mの深さに鉄筋コンクリート製の井戸蓋が敷設され、その下に直径1.35m、深さ約６ｍの井戸。なお、地上には手押しポンプが存在した）が存在することが判明し、Ａから瑕疵担保責任に基づく損害賠償を求められ、580万円を支払う内容の和解が成立したため、ＸがＹに対して瑕疵担保責任に基づき経済的損害の損害賠償を請求した。
　本判決は、土地を宅地として利用するためには井戸を撤去し、これに伴う地盤改良工事等を行う必要があり、宅地として通常有すべき性状を備えていないとし、井戸の存在が隠れた瑕疵に当たるとし、建物の建築工事に追加して必要になる撤去工事費用相当額の損害（経済的損害に当たるとする）を認め（97万500円）、請求を認容した。

〈判旨〉

「１　争点（１）（本件井戸が存在することが本件土地の瑕疵といえるか否か）について

（１）　本件土地は、原告と被告との間で、宅地として売買されたものであるところ（前提事実（２））、本件土地の別紙図面記載の㋐として円状に囲まれた場所に、鉄筋コンクリート製の井戸蓋と、直径1.35メートル、深さ約6.6メートルの井戸孔からなる本件井戸が存在したことが認められる（前提事実（４））。本件井戸の位置及び大きさに照らすと、本件土地の買主が本件土地を宅地として利用するためには、本件井戸を撤去し、これに伴う地盤改良工事等を行う必要があるものと認められるから、本件土地は、宅地として通常有すべき性状を備えていないものと認めるのが相当である。したがって、本件井戸の存在は本件土地の瑕疵といえる。

(2)　被告は、本件土地の南東側隣地に地上3階の鉄骨建物が建築されていることを根拠に、本件土地上にも通常の2、3階建ての鉄骨建物の建築に耐え得る程度の強度がある旨主張する。しかし、本件井戸の井戸孔は、本件土地の南東側隣地にまたがって存在したものの、同隣地上の建物の基礎下にまでは及んでいなかったことが認められるから（甲17)、同隣地に地上3階建ての鉄骨建物が建築されていることをもって、上記認定を覆すことはできず、この点についての被告の主張は採用できない。

また、被告は、本件井戸を掘削しなければならないのは、A社が本件土地いっぱいに建物を建築しようとしたからであって、通常の建物を建築する場合には本件井戸の存在は問題とならない旨主張する。しかし、本件土地が東京都港区白金台という住宅地帯に所在し、その面積も41.81㎡と宅地として利用するには手狭であること（甲2、11、弁論の全趣旨）に照らすと、本件土地いっぱいに建物を建築することは通常予想されることであるうえ、本件井戸の位置及び大きさに照らすと、本件井戸が通常予定される建物の建築をも妨げるものと認められるから、被告の主張は採用できない。

2　争点（2)（本件井戸の存在による本件土地の瑕疵が本件売買契約締結当時隠れたものであったか否か）について

(1)　確かに、本件土地上の南西（接道側）角付近には、本件売買契約締結当時から､井戸用の手押しポンプが設置されていたことが認められる(甲4の1ないし31、甲12、14、17、乙1の1ないし6、弁論の全趣旨)。

しかし、本件井戸の井戸孔の中心は上記ポンプから1.8メートル離れており（甲17、18、弁論の全趣旨)、その井戸孔が直径1.35メートル．深さ約6.6メートルもの大きさで存在したこと（前提事実（4))、原告が平成17年6月8日に本件土地の近隣住民である丙川大介に対して本件井戸を取り壊さないことを約する趣旨で提出した念書には「本地セットバック部分にある井戸」との記載があること（乙7の1、2)、原告とA社との間の本件土地の売買契約の締結に当たって作成された求積図には、本件井戸が上記位置に存在することが記載されておらず（甲15)、同契約の際に作成された重要事項説明書にも、井戸の存在についての言及があるにもかかわらず、建物の建築に影響が及ぶ旨の記載が見当たらないこと（甲11）などに照らすと、原告は、本件売買契約締結当時、本件井戸が上記位置に上記大きさで存在することを知らなかったものと認めるのが相当である。

また、本件井戸の位置及び大きさについては、本件土地の売買契約に不動産仲介業者として関与した株式会社Ｂ及び株式会社Ｃの担当者がいずれも本件井戸が上記位置に存在することについて気付かなかったことが認められるうえ（甲11、12)、原告が本件売買契約締結当時、本件井戸の正確な位置を知るためには、少なくとも上記ポンプの周辺部分について地中障害に関するボーリング調査をする必要があったものと認められるところ（弁論の全趣旨)、本件井戸周辺の地盤調査費用ですら36万円と見込まれていること（甲10の１、甲18、19）に照らすと、上記ボーリング調査にはこれを上回る相当額の費用が見込まれ、代金額が3150万円である本件売買契約締結当時において、本件井戸が上記位置に上記大きさで存在したことを予見することは、一般人を基準とした場合はもとより、不動産業者である原告を基準としても困難であったと認めるのが相当である。

したがって、本件井戸の存在による本件土地の瑕疵は、本件売買契約締結当時隠れたものであったといえる。

・・・・

３　争点（３)（原告の損害）について

（１）　本件井戸の存在による経済的損害は、本件井戸の存在により本件土地の完全な使用が妨げられたことによって生じるものであるから、本件土地の完全な使用を可能とするために本件井戸を撤去する工事費用が買主の経済的損害として評価されるべきである。もっとも、本件土地が宅地であることに照らすと、本件土地には、通常、建物の建築工事等が予定されているものと認められるから、通常予定される建築工事に追加して必要とされる本件井戸の撤去工事費用のみが、本件井戸の存在による買主の経済的損害として評価されるべきである。そして、本件井戸の存在による経済的損害という点は、原告とＡ社とで特に変わりはないということができ、それを評価するに当たって検討すべき上記追加工事費用もＡ社と原告とで変わりがないというべきである。

本件では、Ａ社が、本件土地に地下１階、地上５階建ての建物を建築する計画を有しており（甲20、乙８）、この計画を実行する途中で本件井戸を発見したこと（甲10の１）が認められるところ、上記１（２）で認定したように、本件土地が東京都港区白金台という住宅地帯に所在し、その面積も41.81㎡と宅地として利用するには必ずしも広い土地とまではいえないことに照らすと、A社が本件土地に地下１階付きの建物を建築することは、本件土地にとっては、通常予定される範囲内の使用方法であって、これに必要な工事も通常予定される範囲内の工事であると認められる。そうすると、A社が本件井戸を撤去し、本件土地を宅地として使用するために実際に追加して負担した工事費用が、本件井戸の存在によるA社の経済的損害として評価されるべきであって、同額が原告の経済的損害としても評価されるべきものであると認められる。」

〈実務上の留意点〉

この事案は、不動産業者が土地を購入したこと、地表に手押しポンプが存在したこと、不動産業者が土地を転売したこと、転売の買主が地中調査を実施したこと、転売の買主は土地に地下１階、地上５階建ての建物を建築する計画を有していたこと、地表から1.5mの深さに鉄筋コンクリート製の井戸蓋が敷設され、その下に直径1.35m、深さ約６mの井戸の存在が判明したこと、転売の買主が転売の売主に瑕疵担保責任に基づく損害賠償を求めたこと、転売の売主が転売の買主に580万円を支払う内容の和解が成立したこと、買主が売主に損害賠償責任を追及したこと、瑕疵担保責任が主張されたこと、損害として経済的損害が主張されたことというものである。この事案は、土地が売買され、転売されたところ、転売の買主が地中調査を行い、地中に井戸が存在することが判明し、最初の売買の売主の損害賠償責任が追及され、瑕疵担保責任の成否等が問題になった。

この判決は、土地を宅地として利用するためには、井戸を撤去し、これに伴う地盤改良工事等を行う必要があり、土地が宅地として通常有すべき性状を備えていないこと、井戸の存在が土地の瑕疵であること、土地上に手押しポンプがあり、買主が不動産業者であったものの、井戸が前記位置に前記大きさで存在したことを予見することは、一般人を基準とした場合はもとより、不動産業者である買主を基準としても困難であったこと、井戸の存在が隠れたものであること、井戸を撤去する工事費用が買主の経済的損害として評価されるべきであることを判示している。

この判決は、地中に井戸が存在したことは、井戸の位置、大きさから、土地が宅地として通常有すべき性状を備えていないとし、土地の瑕疵であるとしたとした上、瑕疵が隠れたものであるとしているが、井戸の存在が瑕疵に当たるかは議論があるとしても、買主が不動産業者であり、地上に手押しポンプが存在したことに照らすと、特段の事情のない限り、買主の過失を認めることも不合理ではなく、議論を呼ぶ判断であるというべきである。

また、この判決は、井戸の撤去工事費用相当額の損害が経済的損害であるとし、論理を展開しているが、損害賠償の範囲と経済的損害との関係が不明である上、このような損害を経済的損害とする判断は余り例のないものであり、疑問がある。

福岡地小倉支部判　平成21.7.14　判タ1322.188　【判例38】

〈事案の概要〉

Ｙ市（北九州市）は、所有土地を一般競争入札に付したところ、Ｘが代金１億3250万円で落札し、本件土地上に12階建てのマンションを建築しようとし、Ａ株式会社との間で建物建築の請負契約を締結し、Ａが基礎工事に着手したが、地中に岩塊、コンクリート埋設物等が存在したため、工法を変更する等したため、ＸがＹに対して瑕疵担保責任、不法行為責任に基づき増加工事費、工事遅延による逸失利益等の損害賠償を請求した。

本判決は、中高層建物を建築できない程度の異物が地中に存在する場合には、価格を含めた売買契約の内容がそのような事態を反映したものとなっていないときは、土地の瑕疵が存在するとし、瑕疵担保責任を肯定し（工法の変更による工事費用増加額、弁護士費用が損害であるとしたが、工事遅延の逸失利益は相当因果関係が認められないとした）、不法行為を否定し、請求を認容した。

〈判旨〉

「２　争点（１）（隠れたる瑕疵の有無）について

（１）　民法570条にいう瑕疵とは、売買の目的物が、その種類のものとして取引通念上通常有すべき性状（品質）を欠いていることをいうが、売買の目的物は、例えば食品においても生食用と加工用とで取引通念上必要とされる鮮度が異なるように、売買契約において想定されている用途によって瑕疵の有無が異なるものというべきである。また、現に有している性状（品質）が低いため、その用途に用いるにはコストをかけて加工や補修をすることが必要な場合や、その用途に用いることができる期間が限定されているなどの場合もあるが、これらの場合又はこれらの可能性がある場合には、瑕疵担保責任免除特約を付し又は付さないで価格を低いものに設定するなど、その性状（品質）に応じた契約内容とされるのが取引通念に合致するといえる。そうすると、瑕疵の有無は、売買契約において目的物の用途がどのようなものと想定されているかという点と、売買代金額その他の売買契約の内容に目的物の性状（品質）がどのように反映されているかという点とに照らして判断されるべきものであるということができる。そして、中高層建物の建築用地の売買においては、通常一般人が合理的に選択する工法によっては中高層建物を建築できない程の異物が地中に存在する場合には、価格を含めた売買契約の内容がそのような事態を反映したものとなっていないときは、土地の瑕疵が存するというべきである。

（2）ア　本件についてこれをみるに、本件売買契約上、本件土地の用途については何ら限定されていないが、本件土地は小倉駅北口の東側に位置する平坦な市街地であり、近隣には８階以上の中高層建物が多数建築されていること、本件土地の面積は512.37㎡であること、本件土地の建ぺい率は80％、容積率は400％とされていること（前記１（１）ア）などに照らすと、取引通念上、本件土地は，中高層建物が建築されることが客観的に十分予想される土地であるということができる。

これに対し、被告は、本件売買において中高層建物建築用地の売買であるとの認識が原被告間には存在しない旨主張する。そもそも、瑕疵の有無は契約の解釈と一体をなす問題であるから、用途については第一義的には売買当事者の主観的認識ではなく意思表示の客観的解釈によるべきであると解されるが、確かに、本件売買契約において本件土地が中高層建物建築用地であるとは明示されておらず、被告が本件土地は中高層建物建築用地である旨表明した事実も認められないものの、上述したとおり、取引通念上、本件土地上に中高層建物が建築されることは客観的に十分予想されるから、本件土地が中高層建物建築の用途に用いられ得ることを前提として瑕疵の有無を検討すべきである。とりわけ、本件のように売買の目的物が土地である場合は、当初の買主の使用目的が例えば露天の駐車場のように地中埋設物が利用の障害とならないものであったとしても、これを転売することは当然想定されるのであるから、取引通念上予想される用途に耐えるものでないと資産価値を損なうことになる。その意味からも、買主の明示の意思表示があるなど特段の事情のない限り、取引通念上予想される用途を前提に考えるべきである。

イ　次に、本件売買契約の売買代金額は、前記1（1）アのとおり、1億3250万円（1㎡当たり25万8002円）であるが、これは、固定資産評価額（1億2513万3050円）に照らして不相当な価格ではなく、近隣の土地に比して特段高額又は低額であることを認めるに足る証拠もない。そして、本件売買契約において、中高層建物を建築するために通常一般人が合理的に選択する工法よりもコストのかかる工法が必要であること又はその可能性があることが売買代金額その他の契約内容に反映されているとは認められない。

したがって、中高層建物を建築するために通常一般人が合理的に選択する工法よりもコストのかかる工法が必要であったときは、本件土地には瑕疵が存するというべきである。

・・・・

オ　そうすると、原告は、中高層建物の建築用地であると取引通念上認められる本件土地の売買において、中高層建物を建築するために通常一般人が合理的に選択する工法よりもコストのかかる工法が必要であること又はその可能性があることが売買代金額その他の売買契約の内容に反映されていないのに、売買代金額の17%余りに上る費用を増額して別の工法を選択することを余儀なくされたのであるから、本件土地には瑕疵があったといわざるを得ない。

（3）　次に、上記瑕疵が隠れたものであるかを検討するに、売買代金額その他の売買契約の内容において性状（品質）が低いこと又はその可能性があることが反映されていないのはもとより、前記1（1）認定の売買契約締結の経緯によれば、売買契約締結過程を通し目的物の性状（品質）について取引上買主が入手すべき資料に照らして、上記瑕疵の存在は判明しなかったものと認められるから、上記瑕疵は隠れたものであると認められる。

・・・・

(4)　争点（2）（被告の不法行為責任の有無）について

原告は、本件売買に当たって、被告は、事前に本件土地の履歴を調査し、参考価格相当の土地か否かについて土壌調査や地質調査をすべき義務を負う旨主張するが、一般の土地取引において、土壌汚染対策法等の法令上の規制を除いては、特段の事情のない限り、土地の売主が事前に当該土地の履歴を調査したり、土壌や地質を調査したりする義務があると解すべき根拠は存在しない。

したがって、この点に関する原告の主張は理由がない。」

〈実務上の留意点〉

この事案は、市が所有土地を一般競争入札に付したこと、個人が土地を落札したこと、買主が12階建てのマンションを建築しようとしたこと、買主が建築業者に工事を発注し、建築業者が基礎工事に着手したところ、地中に岩塊、コンクリート埋設物等が存在することが判明したこと、買主は建築の工法を変更する等したこと、買主が売主である地方自治体の損害賠償責任を追及したこと、売主の瑕疵担保責任、不法行為責任が主張されたこと、損害として増加工事費、工事遅延による逸失利益等が主張されたことというものである。この事案は、市が所有土地を一般競争入札に付し、落札者がマンションを建築しようとしたところ、地中に岩塊、コンクリート埋設物等が存在し、建築の工法を変更したため、市の売主としての損害賠償責任が追及され、瑕疵担保責任の成否、不法行為責任の成否、損害の範囲が問題になった。

この判決は、瑕疵は売買の目的物がその種類のものとして取引通念上通常有すべき性状（品質）を欠いていることであること、売買契約において想定されている用途によって瑕疵の有無が異なること、瑕疵の有無は、売買契約において目的物の用途がどのようなものと想定されているかという点と、売買代金額その他の売買契約の内容に目的物の性状（品質）がどのように反映されているかという点とに照らして判断されるべきこと、中高層建物の建築用地の売買においては、通常一般人が合理的に選択する工法によっては中高層建物を建築できない程の異物が地中に存在する場合、価格を含めた売買契約の内容がそのような事態を反映したものとなっていないときは、土地の瑕疵が存すること、本件では、売買代金額の17%余りに上る費用を増額して別の工法を選択することを余儀なくされたこと等から、土地に瑕疵があったこと、売買契約締結過程を通して目的物の性状（品質）について取引上買主が入手すべき資料に照らし、瑕疵の存在は判明しなかったものであり、隠れたものであること、一般の土地取引において、土壌汚染対策法等の法令上の規制を除いては、特段の事情のない限り、土地の売主が事前に当該土地の履歴を調査したり、土壌や地質を調査したりする義務があると解すべき根拠は存在しないこと、損害の範囲につき工法の変更による工事費用増加額、弁護士費用が損害であるとし、工事遅延の逸失利益は相当因果関係が認められないことを判示している。

この判決は、瑕疵は売買の目的物がその種類のものとして取引通念上通常有すべき性状（品質）を欠いていることとし、売買契約において想定されている用途によって瑕疵の有無が異なるとしつつ、中高層建物の建築用地については、通常一般人が合理的に選択する工法によっては中高層建物を建築できない程の異物が地中に存在し、かつ、価格を含めた売買契約の内容がそのような事態を反映したものとなっていない場合には、土地の瑕疵が存するとし、本件で土地の瑕疵を認めたものであり、興味深い判断基準を提示しているところ、本件の場合に瑕疵が存するかの判断は微妙である。

また、この判決は、瑕疵が隠れたものであるかについて、売買契約締結過程を通して目的物の性状（品質）について取引上買主が入手すべき資料に照らし、瑕疵の存在は判明しなかったと判断したものであるが、一般競争入札の場合には、入札の実施者の提供する各種の資料によって瑕疵の有無等を判断せざるを得ないものであるから、合理的な判断を示したものということができる。

この判決が売主の不法行為責任を否定した前記判断は、参考になるものである。

さらに、この判決は、瑕疵担保責任に基づく損害の範囲について、工法の変更による工事費用増加額を損害として認めたことは相当であるのに対し、弁護士費用の損害を認めたことには疑問があり、工事遅延の逸失利益は相当因果関係が認められないとしているものの、従来の判例のように信頼利益に限定する法理によらないものであり、議論を呼ぶものである。

東京地判　平成24.7.6　判時2163.61　【判例39】

〈事案の概要〉

X_1株式会社（代表者はA）は、平成14年８月、Ｙ都（東京都）が下水道敷設工事を施工するための工場用地として、Aの所有に係る土地をＹに賃貸し（賃貸人はX_1である）、Ｙは、工事を施工し、平成16年11月、X_1に本件土地を返還したところ、Aがその後死亡し、相続人であるX_2、X_3が本件土地上にマンションの建築を計画し、建築したところ、建築中、本件土地中に底盤コンクリートが残置されていたことから、X_1がＹに対して原状回復義務違反を主張し、債務不履行に基づき、X_2、X_3がＹに対して不法行為に基づき土地の減価、撤去工事費用、追加工事費用の損害賠償を請求した。

本判決は、底盤コンクリートの残置によってマンションの建築ができなくなったものではない等とし、損害の発生を否定し、X_1の請求を棄却したが、マンションの建築につき追加、変更工事（工事費用は645万150円）が必要になった等とし（土地の減価、コンクリート撤去費用の損害は否定した）、Ｙの不法行為を認め、X_2らの請求を認容した。

〈判旨〉

「一　争点（1）について

（1）　前提となる事実（8）及び（9）によれば､平成二一年一〇月三日、積水ハウスが、Ｐ１杭の打設工事を行おうとした際、深度約一〇メートルの地点で、本件底盤コンクリートに接触し、同月六日に本件請負契約に基づく本件マンションの建築工事を一旦中断したこと、その後、積水ハウスは、同月一四日に、Ｐ１杭の打設工事を再開し、同月一五日、これを完了したこと、本件底盤コンクリートの存在によっても、本件マンションの建築工事を行うことは可能であり、実際に、積水ハウスは、本件底盤コンクリートを撤去することなく、本件マンションの建築工事を完了したことが認められる。

以上認定した事実からすれば、原告乙山及び原告丙川が、本件底盤コンクリートの残置によって、その共有する本件土地の上に本件マンションを建築することができなくなったことはない。また、原告会社が、費用を支払って本件底盤コンクリートを実際に撤去したことはなく、原告乙山及び原告丙川に対して、本件底盤コンクリート撤去費用相当額を支払ったとも認められない。

したがって、原告らに、本件底盤コンクリート撤去費用相当額の損害が現実に生じたと認めることはできない。

（2）　この点、原告らは、被告の本件賃貸借契約に基づく原状回復義務は、Ｐ１杭の打設及び本件マンションの建築によって、社会通念上履行不能となっているところ、これにより、被告の原状回復義務は、被告の原告会社に対する本件底盤コンクリート撤去費用相当額の損害賠償義務に転化していると主張する。

しかしながら、前記のとおり、原告会社が、現実に本件底盤コンクリート撤去費用相当額の損害を被っていると認めることはできないし、本件土地の上に本件マンションが存在する状況の下で、原告会社が、将来この撤去費用を支出する相当程度の蓋然性があるとも認められないから、被告の本件賃貸借契約に基づく原状回復義務が履行不能によって消滅したとして、原告会社が、被告に対し、本件底盤コンクリート撤去費用相当額の損害賠償請求権を取得したと認めることはできない。

（3）　また、原告らは、本件土地の価格は本件底盤コンクリート撤去費用相当額分下落しているから、原告乙山及び原告丙川には同額の損害が生じている旨主張し、本件底盤コンクリート撤去費用を総額で5896万9827円とする積水ハウス作成の契約内訳書と題する書面を援用する。

しかしながら、この書面は、積水ハウスが、更地の状態から本件底盤コンクリートを撤去する費用を見積もった書面に過ぎず、本件土地の価格を査定した書面ではないし、本件土地上には既に本件マンションが建築されているのであるから、本件土地の価格が、更地の状態から本件底盤コンクリートを撤去する費用相当額下落していると認めることはできない。そして、他に、本件土地の価格が現実に下落していると認めるに足りる証拠はない。

（4）　以上からすれば、原告会社は、本件底盤コンクリート撤去費用相当額の損害又は損失が生じていることを前提に、債務不履行に基づく損害賠償請求又は不当利得返還請求として、被告に対し、本件底盤コンクリート撤去費用相当額の支払を求めているところ、この請求は理由がない。また、原告乙山及び原告丙川は、本件土地の価格が本件底盤コンクリート撤去費用相当額分下落していることを前提に、不当利得返還請求として、被告に対し、本件底盤コンクリート撤去費用相当額の支払を求めているところ、この請求も理由がない。

二　争点（2）について

（1）　前提となる事実（11）及び（12）によれば、積水ハウスは、平成22年３月18日付で、本件底盤コンクリート残置による追加、変更工事に要した費用の合計が802万1000円であり、値引き額を187万8000円とした上で、工事金額を645万0150円（消費税を含む。）と見積もったこと、原告乙山及び原告丙川は、同年６月８日、積水ハウスとの間で、前記追加、変更工事について、値引き金額を102万1000円とした上で、代金を735万円（消費税を含む。）とすることで合意し、同年７月20日、この金額を積水ハウスに対して支払ったことが認められる。

以上のとおり、本件底盤コンクリートの残置によって、本件マンションの建築工事について、追加、変更工事が必要となり、原告乙山及び原告丙川は、積水ハウスとの間で、追加・変更工事による損害として主張する645万0150円は、被告が本件底盤コンクリートを残置したことにより、原告乙山及び原告丙川が支払った金額であると認められる。」

〈実務上の留意点〉

この事案は、会社が代表者の所有する土地を都に賃貸したこと、都は下水道敷設工事を施工するための工場用地として賃借したこと、都は工事を施工し、土地を返還したこと、会社の代表者が死亡し、相続が発生したこと、相続人らが土地上にマンションの建築を計画し、建築業者に発注したこと、業者が建築中、土地中に底盤コンクリートが残置されていたことが判明し、撤去工事費用、追加工事費用が生じたこと、会社が原状回復義務違反の債務不履行責任、相続人らが不法行為責任を追及したこと、損害として土地の減価、撤去工事費用、追加工事費用が主張されたことというものである。この事案は、土地の売買における地中物に係る瑕疵担保責任等が問題になったものではなく、土地の賃貸借において賃借人が地中物を残置したことによる債務不履行責任、不法行為責任が問題になったものである。

この判決は、底盤コンクリートの残置によってマンションの建築ができなくなったことはなく、原状回復義務は履行不能により消滅した等とし、債務不履行を否定したこと、コンクリートの残置により追加、変更工事が必要になった等とし、相続人らに対する不法行為責任を肯定したこと、土地の減価が現実に発生していないとし、損害の発生を否定したこと、追加・変更工事費用が損害であるとしたことを判示しており、いずれも事例として参考になる。

大阪高判　平成25.7.12　判時2200.70　【判例40】

〈事案の概要〉

Ｙ市（御所市）は、昭和38年頃から平成元年末まで土地上にゴミ焼却場を設置して稼働していたところ、その頃、焼却場を閉鎖し、土木、建築業を営むＡ株式会社に焼却場施設の解体工事、ゴミの撤去を依頼した上、Ａに土地の買取りを求め、平成２年３月、Ａとの間で、工業団地用地として代金４億円で同土地を売却する契約を締結し、Ａに引き渡され、Ａは、前記土地と他の土地を併せて合筆した後、26筆の土地に分筆し、問題になった土地は、その一部の３筆の土地である（本件土地）が、本件土地につき整地、造成工事を行い、Ｘ株式会社は、平成18年11月に設立され、新設分割によりＡの本件土地の売買契約上の買主の地位を包括的に承継した後、平成20年６月、隣接地で中間処理業を営んでいたＢ株式会社に、本件土地を代金２億1000万円で売却し、Ｂは、再資源化工場の建設のため仮設道路の設置工事に着手したところ、法面に産業廃棄物を検出したことから、Ｘに連絡し、同年10月、Ｃ株式会社にボーリング調査を依頼し、Ｃの調査の結果、本件土地の地中には、ゴミ、コンクリートガラ、アスファルトガラ、レンガ、鉄片等の産業廃棄物が広範囲に埋設され、一部は鉛に汚染されていることが判明したことから（なお、Ｙの本件売買契約当時のＤ市長は、その就任前はＡの監査役であり、その退任後はＡの取締役であった）、ＸとＢは、平成21年９月、簡裁において、本件土地の隠れた瑕疵により３億400万円の支払義務があること等を内容とする即決和解をし、Ｘは、平成21年12月、Ｙに対して、選択的に瑕疵担保責任、債務不履行責任、不法行為責任に基づき３億円の損害賠償を請求した。

第一審判決は、請求を棄却したため、Ｘが控訴した。

本判決は、廃棄物等を埋設したのがＹであると認定した上、本件焼却場は産業廃棄物の最終処分場ではなかったから、焼却場の存在を知っていたからといって廃棄物が地中に埋設されていることを知っていたとの根拠にはならない等とし、Ａの廃棄物の埋設に関する悪意、過失を認めるに足りる証拠はないとし、不法行為責任について、建物の建築に支障となる質・量の異物が地中に存在するため、土地の外観から通常予測され得る地盤の整備・改良の程度を超える特別の除去工事等を必要とする場合には、宅地として通常有すべき性状を備えていないとし、土地の瑕疵を認めるのが相当であるところ、本件では、本件土地の用途、売買の目的、廃棄物の内容・量、必要な工事の内容等を考慮し、廃棄物の存在が土地の瑕疵に当たるとし、鉛の汚染については、土壌汚染対策法所定の基準を超えているものの、本件売買契約当時には土地の瑕疵と認めるのが困難であるとし、ＹがＡに対して廃棄物を埋設した事実を知りながら、何ら告知・説明しなかったとして、Ｙの不法行為を肯定し（なお、瑕疵担保責任、債務不履行責任に関する主張は、不法行為に基づく損害賠償額以上のものが認められる余地がないとし、判断されていない）、消滅時効については、Ｘが廃棄物の存在を知ったのが、Ｃから連絡を受けた平成20年10月であったとし、Ｙの主張を排斥し、損害額については、即決和解の金額から鉛による汚染の浄化措置費用を控除した額が相当因果関係があるとし、原判決を変更し、Ｘの請求を一部認容した。

〈判旨〉

「三　中和開発は、本件売買当時、本件土地に本件廃棄物等が埋設されていることを知っていたか、あるいは知らないことに過失があるか（争点(2)）について

・・・・

（９）　上記で判示したとおり、被控訴人において、中和開発が本件廃棄物等の存在を知っていたとする根拠はいずれも採用できない。

その上、①前記認定のとおり、本件土地の代金額は、周辺土地の代金単価のほぼ倍額という高額であり、中和開発が本件廃棄物等の存在を知っていれば、このような高額で購入することは考え難いこと、②控訴人は、山本商事が本件土地に大型施設を建築する目的で購入することを知っていたのであるから、本件廃棄物等が埋設されていれば容易に発見されることが明白であり（現に、山本商事に売却後まもなく本件廃棄物等の存在が判明している。）、本件廃棄物等の存在を知りながら、本件土地を山本商事に売却することは考え難いことなどの事実も併せ考慮すると、中和開発は、本件売買契約当時はもちろん、山本商事に本件土地を売却した時点まで、本件廃棄物等の存在を知らなかったと認めるのが相当である。

そして、前記の判示内容や本件売買契約当時は、土壌汚染対策法の制定の10年以上も前であり、土地の造成業や不動産の売買業の慣行として、地下埋設物の調査や地耐力の調査を行わないのが一般的であったこと（甲38）からすると、中和開発が本件廃棄物等の存在を知らなかったことについて、過失があったともいえないというべきである。

四　被控訴人の不法行為責任の有無（争点（5））について

（1）　まず、被控訴人に説明義務が認められる前提としては、本件廃棄物等の存在が本件土地の瑕疵といえることが必要であるので、その点について検討する。

（2）　本件廃棄物の存在について検討する。

土地の売買において、地中に土以外の異物が存在する場合一般が、直ちに土地の瑕疵ということができないことはいうまでもないが、その土地上に建物を建築するについて支障となる質・量の異物が地中に存在するために、その土地の外見から通常予測され得る地盤の整備・改良の程度を超える特別の異物除去工事等を必要とする場合には、宅地として通常有すべき性状を備えないものとして土地の瑕疵になると認めるのが相当である。本件の場合、本件土地は、工業団地用地として中和開発に売却されているのであるから、当然に本件土地上に建物を建築できることが前提であるところ、前記認定のとおり、本件土地の広い範囲の地中に〇．八五ｍ～九．四五ｍ程度の層厚で、ごみ、コンクリートガラ、アスファルトガラ、鉄片、ガラス片、ビニール、焼却灰、木くず等の産業廃棄物（本件廃棄物）が発見され、その量は、一万六三〇九㎥にのぼっていたというのであり、これらを除去するためには、後述のように多額の費用を要する特別の工事をしなければならなかったのであるから、本件廃棄物の存在は土地の瑕疵に当たるものというべきである。
（3）　次いで、本件鉛による土壌汚染の点について検討する。
ア　売買契約の当事者間において目的物がどのような品質・性能を有することが予定されていたかについては、売買契約締結当時の取引観念を斟酌して判断すべきである（最高裁判所平成二二年六月一日第三小法廷判決・民集六四巻四号九五三頁参照）。なぜならば、このように解さないと、売買契約締結後に時の経過や科学の発達により目的物の品質・性能に対する評価に変更が生じ、契約当事者において予定されていなかったような事態に至った場合も瑕疵に当たり得ることになり、法的安定性を著しく害することになって相当でないからである。
イ　これを本件についてみると、本件土地の深度一〇・六三ｍ～一一・六三ｍの土壌から検出された「鉛及びその化合物」の含有量は、二八〇mg/kgであって、平成一四年五月二九日に成立し、平成一五年二月一五日に施行された土壌汚染対策法における含有量基準一五〇mg/kgを上回っていることが認められる。
　しかしながら、本件売買契約が締結された平成二年三月二六日当時は、前記前提事実（9）記載のとおり、土壌汚染について環境基準値は未だ策定されておらず、昭和六一年一月に、環境庁が公共用地として転換される国有地について定めた暫定対策指針において、対策を要する汚染土壌の判定基準とされたのは、鉛及びその化合物につき、乾土一kgにつき六〇〇mgであり、本件土地から検出された鉛の含有量はこれをも大幅に下回っている。
　そして、本件売買契約においては、当事者間に土壌汚染に関する何らの特約も認められない。
　そうすると、本件売買契約においては、本件鉛による土壌汚染の点は土地の瑕疵と認めるのは困難というべきである。
　この点、控訴人は、鉛は古来から有害性が認識されていたから、昔は有害性が認識されていなかったフッ素などと異なり土地の瑕疵と認めるべきであると主張している。
　なるほど、鉛は古来から人体に有害であること自体は認識されていたが、大気や水の汚染などと異なり、土壌汚染に関していえば、古来から、土壌に少しでも鉛が含まれていれば人体に有害であるのかについては、科学の発達に伴って、その評価に変更が生じ得るのであり、現に、土壌汚染に関する環境基準値も前記前提事実（9）記載のとおり、時の経過に従って変更されているのである。
したがって、控訴人の上記主張は採用できない。
（4）　以上のとおり、本件廃棄物の存在は、本件土地の瑕疵に当たるが、本件鉛により土壌汚染は、本件土地の瑕疵とはいえない。
そうすると、被控訴人は、本件土地に自ら本件廃棄物を埋設した事実を知りながら、中和開発に対し、本件廃棄物の存在の点を何ら告知・説明することなく、本件廃棄物の存在を前提としない代金額で本件土地を売却し、そのため中和開発ないし控訴人は後記損害を被ったのであるから、被控訴人としては、控訴人に対して不法行為責任を負うものというべきである。他方、本件鉛による土壌汚染については、被控訴人に不法行為は成立しない。」

〈実務上の留意点〉

この事案は、市が土地上にゴミ焼却場を設置して稼働していたこと、市が焼却場を閉鎖し、土木・建築業者に焼却場施設の解体工事、ゴミの撤去を依頼し、本件土地の買取りを求めたこと、土木・建築業者が土地を購入したこと、上木・建築業者が他の土地と合筆・分筆し、整地、造成工事を行ったこと、新たに設立された会社が新設分割により土木・建築業者の本件土地の売買契約上の買主の地位を包括的に承継したこと、本件土地の隣接地で中間処理業を営んでいた業者に売却したこと、中間処理業者が再資源化工場の建設のため仮設道路の設置工事に着手したところ、法面に産業廃棄物を検出し、ボーリング調査を実施した結果、本件土地の地中にゴミ、コンクリートガラ、アスファルトガラ、レンガ、鉄片等の産業廃棄物が広範囲に埋設され、一部には鉛に汚染されていることが判明したこと、新設会社と中間処理業者は、本件土地の隠れた瑕疵により３億400万円の支払義務があること等を内容とする即決和解をしたこと、新設会社が市の損害賠償責任を追及したこと、選択的に瑕疵担保責任、債務不履行責任、不法行為責任が主張されたこと、第一審判決が請求を棄却したことというものである。この事案は、土地の合筆・分筆、会社の新設、分割等の経緯を省略すると、ゴミ焼却場を稼動していた市から焼却場の解体工事、ゴミの撤去を依頼された土木・建築業者が土地を購入し、転売した後、転売に係る買主が調査を実施したところ、ゴミ、コンクリートガラ、アスファルトガラ、レンガ、鉄片等の産業廃棄物が広範囲に埋設され、一部には鉛に汚染されていることが判明し、転売の当事者間で即決和解がされたことから、転売の売主（前記の土木・建築業者の買主上の地位を包括承継していた）が市の損害賠償責任を追及したものである。この事案は、土地の売買における地中物をめぐる問題のほか、土壌汚染をめぐる問題として取り上げるものである。

この判決は、土地の売買契約当時、土木・建築業者が地中の産業廃棄物の存在につき悪意・過失がないとした上、土地の瑕疵を何ら告知・説明しなかったとし、売主である市の不法行為責任を肯定したものであるが（鉛の存在については不法行為を否定した）、買主の業者、受託した業務等の事情に照らすと、悪意は別として、過失が認められる余地はあるということができる。

5　土壌汚染と土地の取引をめぐる諸問題

【1】 土壌汚染関係の法制度の概要

土地の取引において土壌汚染が問題になる場合には、民法、商法の取引に関係する法律が取引の当事者、仲介業者に直接に適用され、取引に影響を与えるだけでなく、土壌汚染対策法（平成14年法律第53号。平成15年2月15日施行）が直接、間接に影響を与える。土地の取引に当たっては、取引の効力をめぐるトラブルを防止するために土壌汚染対策法の概要を知っておくことが重要であるし、同法の適用に伴う不要な負担を強いられないためにも重要である。

土壌汚染対策法は、土壌の特定有害物質による汚染の状況の把握に関する措置及びその汚染による人の健康に係る被害の防止に関する措置を定めること等により、土壌汚染対策の実施を図り、もって国民の健康を保護することを目的として制定されたものである（1条）。

土壌汚染対策法は、使用が廃止された有害物質使用特定施設に係る工場又は事業場の敷地であった土地の調査（3条）、土壌汚染のおそれがある土地の形質の変更が行われる場合の調査（4条）、土壌汚染による健康被害が生ずるおそれがある土地の調査（5条。なお、以上の各土地の汚染の状況の調査は、土壌汚染状況調査と呼ばれている。2条2項）がされることを義務づけるとともに、土壌汚染状況調査の結果を得て、一定の要件の下、要措置区域（6条ないし10条）と形質変更時要届出区域（11条ないし13条）に指定することができ、各区域の指定に従って土壌汚染の除去等のために必要な義務が設けられている。

土壌汚染対策法は、その対象となる有害物質については、特定有害物質と呼び、鉛、砒素、トリクロロエチレンその他の物質（放射性物質を除く）であって、それが土壌に含まれることに起因して人の健康に係る被害を生ずるおそれがあるものとして政令で定めるものをいうものと定義されている（2条1項）。現在、政令で指定されている特定有害物質は、合計25種類であり、その内容は後記のとおりである。なお、現在、福島第一原子力発電所の事故によって放射性物質が土壌汚染の問題として話題になることがあるが、放射性物質については土壌汚染対策法は適用されない。

土壌汚染対策法は、土壌汚染状況調査によって要措置区域、形質変更時要届出区域に指定された場合には、土地の所有者等（その範囲は、土地の所有者、管理者又は占有者である。3条1項参照）が行う、土地の取引そのものに関係する民法、商法の適用に影響を与えるものではなく、前記のとおり、一定の要件の下、各区域の指定に従って土壌汚染の除去等のために必要な義務を土地の所有者等に負わせるものである。もっとも、例えば、要措置区域に指定された場合には、土地の所有者等は、都道府県知事によって、相当の期間を定めて、汚染の除去等の措置を講ずることを指示されることがあるが（土壌汚染対策法7条1項、3項、4項）、土地の売買によって所有権を取得したり、土地の賃貸借によって賃借権を取得したりすると、前記の土地の所有者等に該当するものであるから、土地の取引後において汚染の除去等の措置を講ずる責任を負わされることがあり、土地の取引に伴って重大な負担を負うことがある（この意味では、土地の取引の内容に影響を与えるものである）。また、都道府県知事から指示を受けた土地の所有者等は、当該土地において指示措置等を講じた場合には、当該土地の土壌の特定有害物質による汚染が当該土地の所有者等以外の者の行為によるものであるときは、その行為をした者に対し、当該指示措置等に要した費用について、指示措置に要する費用の額の限度において、請求することができるとし（土壌汚染対策法3条1項本文。なお、権利の行使期間の制限については、土壌汚染対策法3条2項）、一定の要件の下、土地の所有者等に汚染の除去等の措置に要した費用の請求権を認めるものであるが、この請求権は土壌汚染対策法によって認められた権利であり、民法上認められる損害賠償請求権等の権利とは別に認められるものであり、内容が重複する範囲では競合するものである（この意味では、この費用の支払請求権は土地の取引に係る民法上の権利に影響を与えることがある）。さらに、要措置区域内においては、何人も、特段の例外を除き、土地の形質の変更をしてはならないとされ（土壌汚染対策法9条）、土地の形質の変更の禁止義務を負うものであるから、土地の取引後において土地の使用・収益に重大な負担が強制されることになる（この意味では、土地の取引の内容に影響を与えるものである）。形質変更時要届出区域に指定された場合にも、土地の形質の変更をしようとする者（土地の所有者等もこれに該当する）は、若干の制限を受けるものであり、この意味では、土地の取引の内容に影響が及ぶことがある。

土壌汚染対策法は、前記のとおり、土地の取引そのものに関係する民法、商法の適用に影響を与えるものではないが、程度の差はあっても、要措置区域、形質変更時要届出区域に指定された土地については、一定の要件の下、実際上、取引後影響を与えることがあり、これによって土地の取引を係る私法上の法律問題が生じることがある。土地の取引において土壌汚染が判明した場合、被害を受けた当事者、関係者の救済に関して民法上取得する権利については、土壌汚染対策法がこれを吸収するものでもないし、左右するものでもない。土地の所有者等が土壌汚染対策法上認められる前記の汚染の除去等の措置に要した費用の請求権（８条１項）は、当該土地の土壌の特定有害物質による汚染が当該土地の所有者等以外の者の行為によるものであるときは、その行為をした者に対し、当該指示措置等に要した費用について、指示措置に要する費用の限度において、請求することができるとされているが（８条１項本文。なお、その行為をした者が既に当該指示措置等に要する費用を負担し、又は負担したものとみなれるときは、例外として、請求することができないものである。８条１項但書）、この請求権は、当該指示措置等を講じ、かつ、その行為をした者を知った時から３年間行わないときは、時効によって消滅し、当該指示措置等を講じた時から20年間を経過したときも、同様とされている（この権利行使に対する期間の制限のうち、前者は消滅時効、後者は除責期間と解される）。

土壌汚染対策法には、これらの諸規定のほか、汚染土壌の搬出等に関する規制（16条ないし28条）、指定調査機関（29条ないし43条）、指定支援法人（44条ないし53条）、雑則（54条ないし64条）、罰則（65条ないし69条）等の規定が設けられている。

土壌汚染対策法の概要は、以上のとおりであり、土壌汚染に関する安全規制、被害の防止の対策等を定めたものであり、基本的には、私法上の取引、汚染に関する権利、義務とは関係を有しないものである。もっとも、土壌汚染対策法は、同法所定の特定有害物質に関する安全規制を定めるものであり、この規制の趣旨は、私法上の取引、責任においても尊重されることが想定されることから、私法上の取引、責任が問題になった場合には、取引の効力に当たって考慮されたり、責任の判断基準として考慮されたりすることがある。

特定有害物質は、鉛、砒素、トリクロロエチレンその他の物質（放射性物質を除く）であって、それが土壌に含まれることに起因して人の健康に係る被害を生ずるおそれがあるものとして政令で定めるものをいうものと定義されているが（２条１項）、この政令（土壌汚染対策法施行令）には、特定有害物質として、次のような物質が指定されている。

一　カドミウム及びその化合物

二　六価クロム化合物

三　二－クロロ－四・六－ビス（エチルアミノ）－一・三・五－トリアジン（別名シマジン又はCAT）

四　シアン化合物

五　Ｎ・Ｎ－ジエチルチオカルバミン酸Ｓ－クロロベンジル（別名チオベンカルブ又はベンチオカーブ）

六　四塩化炭素

七　一・二－ジクロロエタン

八　一・一－ジクロロエチレン（別名塩化ビニリデン）

九　シス－一・二－ジクロロエチレン

十　一・三－ジクロロプロペン（別名Ｄ－Ｄ）

十一　ジクロロメタン（別名塩化メチレン）

十二　水銀及びその化合物

十三　セレン及びその化合物

十四　テトラクロロエチレン

十五　テトラメチルチウラムジスルフィド（別名チラウム又はチラム）

十六　一・一・一－トリクロロエタン

十七　一・一・二－トリクロロエタン

十八　トリクロロエチレン

十九　鉛及びその化合物

二十　砒素及びその化合物

二十一　ふっ素及びその化合物

二十二　ベンゼン

二十三　ほう素及びその化合物

二十四　ポリ塩化ビフェニル（別名PCB）

二十五　有機りん化合物（ジエチルパラニトロフェニルチオホスフェイト

(別名パラチオン)、ジメチルパラニトロフェニルチオホスフェイト（別名メチルパラチオン)、ジメチルエチルメルカプトエチルチオホスフェイト（別名メチルジメトン）及びエチルパラニトロフェニルチオノベンゼンホスホネイト（別名EPN）に限る。)

【2】 土地の取引と土壌汚染をめぐる私法上の問題

土地の取引における土壌汚染をめぐる法律問題は、汚染と形容される物質が土地に含まれていることから生じる法律問題であるが、汚染物質という有害な物質の取扱いをめぐる法律問題である。本書で既に指摘しているように、土地には様々な鉱物、化学物質が含まれていることが通常であり、日本においては火山国であったり、土地が事業活動、生活のために繰り返して使用されている等の事情から、地域によって大きく異なるものの、鉱物、化学物質が相当に蓄積されていることは容易に推測される。なお、土壌汚染として問題になる物質は､地中のどの程度の深い位置に存在するか、あるいは地下水の移動、土地の使用に伴って移動、変動することがあり、特定の時点の汚染の内容、程度はその後に変化する可能性が相当にある。

土壌汚染として問題になる場合、有害であることは、人の生命、身体、健康への悪影響（具体的な被害が生じている場合から、被害発生の蓋然性がある場合、可能性が否定できない場合、さらに単なる憶測にすぎない場合等の様々な段階の悪影響がある)、人の物質に対する嫌悪感、不安感、人の生活活動に対する障害、事業活動への悪影響等が考えられるが、土壌汚染といっても、悪影響が特定され、現実に被害が発生するか、被害の発生の高度の蓋然性、あるいは蓋然性が認められるか、被害の発生の相当の可能性、あるいは可能性が認められるか、さらには嫌悪感、不安感が認められるにすぎないか等によって悪影響の取扱いも大きく異なるものであるし、異なる取扱いをすべきである。土地の取引において土壌汚染が問題になる場合には、行政法上の規制の問題とは別に、私法上は、取引の当事者、汚染物質の発生者、汚染物質の搬入者、土地の所有者、土地の占有者等の間において債務不履行、瑕疵担保、不法行為等をめぐる法律問題が生じるところ、土壌汚染の種類、内容、程度がそれぞれの法律問題ごとに検討され、判断されることになる。土壌汚染対策法の概要は、既に紹介したとおりであるが、人の健康に係る被害を生ずるおそれのある特定有害物質を対象とし（同法２条１項）、汚染状態が環境省令で定める基準に適合しないと認められる場合には、特定有害物質によって汚染されている区域として指定される等し（土壌汚染対策法施行規則18条、別表第二、第三等）、同法の規制を受けるものである。土壌汚染対策法は、人の健康に係る被害の生ずるおそれのある特定有害物質を指定し、各種類ごとに濃度の基準を定め、人の健康に係る被害が生ずるおそれのある汚染状態を定めているものであり、これらの規定は、行政的な内容であり、私法上の土地の取引、責任に関するものではないが、私法上の土地の取引、責任に間接的に影響を与えることは否定できない。このような土壌汚染対策法令所定の特定有害物質の規制値は、同法令が人の健康に係る被害が生ずるおそれがあるもの（被害の発生の蓋然性が存在することをいう）と定めていることに照らすと、実際に人の健康被害が発生したとか、その高度の蓋然性があるといった場合ではないものの、前記の私法上の土地の取引、責任をめぐる法律問題において一応の基準、参考となる基準として考慮されるものである（私法上の取引、責任の成否は、個々の法律問題ごとにその法的な根拠となる規定の要件、趣旨に従って、基準が設定され、判断されるものであるが、その際、一応の基準、参考となる基準として考慮される）。

土壌汚染が実際に私法上の土地の取引において問題になったり、問題になり得るような場合、土地の現況、土地の使用履歴等の情報のほか、汚染状況、程度が問題になるが、その前提として、汚染状況、程度を明らかにするため、資格と経験の有する調査業者による適切な方法による調査を実施することが必要である。土地の取引を行う場合、交渉の段階で土地の現況、使用履歴等に関する情報の提供のほか、地域の状況、周囲の状況、現況等の情報から地中の汚染状況、汚染調査の必要性に関する問い合わせをしたり、調査を提案したりすることが少なくないが（調査を実施する場合には、その範囲、方法、費用負担、調査結果の取扱い等を交渉することになる）、土地の所有者、占有者としては、この問い合わせ等に対する対応の要否、程度を検討し、回答することが必要になる。汚染状況の調査を実施する場合には、必要な範囲で、資格と経験の有する調査業者による適切な方法による調査を実施することが重要である。土壌汚染の調査を実施する場合には、調査結果を踏まえて、契約の内容を交渉し、契約の条項を定めることになるが、調査結果が正確なものであっても、土地全体を相当に深い範囲で精密な調査を実施することは費用、方法等の観点から相当に困難であり、実際的でないため、必要な範囲で調査が実施されざるを得ないため、後日、調査結果と異なる土壌汚染の状況が判明することがあるため（土壌汚染の状況が後日判明する場合、取引の月日からどの程度の期間が経過しているか等の事情も土壌汚染をめぐる法律問題の検討、判断には重要である）、このような事態を前提とした交渉をし、条項を検討することが重要である。契約の内容、条項を定めるに当たっては、土地の取引が売買、抵当権の設定等の種類によって異なるところがあるが、売買の場合には、法的な責任に関する事項として、代金額の変更、調査、費用負担、情報の提供、損害賠償、汚染の除去等に関する瑕疵担保責任、債務不履行責任、不法行為責任、表明及び保証、免責、責任の限定等について内容を確定し、条項を設けることがあるし、土地の使用履歴を考慮して土壌汚染の可能性が相当にあるときは、これらの条項（特約）を設けることが多い。本書で紹介する判例の中には、当事者間の交渉、契約の締結によって契約に盛り込まれた法的な責任に関する特約（契約条項）の解釈をめぐる問題を取り扱ったものも見られるところであるが（特約の解釈は、契約書の規定の内容、文言、規定間の関係、交渉の過程等の事情を考慮して行われることが通常である）、事案によっては十分な特約が締結されていなかったため、想定外の法的な責任を負わされたと思われる事例も見られる。土地の売買において、土壌汚染の取扱いは、当事者の双方が土地の現況、使用の履歴、調査の結果等を考慮し、必要な特約を締結することは、不要な紛争、予想外の紛争を未然に防止するとともに、紛争が生じた場合には、明確で合理的な基準によって紛争を解決するために重要である。

従来、土地の取引において土壌汚染をめぐって公表された判例を概観すると、次のようなものがあるが、これらは、将来の土地の取引において予想される土壌汚染をめぐる法律問題の一角であり、今後の交渉、契約締結の実務がますます重要になっている。

6　土壌汚染をめぐる裁判例

福島地郡山支部判　平成14.4.18　判時1804.94　【判例41】

〈事案の概要〉

金属製容器等の製造、販売を業とするY株式会社は、A県B市において工場を設置し、昭和59年頃から稼動していたが、昭和60年４月頃、金属製押し出しチューブの製造を開始し、その製造過程において洗浄液としてテトラクロロエチレンを使用するようになったところ（平成２年８月までの間使用した）、本件工場の近隣に居住し、井戸水を生活用水として使用していたX_1、X_2、Cは、各井戸水が本件工場からのテトラクロロエチレンによって汚染された等と主張し、Yに対して不法行為に基づき損害賠償を請求した（Cは、その後、死亡し、Cの妻も死亡し、子X_3ないしX_5が相続し、訴訟を承継した）。

本判決は、Yが工場排水に混入させて排出したとのX１らの主張を排斥したものの、本件工場の洗浄室で滴下したテトラクロロエチレンがコンクリート床から地下に浸透し、地下水の流動系に沿って移動拡散し、各井戸に到達した等と認め、３本の井戸のうち、２本については昭和59年当時の暫定的な水質基準値を上回るテトラクロロエチレンが検出されたことがあるとし、X_1、X_2が継続的長期的に摂取すると、人体に影響が懸念されるとし、不法行為を認め、他の１本の井戸については汚染の程度が軽微であるとし、不法行為を否定し、損害については、新井戸の掘削費用、慰謝料（X_1につき200万円、X_2につき150万円）、水質検査費用、弁護士費用を認め（土地の評価損に関する主張は排斥した）、X_1、X_2の請求を認容し、X_3らの請求を棄却した。

〈判旨〉

「二　争点（２）（被告の侵害行為における過失の有無－予見可能性の有無）について

・・・・

（２）　検討

前記前提となる事実、争点（１）の認定事実に加え、以上の認定事実をもとに被告の本件工場において、上記侵害行為の当時、テトラクロロエチレンがコンクリート床を透過することが予見可能であったか否かについて検討すると、本件工場の旧洗浄室の床面の仕様については、前記一（１）エ（ア）に認定したとおり、鉄筋の入った厚さ120㎜の土間コンクリートの表面上に耐摩耗床材としてポゾリスカラークロンが塗布されていたものの、同表層材は、直接防水を目的としたものではなかったこと、少なくとも昭和60年当時において、コンクリートには、一定の透水性が認められるとの知見があったこと、また、テトラクロロエチレンの一般的性状として、水よりも比重が重く、粘度が低いとの特徴が一般に知られていたこと、平成元年７月７日付旧通商産業省・旧厚生省告示第７号の「トリクロロエチレン又はクリーニング営業者以外の事業者に係るテトラクロロエチレンの環境汚染防止装置に関する技術上の指針」においても、取り扱う施設について無条件にコンクリート床のみで良いとされているのではないのではなく、そのひび割れ等が心配される場合には、トリクロロエチレン等に耐性をもつ合成樹脂による床面の被覆、容器等の下へのステンレス鋼の受け皿の設置等浸透防止措置をとることや必要な場合には、取り扱うトリクロロエチレン等の量及び作業に対応して、施設・場所の周囲に防波堤、側溝又はためますを設置する等トリクロロエチレン等の流出を防止する措置をとることが指導されていること、旧通商産業省は、上記指針に先立って、昭和60年７月に「トリクロロエチレン等適正利用マニュアル」を策定し、その中でも上記と同旨の指導をしていることなどに照らすと、被告において、前記侵害行為の当時、テトラクロロエチレンが床面へ滴下すればコンクリートを透過し、地下に浸透することの予見可能性があったとみるのが相当である。

したがって、被告は、上記侵害行為の当時、本件工場の旧洗浄室においてテトラクロロエチレンが床面のコンクリートに滴下すればコンクリートに浸透して地下水を汚染するに至ることを予見することが可能であり、かつ、洗浄槽の設置部分にステンレス製の受け皿を設置する等のテトラクロロエチレンの地下浸透を防止する措置を講ずることも容易であり、そのような措置を十分に講ずる注意義務があったというべきである。

そして、被告はかかる注意義務を尽くさず、テトラクロロエチレンをコンクリート床面に滴下させ、これを地価浸透させて、原告らの各井戸の汚染をもたらしたのであるから、被告のかかる侵害行為については、被告の過失が認められる。

三　争点（3）（被告の侵害行為の違法性）について

（1）　被告の侵害行為の違法性の判断基準

上記のとおり、被告の侵害行為につき、被告の過失が認められるとして、かかる侵害行為に違法性が認められるか否かにつき以下検討する。

本件工場の操業に伴う公害が、第三者に対する関係において、違法な権利侵害ないし利益侵害になるかどうかは、侵害行為の態様、侵害の程度、被侵害利益の性質と内容、本件工場の所在する地域環境、侵害行為の開始とその後の継続の経過及び状況、その間に採られた被害の防止に関する措置の有無及びその内容、効果等の初犯の事情を総合的に考察して、被害が一般社会生活上受任すべき程度を超えるものかどうかによって決するのが相当である。

原告らが主張するとおり、人の生命・健康に対する侵害は、たとえ些細なものであっても、金銭によって償えない代替性のないものであるから、その違法性を判断するに当たって慎重な配慮を要することは言うまでもないが、それ故に人の生命・健康に対する侵害について、およそ受忍限度を論ずる余地がないとまではいえない。

したがって、この点に関する原告らの主張は、独自の見解に立つものであって採用はできない。

他方、被告が主張するように、侵害行為の当時、これを現在の基準でもって直接規制する行政法規が存在しなかったことをもって、直ちに不法行為における違法性がないということもできないというべきである。

（2）　検討

上記の見地に立って本件を検討するに、前記前提となる事実及び争点（1）で認定したとおり、被告の本件工場における侵害行為の態様は、被告が故意にテトラクロロエチレンを廃液として廃棄したり、工場排水として流出させてものではないとしても、通常の作業の過程において、継続的にテトラクロロエチレンを滴下させ地下浸透させて、地下水を汚染し、同一帯水層にある原告甲野、同乙山の井戸を汚染させたものと認められること、テトラクロロエチレンの性状及び毒性に関しては、テトラクロロエチレンは自然界にない人為的な物質であり、その特殊毒性である発がん性について、現時点において、その可能性が議論されていること、旧厚生省は、昭和五九年二月一八日当時、WHOの飲料水水質ガイドライン等をもとに水道水の暫定基準として、テトラクロロエチレンの基準値を〇・〇一mg/リットル以下と設定していたところ、前記認定のとおり、原告甲野所有の井戸から平成二年五月二一日ないし同三年五月八日の間の各検査において、合計七回にわたって上記暫定基準を上回るテトラクロロエチレンが検出され、また、原告乙山所有の井戸からも平成二年九月二八日、同三年五月八日の各検査において、上記暫定基準を上回るテトラクロロエチレンが検出されたこと、その結果、人は、人格権として生存及び健康を維持するのに十分な飲用水及び生活用水を確保、使用する権利を有していると解されるところ、原告甲野及び原告乙山においては、テトラクロロエチレンに汚染された井戸水を飲用水及び生活用水として継続的・長期的に摂取することにより人体に対する影響が懸念されるとして保健所から常に煮沸飲用するよう指導をされ、かようにしなければ水を飲用できない生活を強いられ、上記利益が害されたこと、原告甲野及び原告乙山の各自宅は、本件工場に近接しており、しかも、本件当時、水道管が近くになく井戸水により飲料水や生活用水を確保せざるを得なかった原告甲野及び原告乙山及び本件工場付近の地域環境に鑑みると、昭和六〇年四月以降に製品の洗浄作業としてテロラクロロエチレンを溶剤として使用していた被告が、原告甲野ら周辺住民による苦情等が表面化した後、平成三年一月一一日に本件洗浄機の溶剤をテトラクロロエチレンから１、１、１－トリクロロエタンに交換し、さらに平成七年秋ころには、本件工場内での洗浄作業は完全に中止したこと、また、被告が、調整池に対してエアレーションを実施し、鑑定の結果においてその有効性が確認されていること、さらに、自ら費用を投じて鑑定人に依頼し、平成一〇年一〇月一二日から地下水の浄化対策を実施し、ローム層を単元とする帯水層については完全に浄化が終了したことなど被告がテトラクロロエチレン汚染防止のために諸施策を講じたことも考慮しても、テトラクロロエチレンに汚染された井戸水の飲用に一定期間にわたって継続的に曝されてきた原告甲野及び原告乙山との関係では、被告の前記侵害行為は、それぞれ社会生活上、受任すべき限度を超えた違法なものであるというべきである。

これに対し、亡戊田所有の井戸におけるテトラクロロエチレンの汚染の程度は、確認された範囲でも、①平成三年二月八日に〈0.001mg／リットル②平成三年三月五日に〈0.001mg／リットル③平成三年三月二八日に0.0011mg／リットル、④平成三年五月八日に0.0008mg／リットル、⑤平成三年七月九日に〈0.0005mg／リットルというものであり、そのほとんどが定量下限値以下の数値であって、0.0011mg／リットルや0.0008mg／リットルという数値もそれ自体が極めて軽微である上、現時点において指摘されているテトラクロロエチレンの特殊毒性のリスクに鑑みると、直ちに何らかの危険性があると評価できるか否かも微妙であるといわざるを得ないこと、また、同井戸は、本件工場の旧洗浄室からの直接の汚染を受けたローム層を単元とする帯水層とは別の単元の沖積層を単元とする帯水層に位置していること、現在ではローム層を単元とする帯水層の浄化が完了していること等を勘案すると、亡戊田との関係では、被告の前記侵害行為は、未だ社会生活上、受任すべき限度を超えた違法なものということはできない。」

〈実務上の留意点〉

この事案は、土地の売買等の取引において土壌汚染が問題になったものではなく、所有する土地、建物に起因する汚染土壌による所有者の法的な責任が問題になったものである（汚染土壌の土地の取引後、どのような問題が発生するか事例の一面を紹介するものである）。

この事案は、金属製容器等の製造、販売を業とする会社が工場を設置し、長年稼動していたこと、製品の製造過程で洗浄液としてテトラクロロエチレンを使用していたこと（平成２年８月まで使用されていたが、訴訟が提起されたのは平成５年である）、会社が流出防止、浄化等の対策を講じたこと、工場の近所で住民らが井戸を設置し、生活用水として使用していたこと、井戸水にテトラクロロエチレンが測定されたこと、住民らに現実に健康被害が発生していないこと、住民らが会社に対して不法行為責任を追及したこと、井戸水の汚染源、汚染の経路、テトラクロロエチレンの汚染による不法行為責任の成否等が問題になったことというものである。

この判決は、工場の洗浄室で滴下したテトラクロロエチレンがコンクリート床から地下に浸透し、地下水の流動系に沿って移動拡散し、各井戸に到達したことを認めたこと、行政においてトリクロロエチレン等適正利用マニュアルが策定され、流出防止の対策等につき行政指導が行われており、会社にはテトラクロロエチレンが床面へ滴下すればコンクリートを透過し、地下に浸透することの予見可能性があったこと、会社には、洗浄槽の設置部分にステンレス製の受け皿を設置する等のテトラクロロエチレンの地下浸透を防止する措置を講ずる注意義務があり、この事案では各井戸を汚染したものであり、会社の過失が認められること、汚染が違法である場合に不法行為が認められるとの前提で、違法性の判断は、被害が一般社会生活上受任すべき程度を超えるものかどうかによって決するのが相当であること（受忍限度論を採用している）、受忍限度の判断に当たっては、侵害行為の態様、侵害の程度、被侵害利益の性質と内容、工場の所在する地域環境、侵害行為の開始とその後の継続の経過及び状況、その間に採られた被害の防止に関する措置の有無及びその内容、効果等の初犯の事情を総合的に考察して決するのが相当であること、侵害の化学物質につき侵害行為の当時現在の基準によって直接規制する行政法規が存在しなかったことをもって、直ちに不法行為における違法性がないということはできないこと、テトラクロロエチレンの汚染は人の生命、健康に対する侵害のおそれがあること、問題になった３本の井戸のうち、２本については昭和59年当時の暫定的な水質基準値を上回るテトラクロロエチレンが検出されたことがあるとし、人が継続的長期的に摂取すると、人体に影響が懸念されるとして不法行為を認めたこと、他の１本の井戸については汚染の程度が軽微であるとし、不法行為を否定したこと、損害については、新井戸の掘削費用、慰謝料（200万円、150万円）、水質検査費用、弁護士費用を認めたこと、土地の評価損に関する損害の主張を排斥したことを判示している。

この判決は、工場で使用されていたテトラクロロエチレンによる近隣の井戸の汚染が生じた事案について、受忍限度論による不法行為の成否を判断し、工場を稼動させていた会社の不法行為責任を肯定した事例として参考になるが、汚染の当時、テトラクロロエチレンに対する法的な規制がなかったこと、住民らの現実の健康被害が生じていないこと、会社が住民らの苦情を受けて流出防止、浄化等の対策を講じたことを考慮すると、井戸の汚染が一時期認められたことが住民らの受忍限度を超えたと判断することには疑問がある。もっとも、土地中に化学物質、鉱物、廃棄物の存在が判明すると、近隣の住民らから苦情が出され、病気の発生、健康被害、そのおそれ、懸念が指摘される等し、土壌汚染と名指しされ、問題が現実化し、社会問題化することがあるが、重要なことは、法令上の規制の有無・内容、法令違反の有無・程度、問題の物質の存否・範囲・程度、流出・拡散の程度・可能性等の法令関係、事実関係を明らかにすることである。最終的にはこの事案のように訴訟を提起されることがあるが、これらの法令関係、事実関係は訴訟においても、受忍限度論によって判断される際に重要な事情として考慮されることになる。訴訟の勝敗の予測は、個々の事案ごとに多様な事情によって影響を受け、困難であるが、これらの法令関係、事実関係は勝敗に影響を与える事情であることは間違いはない。

東京地判　平成18.9.5　判時1973.84　【判例42】

〈事案の概要〉

建設機械等の販売を業とするＹ株式会社は、土地を所有し、土地上に工場を建設し、工場を稼働させるとともに、一部をＡ株式会社に賃貸し、Ａが機械解体事業に使用していたところ、会社更生手続が開始され、弁護士Ｂが更生管財人に選任され、管財業務が行われ、その一環として、平成７年９月、工場敷地と建物を代金40億3900万円で建設業を営むX_1株式会社に販売し、平成11年８月、代金全額の支払がされたが、X_1は、平成14年夏頃、本件土地の一部の買受けの申込みがあり、土壌汚染の調査を行ったところ、鉛、ふっ素による汚染（表層の複数の調査地点から環境基準の基準値を超える分析結果が報告されたが、当時は、土壌汚染対策法は施行されていなかった）が判明したため、X_1がＹに対して錯誤無効、瑕疵担保責任、説明義務違反による債務不履行責任等を主張し、売買代金の返還、損害賠償を請求した（X_1の会社分割によりX_2株式会社がX_1の権利義務を包括的に承継し、訴訟を引き受け、X_1は訴訟から脱退した）。

本判決は、動機の錯誤を認めたものの、動機が表示されていないとして錯誤無効を否定し、隠れた瑕疵を認めたものの、商法526条の適用を認め、引渡し後６か月の経過によって瑕疵担保責任を追及できないとしたが（瑕疵担保責任の期間制限を主張することは信義則に反しないとした）、本件土地が機械解体事業等の用地として使用されていたものであり、本件土地の利用形態につき説明・告知すべき信義則上の付随義務を負っていたにもかかわらず、重要事項説明書に土地の来歴、使用状況についての詳細を記載しなかった説明義務の不履行があるとし、本件土地の浄化費用（1億7603万7000万円。もっとも、見積もりによる費用）、調査費用の一部（1260万円）が損害であるとし（大半の調査費用は説明義務の不履行により生じた損害とはいえないとした）、過失相殺を6割認め（結局、7545万4800円の損害を認めた）、請求を認容した。

〈判旨〉

「三　争点②（被告に瑕疵担保責任が肯定されるか。）について

（1）本件土地Cに瑕疵が存在するか。

ア　前記のとおり、本件土地Cの土壌には、各基準値を超える鉛及びふっ素が検出されている。

イ　また、前記同（13）のとおり、脱退原告は、同土地の引渡しを受けた後、平成14年1月1日以降、ナガワに対し同社所有のハウス保管場所として使用させた以外は、同土地を仮囲いを施した遊休地として保有していた。このように脱退原告への引渡しにより後に同土壌汚染が生じ得る契機は認めることができないことからみて、同土地の土壌汚染は、本件売買契約締結時ないし脱退原告への引渡時において既に発生したものと認めるのが相当である。

ウ　被告は、同土地に生じている土壌汚染の内容及び程度では直ちに健康被害が生じ得ないし、行政上の規制基準値を超えることが直ちに経済取引における瑕疵概念に当てはまらないなどと主張して、同土地に瑕疵は存在しないと主張する。

しかしながら、前記各基準は、一定の科学的根拠から、土壌汚染による人の健康に係る被害の防止に関する措置を実施する上で目安になるものとして規定されているものと考えられるところ、同各基準を超える含有量ないし溶出量が検出された場合には、その程度の如何を問わず、当該土地の汚染土により人が直接被害を受け、また、同土地を雨水等が透過した際に地下水を汚染する蓋然性が認められるというべきである。

さらに、そのような蓋然性を前提とすれば、汚染土地の利用方法は、おのずから制限されるのであり、汚染の生じていない土地に比して経済的効

用は当然低下する。また、汚染の生じていない土地と同様の効用ないし交換価値を獲得しようとすれば、土壌の浄化等の措置が必要となるのであり、買主はそのための費用支出を強いられることになる。

現に脱退原告は、前記同（14）のとおり、同土地における汚染事実の判明により、既に売買代金額についても合意に至っていたにもかかわらず、イフジ産業に対する売却の申入れを撤回せざるを得なくなり、また、同(17)及び（18）のとおり、地域を管理する自治体である井出町より直接汚染土壌を撤去し企業としての社会的使命を果たされたい旨の申入れを受け、同土地の浄化のために費用の計上をせざるを得なくなった。

エ　以上のとおり、経済的取引の見地からしても、鉛及びふっ素について、各基準値を超える含有量ないし溶出量を検出した同土地については、その経済的効用及び交換価値は低下していることが明らかであり、売買代金との等価性が損なわれているから、瑕疵の存在が肯定されるべきである。なお、被告は、本件売買契約が土壌汚染対策法が施行された平成15年２月15日よりも前に締結されたものであることを指摘するが、原告引受承継人の主張は、同法のみならず、同法施行前から定められていた環境基準及び環境省運用基準に照らしても土壌汚染が認められるというものであるから、上記事実は、上記判断を左右しない。

（2）　本件土地Cの土壌汚染は隠れたる瑕疵といえるか（脱退原告の過失）。

ア　被告は、脱退原告が本件土地Cについて目視、視認を超える調査をしなかったとしてもこの点につき脱退原告にとって隠れたる瑕疵とはいえないと主張する。

イ　しかしながら、脱退原告が同土地の引渡しを受けた平成11年８月当時において、買主がたとえ不動産取引業者であったとしても、当然に土壌汚染の有無について専門的な調査を行うという取引慣行が存在していたことを認めるに足りる証拠はなく、これと前記のとおり本件土地Cにおける土壌汚染の存在は外観上明らかとはいえないこと、土壌汚染についての調査が相当な手間と費用を要するものであること、後記のとおり本件売買においては売主に説明義務違反が認められることを合わせて考慮すると、脱退原告が調査をしなかったことをとらえて瑕疵担保責任を否定するに足る過失とするのは相当ではなく、本件の土壌汚染が隠れたる瑕疵であることは否定できない。

（３）　本件売買契約に商法526条の適用があるか。

ア　前記第三、一（12）ないし（15）のとおり、脱退原告は、平成11年８月20日に同土地の引渡しを受け、それから約３年が経過した平成14年７月に同土地の土壌汚染調査を行い、同年９月12日、その結果を被告に通知している。

イ　土壌汚染は土地上に一見明らかな形で存在していることは少なく、目視等の通常の検査では発見することが困難であるといえるから、同条にいう直ちに発見することが困難な瑕疵に該当し、引渡し後、６か月が経過した後には、買主は、売主に対して瑕疵担保責任に基づく請求をすることができないものと解される。

ウ　この点、原告引受承継人は、前記第二、二（２）ウ（原告引受承継人の主張）のとおり、土地の土壌汚染の場合には、同条項の適用は否定されるべきであると主張する。

エ　しかしながら、同条項は、その文言上、土地についての瑕疵を除外していないし、商取引における迅速性の確保という同条項の趣旨は、土地等不動産の取引にも当てはまるものである。原告引受承継人は、土壌汚染は、権利の瑕疵以上に発見が困難であると主張するが、権利の瑕疵の発見には売買目的物そのものに対する調査を離れ、過去の権利者等に対する調査が必要なのに対し、土壌汚染は専門的な調査が必要であるとしても、引渡しを受けた目的物に対する調査のみによって発見することが可能であるから、権利の瑕疵と同じく同条項の適用を排除すべきという原告引受承継人の主張には理由がない。

オ　したがって、本件土地Ｃの土壌汚染についての瑕疵担保責任の主張にも同条項の適用があり、特段の事情がない限り、引渡し後６か月の経過によって原告引受承継人は同責任に基づく主張をなしえない。

（４）　被告の悪意・重過失

・・・・

ウ　以上によれば、本件売買において、被告に本件土地Ｃの土壌汚染につき悪意若しくは重過失があったと認めることはできない。

・・・・

（２）　信義則上の調査・除去義務違反及び説明義務違反

ア　信義則上の調査・除去義務違反

原告引受承継人は、本件においては、被告が、①昭和45年ころから操業していた被告京都工場の操業を平成５年11月ころ停止したにもかかわらず、それ以降同工場を本件土地Ｃ上に放置したこと、②同土地の一部を京都工場の敷地として自ら使用する傍ら、その残部については、機械製品の解体や廃棄処理の専属業者である関西故金属に賃貸し使用させていたこと、③本件売買契約の停止条件成就の直前に、カドミウム汚染の情報が入り、脱退原告から土壌汚染について疑義が示された際にも、重金属による土壌汚染は存在しないものと脱退原告を誤信させる内容の文書を送付しているといった特段の事情が存在することからすれば、被告には、本件売買契約締結過程において、いわゆる契約締結上の過失があったことは明らかであり、売買契約に付随する信義則上の義務として、土壌汚染の調査・除去義務ないし上記①ないし③の事実に関連する事実について信義則上の説明義務を負っていたと主張する。

しかしながら、③の事実についてみるに、カドミウム汚染についての報告書は、前記第三、三（４）イ及び同（５）ウのとおり、その作成の経緯及び内容に照らすと、本件土地Ｃに重金属汚染が存在しない旨脱退原告を誤信させるものと認めることはできない。

また、被告が工場を同土地上に放置したこと及び被告が関西故金属に同土地を賃貸したことから直ちに被告が同土地の土壌汚染の事実を認識していたとまで認めることができない以上、それだけの事情から、被告の信義則上の調査・除去義務を肯定することはできない。

イ　説明義務違反

商法526条の規定からすれば、買主である脱退原告に売買目的物たる同土地の瑕疵の存否についての調査・通知義務が肯定されるにしても、土壌汚染の有無の調査は、一般的に専門的な技術及び多額の費用を要するものである。したがって、買主が同調査を行うべきかについて適切に判断をするためには、売主において土壌汚染が生じていることの認識がなくとも、土壌汚染を発生せしめる蓋然性のある方法で土地の利用をしていた場合には、土壌の来歴や従前からの利用方法について買主に説明すべき信義則上の付随義務を負うべき場合もあると解される。

そこで本件について検討するに、土壌汚染についての社会的認識としては、昭和四七年の公害対策基本法の改正時に典型公害に加えられて以降、環境基準が定められた平成三年当時から、行政上その除去、防止が求められるようになり、本件土地Cの引渡しがなされた平成一一年には、私人間の取引の場面においても土壌汚染が発見された場合には、それを除去すべきとの認識が形成されつつあったといえる。前記第三、一（14）のとおり、脱退原告がイフジ産業に本件土地Cを売却するために土壌汚染の調査を依頼し、その結果、売却を断念したのは、平成一四年のことであったが、このような売買当事者の認識は、この時期になって急に形成されたものではなく、上記のような社会情勢の影響を受けて平成一一年ころには既に一般的に相当程度形成されつつあったと認めるのが相当である。前記同（10）のとおり、本件土地Cの引渡しの直前にカドミウムに汚染された土壌が同土地に埋立てられているといううわさについて、脱退原告が被告に対して直ちに報告を求めているという事実も、この時期既に重金属による土壌汚染が私法上の取引の場面でも問題とされるようになっていたことを裏付けている。

次に被告の本件土地Cの利用状況についての認識につき、検討する。前記同（1）のとおり、被告は、従来田として利用されていた本件土地Cに盛土をして埋め立て、その後、同土地を被告京都工場敷地として、また、関西故金属に賃貸することにより、機械の解体等の作業用地として使用を継続してきた。また、同（14）のとおり、同土地表層土壌において、調査地点一〇地点中九地点に相当量の油分（ノルマル－ヘキサン抽出物質）が検出されており、同（11）のとおり、被告が脱退原告に対し、カドミウム汚染についての報告書の「尚書き」部分において同土地は関西故金属が長年使用していたことにより機械解体作業時に流出した油分がその量は不詳ながら土中にしみこんでいる旨報告していることからすれば、被告ないし関西故金属は、同土地地中に機械解体時に発生する相当量の廃油等を流出浸透させるような形態で、機械解体作業等の業務を行っていたと認められ、被告においてもこの点についての認識は有していたと認めるのが相当である。

このような形態で同土地を使用すれば、廃油中に混在する各種の重金属等により、土壌汚染が生じ得ることは否定できないところであり（ちなみに前記第三、一（16）のとおり、脱退原告の第二次調査の報告書には、盛土部の汚染が、盛土上で行われた作業等により、有害物質を含んだ材料、廃棄物等が盛土表面に排出されたことから生じたものと考えられるとの推論が記載されている。)、他方でその発見は困難で、多額の損害につながるから、被告においては、このような形態で同土地を使用し、その点についての認識を有していた以上、前記のような社会情勢も踏まえると、脱退原告が買主として検査通知義務を履践する契機となる情報を提供するため、本件土地Cの引渡しまでの間に、脱退原告に対し、昭和四六年当時の同土地の埋立てからの同土地の利用形態について説明・報告すべき信義則上の付随義務を負っていたというべきである。

この点につき、被告は、脱退原告が本件売買契約締結の際に本件土地Cの利用状況について説明を受けていたと主張し、行野の陳述書（乙一五）及び証人豊藏の証言の中にはこれに沿う部分も存在するが、証人関口は、前記第三、一（11）のカドミウム汚染についての報告書の「尚書き」の記載で初めて関西故金属が本件土地Cを利用していたことを知ったと証言し、前記同（6）のとおり、同人が本件売買契約を締結する前に本件土地Cを使用していなかったと認められること、被告主張の説明の事実を裏付ける証拠はなく、豊藏証言も具体性を欠くことを合わせて考えると、被告において、上記説明をしたとは認めるに足りない。むしろ、《証拠略》によれば、被告から脱退原告に対して交付された同土地の重要事項説明書には、前記同土地の来歴や被告らによる使用状況についての詳細は記載されておらず、また、前記第三、一（11）のカドミウム汚染についての報告書の「尚書き」部分程度の説明では、脱退原告において、本件土地Cに盛土がなされた経緯その他同土地の来歴、被告及び関西故金属の同土地上での業務の内容、同土地に油がしみ込んだ経緯等を理解させ、土壌汚染調査を実施すべきか決定するに必ずしも十分なものとはいえないので、同書面の交付によって説明義務が履行されたということもできない。」

〈実務上の留意点〉

この事案は、建設機械等の販売を業とする会社が、土地を所有し、土地上に工場を建設し、工場を稼働させるとともに、一部を他の会社に賃貸し、賃借人が機械解体事業に使用していた、所有者である会社につき会社更生手続が開始され、弁護士が更生管財人に選任され、管財業務が行われたこと、管財人は、平成7年9月、工場敷地と建物を建設業を営む会社に販売したこと（当時、土壌汚染対策法は制定、施行されていなかった。なお、代金全額が平成11年8月に支払われた）、買主は土地を販売用不動産として購入したこと、買主は、その後、土地の一部につき買受けの申込みがあり、土壌汚染の調査を実施したこと、調査の結果、土地の表層部に鉛、ふっ素による汚染が判明したこと、買主が錯誤無効を主張し、代金の返還を請求したこと、買主が売主の損害賠償責任を追及したこと、法的な根拠として瑕疵担保責任、説明義務違反による債務不履行責任が主張されたこと、商法526条の適用が問題になったこと、買主の会社につき会社分割がされ、訴訟の引受けがされたことというものである。この事案は、工場とその敷地の売買契約が締結され、後日、買主が土地の一部を他に売却するため、土壌汚染調査を実施したところ、鉛、ふっ素の汚染が判明し、買主に対して支払済みの代金の不当利得返還、浄化費用の損害賠償を請求したものであり、売買の当事者間において土壌汚染をめぐる紛争が発生した場合における典型的な事項が争点になったものである。

この判決は、土壌汚染につき買主が錯誤に陥っていたものの、動機の錯誤であり、動機が表示されていなかったとし、要素の錯誤（民法95条）を否定したこと、土地の表層部に土壌汚染対策法の環境基準の基準値を超える鉛、ふっ素が存在したことは、土地の経済的効用、交換価値が低下しているとし、瑕疵を認めたこと、売買契約は土壌汚染対策法が施行された平成15年2月15日よりも前に締結されたものであるものの、同法のみならず、同法施行前から定められていた環境基準及び環境省運用基準に照らしても土壌汚染が認められること、買主が不動産取引業者であったとしても、当然に土壌汚染の有無について専門的な調査を行うという取引慣行が存在していたことを認めるに足りる証拠はないこと、土壌汚染についての調査が相当な手間と費用を要し、売主に説明義務違反が認められることを合わせて考慮すると、買主が調査をしなかったことをとらえて瑕疵担保責任を否定するに足る過失とするのは相当ではないこと（瑕疵が隠れたものであるとした）、この事案の売買につき商法526条が適用され、売主に土壌汚染の事実につき悪意、重過失が認められないとし、同条による免責を肯定したこと、売主が商法526条による免責を主張することが信義則に反しないこと、土壌汚染対策法が行政的な見地から汚染物質の調査・除去義務を土地の所有者に課していることから、直ちに私人間の売買契約において売主に同義務を負担すべきことになるとはいえないこと（売主の本来的債務の不履行を否定した）、売主の信義則上の調査・除去義務を否定したこと、買主が商法526条の検査・通知の前提である調査を行うべきかについて適切に判断をするためには、売主において土壌汚染が生じていることの認識がなくとも、土壌汚染を発生せしめる蓋然性のある方法で土地の利用をしていた場合には、土壌の来歴や従前からの利用方法について買主に説明すべき信義則上の付随義務を負うべき場合もあること、この事案では、土地の利用の経緯等の来歴、土地上の業務の内容、土地に油がしみ込んだ経緯等を理解させ、土壌汚染調査を実施すべきか決定するに必ずしも十分なものとはいえないとし、重要事項説明書の交付によって説明義務が履行されたということはできないこと（売主の説明義務違反による債務不履行責任を肯定した）、損害として、土地の浄化費用、調査費用の一部を認めたこと、過失相殺として６割認めたことを判示している。

この判決は、まず、土地の売買において買主の土壌汚染に関する動機の錯誤を認めたものの、動機が表示されていなかったとし、要素の錯誤を否定したものであり、その旨の事例を示したものである。

また、この判決は、土壌汚染による瑕疵について、売買契約は土壌汚染対策法が施行された平成15年２月15日よりも前に締結されたものであるが、同法のみならず、同法施行前から定められていた環境基準及び環境省運用基準に照らしても土壌汚染が認められるとし、瑕疵を肯定したものであるが、法律の適用を誤った判断として重大な疑問がある。なお、この判決は、買主が不動産取引業者であったとしても、当然に土壌汚染の有無について専門的な調査を行うという取引慣行が存在していたことを認めるに足りる証拠はないとしているが、取引上の慣行、経験則に照らして疑問の残る判断である。この判決は、法律の施行前に、その法律を適用したり、その法律の内容を実質的に適用すると同様な判断をしているものであり、法律の適用のあり方に照らし、重大な疑問があるが、多数の裁判例を散策していると、珍しい判断ではないものであり、十分な注意が必要である。

この判決は、この事案の売買契約につき商法526条が適用され、売主に土壌汚染の事実につき悪意、重過失が認められないとし、同条による免責を肯定し、売主が商法526条による免責を主張することが信義則に反しないとしているが、この判断は事例として参考になるものである。

さらに、この判決は、この事案の売買において売主の瑕疵担保責任を否定しつつ、説明義務違反を取り上げ、買主が商法526条の検査・通知を根拠に、信義則上、土壌汚染を発生せしめる蓋然性のある方法で土地の利用をしていた場合には、土壌の来歴や従前からの利用方法について買主に説明すべき信義則上の付随義務を負うべき場合もあるとし、この事案につき説明義務違反を肯定したものであり（この判決は、債務不履行責任を肯定したが、現在の判例によると、説明義務違反は不法行為責任になるものである）、事例を提供するものであるが、この判断には、買主が不動産業者であり、専門的な知識、経験を有していること、土地が工場の敷地として長年使用されていたことを認識していたこと、前記のとおり、この事案に土壌汚染対策法を適用することは誤りであること、一応の説明がされていること等の視点から、再検討が必要であろう。

東京地判　平成19.7.25　金融・商事判例1305.50　【判例43】

〈事案の概要〉

Ｘ土地開発公社は、平成３年３月、Ｙ株式会社から土地を購入したところ、本件土地には当時法令の規制の対象になっていなかったふっ素が含まれていたが、平成13年３月、環境基本法に基づき定められた環境庁告示によってふっ素についての環境基準が新たに告示され、平成15年２月、土壌汚染対策法、同法施行令の施行によりふっ素が特定有害物質に指定される等したため、ＸがＹに対して瑕疵担保責任に基づき損害賠償を請求した。

本判決は、瑕疵を否定し、請求を棄却した。

〈判旨〉

「１　争点（１）(本件都条例による規制が民法570条にいう「瑕疵」に当たるか否か)について

（１）　売買契約の目的物たる土地が、法令等により利用上の制限を受けることは、売買契約の目的物として通常有すべき品質や性能を欠くものであり、民法570条にいう「瑕疵」に当たり得る。

しかしながら、瑕疵担保責任の規定が適用されるためには、その前提として、売買契約締結時において、目的物に「瑕疵」が存在することが必要であると解すべきである。

けだし、同条の瑕疵担保責任は、売買契約の目的物に「隠れた瑕疵」が存在する場合に、買主を保護すべく、売主に責任を負わせるものであり、売買契約締結後に目的物に「瑕疵」が生じた場合にまで、買主を保護して売主に責任を負わせるべき根拠を欠くからである。

そして、このように解さなければ、売買契約締結後に生じ得る瑕疵について、売主が永久に瑕疵担保責任を潜在的に負うことになるが、これは売主に過大な負担を課するものであり、かえって売買契約当事者間の公平を失する結果となる。

（2）　この点について、原告は、売買契約締結時において、買主が欠点を確認した場合でも、その欠点が買主にとって物の利用に影響する瑕疵と考えることができなかったときは、「隠れた瑕疵」に当たるのであるから、法令等に基づく制限は、売買契約締結時に存在しなければならないものではない旨主張する。

しかしながら、本件のように、法令等による制限について瑕疵担保責任の規定の適用が問題となる場合において同規定が適用されるためには、売買契約締結時において、法令等により、目的物の利用が制限されていることが必要である。すなわち、売買契約締結時において、現に目的物の利用を制限する法令等が施行され、又は同法令等の成功が確実に予定され、売買契約締結後に実際に施行されることが必要である。

けだし、売買契約締結時において、目的物の利用を制限する法令等の施行が確実に予定されていない場合においても、売主に瑕疵担保責任を負わせるとすれば、売主に過大な負担を課するものであり、かえって売買契約当事者間の公平を失する結果となるからである。

（3）　本件についてこれを見るに、原告は、土壌汚染の事実を「瑕疵」と主張するのではなく、本件都条例による規制を「瑕疵」と主張するが、本件都条例は、本件売買契約が締結された平成３年３月には存在せず、10年以上経過した平成13年10月に施行されたものである。

よって、原告の主張は、売買契約締結時に存在しない瑕疵を「瑕疵」と主張するものであり、主張自体不当である。

なお、本件においては、売買契約締結時において、目的物の利用が法令等により制限されておらず、これを制限する法令等の施行が確実に予定されるという事情を認めるに足りない。」

〈実務上の留意点〉

この事案は、土地開発公社が、平成３年３月、会社から土地を購入したこと、土地には当時法令の規制の対象になっていなかったふっ素が含まれていたこと、その後、平成13年３月、環境基本法に基づき定められた環境庁告示によってふっ素についての環境基準が新たに告示されたこと、平成15年２月には土壌汚染対策法、同法施行令の施行によりふっ素が特定有害物質に指定されたこと、買主が売主の損害賠償責任を追及したこと、法的な根拠として瑕疵担保責任が主張されたことというものである。

この判決は、売買契約の目的物たる土地が、法令等により利用上の制限を受けることは､売買契約の目的物として通常有すべき品質や性能を欠き、瑕疵に当たり得るとしたこと、瑕疵担保責任が認められるためには、前提として、売買契約締結時において目的物に瑕疵が存在することが必要であるとしたこと、売買契約締結後に目的物に瑕疵が生じた場合にまで、買主を保護して売主に瑕疵担保責任を負わせることは根拠を欠くとしたこと、売買契約締結後に生じ得る瑕疵について瑕疵担保責任を認めることは、売主が永久に瑕疵担保責任を潜在的に負うことになり、これは売主に過大な負担を課することになり、売買契約当事者間の公平を失する結果となるとしたこと、この事案につき売主の瑕疵担保責任を否定したことを判示している。

この判決は、瑕疵担保責任と法令の適用を説示したものであるが、極めて重要で常識的な判断を示したものであり、参考になる。

東京地判　平成19.10.25　判時2007.64　判タ1274.185【判例44】

〈事案の概要〉

不動産業を営むＸ株式会社は、土地に２棟の建物を所有し、４区画に分けて工場等として使用するＡ株式会社等に賃貸していたが､昭和50年５月、溶射技術センターとして使用するＹ株式会社に１区画を賃貸し、Ｙは、溶射技術センターとして使用し、平成10年２月、溶射技術センターを他に移転し、本件建物を明け渡し（Ｙは、平成７年から平成９年までの間、トリクロロエチレン溶液を使用していた）、Ｙが平成17年３月に工場廃止届を都内Ｂ特別区に行い（Ｙは、届において、有害指定物質のうち鉛、ホウ素、フッ素、トリクロロエチレンを使用しており、汚染の可能性があると記載していた）、ＸがＢ特別区の要請により土壌汚染状況を調査したところ、本件建物の敷地である本件土地が鉛、トリクロロエチレンによって汚染されていることが判明し、平成17年、本件建物を解体し、土壌汚染対策工事等を施工したため、ＸがＹに対して不法行為、債務不履行に基づき土壌調査費用、土壌汚染対策工事費用の損害賠償を請求した。

本判決は、Ｙが溶射技術センターとして使用する過程で使用したトリクロロエチレン、鉛がコンクリート上に飛散し、コンクリートのひび割れ部分から地下に浸透し、土壌汚染が生じたことを認め、建物の賃貸借においては、敷地である土地についても原状に復した上で返還する義務を負っているとし、Ｙは、汚染物質を取り除き原状に復して返還すべきであるところ、土壌汚染を除去しないまま本件建物、本件土地を返還したことは債務不履行に当たるとし、調査費用（273万円）、汚染処理工事費用（1890万円）の損害を認め、請求を認容した。

〈判旨〉

「(カ)　被告は、本件土壌汚染の原因が被告による本件建物の利用であるとの証明はなく、むしろ、そうはいえないとの蓋然性の方が高いとして、上記のような種々の主張をする。確かに、被告の主張を個々取り上げて検討すれば、被告が本件土壌汚染の原因者であるとの認定に疑義を挟む余地がないわけではないが、被告が本件建物において汚染物質と同じトリクロロエチレン及び鉛を使用していたこと、被告以外の賃借人がトリクロロエチレンを使用せず、鉛も日常的に使っていなかったこと（トリクロロエチレン及び鉛を使用していた賃借人がいないこと）、本件建物のコンクリートにひび割れが生じていた可能性が認められること、被告の作業場所と汚染物質が検出された場所に近接性が認められること、被告による汚染以外の汚染原因を認めるに足りる証拠がないこと、類似の事案で土壌汚染を生じさせた事例があること等の事実を総合的に判断すれば、本件土壌汚染が被告の作業の際に使用したトリクロロエチレン及び鉛がコンクリートを浸透して地下に到達したために生じた事実を優に認定することができるのであり、これを覆すに足りる証拠は認められない。

キ　以上のとおりであって、本件土壌汚染は、被告の溶射作業（トリクロロエチレン及び鉛の使用）が原因で発生したものと認められる。

そして、賃借人は、建物の賃貸借においては、敷地である土地についても、これを原状に復した上で返還する義務を負っているのであり、被告は、本件土地について汚染物質を取り除き原状に復した上で原告に返還しなければならず、土壌汚染を除去しないまま本件建物及び本件土地を返還した被告は、債務不履行に基づく損害賠償責任を負う。

・・・・

イ　以上のように、板橋区では、昭和52年ころから土壌汚染問題に対する対策として、工場跡地についての土壌汚染調査･処理指導を行っており、工場廃止届が提出された地点で、被告に対して本件土地の土壌調査が指導された可能性がないわけではないが、調査を法的に義務付ける法令等は制定されていなかったのであるから、被告が土壌調査を命じられたか否かは明らかではなく、原告が本件土壌調査を免れたか否かも明らかではないといわざるを得ない。また、本件土壌調査の届出は、板橋区土壌汚染調査・処理要綱第４条第３項に基づき行われたものであり、同要綱の調査の契機となるのは大規模建築物等の建設であって、工場等の廃止ではなく、被告による工場廃止届の提出の懈怠と本件土壌調査との間に因果関係を認めることはできない。

（2）ア　しかしながら、被告も自認するとおり、被告が本件土地を汚染した場合、被告は汚染原因者の責任として、本件土地の土壌汚染調査費用についても賠償責任を負うものと解される。

すなわち、賃貸借契約においては、原状を回復した上で賃貸目的物を返還することが必要であり、本件のような建物賃貸借において、敷地を汚染した場合には敷地の土壌を原状回復（土壌汚染を除去）して返還する義務がある。したがって、被告は、敷地（本件土地）の土壌汚染を除去して本件建物を返還する義務を負っていた。

ところが、被告は、本件土地の土壌汚染を除去せずに本件建物を原告に明け渡し、その後、原告が本件土地を売却しようとしたところ、本件土地について工場廃止届が提出されておらず、被告が本件土地において有害指定物質のうち鉛、トリクロロエチレン等を使用していたことが判明したため、原告が本件土地について土壌調査をし、土壌汚染が確認された部分について、本件汚染処理工事を行ったものである。

このように、本件土壌調査は、被告が本件土地の土壌を汚染させながら、その汚染を除去せずに明け渡し、履歴調査の結果、汚染のおそれがあったことから、調査を命じられたものである（履歴調査の結果、汚染のおそれがなければ土壌調査を命じられることはないのであり、被告が本件土地の土壌を汚染していないことを明確にしていれば本件土壌調査を命じられることはなかったものと認められる。）。

イ　そうすると、本件土壌調査は、被告が本件土地の土壌を汚染しておきながら明渡し時に土壌汚染を除去しなかったことが原因で命じられたものであり、被告による土壌汚染と本件土壌調査との間には因果関係が認められる。」

〈実務上の留意点〉

この事案は、不動産業者が土地に２棟の建物を所有していたこと、２棟の建物を４区画に分けて工場等として賃貸していたこと、溶射技術センターとして使用する会社に１区画を賃貸したこと、賃借人は２年間トリクロロエチレン溶液を使用していたこと、賃借人が建物を明け渡したこと、７年後、賃借人は工場廃止届を行い、有害指定物質のうち鉛、ホウ素、フッ素、トリクロロエチレンを使用しており、汚染の可能性があることを記載していたこと、賃貸人が土地を売却しようとしたところ、土地につき工場廃止届が提出されておらず、賃借人が土地において有害指定物質のうち鉛、トリクロロエチレン等を使用していたことが判明したこと、賃貸人が土壌汚染状況を調査したこと、土地中に鉛、トリクロロエチレンの存在が判明したこと、賃貸人が建物を解体し、土壌汚染対策工事等を施工したこと、賃貸人が賃借人に対して損害賠償責任を追及したこと、法的な根拠として不法行為、債務不履行が主張されたことというものである。この事案は、土地の取引ではなく、建物の賃貸借取引であり、賃借人が建物を工場として使用し、化学物質が敷地に漏出し、土地が汚染されたため、賃借人が賃貸人に対して債務不履行、不法行為に基づく損害賠償責任を負うかが主要な問題になった。

この判決は、汚染の原因について、賃借人が建物において汚染物質と同じトリクロロエチレン及び鉛を使用し、他の賃借人がトリクロロエチレンを使用せず、鉛も日常的に使っておらず、建物のコンクリートにひび割れが生じていた可能性が認められること、被告の作業場所と汚染物質が検出された場所に近接していたこと等から、賃借人が作業の際に使用したトリクロロエチレン及び鉛がコンクリートを浸透して地下に到達したために生じたこと、賃借人は、建物の賃貸借においては、敷地である土地についても、これを原状に復した上で返還する義務を負っていること、賃借人は、土地につき汚染物質を取り除き原状に復した上で賃貸人に返還しなければならず、土壌汚染を除去しないまま建物及び土地を返還した場合には、債務不履行に基づく損害賠償責任を負うこと、この事案では、賃借人の債務不履行と調査費用、汚染処理工事費用との間の因果関係を認め、損害賠償額を算定したことを判示している。

この判決は、建物の賃借人が建物を明け渡す場合、建物の原状回復だけでなく、土地の原状回復義務を負い、土地が化学物質に汚染されていたときは、債務不履行を肯定し、化学物質の調査費用、汚染処理工事費用の損害を認めた事例として参考になるものである。

横浜地小田原支部判　平成20.3.25　判時2022.77　【判例45】

〈事案の概要〉

X_1ないしX_5は、隣接地においてＡ町が焼却場、最終処分場（本件処理施設）を建設して稼働させたことから、Y_1県（神奈川県）がダイオキシン類等の規制権限を適切に行使しなかった等と主張し、Y_1に対して国家賠償法１条に基づき損害賠償を請求するとともに、X_1、X_2は、土地を不動産業を営むY_2株式会社から居住用建物の敷地として購入し、建物を建築して居住していたところ、隣接地に本　件処理施設が操業したため、本件処理施設の操業等が瑕疵に当たると主張し、土地購入代金、建物建築費用とこれらの譲渡価額の差額等につき瑕疵担保責任に基づき損害賠償を請求した。

本判決は、一般廃棄物処理施設の操業によって基準値を超える有害物質が排出されているとはいえず、受忍限度を超えた生活被害が発生しているとは認められないものであり、化学物質過敏症と操業との因果関係も認められないとし、Y_1に対する請求を棄却し、居住用建物の敷地の売買の場合における土地が通常有すべき品質、性能とは、基本的に、建物の敷地として、その存立を維持することであるところ、近隣に一般廃棄物処理施設が操業し、大気を媒介にして到達する場合には、風の有無、強弱、風向、降雨の有無、降雨量等といった気象条件の変動によって、日々の到達の程度が変動し、汚染の原因が近隣の一般廃棄物処理施設によるものであるときは、焼却される一般廃棄物の量及び質、焼却時間、処理施設の設備等によっても変動するものであり、大気を媒介にして汚染物質が飛来していたとしても土地の瑕疵に当たらないとし、瑕疵担保責任を否定し、Y_2に対する請求を棄却した。

〈判旨〉

「六　瑕疵担保責任に関する争点に対する判断

（１）　環境汚染について

ア　前記排出ガス等の測定値記載のとおり、本件焼却炉から基準値を超える大気汚染物質（ばいじん、硫黄酸化物、窒素酸化物、塩化水素）の排出があったことを認めることはできない。

原告甲野らが居住を開始してから、平成一三年五月までは、第四の五本件最終処分場に関する争点に対する判断のとおり、維持管理基準に違反した本件最終処分場の操業が行われていたと認められるものの、受忍限度を超えた被害が発生していたことを認めることはできない。

イ　ダイオキシン類について

（ア）　原告甲野らが元自宅に居住した平成一二年三月以降、前記ダイオキシン類測定値のとおり、本件焼却炉から基準値を大きく下回るダイオキシン類の排出は認められ、原告甲野らの元自宅において、平成一三年五月二九日から同年八月一二日まで使用した空気清浄機のフィルターに付着していた埃から、ダイオキシン類が検出されている。

そして、前記のとおり、ダイオキシン類は、発ガン性、胎児奇形、生殖機能、甲状腺機能、免疫機能等への影響があるとされているから、汚染の度合いによっては、居住の目的を達成できないといえる。

そこで、居住を目的とした本件土地に瑕疵があるといえるのかを検討する。

（イ）　原告甲野らの自宅から検出されたダイオキシン類は、前記（第四の二（3）ウ）のとおり、五・八五九から五・八九二ng－TEQ/総量（五八五九から五八九二pg－TEQ/総量）である。

総量値が不明であるから、その毒性を正確には判断できないものの、空気清浄機のフィルターは七五日間使用したものであることから、単純計算すると一日当たりのダイオキシン類の量は、七八・一二から七八・五六1pg－TEQとなる。

前記のとおり、ダイオキシン類の耐容一日摂取量（TDI）は四pg－TEQとされ、人の平均体重五〇kgと仮定した場合に、日本人が一日当たりに摂取するダイオキシン類の量が一日当たり約二・三pg－TEQ/kg（平成一一年度）であるから、上記のダイオキシンをすべて体内に摂取していたとしても、体重五〇kgとすれば、一日あたり約一・五pg－TEQ/kgであり、これに、上記日本人の平均摂取量二・三pg－TEQ/kgを加えても、TDIを下回っている。したがって、健康被害をもたらすほどのダイオキシン類が原告甲野らの元自宅にもたらされているとはいえない。

そして、前記運転時の温度の状況のとおり、平成一三年九月からは、二号炉は、立ち上げ、立ち下げの時間が短縮し、安定燃料が得られ、平成一四年度以降は、全ての本件焼却炉において、立ち上げ時において短時間で燃料室及び再燃焼室が八〇〇℃に達し、立ち下げ後の燃し切りができており、完全燃焼していたものと推認され、原告甲野らの元自宅にもたらされるダイオキシン類の量は上記測定値よりも少なくなっていたと推認できる。

よって本件土地について居住に適さないといえるだけのダイオキシン類の汚染があったと認められない。

その他、本件処分場からの受忍限度を超えるような有害物質が飛来していたと認めるに足りる証拠もない。

（2）　瑕疵について

売買の目的物に瑕疵があるとは、当該目的物を売買した趣旨に照らし、目的物が通常有すべき品質、性能を有するか否かの観点から判断されるべきであるところ、居住用建物の敷地の売買の場合の土地が通常有すべき品質、性能とは、基本的に、建物の敷地として、その存立を維持すること、すなわち、崩落、陥没等のおそれがなく、地盤で安定した支持機能を有することにあると解される。

もっとも、当該土地やその周辺環境が有害物質により汚染されているというような場所的、環境的要因からくる土地の性状によって、当該土地における日常生活に不便が生じることがあることは否定できない。

さらに、当該土地やその周辺環境が人体に影響を及ぼすほどの質、量の有害物質により汚染されているような場合には、当該土地上での健康的な生活を営むことが困難となるのであるから、そのような場合には、当該土地を宅地として使用することは困難となる。

しかしながら、特定施設から有害物質が排出され、それが大気を媒介にして到達するような場合には、風の有無、その強弱、風向、降雨の有無、降雨量等といった気象条件の変動によって、日々の到達の程度が変動するものであり、さらに、汚染の原因が近隣の一般廃棄物処理施設によるものであるときは、焼却される一般廃棄物の量及び質、焼却時間、当該処理施設の設備や運営の改善の進展具合などによっても変動するものである。

そうしてみると、近隣の一般廃棄物処理施設から排出されたダイオキシン類等が、大気を媒介にして、当該土地やその周辺環境に到達していることがあったとしても、当該土地以外の要因に左右されることが多く、日時の経過によって変化し、一定するところがないのも事実であり、汚染があるとしてもそれが当該土地やその周辺に常時、恒久的に存在するものとはいえない。

したがって、近隣の一般廃棄物処理施設から大気を媒介してダイオキシン類等が飛来すること自体が土地の通常有すべき品質、性能を有していない場合に該当するということは困難であり、土地の瑕疵であると認めることはできない。

（3） 小括

したがって、本件土地及びその周辺について、居住に適さないといえるだけの環境汚染があったとは認めることはできず、瑕疵担保責任でいうところの瑕疵があるということもできない。」

〈実務上の留意点〉

この事案は、町が焼却場、最終処分場を建設して稼働させたこと、ダイオキシン類等の物質の排出による大気汚染が問題になったこと、近隣の住民が県に対してダイオキシン類等の規制権限を適切に行使しなかった等と主張し、国家賠償法１条に基づき損害賠償責任を追及したこと、一部の住民らは土地を購入していたこと、買主である住民は売主に対して損害賠償責任を追及したこと、法的な根拠として、前記処理施設の操業等が瑕疵に当たると主張し、瑕疵担保責任を主張したことというものである。この事案は、町が焼却場、最終処分場を稼動させたことから、近隣の住民らが県に対して損害賠償責任を追及するとともに、土地を購入し、建物を建築していた住民らが売主に対して焼却場等による汚染につき瑕疵担保責任に基づく損害賠償責任を追及したものである。

この判決は、一般廃棄物処理施設の操業によって基準値を超える有害物質が排出されているとはいえないこと、受忍限度を超えた生活被害が発生しているとは認められないこと、県の国家賠償責任を否定したこと、売買の目的物の瑕疵は、目的物を売買した趣旨に照らし、目的物が通常有すべき品質、性能を有するか否かの観点から判断されるべきであること、居住用建物の敷地の売買の場合には、土地が通常有すべき品質、性能は、基本的に、建物の敷地として、その存立を維持すること（崩落、陥没等のおそれがなく、地盤で安定した支持機能を有すること）であること、施設から有害物質が排出され、大気を媒介にして到達するような場合には、風の有無、その強弱、風向、降雨の有無、降雨量等といった気象条件の変動によって、日々の到達の程度が変動し、汚染の原因が近隣の一般廃棄物処理施設によるものであるときは、焼却される一般廃棄物の量及び質、焼却時間、当該処理施設の設備や運営の改善の進展具合などによっても変動すること、施設から排出されたダイオキシン類等が大気を媒介にして、土地やその周辺環境に到達していることがあったとしても、土地以外の要因に左右されることが多く、日時の経過によって変化し、一定するところがなく、土地やその周辺に常時、恒久的に存在するものとはいえないこと、施設から大気を媒介してダイオキシン類等が飛来すること自体が土地の通常有すべき品質、性能を有していない場合に該当するということは困難であり、土地の瑕疵であると認めることはできないこと（売主の瑕疵担保責任を否定したこと）を判示したものである。

この判決は、まず、廃棄物処理施設の操業によるダイオキシン類等の排出につき県の近隣の住民らに対する国家賠償責任を否定した事例として参考になる。

また、この判決は、購入した土地の近隣に廃棄物処理施設があり、その操業によるダイオキシン類等の排出が土地の売買における土地の瑕疵に当たらないとした事例としても参考になる。

東京地判　平成20.7.8　判時2025.54　【判例46】

〈事案の概要〉

Y株式会社は、元工場敷地として使用されていた土地等を所有していたが（Yが吸収合併する前のA株式会社が長年所有し、工場として使用していた）、事業所の統廃合を計画し、隣接地を所有していたX株式会社と土地の売買の交渉を行い、Xは、本件土地の土壌汚染の有無を確認するため、Yに本件土地で使用した薬品につき問い合わせを行い、平成11年11月、専門業者に依頼し、土壌汚染調査を実施し、環境基準を上回る濃度の汚染は発見されず、平成12年3月、専門業者に依頼し、ボーリングによる土壌汚染調査を実施したが、トリクロロエチレン等は発見されなかったことから、Xは、平成12年7月、Yとの間で、瑕疵担保責任の追及期間を引渡し時から5年間とする特約で本件土地と土地上の建物につき売買代金10億8854万円余で売買契約を締結し、本件土地、建物の引渡しを受けたところ、平成16年4月、本件土地上に研究棟を建設することとし、地下水の水質測定を行ったところ、砒素が環境基本法に基づく地下水環境基準を超えて検出され、さらにボーリングによる土壌汚染調査を実施したところ、PCB含有汚泥、地中埋設物を発見する等したため、XがYに対して本件土地に土壌汚染等が存在したと主張し、瑕疵担保責任に基づき有害物質の除去費用等の損害賠償を求め、また、説明義務違反を主張し、債務不履行に基づき損害賠償を請求した。

本判決は、大量のコンクリートガラ等の廃棄物が存在し、これらが土地の瑕疵に当たるとしたほか、土地中にインキ廃材、焼却灰、油分等のほか、ダイオキシン類、PCB、六価クロム、フッ素、ホウ素等が存在し、土壌汚染がダイオキシン類対策特別措置法に基づいて定められた環境基準値や土壌汚染対策法施行規則において定められた環境基準値を超過したものである場合には、当該汚染の拡散の防止その他の措置をとる必要があるから、環境基準を超過した汚染土壌が土地の瑕疵に該当するとし、調査費用、対策費用等として５億6970万円余の損害のほか、弁護士費用2000万円の損害を認める等し、その余の損害を認めず、説明義務違反を論ずるまでもないとし、Xの主張に係る損害を否定して債務不履行を否定し、請求を一部認容した。

〈判旨〉

「ウ　汚染土壌について

原告指摘の各物質はいずれも人体に有害なものであり（甲八七)、これらはダイオキシン類対策特別措置法２条又は土壌汚染対策法２条１項、同法施行令１条により規制されている有害物質である。そして、これらの物質により汚染された土壌が、ダイオキシン類対策特別措置法に基づいて定められた環境基準値や土壌汚染対策法施行規則において定められた環境基準値を超過したものである場合には、当該汚染の拡散の防止その他の措置（最終処分場又は埋立場所等への投入、浄化、セメント等の原材料としての利用）をとる必要があるから環境基準を超過した汚染土壌が本件土地の瑕疵に該当することは明らかである。

以下、問題となる点について検討する。

（ア）　ダイオキシン類を含む汚染土壌について

被告は、ダイオキシン類を含む汚染土壌のうち、別紙図面中の区画17S−4の汚染土壌は、そのダイオキシン類検出値が、ダイオキシン類対策特別措置法に基づいて定められた環境基準を超過していないから、本件土他の瑕疵にはあたらない旨主張する。

しかし、ダイオキシン類等の土壌汚染の原因物質が降雨や地下水の影響等で土中において拡散しやすいことは容易に想定されるところ、別紙図面の17S−4は、上記基準値を大幅に上回った同図面17S−2、5、6に近接した区画である上、ダイオキシン類の発生原因と考えられる焼却灰、灰プラスチック及び金属層等の埋設物が、同図面17S−4においても同図面17S−2、5、6と同様に発見されているし（その意味では、これらの区画において、焼却灰、灰プラスチック及び金属屑等を一体として廃棄したものと推測される。)、同図面17S－4のダイオキシン類検出値は、0.7pg／g－TEQあって、上記基準値である1.0ppg／g－TEQを若干下回っているにすぎない。

そうすると、別紙図面17S－4の汚染土壌は、同図面17S－2、5、6の汚染土壌とともに、一体として汚染されているというべきであり、たまたま調査地点において検出値が基準値を下回っていたからといって、この部分の土壌が汚染されていないとか瑕疵でないとかいうことはできない。

したがって　被告の上記主張はこれを採用することができない。

(イ)　PCBを含む汚染土壌について

被告は、PCBを含む汚染土壌は、被告がこれを引き取ったのであるから、本件土地の瑕疵にはあたらない旨主張する。

しかし、被告が引き取ったからといって、上記汚染土壌の瑕疵該当性が否定されるわけではないから、被告の上記主張は採用することができない。

(ウ)　六価クロム、フッ素及びホウ素を含む汚染土壌について

被告は、六価クロム、フッ素及びホウ素を含む汚染土壌は、本件売買契約締結前に行われた二度の土壌調査においては発見されず、本件売買契約締結後に行われた土壌調査において初めて発見されたものであるから、これらの汚染土壌は本件売買契約締結時には存在しなかった旨主張する。

しかし、本件において、本件土地の引渡し後に原告の行っていた事業活動が、六価クロム、フッ素及びホウ素を含む汚染物質を排出する可能性があることを窺うべき資料は見当たらない。

また、甲一五及び一六によれば、本件売買契約締結前に行われた調査のうち一度目の調査（表層土壌調査）は、調査資料の採取深度が15㎝　調査地点が19地点があったことが認められ、また、甲一八によれば、二度目の調査（ボーリング調査）は、調査資料の採取深度が約３mであったものの、調査地点が８地点に限定されていたことが認められ、他方、甲30及び31によれば、本件売買契約締後に行われた調査は、調査資料の採取深度が約３m、調査地点が100地点以上であったことが認められる。したがって、本件売買契約締結前の調査と締結後の調査とでは、調査の範囲及び内容が大幅に異なっていたのであるから、本件売買契約締結前の調査において発見されなかった汚染土壌が締結前の調査において発見されたからといって、本件売買契約以前にはそのような汚染土壌が存在していなかったとはいえない。また、そもそも、甲一五及び一六によれば、上記一度目の調査においては、分析対象物質の中にフッ素が入っておらず、また、甲一八によれば、上記二度目の調査においては、分析対象物質の中に六価クロム及びフッ素が入っていなかったのであるから、上記一度目の調査においてフッ素が、上記二度目の調査において六価クロム及びフッ素が発見されなかったのは当然である。さらに、甲一五及び一六によれば、上記一度目の調査においては、調査資料の採取深度が15cmであったにもかかわらず、別紙図面中の区画16T－9と近似した地点において、約0.1 ～ 0.2mg／Ｌのホウ素が発見されていたことが認められるのであるから、本件売買契約締結前に行われた調査において上記汚染物質か一切発見されなかったわけではない。

以上によれば、被告の上記主張は採用することができない。」

〈判決の意義〉

この事案は、紙類等の製造、販売等を業とする会社が長年工場を経営していたこと、電気機械器具等の製造、販売等を業とする会社が隣接地を所有していたこと、土地の所有会社が事業所の統廃合を計画し、隣接地の所有会社と売買交渉を行ったこと、隣接地の所有会社は、土地の土壌汚染の有無を確認するため、土地の所有会社に土地で使用した薬品につき問い合わせを行ったり、専門業者に依頼して土壌汚染調査を実施したこと、調査の結果は、環境基準を上回る濃度の汚染は発見されず、トリクロロエチレン等は発見されなかったこと、土地の所有会社と隣接地の所有会社は、平成12年７月、瑕疵担保責任の追及期間を引渡し時から５年間とする特約で土地と土地上の建物につき売買代金10億8854万円余で売買契約を締結したこと（土壌汚染対策法の制定前である）、買主の会社は、土地上に研究棟を建設することとし、地下水の水質測定を行ったところ、砒素が環境基本法に基づく地下水環境基準を超えて検出され、さらにボーリングによる土壌汚染調査を実施したところ、PCB含有汚泥、地中埋設物を発見する等したこと、買主が売主に対して損害賠償責任を追及したこと、法的な根拠として、瑕疵担保責任、説明義務違反による債務不履行責任が主張されたことというものである。この事案は、工場として使用されていた隣接する土地を所有する会社間の土地の売買契約において、事前に土壌調査等が実施され、問題がないものとして取引が実行されたところ、後日、廃棄物の埋設、土壌汚染が判明し、買主が売主に対して瑕疵担保責任、債務不履行責任に基づく損害賠償責任を追及したものである。

この判決は、埋設された廃棄物の状況から土地の瑕疵を肯定したこと、汚染物質はダイオキシン類対策特別措置法２条又は土壌汚染対策法２条１項、同法施行令１条により規制されている有害物質であること、これらの物質により汚染された土壌が、ダイオキシン類対策特別措置法に基づいて定められた環境基準値や土壌汚染対策法施行規則において定められた環境基準値を超過したものである場合には、汚染の拡散の防止その他の措置をとる必要があるから環境基準を超過した汚染土壌が土地の瑕疵に該当することは明らかであること、ダイオキシン類、PCB、六価クロム、フッ素、ホウ素等の存在が土地の瑕疵に当たること、損害として調査費用・対策費用（５億6970万5850円）、弁護士費用（2000万円）を認めたこと、瑕疵担保責任の特約による消滅時効の成立を否定したこと、買主の主張に係る説明義務違反の債務不履行責任は、損害の範囲が瑕疵担保責任と同様であるから、論ずる必要がないとしたことを判示している。

この判決は、埋設された廃棄物、汚染物質の存在による土地の瑕疵を認め、売主の瑕疵担保責任を肯定し、売買代金の半額を超える損害賠償額を認めた事例として興味深いものであるが、売買契約の当事者双方が大企業であること、買主が隣接地の所有者であること、売買契約の締結前に買主が詳細な土壌調査を実施し、特段の問題が発見されなかったこと、土壌汚染対策法の制定前に締結された売買契約につき汚染物質の判断基準として同法の基準値を採用していること（法律の適用を誤ったものである）といった特徴が見られるところであり、この判決の判断には議論が必要であろう。

東京高判　平成20.9.25　金融・商事判例1305.36　【判例47】

〈事案の概要〉

前記の【判例43】東京地判平成19.7.25金融・商事判例1305.50の控訴審判決であり、Xが控訴した。

本判決は、土壌に人の健康を損なう危険のある有害物質が危険がないと認められる限度を超えて含まれていたことが瑕疵に当たるとし、原判決を変更し、請求を認容した。

〈判旨〉

「３　売買契約の目的物である土地に含まれていた物質が当時の取引観念上は有害であると認識されていなかったが売買契約後に有害であると社会的に認知された場合と民法570条にいう隠れた瑕疵

（１）居住その他の土地の通常の利用をすることを目的として締結される売買契約の目的物である土地の土壌に人の生命、身体、健康を損なう危険のある有害物質が上記の危険がないと認められる限度を超えて含まれていないことは、上記売買契約の目的に照らし、売買契約の目的物である土地が通常備えるべき品質、性能に当たるというべきである。したがって、上記売買契約の目的物である土地の土壌に実際には有害物質が含まれていたが、売買契約締結当時は取引上相当な注意を払っても発見することができず、その後売買契約の目的物である土地の土壌に売買契約締結当時から当該有害物質が人の生命、身体、健康を損なう危険がないと認められる限度を超えて含まれていたことが判明した場合（以下「①の場合」という。）には、目的物である土地における上記有害物質の存在は民法570条にいう隠れた瑕疵に当たると解するのが相当である。

ところで、居住その他の土地の通常の利用をすることを目的として締結された売買契約の目的物である土地の土壌に含まれていた物質が当時の取引観念上は有害であると認識されていなかったが、売買契約後に有害であると社会的に認識された場合において、売買契約の目的物である土地の土壌に当該物質が人の生命、身体、健康を損なう危険がないと認められる限度を超えて含まれていたことが判明したとき（以下「②の場合」という。）にも、売買契約の目的物である土地の土壌に人の生命、身体、健康を損なう危険のある有害物質が上記の危険がないと認められる限度を超えて含まれていないことという、上記売買契約の目的物である土地が通常備えるべき品質、性能を欠くというべきであり、この点において①の場合と差はない。また、②の場合には、買主にとっては、売買契約締結当時取引上相当な注意を払っても売買契約の目的物である土地に含まれていた物質が有害であると認識することはできなかったというべきであって、この点においても①の場合と差はない。さらに、売買契約締結当時、売買契約の目的物である土地に含まれている物質の有害性が社会的に認識されていたかどうかは、当事者が売買契約を締結するに当たって前提となる事実をどのように認識していたか、また、認識可能であったかに包含される問題であって、事実の範疇に包含される問題であると考えられる。そして、このことは、上記売買契約の目的物である土地に含まれていた物質が当時の取引観念上は有害であると認識されていなかったが売買契約後に有害であると認識されたために、当該物質を土壌を汚染するものとしてこれを規制する法令が制定されるに至った場合において、売買契約の目的物である土地の土壌に当該物質が人の生命、身体、健康を損なう危険がないと認められる限度を超えて含まれていたことが判明したとき（以下「③の場合」という。）にも当てはまるのであり、売買契約締結当時土壌を汚染するものとして当該物質を規制し、汚染の除去等の措置に定める法令の規定が存在しなかったことを理由に、売買契約締結当時は目的物である土地の土壌中に当該物質が含まれていても、上記売買契約は適法であったとして、③の場合に、民法570条にいう隠れた瑕疵が存在することを否定することは、できないものというべきである。民法570条に基づく売主の瑕疵担保責任は、売買契約の当事者間の公平と取引の信用を保護するために特に法定されたものであり、買主が売主に過失その他の帰責事由があることを理由として発生するものではなく、売買契約の当事者双方が予期しなかったような売買の目的物の性能、品質に欠ける点があるという事態が生じたときに、その負担を売主に負わせることとする制度である。このことにかんがみると、民法570条の適用上、①の場合と②の場合及び③の場合とで区別することは、相当ではないというべきである。

以上によれば、居住その他の土地の通常の利用をすることを目的として締結された売買契約の目的物である土地の土壌に人の生命、身体、健康を損なう危険のある有害物質が上記の危険がないと認められる限度を超えて含まれていたが、当時の取引観念上はその有害性が認識されていなかった場合において、その後、当該物質が土地の土壌に上記の限度を超えて含まれることは有害であることが社会的に認識されるに至ったときには、上記売買契約の目的物である土地の土壌に当該有害物質が上記の限度を超えて含まれていたことは、民法570条にいう隠れた瑕疵に当たると解するのが相当である。そして、上記の場合において、土壌を汚染するものとして当該物質を規制し、汚染の除去等の措置を定める法令の規定が定められ、買主が当該規定に従い、汚染の除去等の措置に必要な費用を負担したときには、買主は売主に対し、民法570条に基づき、上記の費用相当額の損害賠償請求をすることができると解するのが相当である。

被控訴人は、民法570条にいう隠れた瑕疵とは、売買の目的物が通常有すべき性能、品質を欠いていた場合又は契約当事者が契約上予定していた性質を欠いていた場合をいい、瑕疵の有無の判断に当たっては、売買契約締結当時の知見、法令等を基礎として判断すべきである旨主張する。しかしながら、民法570条に基づく売主の瑕疵担保責任は、上記のとおり、売主に過失その他の帰責事由があることを理由として発生するものではなく、売買契約当事者間の公平と取引の信用を保護するために特に法定されたものであるから、売買契約締結当時の知見、法令等が瑕疵の有無の判断を決定するものであるとはいえない。したがって、被控訴人の上記主張は採用することができない。

（2）　前記認定事実によれば、本件売買契約締結当時、目的物である本件土地の土壌中にふっ素が含まれていたが、当時の取引観念上は土壌中にふっ素が含まれていることが有害であるとは認識されておらず、控訴人の担当者もふっ素が有害であると認識していなかったこと、しかし、本件売買契約締結後、平成13年３月28日、環境基本法16条に基づく平成３年８月環境省告示第46号「土壌の汚染に係る環境基準について」の一部が平成13年３月28日付け環境省告示第16号をもって改正され、別表の項目にふっ素が加えられ、ふっ素の環境上の条件は「検液１Ｌにつき0.8mg以下であること」が定められ、これが環境基準であるとされたこと、この改正の眼目は、これをふっ素についていえば、ふっ素による土壌の汚染に適切に対処しようとするものであること、東京都は、上記の改正に先立ち、平成12年12月22日、東京都公害防止条例の全部を改正し、都民の健康と安全を確保する環境に関する条例（平成12年東京都条例第215号）と題名を改めてこの条例を公布し、平成13年４月１日本件都条例を施行したこと、本件都条例２条12号は、「有害物質」の意義について、「人の健康に障害を及ぼす物質のうち水質又は土壌を汚染する原因となる物質で、別表第４に掲げるものをいう。」と定義し、別表第４には、鉛、砒素、カドミウム、ふっ素及びPCB等を含む26種類の有害物質が掲げられていること（ふっ素が加えられたのは平成15年２月15日である。)、平成14年５月29日土壌汚染対策法(平成14年法律第53号）が公布され、平成15年２月15日同法が施行されたこと、同法、土壌の特定有害物質による汚染の状況の把握に関する措置及びその汚染による人の健康に係る被害の防止に関する措置を定めること等により、土壌汚染対策の実施を図り、もって国民の健康を保護することを目的とし（同法１条)、鉛、砒素、トリクロロエチレンその他の物質（放射性物質を除く。）であって、それが土壌に含まれることに起因して人の健康に係る被害を生ずるおそれがあるものとして政令で定めるものを「特定有害物質」としていること（同法2条1項)、これを受けて、土壌汚染対策法施行令１条21号は、「ふっ素及びその化合物」を、土壌汚染対策法２条１項の政令で定める物質としていること、控訴人は、本件都条例117条２項に基づき、東京都知事に対し、本件土地の土壌の汚染状況を調査し、その結果を報告するため、帝人エコ・サイエンス株式会社との間で、平成17年９月27日付けで新田１丁目、日暮里・舎人線関連用地土壌汚染調査委託契約（甲４の１）を締結し、同年10月４日付け「新田１丁目、日暮里・舎人線関連用地の土壌汚染調査報告書」(甲４の４）を提出したこと、上記報告書によれば、試料を採取した40地点のすべての地点で溶出量基準値を超え（最高で基準値の1200倍)、39地点で含有量基準値を超え（最高で基準値の23倍)、ふっ素による地下水汚染が確認されたため、敷地境界を囲む少なくとも四方位４箇所に最初の帯水層（恒常的に地下水が存在する宙水層又は第一帯水層）の底部までを設置深度とする観測井を設け、速やかに地下水の水質測定（モニタリング）を開始し、その結果を東京都に定期的に報告する必要があり、また、ふっ素等の特定有害物質による汚染土壌が存在するため、汚染の除去等の拡散防止措置を実施する必要があることなどが明らかになったこと、このように、本件土地について土壌汚染調査が行われた結果、本件土地がふっ素によって人の生命、身体、健康を損なう危険がないと認められる限度を超えて汚染されていることが判明したこと、以上の事実を認めることができる。

上記認定事実によれば、本件売買契約当時、その目的物である本件土地の土壌中にふっ素が含まれていたが、当時の取引観念上は有害であると認識されていなかったところ、本件売買契約後の平成13年３月28日にふっ素が有害であると社会的に認識されたために、当該物質を土壌汚染するものをしてこれを規制する法規が制定されるに至ったものということができるのであり、平成17年11月2月ころ、本件売買契約の目的物である本件土地の土壌中にふっ素が人の生命、身体、健康を損なう危険がないと認められる限度を超えて含まれていたことが判明したものということができる。

以上のとおり、本件売買契約の目的物である本件土地の土壌中に上記のとおりふっ素が含まれていたことは、民法570条にいう隠れた瑕疵に当たるというべきである。したがって、控訴人は、被控訴人に対し、本件都条例に基づき、汚染の除去等の拡散防止措置を実施するために負担した必要な費用の相当額の損害賠償請求をすることができる。」

〈実務上の留意点〉

この事案は、前記のとおり、土地開発公社が、平成3年3月、会社から土地を購入したこと、土地には当時法令の規制の対象になっていなかったふっ素が含まれていたこと、その後、平成13年3月、環境基本法に基づき定められた環境庁告示によってふっ素についての環境基準が新たに告示されたこと、平成15年2月には土壌汚染対策法、同法施行令の施行によりふっ素が特定有害物質に指定されたこと、買主が売主の損害賠償責任を追及したこと、法的な根拠として瑕疵担保責任が主張されたことというものであり、第一審判決である【判例43】東京地判平成19.7.25金融・商事判例1305.50が土壌汚染対策法の適用を否定する等し、土地の瑕疵を否定したものである。

この判決は、居住その他の土地の通常の利用をすることを目的として締結される売買契約の目的物である土地の土壌に人の生命、身体、健康を損なう危険のある有害物質が上記の危険がないと認められる限度を超えて含まれていないことは、売買契約の目的に照らし、売買契約の目的物である土地が通常備えるべき品質、性能に当たること、売買契約の目的物である土地の土壌に実際には有害物質が含まれていたが、売買契約締結当時は取引上相当な注意を払っても発見することができず、その後売買契約の目的物である土地の土壌に売買契約締結当時から有害物質が人の生命、身体、健康を損なう危険がないと認められる限度を超えて含まれていたことが判明した場合には、目的物である土地における有害物質の存在は民法570条にいう隠れた瑕疵に当たること、この事案では、売買契約当時、土地の土壌中にふっ素が含まれていたが、当時の取引観念上は有害であると認識されていなかったところ、本件売買契約後の平成13年３月28日にふっ素が有害であると社会的に認識されたために、物質を土壌汚染するものとしてこれを規制する法規が制定されるに至ったものであり、平成17年11月２月ころ、土地の土壌中にふっ素が人の生命、身体、健康を損なう危険がないと認められる限度を超えて含まれていたことが判明したから、土地に瑕疵があるとしたこと等を判示している。この判決は、読んでもよく分からない論理を展開しているものであり、土壌汚染対策法の制定、施行されていない時期に土地中に化学物質が含まれ、取引上問題になっていなかったとしても、取引の約10年を経過した後、同法が施行され、規制された場合には、土地の瑕疵に当たると理解することになるものであるが、この判決の論理を前提とすると、取引が実行された後であっても、何年を経ても、法律を遡及して適用することができるとするものであり、極めて疑問の多い判断である。この判決と第一審判決のそれぞれの内容を読み比べてみると、この判決は、長文を費やし、一見詳細な分析を加えているもののようであるが、取引上の通念、社会常識から著しく逸脱したものということができる。

なお、この判決は、後記の上告審判決である【判例49】最三判平成22.6.1民集64.4.953、判時2083.77によって、その判断があっさり否定され、判決が破棄されている。

東京地判　平成20.11.19　判タ1296.217　【判例48】

〈事案の概要〉

Y_1株式会社は、人工甘味料の原料の製造工場を経営していたところ、平成14年３月、工場の稼働を停止し、本件土地を売却するためにA株式会社らに依頼して本件土地の土壌汚染調査を実施し、環境基準値を超えるヒ素が検出されたことから、Y_2株式会社、Y_3株式会社らに依頼して本件土地の浄化工事を実施した後、平成16年８月、不動産業を営むX株式会社が本件土地に住宅を建築し、住宅の分譲事業を営むことを目的として、Y_1がXに本件土地を本件土地の引渡し後６か月を経過したときは隠れた瑕疵につき請求をすることができない旨の特約で売却し、Xは、平成16年８月、共同住宅の建築、分譲を目的としてB株式会社に本件土地を売却し、Bが

Ｃ株式会社に依頼して本件土地の地質分析を実施したところ、環境基準値の最大610倍のヒ素が検出されたことから、Ｘが平成17年７月Y_1に対して瑕疵担保責任追及の書面を送付し（Ｂは、Ｘに対して損害賠償を請求する訴訟を提起した）、Y_1に対して瑕疵担保責任、債務不履行責任、不法行為責任に基づき、Y_2らに対して不法行為に基づき、調査費用、浄化処理費用等の損害賠償を請求した。

本判決は、瑕疵担保責任の免責特約は悪意の場合のみに否定されるとした上、本件ではY_1には悪意は認められないとし、瑕疵担保責任を否定し、債務不履行については、信義則上土壌中のヒ素につき環境基準値を下回るよう浄化して引き渡す義務を認め、本件ではこの義務違反が認められるとし、地表から１メートルの土壌汚染との間で相当因果関係のある損害を認め、Y_2らの不法行為については、Y_2らがＸとの関係で何らかの義務を負うものではないとし、Y_1に対する請求を認容し、Y_2らに対する請求を棄却した。

〈判旨〉

「２　争点１（被告江南化工の責任）について

（１）　争点１（１）（被告江南化工の瑕疵担保責任の有無）

ア　本件売買契約後である平成17年の８月から10月ころにかけて行われたJFE、内藤環境、国際技術及び四門の各社による調査の結果、本件土地の地表から地下１ｍまでの土壌からも環境基準値を大幅に上回る高濃度のヒ素が検出されたとの報告がされたことは前記１認定のとおりである。これに、本件売買契約締結時から上記各種土壌調査までの間に本件土地に新たにヒ素が投棄されたとか混入されたことを認めるに足りる証拠はないこと等を併せ考慮すると、前記土壌調査によって判明した環境基準値を上回るヒ素は、本件売買契約締結当時から本件土地の土壌中に存在したものと推定される。

なお、被告江南化工は、本件土地で有害物質を扱う工場の操業停止後、本件土地の土壌調査を実施したところ、ヒ素等が検出されたことから、本件土地の汚染浄化工事を被告長谷工に依頼し、その孫請業者である被告田中環境開発によって本件浄化工事が実施され、浄化効果の確認の結果、本件土地のヒ素が環境基準値以下となっている旨の報告がされたこと、被告江南化工は被告都築鋼産を用いて本件土地の一部につき本件土壌入替え工事を行ったことは前記１認定のとおりである。しかし、これらの事実は、本件売買契約当時、本件土地の地表から地下１ｍまでの部分に環境基準値を超えるヒ素が含まれていたとの事実と矛盾するものではなく、本件売買契約当時に本件土地の地表から地下１ｍまでの部分に環境基準値を大幅に上回るヒ素が含まれていたとの前記推定を左右するものではない。

そうすると、本件売買契約は本件土地を原告において戸建て住宅分譲事業を行うことを目的とするものであるから、本件瑕疵担保責任制限特約の対象となる本件土地の地表から地下１ｍまでの部分に環境基準値を大幅に超える高濃度のヒ素が含まれることは、宅地として通常有すべき性状を備えたものということはできず、本件土地の瑕疵に当たる。そして、原告は、本件売買契約の際に、被告江南化工から、本件土地につき本件浄化工事を行い、浄化効果の確認の結果、環境基準値を下回ったとの報告を受けたことは前記１認定のとおりであって、本件土壌に環境基準値を大幅に超える高濃度のヒ素が含まれていることを知らなかったのであるから、上記瑕疵は「隠れた」瑕疵に当たる。

イ　原告は、本件売買契約の本件瑕疵担保責任期間制限条項について、本件土地に瑕疵のあることにつき被告江南化工に悪意又は重過失がある場合には無効であるとし、被告江南化工は本件土地に環境基準値を大幅に超えるヒ素が含まれていることにつき悪意又は少なくとも重過失があったから無効であって、瑕疵担保責任を負うと主張する。

しかしながら、本件瑕疵担保責任期間制限条項は有効であって、本件土地の引渡しから６か月が経過しているから、被告江南化工が瑕疵担保責任を負うことはないと解される。その理由は、次のとおりである。

（ア）　民法572条は、売主は、567条から前条までの規定による担保の責任を負わない旨の特約をしたときであっても、知りながら告げなかった事実……については、その責任を免れることはできない旨規定している。この規定は、売主が知りながら告げない事実については、公平の見地から瑕疵担保責任の免責特約の効力を否定する趣旨のものである。このような同条の文言及び趣旨に照らせば、本件瑕疵担保責任制限条項は、本件土地に環境基準値を超えるヒ素が残留していたことにつき被告江南化工が悪意の場合に無効となるが、本件土地の土壌に環境基準値を超えるヒ素が残留していたことを知らない場合には、知らなかったことにつき重過失があるとしても、その効力が否定されることはないと解するのが相当である。

（イ）　しかるところ、被告江南化工は本件土地の地表から地下１ｍまでの部分につき環境基準値を超えるヒ素が含まれていないとの前提で、原告と本件売買契約をしたこと、被告江南化工は、本件売買契約に先立ち、土壌汚染を調査した上で、専門業者である被告長谷工らに本件土地の浄化工事を依頼し、その工事完了後の調査の結果として、ヒ素が環境基準値を下回るとの報告を受けていたことは前示のとおりである。これらの事情に照らせば、本件土地の地下１ｍ及びその周辺に環境基準値を超えるヒ素が残留していたことを被告江南化工が知っていたことを認めるに足りる証拠はない（もっとも、調査結果の中には深さ６ｍのところに高濃度のヒ素の汚染があるとの資料が含まれており、被告江南化工はこの事実を知っていた可能性があるが、被告江南化工は本件瑕疵担保責任制限特約において地表から１ｍまでの範囲での土壌汚染について責任を負うことを約束したにとどまるから、深さ６ｍのところに上記汚染があるとの認識があることをもって、悪意であったということはできない。）。なお、念のため付言すると、前記１認定の事実関係の下において、本件土地の地表から地下１ｍまでの部分に環境基準値を超えるヒ素が残留していることを被告江南化工が知らなかったことにつき重過失があるということもできない。

（ウ）　したがって、本件瑕疵担保責任期間制限条項は有効である。そうすると、本件土地の引渡し時である平成16年８月31日から責任制限期間６か月が経過しているから、被告江南化工は瑕疵担保責任を負わない。

（２）　争点１（２）（被告江南化工の汚染浄化義務違反の有無）について

ア　本件売買契約の売主である被告江南化工は、本件土地に環境基準値を上回るヒ素が含まれている土地であることを事前に知っていたのであるから、信義則上、本件売買契約に付随する義務として、本件土地の土壌中のヒ素につき環境基準値を下回るように浄化して原告に引き渡す義務を負うというべきである。ただし、被告江南化工は原告との間で本件瑕疵担保責任制限特約により、地表から地下１ｍまでの部分に限り瑕疵担保責任を負担する旨の合意をしていることに照らせば、上記汚染浄化義務は本件土地の地表から地下１ｍまでの部分に限定されると解するのが相当である。

しかるに、被告江南化工は、本件売買契約の時点で本件土地の地表から地下１ｍまでの部分に環境基準値を大幅に超える高濃度のヒ素が残留しているのに、そのままの状態で本件土地を原告に引き渡したことは前示のとおりであるから、被告江南化工は上記汚染浄化義務に違反したというべきである。

イ　被告江南化工は、本件瑕疵担保責任期間制限条項により原告に対し汚染浄化義務を負わないと主張する。しかし、瑕疵担保責任と債務不履行責任とは制度趣旨・要件を異にする別個の制度であるから、被告江南化工が瑕疵担保責任を負わないことをもって債務不履行責任が免責されるものではない。

また、被告江南化工は、本件売買契約に先立ち、専門業者である被告長谷工に依頼して本件浄化工事を完了し、被告田中環境開発の調査結果により土壌のヒ素が環境基準値を下回る旨の調査報告を受けたとし、これをもって汚染浄化義務を尽くしたと主張する。しかし、本件売買契約当時本件土地に上記汚染があったことは前示のとおりであるから、この事実に照らせば、原告主張の上記事実のみをもって被告江南化工が上記汚染浄化義務を尽くしたということはできない。

（3）　争点１（3）（被告江南化工の説明義務違反の有無）について

原告は、本件売買契約の売主である被告江南化工が、信義則上、本件売買契約に付随する義務として、本件土地の土壌汚染を説明する義務を負うのに、これを説明しなかったのは上記説明義務に違反するもので債務不履行に当たると主張する。

しかし、本件土地の地表から地下１ｍまでの部分に環境基準値を超えるヒ素が残留していたことを被告江南化工が知っていたことを認めるに足りる証拠はない。むしろ、被告江南化工は、専門業者である被告長谷工に依頼して本件浄化工事を実施し、被告田中環境開発からヒ素が環境基準値を下回るという調査結果の報告を受けたことは前示のとおりであり、これらの事実からみて、被告江南化工は本件土地の土壌が浄化されたものと信頼していたと推認されるのであって、このような被告江南化工が、信義則上、環境基準値を超えるヒ素が残留していることを説明する義務を負うということはできない。したがって、原告の上記主張は採用することができない。

（4）　争点１（4）（被告江南化工の不法行為の成否）について

本件土地の売主である被告江南化工は本件売買契約に付随する汚染浄化義務に違反しており、債務不履行責任を負うことは前示のとおりであるから、被告江南化工の上記行為につき不法行為が成立すると解するのは相当でない。また、原告は、被告江南化工が本件土地でヒ素を使用して土壌を汚染させたとも主張するが、上記主張事実を認めるに足りる証拠はない。したがって、被告江南化工の行為につき不法行為は成立しない。

・・・・

3　争点2（1）（被告KAIの不法行為の成否）について

（1）　原告は、被告KAIが本件土地に対して行った土壌汚染状況調査は不適切であったとし、これが原告に対する不法行為に当たると主張する。しかし、被告KAIが本件土地に対して行った土壌汚染状況調査が不適切であったことを認めるに足りる証拠はない。この点においても、被告KAIは、被告江南化工との間で本件土地の調査及び報告を行う契約を締結したのであるから、同契約に基づく被告江南化工に対し適切な調査をすべき義務を負うけれども、第三者である原告（後に被告江南化工から本件土地を買い受けることになった者）との関係においてまで、被告江南化工に対する義務と同様の義務を負うということはできない。

また、原告は、被告KAIが板橋区役所に対して故意に虚偽の届出をしたとし、これが原告に対する不法行為に当たると主張する。しかし、被告KAIが板橋区役所に対して故意に虚偽の届出をしたことを認めるに足りる証拠はない。この点をおき、仮に原告が板橋区役所に対し届出をした内容に虚偽が含まれているとしても、その一事をもって直ちに第三者である原告との関係においても義務を負うといえないし、何らかの義務違反があるということもできない。

（2）　原告は、被告KAIが第三者である原告に対しても上記義務を負うとする根拠として、先行調査結果に環境基準値の140倍のヒ素の検出が記載されていたのであるから、被告KAIは慎重かつ適切な土壌調査を行い、行政に対しその結果を正確に報告すべきであり、これを怠れば、本件土地の汚染処理が効果的にされず、ひいては本件土地の購入者その他の第三者に損害を及ぼすべきことを十分に予見できたこと等を挙げる。もとより、被告KAIは契約当事者である被告江南化工に対し、適切な土壌調査を行い、その結果を正確に報告する義務を負っているが、原告の指摘する被告KAI

の調査・報告行為は、第三者の生命、身体又は財産に積極的に危害を加えるものではないから、このような被告KAIの行為をもって、第三者に対しても被告江南化工に対する義務と同様の義務を負うということはできない（なお、被告KAIが三菱化学が行った土壌汚染で環境基準値の140倍を超えるヒ素が検出されていたことを知っていたことを認めるに足りる証拠はないし、仮に被告KAIが上記事情を知っていたとしても、それによって被告KAIの行うべき調査の内容が変わるとも考え難い。したがって、この点からみても、原告の上記主張は失当であるといわざるを得ない。)。

（3）　したがって、被告KAIにつき原告に対する不法行為は成立しない。」

〈実務上の留意点〉

この事案は、会社が経営していた工場の稼動を停止し、敷地を売却しようとしたこと、会社が専門業者に依頼し、土壌汚染調査を実施し、環境基準値を超えるヒ素が検出されたこと、会社が専門業者に依頼し、土地の浄化工事を実施したこと、会社が不動産業者に土地を売却したこと、土地の引渡し後6か月を経過したときは隠れた瑕疵につき請求をすることができない旨の特約があったこと、買主は土地に住宅を建築し、住宅の分譲事業を営むことを目的としていたこと、買主が共同住宅の建築、分譲を目的として不動産業者に転売したこと、転売の買主が専門業者に依頼し、土地の地質分析を実施したところ、環境基準値の最大610倍のヒ素が検出されたこと、転売に係る買主が売主に対して損害賠償を請求する訴訟を提起したこと、元の売買に係る買主（転売の売主）が売主に対して損害賠償責任を追及するとともに、土壌汚染調査、浄化工事を実施した業者らに対しても損害賠償責任を追及したこと（本件訴訟である）、売主に対する請求の法的な根拠として、瑕疵担保責任、説明義務違反の債務不履行責任、不法行為責任が主張されたことというものである。

この判決は、地表から地下１ｍの間に高濃度のヒ素が売買契約当初から存在したと推定することができること、売買契約が戸建て分譲住宅事業を行うことを目的とするものであるから、環境基準を超える高濃度のヒ素が存在したことは宅地として通常有すべき性状を備えたものということはできないこと、買主が浄化工事により浄化されたとの報告を受けたことから、瑕疵が隠れたものであること、瑕疵担保責任期間制限条項（特約）は、悪意の場合には効力が否定されるものの、重過失の場合には効力が否定されないこと、この事案では売主に悪意がなかったものであり、前記特約により売主は瑕疵担保責任を負わないこと、売主が土地に環境基準値を上回るヒ素が含まれている土地であることを事前に知っていたから、信義則上、売買契約に付随するものとして、環境基準値を下回るよう浄化して引き渡す義務を負うこと（前記特約の内容に照らし、地表から地下１ｍまでの部分に限定されるとした）、この事案では売主は汚染浄化義務に違反すること（売主の債務不履行責任を肯定した）、前記特約は瑕疵担保責任に関するものであり、債務不履行責任を免責するものではないこと、売主が土地の調査、浄化を行い、これを信頼していたことから、説明義務を負わないこと（売主の説明義務違反を否定した）、売主の不法行為を否定したこと、損害として土壌調査費用と浄化処理費用の一部を認めたこと（調査の準備工事費用、訴訟追行費用、弁護士費用、社会的信用の低下による損害等の主張は排斥した）、土壌調査の専門業者の不法行為は、第三者である買主に対する義務を負うものではないとして否定したこと、土壌汚染対策措置の施工業者の不法行為は、第三者である買主に対する義務を負うものではないとして否定したことを判示している。

この事案は、売買契約の締結前に、土壌汚染調査、汚染浄化工事が行われたものであり、売買契約当時における汚染の状況等が問題になっていたものであるところ、この判決は、地表から地下１ｍの間に高濃度のヒ素が売買契約当初から存在したことを推定した（この推定が訴訟の勝敗を分けたということができる）上、土地の隠れた瑕疵を肯定したものの、瑕疵担保責任制限特約の効力を認め、この特約を適用し、売主の瑕疵担保責任を否定したものであり、事例として参考になる。

また、この判決は、売主が、信義則上、売買契約に付随するものとして、環境基準値を下回るよう、地表から地下１ｍまでの部分を浄化して引き渡す義務を負うとした上、この浄化義務違反による債務不履行責任を認め、前記瑕疵担保責任制限特約の適用を否定し、土壌調査費用と浄化処理費用の一部につき損害賠償を認めたものであり、事例を提供するものであるが、前記内容の浄化義務が認められる根拠が明確でないこと、瑕疵担保責任制限特約の合理的な解釈によっては瑕疵担保責任と同様な内容である債務不履行責任にも適用し得ることに照らすと、疑問が残るものである。

さらに、この判決は、売主、調査業者、汚染浄化工事の施工業者の各不法行為を否定したものであり、それぞれの事例として参考になるものである。

なお、この判決は、瑕疵担保責任に関する特約の重要性を理解し、その効力を肯定しているものであり、この意味で重要な判断を示しているとともに、特約の重要性を改めて示しているものである。

最三判　平成22.6.1　民集64.4.953　判時2083.77　【判例49】

〈事案の概要〉

前記の【判例47】東京高判平成20.9.25金融・商事判例1305.36の上告審判決であり、Yが上告受理を申し立てた。

本判決は、売買契約締結後に法令に基づく規制が加えられたふっ素が基準値を超えて含まれていたことが瑕疵に当たらないとし、瑕疵担保責任を否定し、原判決を破棄し、控訴を棄却した。

〈判旨〉

「売買契約の当事者間において目的物がどのような品質・性能を有することが予定されていたかについては、売買契約締結当時の取引観念をしんしゃくして判断すべきところ、前記事実関係によれば、本件売買契約締結当時、取引観念上、ふっ素が土壌に含まれることに起因して人の健康に係る被害を生ずるおそれがあるとは認識されておらず、被上告人の担当者もそのような認識を有していなかったのであり、ふっ素が、それが土壌に含まれることに起因して人の健康に係る被害を生ずるおそれがあるなどの有害物質として、法令に基づく規制の対象となったのは、本件売買契約締結後であったというのである。そして、本件売買契約の当事者間において、本件土地が備えるべき属性として、その土壌に、ふっ素が含まれていないことや、本件売買契約締結当時に有害性が認識されていたか否かにかかわらず、人の健康に係る被害を生ずるおそれのある一切の物質が含まれていないことが、特に予定されていたとみるべき事情もうかがわれない。そうすると、本件売買契結当時の取引観念上、それが土壌に含まれることに起因して人の健康に係る被害を生ずるおそれがあるとは認識されていなかったふっ素について、「本件売買契約の当事者間において、それが人の健康を損なう限度を超えて本件土地の土壌に含まれていないことが予定されていたものとみることはできず、本件土地の土壌に溶出量基準値及び含有量基準値のいずれをも超えるふっ素が含まれていたとしても、そのことは、民法570条にいう瑕疵には当たらないというべきである。」

〈実務上の留意点〉

この事案は、前記のとおり、土地開発公社が、平成３年３月、会社から土地を購入したこと、土地には当時法令の規制の対象になっていなかったふっ素が含まれていたこと、その後、平成13年３月、環境基本法に基づき定められた環境庁告示によってふっ素についての環境基準が新たに告示されたこと、平成15年２月には土壌汚染対策法、同法施行令の施行によりふっ素が特定有害物質に指定されたこと、買主が売主の損害賠償責任を追及したこと、法的な根拠として瑕疵担保責任が主張されたことというものであり、第一審判決である【判例43】東京地判平成19.7.25金融・商事判例1305.50が土壌汚染対策法の適用を否定する等し、土地の瑕疵を否定したのに対し、控訴審判決である【判例47】東京高判平成20.9.25金融・商事判例1305.36が土壌汚染対策法の適用を肯定する等し、土地の瑕疵を肯定したものである。

この判決は、売買契約の当事者間において目的物がどのような品質・性能を有することが予定されていたかは、売買契約締結当時の取引観念を斟酌して判断すべきであること、この事案では、売買契約締結当時、取引観念上、ふっ素が土壌に含まれることに起因して人の健康に係る被害を生ずるおそれがあるとは認識されておらず、買主の担当者もそのような認識を有していなかったこと、ふっ素が土壌に含まれることに起因して人の健康に係る被害を生ずるおそれがあるなどの有害物質として、法令に基づく規制の対象となったのは、売買契約締結後であったこと、売買契約の当事者間において、土地が備えるべき属性として、その土壌に、ふっ素が含まれていないことや、売買契約締結当時に有害性が認識されていたか否かにかかわらず、人の健康に係る被害を生ずるおそれのある一切の物質が含まれていないことが、特に予定されていたとみるべき事情もうかがわれないこと、売買契結当時の取引観念上、それが土壌に含まれることに起因して人の健康に係る被害を生ずるおそれがあるとは認識されていなかったふっ素について、本件売買契約の当事者間において、それが人の健康を損なう限度を超えて本件土地の土壌に含まれていないことが予定されていたものとみることはできないこと、土地の土壌に溶出量基準値及び含有量基準値のいずれをも超えるふっ素が含まれていたとしても、そのことは、民法570条にいう瑕疵には当たらないことを判示している。

この判決は、第一審判決、控訴審判決と比較して読めば、その意義は明らかである。

この判決は、売買契約における瑕疵担保責任の判断に当たって、瑕疵の基準時は、特段の合意等がない限り、売買契約当時の取引観念であるとし、売買契約後に法令によって人の健康に係る被害を生ずるおそれがあるなどの有害物質とされたとしても、瑕疵に当たるとはいえないとしたものであり、先例として重要な意義をもつものである。本書において紹介している判例の中も、この判決に反する判断が目立つ状況であるが、この状況に照らしても、この判決の判断が重要であることは多言を要しない。なお、この判決が否定した控訴審判決のような不合理な判断基準時、判断基準を採用する判例は、瑕疵担保責任に限らないものであり、例えば、各種の不法行為責任、債務不履行責任等においても見られるものであり、そのような判例は速やかに是正されるべきである。

東京地判　平成23.1.20　判時2111.48　【判例50】

〈事案の概要〉

Ｙ株式会社は、土地を所有し、本件土地上の所有建物をＡ会社に賃貸し、Ａが製罐業を営んでいたところ、本件土地の土壌調査をＢ株式会社に依頼し、環境基準値以上に有害物質が含まれていることが確認されなかったことから、本件建物を取り壊し、平成18年11月、更地にした本件土地を、代金８億276万円、平成19年８月31日までに土壌調査の作業を完了させる旨、同日までに残代金の授受と引換えに所有権を移転し、本件土地を引き渡す旨、本件土地の引渡し後でも、廃材等の地中障害や土壌汚染等が発見され、買主が本件土地上で行う事業に基づく建築請負契約等の範囲を超える損害

(30万円以上）及びそれに伴う工事期間の延長等による損害（30万円以上）が生じた場合には売主の責任と負担において速やかに対処する旨、本件土地の引渡し後でも、隠れた瑕疵が発見された場合は、民法の規定に基づき、売主の負担において速やかに対処する旨の特約でＸ株式会社に売却したが、Ｙが平成19年８月に再度Ｂに土壌調査を依頼したところ、環境基準値以上に有害物質が含まれていることが確認されなかったものの、Ｘがその後、平成20年５月にＣ株式会社に土壌調査を依頼したところ、土壌汚染対策法の指定基準値を超える六価クロム、鉛が検出されたため、ＸがＹに対して瑕疵担保責任に基づき損害賠償を請求した。

本判決は、本件特約は軽微な損害につき売主を免責することに意義があり、本件売買においては買主が土壌汚染調査を行うことが予定されていなかったから、本件特約により商法526条の適用が排除されていたとした上、従前の本件土地の使用状況、調査結果により六価クロム、鉛が本件土地の引渡しの時点で存在していたものと認め、土壌汚染対策法の指定基準値を超える六価クロム、鉛が本件土地に含まれており、これに起因して人の健康に係る被害が生じるおそれがあり、土壌調査によっても発見されなかったから、通常人が買主になった場合に普通の注意を用いても発見できない瑕疵であるとし、瑕疵担保責任を肯定し、土壌汚染対策工事費用の損害を認め（1470万円。転売のための土壌調査費用は損害に当たらないとした)、請求を認容した。

〈判旨〉

「1　争点①（本件特約一は商法526条の適用を排除する合意であるといえるか）について

（1）　商法526条１項２項は、商人間の売買における特則として、買主に目的物受領後の検査通知義務を課し、これを怠った場合には瑕疵等を理由として民法規定の瑕疵担保責任の追及をすることができない旨を定めたものであるが、個別の合意によって検査通知義務を排除することができると解される。

（2）　そこで、本件特約一が商法526条１項２項の適用を排除するとの合意を含むかどうかが問題となる。

ア　被告は、本件特約一は原告自身がマンション建設にとりかかることを前提にして被告の責任を限定したものであるから、原告が本件土地上にマンションを建設することなく本件土地を転売した本件においては、そもそも本件特約一の適用がないと主張する。

そこで、検討するに、本件特約一は、①本件土地引渡後に廃材等の地中障害や土壌汚染が発見され、かつ、②原告が本件土地上において行う事業に基づく建築請負契約等の範囲を超える損害（30万円以上）が生じた場合には、被告の責任と負担において速やかに対処する旨を規定しており、②は原告が本件土地上に建物を建築することを前提とした規定ぶりになっているが、これは、①において、本件土地引渡後に発見された地中障害や土壌汚染について売主である被告に対し責任を追及できることを規定しつつ、②において、原告が本件土地上において行う事業に基づいて被った損害が30万円以下である場合にはその責任を免じる旨を規定して、原告が本件土地上にマンションを建設した際に、土壌汚染等によって30万円以下の損害を被ったにすぎない場合には被告の責任を免責するという点で、被告の責任を限定したものであると解される。しかし、それ以上に、本件特約一の適用範囲を原告自身がマンション建設に取りかかった場合に限定する趣旨のものと解することはできない。すなわち、本件特約二において、「本件物件引渡後といえども」、被告が瑕疵担保責任を負うことを明らかにしており、それ以上に被告の責任の発生根拠を重ねて規定する必要はなかったのであり、この点から考えると、土壌汚染等について被告の責任を規定するだけではなく、むしろ軽微な損害について被告を免責する点に、本件特約一の意義を見出すべきである。

よって、この点についての被告の主張には理由がない。

イ　そこで、本件に本件特約一の適用があることを前提にその意義を検討するに、本件特約一の文言上、本件土地の引渡後も土壌汚染が発見された場合には被告が責任を負うことを想定しており、他方、引渡し後の責任の存続期間については制限がない。

また、本件売買契約においては、売買代金のうち九割を乙山製作所の移転退去を確認した後に、売買代金のうち残り一割を本件土地の土壌調査完了後に支払うこととなっているところ（前提事実（2）、イ（ア）及び（イ）、カ）、これは、原告が本件売買契約締結に先立って行われた本件土壌調査一の結果を信頼してまず代金の九割を支払うこととした上で、本件土壌調査二において基準値（環境基準値も指定基準値も基本的には同一である。）以上に有害物質が確認されないことを条件として残額代金の支払をすることを定めたと解するのが相当である。他方、本件特約一は、原告が本件土地にマンションを建設することを前提として、その建設に先立ち、改めて原告による土壌調査が実施されることを想定し、その結果、基準値を上回る土壌汚染等が発見され、原告が損害を被った場合の被告の責任を規定したものであり、商法526条の検査通知義務を前提としないものと解される。

このように解することは、土壌汚染については法の規制があり、瑕疵（土壌汚染）をそのままにして別の買主に売却することは事実上不可能であること、土壌汚染の場合には、汚染物質が地表からの目視等によって発見できないことが多いこと、土壌汚染の調査には、費用と時間がかかり、引渡後六か月以内に検査すべきことを義務づけることは買主に苛酷であること、本件売買契約において売主である被告に土壌調査義務を課していること、買主である原告は商人であるとしても土壌汚染について専門知識を有しないことに照らすと合理的である。

以上によれば、本件売買契約において、被告による上記二回の土壌調査に引き続いて原告が本件土地受領後「遅滞なく」（商法526条１項）土壌調査を行うことは、そもそも原被告間において想定されておらず、同条の適用は本件特約一により排除されていたと解するのが相当である。

・・・・

三　争点③（本件汚染が隠れた瑕疵に該当するか）について

（１）　本件汚染が瑕疵に該当するかについて、まず検討する。

ア　売買目的物の「瑕疵」（民法570条）とは、取引において一般的に要求される水準として、その種類のものとして通常有すべき性質を欠いていること及びある品質・性能を有することが特別に予定されていた場合にはそのように特別に予定されていた品質・性能を欠いていることをいう。

そこで検討するに、まず、環境基本法一六条一項に基づいて、土壌の汚染に係る環境基準（平成三年八月二三日環境庁告示第四六号。六価クロム化合物並びに鉛及びその化合物に係る基準を含む。）が定められている。さらに、土壌汚染対策法（平成二〇年法律第五〇号による改正前のもの。以下同じ。）二条、同法施行令（平成一九年政令第三二三号による改正前のもの。以下同じ。）一条二号及び一九号においても、六価クロム化合物並びに鉛及びその化合物が特定有害物質と定められている上、同令三条一項ハにおいて、特定有害物質による汚染状態が環境省令で定める基準に適合しない場合で当該土地に人が立ち入ることが可能な場合には、同法四条所定の土地汚染状況調査の対象となる旨が定められている。そして、土壌汚染対策法施行規則六条三項に基づいて定められた平成一五年三月六日環境省告示第一八号及び同第一九号によれば、六価クロム化合物の指定基準値は、一リットルにつき〇・〇五mg（溶出量基準）又は一kgにつき二五〇mg（含有量基準）、鉛及びその化合物の指定基準値は一リットルにつき〇・〇一mg（溶出量基準）又は一kgにつき一五〇mg（含有量基準）と定められてきた（また土壌汚染対策法施行規則一八条一項二項並びに別表第二及び第三においても同様の基準が定められている。）。

そして、本件売買契約締結時において上記法令ないし指定基準が定められており、上記指定基準を超えた六価クロム及び鉛が本件土地に含まれていた以上、本件売買契約締結時に六価クロムまたは鉛が土壌中に含まれることに起因して人の健康に係る被害を生ずるおそれがあることは明らかであるから、土壌汚染対策法に従った調査を実施した結果判明したか否かにかかわらず、本件土地が、取引において一般的に要求される水準を基準とした場合にその種類のものとして通常有すべき性質を欠いていることは明らかである。

よって、本件汚染は瑕疵（民法570条）に該当する。

イ　なお、被告は、原告が本件土地上で長年製罐工場が操業していたことの事実を了知し、本件土地の土壌汚染リスクを十分に予測しながら、土壌汚染の調査として本件土壌調査一及び二の調査方法（千葉県残土条例に基づく二八項目の検査）のみの汚染調査で完了することを了解していたし、原被告間で本件土地の転売は前提とされていなかったため、本件汚染が存在しないことが本件売買契約において特に予定されていたとはいえないから本件汚染は瑕疵には当たらないと主張する。しかし、本件において、原告が土壌汚染対策法に基づく調査により基準値を超える汚染が発見された場合にも損害賠償を請求しないと約したと認めるに足りる証拠はないし、土壌汚染対策法に定められた基準値を超える汚染がある土地には土壌汚染対策工事を施す法律上の義務が発生し得ることからすれば、それにかかる費用相当額分につき値引交渉等することなく購入することは通常考え難い。そうすると、原告が後に調査して本件汚染が判明してもこれを瑕疵としないことが本件売買契約において特に合意されていたということはできず、この点に関する被告の主張には理由がない。

よって被告のこれらの主張は、上記判断を左右しない。

（２）　次に、本件汚染が隠れた瑕疵に該当するといえるかについて検討する。

本件汚染は、本件土壌調査一及び二によっても発見されなかったものである以上、通常人が買主になった場合に普通の注意を用いても発見できない瑕疵（隠れた瑕疵）に該当する。

なお、被告は、原告が本来行うべき土壌汚染対策法に基づく調査を行わないまま土壌調査は完了したとの認識で漫然と長期間放置したものであるから、原告に過失が認められ、隠れた瑕疵には該当しないと主張するが、買主に、土地購入前に土壌汚染対策法に基づく調査を行う義務があるとはいえないから、被告の上記主張には理由がない

よって、本件汚染が隠れた瑕疵に該当するとの原告の主張には理由がある。」

〈実務上の留意点〉

この事案は、会社が所有土地上の建物を賃貸していたこと、賃借人は建物で製罐業を営んでいたこと、会社が土地を売却しようとし、専門業者に土壌調査を依頼したこと、調査の結果、環境基準値以上に有害物質が含まれていることが確認されなかったこと、会社が建物を取り壊したこと、会社が更地にした土地を会社に売却したこと、売買契約には平成19年８月31日までに土壌調査の作業を完了させる旨、同日までに残代金の授受と引換えに所有権を移転し、土地を引き渡す旨、土地の引渡し後でも、廃材等の地中障害や土壌汚染等が発見され、買主が本件土地上で行う事業に基づく建築請負契約等の範囲を超える損害（30万円以上）及びそれに伴う工事期間の延長等による損害（30万円以上）が生じた場合には売主の責任と負担において速やかに対処する旨、土地の引渡し後でも、隠れた瑕疵が発見された場合は、民法の規定に基づき、売主の負担において速やかに対処する旨の特約が締結されたこと、売主である会社が再度土壌調査を依頼したところ、環境基準値以上に有害物質が含まれていることが確認されなかった

こと、買主である会社が土地の引渡し後に専門業者に土壌調査を依頼したところ、土壌汚染対策法の指定基準値を超える六価クロム、鉛が検出されたこと、買主はマンションの建築を計画していたこと、買主が売主に対して損害賠償責任を追及したこと、法的な根拠として瑕疵担保責任が主張されたことというものである。この事案は、製罐業に使用されていた建物を取り壊した後の土地について、売主が土壌調査を行い、環境基準値以上に有害物質が含まれていることが確認され、売却した後、買主が土壌調査を行い、指定基準値を超える六価クロム、鉛が検出されたことから、売主の瑕疵担保責任に基づき損害賠償責任が問題になり、特約の解釈、瑕疵担保責任の成否が争点になったものである。

この判決は、本件の特約は、土壌汚染等について売主の責任を規定するだけではなく、むしろ軽微な損害について売主を免責する点に意義があること、二度目の土壌調査において基準値以上に有害物質が確認されないことを条件として残額代金の支払をすることを定めたものであること、買主が土地にマンションを建設することに先立ち、改めて買主による土壌調査が実施されることを想定し、その結果、基準値を上回る土壌汚染等が発見され、買主が損害を被った場合の売主の責任を規定したものであること、特約は商法526条の適用を排除していたものであること、土地の汚染は、引渡し後に生じたと認めるに足りず、引渡しの時点で存在していたこと、売買目的物の瑕疵は、取引において一般的に要求される水準として、その種類のものとして通常有すべき性質を欠いていること及びある品質・性能を有することが特別に予定されていた場合にはそのように特別に予定されていた品質・性能を欠いていることであること、売買契約の締結時法令ないし指定基準が定められていたこと、土地に法令上の指定基準を超えた六価クロム及び鉛が含まれていたこと、売買契約の締結時に六価クロム又は鉛が土壌中に含まれることに起因して人の健康に係る被害を生ずるおそれがあること、土地が取引において一般的に要求される水準を基準とした場合にその種類のものとして通常有すべき性質を欠いていることは明らかであること、瑕疵の判断は売買に際して土壌汚染対策法に従った調査を実施した結果にかかわらないこと、この事案では買主が土壌汚染対策法に基づく調査により基準値を超える汚染が発見された場合にも損害賠償を請求しないと約したと認めるに足りる証拠はないこと、この事案では二度の土壌調査によっても汚染が発見されなかったものであるから、通常人が買主になった場合に普通の注意を用いても発見できない瑕疵（隠れた瑕疵）に該当すること、損害として土壌汚染対策工事費用の損害を認め（1470万円）、転売のための土壌調査費用は損害に当たらないことを判示している。

この判決は、売買契約の締結、実行前に売主が二度にわたり土壌調査を実施し、基準値を超える汚染がなかったものの、実行後、買主が土壌調査を行い、法令上の指定基準を超えた六価クロム及び鉛の存在が判明した事案について、特約が商法526条の適用を排除した趣旨、売買契約後改めて買主による土壌調査が実施されることを想定し、基準値を上回る土壌汚染等が発見され、買主が損害を被った場合の売主の責任を規定した趣旨であるとした上、六価クロム、鉛につき隠れた瑕疵を認め、売主の瑕疵担保責任を肯定したものであり、その旨の事例として参考になるものである。なお、この判決は、売買契約の締結前、実行前において売主によって土壌汚染対策法に従った土壌調査が実施され、基準値を超える汚染がないとの結果が得られたとしても、瑕疵が存在するとの判断を左右するものではないとした事例としても参考になろう。

東京地判　平成23.1.27　判時2110.83　判タ1365.124
【判例51】

〈事案の概要〉

都内のＡ特別区（大田区）のＸ土地開発公社は、Ｙ株式会社の所有する土地（土地に一部には鉱物油の貯蔵、保管を目的とするタンクが設置されていた）につきＢ株式会社に依頼し、都条例、土壌汚染防止指導要綱に基づく土壌調査を行い、総水銀及びフッ素が基準値を超過していること、揮発性の高い油臭があることが判明したものの、Ｙが要綱に依拠した調査を行ったところ、汚染は認められないとの報告書を提出し、汚染拡散防止計画書を提出したことから、工場アパート用地として代金15億9726万円余、売主が更地とし、整地をした後、買主が有害物質が基準値以下であるか否かにつき土壌汚染調査を行う旨、調査の結果、基準値を超えた有害物質の存在が判明したときは、これを除去し、基準値以内にある状態にして、このことを証する調査結果報告書に提出する旨の特約でＹから購入し（水銀、フッ素については汚染拡散防止対策が実施された)、ＹがＣ株式会社等に依頼して土壌環境調査等を行ったところ、土地の一部で油分、鉛等が検出されたことから、Ｄ株式会社等に依頼して油分等を除去する工事を施工する等した後、Ｘは、Ａ特別区に本件土地を売却し、Ａ特別区がＥ財団法人に本件土地からの土の搬入を依頼したものの、これが拒否されたこと等から、Ａ特別区はＸに対して瑕疵担保責任に基づき損害賠償を求めたため、ＸがＹに対して油分の処理費用相当額につき瑕疵担保責任に基づき損害賠償を請求した。

本判決は、本件売買契約においては特別区の指導基準をもって瑕疵の判断基準とする合意をしたものと認めるのが相当であるとした上、指導基準を超える油分が存在したことが瑕疵に当たるとしたものの、Ｘがこのことにつき知っていたか、少なくとも知るべきであったから、Ｘは瑕疵につき悪意・有過失であったとし、瑕疵担保責任を否定し、請求を棄却した。

〈判旨〉

「一　争点①（本件土地に瑕疵が存するか）について

民法570条にいう瑕疵とは、目的物に何らかの欠陥があることをいうところ、何が欠陥かは、契約当事者の合意、契約の趣旨に照らし、通常又は特別に予定されていた品質・性能を欠くか否かによって決せられる。そして、売買契約の当事者間においても目的物がどのような品質・性能を有することを予定していたかは、法令の定めを満たすことを前提とし、売買契約の取引通念上、当該目的物が通常備えるべき品質・性能が重要な基準となる（最高裁平成22年４月20日第三小法廷判決・判例タイムズ1326号106頁参照)。以下、この見地から検討する。

・・・・

エ　まとめ

以上によれば、本件油分が存在したとしても、そのままの状態である限り、法令には違反しない。しかし、本件土地から建設発生土が生じた場合、そこに油分が含まれていれば、それは産業廃棄物に該当する可能性があり、内陸部の土地（処分場）で埋立処分をする限り法令上の制限はないが、臨海部の土地（処分場）で埋立処分をする場合には法令上の制限があり、①検液１リットルにつき油分が15mg以下であること、及び②投入処分時に視認できる油膜が生じないことが法令上も必要となる。

・・・・

（5）　本件における瑕疵の判断基準について

ア　本件売買契約にいたる交渉経過において、建設発生土に係る処理方法等が協議された事実はなく、また、本件ガイドが推奨する処分場においても、海洋投入処分の場合には法令基準があるが、その他の処分場においては受入基準は統一されていないから、処分場の受入基準をもって客観的な取引観念を認定することも困難である。

そして、本件売買契約では、鉱物油について、「土壌（溶出溶液につき）」「油が視認されず、又は油の臭気が感じられないこと」を充たすべきことが定められており、これは本件土地の最終購入者と予定されていた大田区が定めた本件要綱における鉱物油に係る本件指導基準（甲一四の二）と同一の内容であるから、本件売買契約においては、本件指導基準をもって瑕疵の判断基準とする旨を合意していたものと認めるのが相当である（なお、本件指導基準と本件公社基準のいずれが厳格な基準であるのかは、直ちに明らかではない。）。

イ　この点、原告は、本件指導基準をもって瑕疵の有無を判断するのは相当ではないとするのであるが、大田区が定めた本件指導基準及び本件売買契約の明示の規定に反して瑕疵の有無を判断することは相当ではない。原告自身もその平成二〇年一二月二六日付け準備書面七頁においては、「契約書第六条一項所定の内容のみが瑕疵内容」であるとしていたのである。原告が、通常の処理方法を超えた特別な処理の必要な大量の油分が存在したことを瑕疵の判断基準とすべきであると主張するに至ったのは、原告の悪意又は有過失が認められないようにするための訴訟戦略に基づくものと推認され、何ら合理性を有しないものである。

ウ　被告は、本件売買契約六条一項、二項のみならず、本件売買契約七条も瑕疵の有無の判断基準となり、被告が本件売買契約七条一項の処理をした以上、本件土地には瑕疵がないと主張する（第二、二、（1）、イ、（イ））。

しかしながら、瑕疵の有無の判断には本件売買契約締結時においてされるべきものであって、本件売買契約七条は契約締結後における瑕疵担保責任の履行方法に関する規程にすぎないものとみるべきであるから、被告の上記主張は採用できない。

（6）　まとめ

本件土地に本件指導基準を上回る油分が本件売買契約締結時に存在したことは明らかであるので、本件土地には瑕疵があるというべきである。

二　争点②（原告は本件土地の瑕疵について悪意・有過失であったか）について

（1）　被告は、原告が本件土地の瑕疵について悪意・有過失であったと主張するので、この点について検討する。

前記認定事実によれば、①被告は、平成一四年一〇月二二日、本件報告書一及び本件添付資料を大田区に提出していたものであるが、本件添付資料のうち「3　土質柱状図」において、BM－1地点ないしBM－5地点の土壌の詳細を調査した結果、BM－3地点の深度二・七m地点において「揮発性の高い油臭あり。」との記載がある、②大田区と原告は、平成一五年三月一三日付けの本件覚書において、本件土地の取得を大田区に代わって原告に依頼すること、及び原告において「基礎杭の撤去工事に要する費用及び油による汚染土壌の浄化処理に要する費用の一部として、売買代金の一部を留保できるものとする。」旨合意した、③大田区は、本件土地の取得を依頼した原告に対し、同月二三日ころ発出された本件通知をもって、売買契約の条件等を通知し、その中で、「土壌汚染について環境保全課の指導により調査済、一部汚染が見られるので処理予定。ただし、油についてはタンク下部の土壌についてのみ調査のため、今後、調査及び処理を申し入れる予定。」と連絡した、④本件売買契約の契約書三条では、売買代金の一部である一億円の支払が油分を含む「有害物質が同表の基準以下であることを確認するまで」留保されたというのである。また、⑤その後、原告と大田区の間でされた用地取得契約の当事者は「大田区　大田区長職務代理者　大田区助役　丙川竹夫」と「原告理事長　丙川竹夫」であり、同一人物であったことが認められ、原告が大田区とは別の法人格であると主張するのは建前でしかなく、本件売買契約に係る情報は共有されていたものとみるのが相当である。

そうすると、原告は本件調査検出油分の存在を知っていたから、本件土地に本件指導基準を超える油分が存在することを知っており、少なくともそれを知るべきであるから、本件土地の瑕疵について悪意・有過失であったと認めるべきである。

（2）　これに対し、原告は、本件調査検出油分が存在したからといって、通常の処理方法を超える特別な処理を必要とする大量の油分が存在することを明確に示唆するものではないから、原告は本件土地の瑕疵について悪意だったということはできないと主張する。

しかしながら、瑕疵の有無は油分が大量に存在するが否かで決せられるのではなく、本件指導基準を超える油分が存在するか否かで判断されるべきであるから、本件油分が「大量」であることを知らず、また、知り得なかったとしても、瑕疵について悪意・有過失であることを否定することはできない。原告は、地理的な関係から本件土地からの建設発生土を東京港埠頭公社で処理することは必然であったと主張するが、そうであれば、海洋投入処分を前提とする本件公社基準すなわち昭和五一年告示基準の①検液一リットルにつき油分が一五mg以下であること、及び②投入処分時に視認できる油膜が生じないことを充たすことが必要となるが、原告及び大田区においては、本件土地の油分の含有量を調査したことすらない上、上記の②の基準を充たすためには、およそ油分が認められない程度であることを確認すべきであったのであり、「大量」でなければよいなどという判断は、臨海部の処分場を利用しようとする限り、法令上も許されない判断であったというほかなく、過失を否定する余地はない。」

〈実務上の留意点〉

この事案は、都内の特別区は、条例に処理基準が定められていない鉱物油による汚染防止を目的とし、土壌汚染防止指導要綱を定めていたこと、特別区の土地開発公社は特別区に代わって工場アパート用地として土地を購入することになったこと、土地の最終購入者として特別区が予定されていたこと、公社は会社の所有する、一部に鉱物油の貯蔵、保管を目的とするタンクが設置されていた土地を購入することを交渉したこと、公社が専門業者に依頼し、土壌調査を行ったところ、揮発性の高い油臭があることが判明したこと（基準値を超える水銀、フッ素の存在も判明したが、後日、汚染拡散防止対策が実施された）、会社が要綱に依拠した調査を行ったところ、汚染は認められないとの報告書を提出し、汚染拡散防止計画書を提出したこと、公社と会社は、売主が更地とし、整地をした後、買主が有害物質が基準値以下であるか否かにつき土壌汚染調査を行う旨、調査の結果、基準値を超えた有害物質の存在が判明したときは、これを除去し、基準値以内にある状態にして、このことを証する調査結果報告書に提出する旨の特約で売買契約を締結したこと、売主が専門業者に依頼し、土壌環境調査等を行ったところ、鉛、油分等の存在が判明したこと、売主が専門業者に依頼し、汚染除去工事を実施したこと、公社は特別区に土地を売却したこと、特別区が土地からの土の搬入を財団法人に依頼したところ、拒否されたこと、特別区が公社に対して瑕疵担保責任に基づき損害賠償を求めたこと、買主である公社が売主である会社に対して損害賠償責任を追及したこと、法的な根拠として瑕疵担保責任が主張されたことというものである。この事案は、特別区の土地開発公社と鉱物油を保管するタンクが設置されていた土地の所有者が双方とも土壌調査を実施し、売主が汚染が認められない旨の報告書等を提出したことから、売主が更地にした上で、買主が有害物質が基準値以下であるか否かにつき土壌汚染調査を行う旨、調査の結果、基準値を超えた有害物質の存在が判明したときは、これを除去し、基準値以内にある状態にして、このことを証する調査結果報告書に提出する旨の特約で売買契約を締結し、公社が特別区に売却したものの、油分等が存在し、土の処理ができなくなり、売主である会社の瑕疵担保責任が問題になったものであり、数回にわたり土壌調査が実施され、汚染除去工事等が施工されたにもかかわらず訴訟に発展したものである。

この判決は、民法570条の瑕疵は、売買の目的物に何らかの欠陥があることであり、何が欠陥かは、契約当事者の合意、契約の趣旨に照らし、通常又は特別に予定されていた品質・性能を欠くか否かによって決せられること、売買契約の当事者間において目的物がどのような品質・性能を有することを予定していたかは、法令の定めを満たすことを前提とし、売買契約の取引通念上、当該目的物が通常備えるべき品質・性能が重要な基準となること、この事案では売買契約で特別区の制定した土壌汚染防止指導要綱をもって瑕疵の判断基準とする旨を合意していたものと認めたこと、公社は指導基準をもって瑕疵の有無を判断するのは相当ではないと主張するが、公社の主張には変遷があり、通常の処理方法を超えた特別な処理の必要な大量の油分が存在したことを瑕疵の判断基準とすべきであると主張するに至ったのは、公社の悪意又は有過失が認められないようにするための訴訟戦略に基づくものと推認されること、土地に指導基準を上回る油分が売買契約締結時に存在したものであり、瑕疵があること、土壌調査の結果、指導基準を超える油分の存在が判明し、特別区に連絡される等していたところ、公社の理事長が特別区の幹部職員であった等の事情から、公社が土地に指導基準を超える油分が存在することを知っており、少なくともそれを知るべきであるから、瑕疵につき悪意・有過失であったこと、売主の瑕疵担保責任を否定したことを判示している。

この判決は、都内の特別区の土地開発公社を買主とする土地の売買契約において（特別区が最終的な買主として予定されていた）、瑕疵の判断基準として特別区の制定に係る土壌汚染防止指導要綱をもって瑕疵の判断基準とする旨を合意していたものと認めた上、この事案で油分の存在につき土地の瑕疵を認めたが、調査結果から特別区、公社が土地に指導基準を超える油分が存在することを知っており、少なくともそれを知るべきであるから、瑕疵につき悪意・有過失であったとし（隠れた瑕疵の「隠れた」ことの要件を否定したものである）、売主の瑕疵担保責任を否定した事例として参考になるものである。

また、この判決は、買主である公社の訴訟活動について、当初は指導基準をもって瑕疵の有無を判断するとの見解であったところ、後にこれと異なり、通常の処理方法を超えた特別な処理の必要な大量の油分が存在したことを瑕疵の判断基準とすべきであると主張するに至ったが、これが買主である公社の悪意又は有過失が認められないようにするための訴訟戦略に基づくものと推認されるとし、主張の変遷とその内容から訴訟活動の信用性に疑問を指摘しているところであり、訴訟活動の仕方に関する貴重な教材を提供している。

東京地判　平成23.7.11　判時2161.69　判タ1385.173
【判例52】

〈事案の概要〉

味噌、醤油の製造、販売を業とするＹ株式会社は、平成18年４月、ＹのＡ工場（青森工場、味噌工場）の敷地であった土地を、不動産業を営むＸ株式会社に代金41億円、売主は本物件が特定有害物質を使用しない食品工場であり、事業主由来の土壌汚染が存在しえないことを理由に土壌汚染の調査を行わず、土壌汚染の調査は買主の負担により行う旨の特約、土壌汚染の調査の結果、環境省の環境基準及び自治体に指導基準があるときはその基準を上回る土壌汚染があった場合には、買主は汚染の範囲及び費用を売主に明示し、売主は土壌改良若しくは除去の費用を買主に支払うものとし、買主は自ら土壌改良若しくは除去を行う旨の特約で売却し、同年７月、ＸがＢ株式会社に依頼して土壌汚染調査を行ったところ、調査地点10箇所のうち１箇所で環境基準を超える砒素が検出され、同年９月、ＸとＹは、Ｙの費用負担で改良又は除去を行うことを合意したが（覚書を取り交わした）、Ｙが支払を拒否したため、ＸがＹに対して汚染除去費用（２億4007万円余）の支払を請求した。

本判決は、特約について、不動産売買に関する当事者の専門性、売買契約の締結の経緯、環境基準の仕組み等を認定し、自然的原因による場合に環境基準を適用しないこととしている環境基準と同じ趣旨で環境基準を引用しているものと解するのが法令に照らして自然な解釈であり、土壌汚染が専ら自然的原因による場合は、売主が汚染処理費用を負担する原因として定められた環境省の環境基準を上回る土壌汚染があった場合に含まれないと解するのが、当事者の合理的な意思解釈であるとし、土壌汚染が専ら自然的原因による場合には前記要件に当たらないとした上、本件土地から検出された砒素は八甲田山系の温泉水等を原因として青森平野全体に堆積したものであり、専ら自然的原因によるものであるとし、特約による費用負担が適用されない等とし、請求を棄却した。

〈判旨〉

「三　争点に対する判断

（1）　売買契約一〇条の解釈について

上記認定事実を要約すれば、以下のとおりとなる。

①　本件土地の売買は、不動産売買を業とする原告が、味噌・醤油の醸造という食品工場を営む被告からその工場敷地を買い受けた契約であり、その契約は、専ら原告の事業の専門領域に属する法律行為である。

②　売買にあたり、被告は、食品工場という土地利用方法やこれまでの水質検査の結果から本件土地には土壌汚染がないと主張し、被告による土壌汚染調査も拒否した。これに対し、原告が自ら調査することを申し入れ

た結果、被告がこれに同意し、原告の調査結果に基づき、環境省の環境基準を上回る土壌汚染があった場合には、その処理費用を被告が負担する旨の売買契約一〇条の条項が合意された

③　環境基本法に基づいて環境省が定めた土壌汚染に係る環境基準においては、汚染がもっぱら自然的原因によることが明らかと認められる場所に係る土壌については、環境基準を適用しないこととしている。

以上の事実によれば、原告は、不動産売買を業としてその専門領域に属する土地売買契約をこれを専門としない食品製造業を営む被告との間で締結するにあたり、環境省の環境基準を上回る土壌汚染があった場合には、その処理費用を被告が負担する義務を負わせる契約条項を自ら申し入れて合意したが、土壌汚染に係る環境基準は、汚染がもっぱら自然的原因によることが明らかと認められる場所に係る土壌については適用しないことを告示で明記しているにもかかわらず、不動産売買専門業者でありながら原告は、環境省の環境基準を上回る土壌汚染があったときは、上記環境基準とは異なり汚染が専ら自然的原因による場合でも被告が汚染処理費用を負担することについては、土壌汚染処理費用が巨額に上る可能性もあるのに、何ら申入れもせず、条項に明記することもしなかったと認められるのである。

そうであるとすれば、上記契約条項は、自然的原因による場合に環境基準を適用しないこととしている環境基準と同じ趣旨で環境基準を引用しているものと解するのが法令に照らして自然な解釈である。そして、土壌汚染が専ら自然的原因による場合は、環境基準が適用されないのであるから、契約解釈にあたっても、この場合は、契約条項において被告が汚染処理費用を負担する原因として定められた「環境省の環境基準を上回る土壌汚染があった場合」に含まれないと解するのが、当事者の合理的な意思解釈である。これに反する原告の主張は、不動産売買の専門業者である原告の申入れによって定められた契約条項において、専門業者である原告が少しの注意をすれば明確に定められたのにこれを明記しないで売買代金を含むその他の契約条件を確定させた上で、被告の負担のみが巨額に上る可能性もある土壌汚染処理費用の負担条項に限り、後になって自己に有利な解釈を環境基準の定めに反して主張していると評価されるものである。これは、環境基本法及び環境基準という法令の趣旨に反するばかりでなく、土

地売買契約における当事者間の衡平にも反するものであって、契約解釈として到底採用できるものではない。砒素汚染が自然的原因による場合には、原告が本件土地を買い受けても所有者となる原告に土壌汚染対策法七条に定める汚染の除去等の措置を講ずべき義務が生ずる余地はないのであるから、この点からみても、上記のとおり明確な合意条項もないまま費用負担義務を被告に負わせることは合理的でない。

原告は、汚染が存在する場合には、汚染源に関係なく転売価格が下がることになると主張する。しかし、仮にそのようなことがあるとすれば、それは不動産売買を業とする原告が最も良く知っているはずであり、そうであれば、上記の環境基準の定めも考慮して誤解を招かないように、また、不動産売買の素人である土地の売主に予期しない大きな不利益を生じさせないように、むしろ原告自らが明確に合意をする努力をすべきであったといえるのであり、専門業者でありながら不明確な契約をした原告にとって有利な契約解釈をすべき事情となるものではない。

（2）　被告の費用負担義務について

前記認定事実によれば、本件土地において検出された環境基準を超える砒素のうち、宅地造成によって盛土した部分を除く自然地層から検出された砒素は、八甲田山系の温泉水等を原因として青森平野全体に堆積したもっぱら自然的原因によるものである。したがって、これは売買契約一〇条に基づき被告が土壌汚染処理費用を負担する原因となる「環境省の環境基準を超える土壌汚染があった場合」にあたらない。

更に、宅地造成した際に盛土した部分から搬出された砒素については、盛土に砒素が含まれていたとまでは認めるに足りない。仮に、盛土に砒素が含まれていたとしても、それは周辺地域である八甲田山系から青森平野に広く自然的原因により存していた砒素を含む土壌が盛土に使われたためと推認できる。そして、土壌汚染対策法の施行通知に示された環境省による同法の解釈適用においては、専ら自然的原因により高濃度の特定有害物質を含む土壌が、同様の土壌の存する周辺の地域において盛土により土地の造成に用いられた場合には、造成された土地は自然的原因により指定基準に適合しないものと解するものとされている。このような土壌汚染防止法の解釈運用を踏まえ、環境基準が前記のとおり汚染がもっぱら自然的原因によることが明らかと認められる場所に係る土壌については適用しないと定めていることを考慮すれば、仮に盛土に砒素が含まれていたとしても、それが専ら自然的原因により汚染されていた土壌の存していた本件土地の造成に用いても、その盛土行為による土壌汚染も自然的原因によるものであり、環境基準が適用されないと解される。そうすると、盛土による土壌汚染が仮にあるとしても、それも被告が土壌汚染処理費用を負担すべき「環境省の環境基準を超える土壌汚染」にあたらない。」

〈実務上の留意点〉

この事案は、会社が味噌工場の敷地を売却したこと、会社は周囲の土地を造成分譲したことがあること、会社が敷地を不動産業者に売却したこと、売買契約には、売主は物件が特定有害物質を使用しない食品工場であり、事業主由来の土壌汚染が存在しえないことを理由に土壌汚染の調査を行わず、土壌汚染の調査は買主の負担により行う旨の特約、土壌汚染の調査の結果、環境省の環境基準及び自治体に指導基準があるときはその基準を上回る土壌汚染があった場合には、買主は汚染の範囲及び費用を売主に明示し、売主は土壌改良若しくは除去の費用を買主に支払うものとし、買主は自ら土壌改良若しくは除去を行う旨の特約を締結したこと、買主が専門業者に依頼し、土壌汚染調査を行ったところ、調査地点10箇所のうち１箇所で環境基準を超える砒素が検出されたこと、売主と買主が売主の費用負担で改良又は除去を行うことを合意したこと、売主が費用負担を拒否したこと、買主が売買契約、覚書に基づき汚染除去費用の支払を請求したこと、砒素が自然的原因によるかが問題になったことというものである。この事案は、元工場の敷地の売買契約において、買主が土壌調査を実施したところ、砒素の存在が判明したため、売主の売買契約、覚書に基づく汚染除去費用の負担責任が問題になり、売買契約上の特約の解釈、覚書の解釈、砒素の原因等が問題になったものである。

この判決は、買主は不動産売買を業としてその専門領域に属する土地売買契約をこれを専門としない食品製造業を営む売主との間で締結するにあたり、環境省の環境基準を上回る土壌汚染があった場合には、その処理費用を売主が負担する義務を負わせる契約条項を自ら申し入れて合意したこと、土壌汚染に係る環境基準は、汚染がもっぱら自然的原因によることが明らかと認められる場所に係る土壌については適用しないことを告示で明記していること、不動産売買専門業者である買主は、環境省の環境基準を上回る土壌汚染があったときは、環境基準とは異なり汚染が専ら自然的原因による場合でも被告が汚染処理費用を負担することについては、土壌汚染処理費用が巨額に上る可能性もあるのに、何ら申入れもせず、条項に明記することもしなかったこと、特約は、自然的原因による場合に環境基準を適用しないこととしている環境基準と同じ趣旨で環境基準を引用しているものと解するのが法令に照らして自然な解釈であること、土壌汚染が専ら自然的原因による場合は、環境基準が適用されないから、契約解釈にあたっても、この場合は、契約条項において被告が汚染処理費用を負担する原因として定められた「環境省の環境基準を上回る土壌汚染があった場合」に含まれないと解するのが、当事者の合理的な意思解釈であること、検出された環境基準を超える砒素のうち、宅地造成によって盛土した部分を除く自然地層から検出された砒素は、八甲田山系の温泉水等を原因として青森平野全体に堆積した専ら自然的原因によるものであること、これは売買契約上の特約に基づき売主が土壌汚染処理費用を負担する原因となる「環境省の環境基準を超える土壌汚染があった場合」にあたらないことを判示している。

この判決は、売買契約上の特約の解釈、覚書の解釈について、買主が不動産取引の専門業者であることを強調しつつ、特約における「環境省の環境基準を上回る土壌汚染があった場合」には自然的原因による場合は含まれないと解するのが、当事者の合理的な意思解釈であるとした上、この事案の砒素の汚染が専ら自然的原因によるものであるとし、売主の支払責任を否定した事例として参考になるものである。この判決は、売買契約の交渉、締結における特約の内容の定め方が極めて重要であることを示したものとしても参考になる。

東京地判　平成24.9.25　判時2170.40　【判例53】

〈事案の概要〉

自動車部品等の製造、販売を業とするＹ株式会社は、その前身の会社が昭和35年７月以降、自動車部品の製造工場等として使用し、製造過程において鉛、テトラクロロエチレン、六価クロムが使用されていた土地、建物を売却することを計画し、土壌汚染対策法の指定調査機関であるＡ株式会社に土壌汚染の調査を依頼し、平成18年10月、本件土地の一部で鉛、テトラクロロエチレンが基準値を超過していることが判明し、六価クロムは検出されなかったが、親会社であるＢ株式会社に本件土地等の売却の業務を委託し、Ｂが入札要綱を作成する等したが、入札要綱には一切の瑕疵担保責任を負わない旨、基準値を超える有害物質が検出された場合には、売主負担で土壌の入れ替え工事を実施する旨が記載される等していたところ、家具等の製造、販売等を業とするＸ株式会社は、媒介業者を介して、重要事項の説明を受ける等し、購入を希望し、Ｙから、平成19年10月、代金155億円余、工場用地として使用されていた土地、建物を現況有姿、将来において土壌又は地下水に汚染が発見された場合であっても理由の如何を問わず、瑕疵担保責任を含め一切の責任を負わない旨（本件免責特約）、土壌汚染対策法で定められた調査、分析方法に準拠した土壌調査を実施した結果、一部に基準値超過があったことを確認し、Ｙが超過部分の土壌改良工事等の工事を平成20年５月末までに実施することを確約し、Ｘがこれを了承した旨、地中埋設物の存在が判明し、建物建築に支障が生じる場合には、協議の上、Ｙが処理費用を負担する旨等の特約で売買契約を締結し、その後、下水から法令に違反する六価クロムが検出され、Ｙの依頼に係る調査によって本件土地の一部から基準値を超える六価クロムの汚染（本件汚染）が判明し、Ｙは、鉛、テトラクロロエチレンによる本件土地の汚染については土壌改良工事を完了したことから、ＸがＹに対して瑕疵担保責任、債務不履行（付随義務違反）、不法行為、合意に基づき本件土地の土壌汚染の拡散防止措置費用等の損害賠償を請求した。

本判決は、本件免責特約について、本件土地における六価クロムの使用から土地中に六価クロムの存在が一般であるとの経験則がないとし、Ｙの悪意を否定し、Ｙが本件契約に先立ち土壌汚染対策法の指定検査機関に依頼し、本件土地の土壌調査をし、六価クロムが検出されなかったこと等から、本件土地上の工場で六価クロムを取り扱っていたとしても、六価クロムの本件汚染をＹが認識していなかったことにつき重大な過失は認められないとし、本件汚染につき本件免責特約を適用して、Ｙの瑕疵担保責任を認めず、Ｘの主張に係る告知義務、調査義務、保証義務違反、不法行為を否定し、損害賠償請求を棄却し、判明した地中埋設物の処理費用につき合意に基づく負担義務を認め、請求を一部認容した。

〈判旨〉

「一　争点（1）（被告について本件免責特約が適用されないことになる事情があるか。）について

（1）　原告は、被告が本件契約締結時に、本件土地につき六価クロムによる汚染が生じていたことを認識していたから、本件汚染については本件免責特約が適用されないと主張する。

しかし、被告が、本件契約締結時に、本件汚染が生じていたことを認識していたことを直接裏付ける証拠はなく、証人戊田梅夫（以下「証人戊田」という。）も、丙川は本件汚染が生じていたとは思っていなかったようだと証言する。

原告は、被告は、平成18年1月16日の時点で、本件土地においては六価クロムの使用履歴があり、六価クロムによる土壌汚染の可能性があったことを認識していたのであるから、被告は本件汚染について悪意であるとか、被告の主張を前提とすると、六価クロムが使用されていた被告の施設が、本件土地に埋設されていたものではなく、地上にあったから、六価クロムの漏洩を現認できたのであり、本件汚染について悪意であったと推認することができると主張する。しかし、本件土地上の工場において、かつて、六価クロムが使用されていたという事実と本件土地に本件汚染が存在しているということは別個の事実であり、土地上の工場で六価クロムが使用されていれば、土地中に六価クロムが存在するのが一般であるとの経験則が存在するとは認められないから、原告の主張は採用できない。

（2）　原告は、被告が本件土地上で六価クロムを扱っていた以上、本件契約締結時に本件汚染を認識していなかったことについて重大な過失があったと主張する。

しかし、前提となる事実（3）・・・によれば、被告は、本件土地の土壌汚染機関の選定作業を行っていた平成18年4月18日、東京都環境局環境改善部有害化学物質対策課を訪問し、被告が予定していた調査方法で問題がないことを確認したこと、被告は、同月末ころ、本件土地の土壌調査機関であるDOWAを選定したこと、DOWAは、同年8月14日、同月15日及び同年9月23日に、本件土地の現地調査を実施し、同年10月、その報告書

を被告に提出したことが認められる。

以上の認定事実によれば、被告は、本件契約締結に先立って、本件土地の土壌調査を行っており、しかもその方法は、土壌汚染対策法の指定調査機関であるDOWAに対して、土壌汚染対策法や東京都環境確保条例に準拠した方法によって行うよう指示したものであるところ、この土壌調査の結果、本件土地からは、基準値を超える六価クロムは検出されなかったのであるから、被告がかつて本件土地上において六価クロムを使用していたことがあるからといって、本件汚染を認識していなかったことについて、被告に悪意と同視すべき重大な過失があったとは認められない。

他に、本件全証拠によっても、以上の認定を覆すべき事実及び証拠があるとは認められない。

・・・・

二　争点（2）（被告に債務不履行（本件契約の付随義務違反）があったか。）について

（1）　告知義務違反

ア　原告は、被告が、売買契約の売主として、信義則に基づいて、原告に対し、六価クロムの使用履歴、使用形態、設置状況及び排出経路や、本件土地に埋土をしたこと等を告げる義務を負っていたにもかかわらず、この告知義務を怠ったと主張する。

しかし、原告は、本件契約締結に先立って、取引の媒介を行う宅地建物取引業者から、宅地建物取引業法35条及び35条の２に基づく重要事項説明書の交付を受け、重要事項説明書中には、本件免責特約の内容が記載され、調査の結果、本件土地からテトラクロロエチレン及び鉛について基準値を超える数値が確認されたことが記載されている（前提となる事実（6））ところ、これ以外の有害物質が存在しない旨の記載は、存在しない。

そして、被告が、前記重要事項説明書の記載内容を超えて、原告が主張する六価クロムの使用履歴等の事実を原告に告知、説明する義務を信義則上負うと解すべき事情は見当たらず、本件契約の条項や法令上の根拠に基づいてこのような義務を負うとも認められない。

イ　原告は、被告が本件土地について本件汚染が生じていたことを認識していたのであり、本件土地の売主として、信義則上、本件汚染が生じていたことや、前記内容の六価クロムの使用履歴等を原告に告知する義務があ

るとも主張する。

しかし、前記一（1）で説示したとおり、被告が、本件契約締結時に本件汚染を認識していたとは認められず、本件契約に先立って、本件汚染を原告に告知すべき義務を負っていたとは認められないし、原告に対して、六価クロムの使用履歴等の事実を告知、説明する義務を負っていたとも認めることはできない。

ウ　原告は、外出報告書の記載を援用し、被告は東京都から、本件土地の買主に対して、六価クロムの使用履歴等を伝えるよう指導を受けていたとして、被告に告知義務があると主張する。しかし、原告が援用する外出報告書は、被告が、東京都から、土地改変者は地歴等の調査と届出が必要となるので、地歴等を買主に伝達することを求めるとの内容を含む指導を受けたというものにすぎず、これが直ちに、被告が原告に対し、原告の主張するような告知義務を負うことの根拠となるとはいえない。

エ　したがって、被告に告知義務違反があるとする原告の主張は、採用できない。

(2)　調査義務違反

原告は、被告が、本件土地について、都指針に準拠した調査をする義務を負っていたにもかかわらず、これを怠ったところ、仮に、被告が都指針に沿って埋土したところの下１５センチメートルを調査していれば、六価クロムによる汚染が確認でき、その場合、被告は当然に本件汚染について土壌等改良工事費用を負担することはなかったと主張する。

しかし、本件契約において、被告が、原告に対し、本件土地について、都指針に準拠した調査を行う義務を負うことを根拠付ける条項が存在するとは認められず､被告が本件契約における本件土地の売主であることから、信義則上、このような調査義務を負うとも解されない。そして、東京都環境確保条例その他の法令上の根拠により、被告が、原告に対し、都指針に準拠した調査を行う義務を負うとも認められない。

また、前記一（3）で説示したとおり、都指針において、地盤面下15センチメートルまでの土壌を採取するとされているのは、東京都環境確保条例117条２項により東京都知事が土地改変者に対して求める土壌汚染調査の場合であって、本件契約により、被告が、このような場合を規定した同条２項に規定する方法による土壌調査をする義務を負う根拠は認めがたいし、本件土地に盛土が行われたと認めるに足りる証拠もない。

以上によれば、被告に調査義務違反があるとする原告の主張は、採用できない。

(3)　保証義務違反

原告は、被告が原告に対し、法令上の調査義務を果たしたことを明言し、本件土地についてテトラクロロエチレン及び鉛以外の物質による土壌汚染は存在しないことを保証したと主張する。

しかし、本件契約には、本件免責特約が盛り込まれているところ、この特約は、本件契約で約定された土壌改良工事及び地下水浄化工事を実施する以外、理由の如何を問わず、本件土地の汚染については、被告が責任を負わないと定めるものであり、将来、本件土地において汚染が発見する可能性を排除していない内容であるといえ、このような本件免責特約を含む本件契約を締結した被告が、原告に対し、本件土地について、テトラクロロエチレン及び鉛以外の物質による土壌汚染が存在しないことを保証したとは認めがたい。そして、被告が、原告に対し、本件土地についてテトラクロロエチレン及び鉛以外の物質による土壌汚染は存在しないことを保証したことを裏付ける的確な証拠はない。

原告は、被告が本件土地における六価クロムの使用履歴を原告に伝えなかったのは、本件汚染がないことを保証したことと同義であると主張する。しかし、前記一（２）で説示したとおり、被告は、本件契約に先立って、本件土地について六価クロムも対象に含めた土壌調査を行っており、その結果、本件土地から六価クロムは検出されなかったのであり、このような状況において、被告が原告に対し本件土地の六価クロムの使用履歴を提出しなかったことが、本件汚染がないことを保証したことと同義であるなどとはいえない。

したがって、被告に保証義務違反があるとする原告の主張は採用することができない。

・・・・

四　争点（４）（被告に不法行為が成立するか。）について

原告は、被告が、本件汚染があることを認識し、又は認識していなかったことについて過失があったところ、本件土地を原告に売却し、そのことにより、原告に土壌改良工事費用を負担させて損害を生じさせたのである

から、不法行為に当たると主張する。
しかし、本件免責特約は、将来において土壌又は地下水に汚染が発見された場合、被告が瑕疵担保責任を含め一切の責任を負わないと規定しており、前記一及び三で説示したとおり、本件において本件免責特約の適用がされないとは認められないから、被告が、原告に対し、不法行為に基づく損害賠償義務として、本件汚染が発見されたことによって原告が支出した工事費用の損害を賠償する義務を負うとは認められない。」

〈実務上の留意点〉

この事案は、会社が長年自動車部品の製造工場等として使用し、製造過程において鉛、テトラクロロエチレン、六価クロムが使用されていた土地、建物を売却することを計画したこと、土壌汚染対策法の指定調査機関に土壌汚染の調査を依頼し、土地の一部で鉛、テトラクロロエチレンが基準値を超過していることが判明したこと（六価クロムは検出されなかったこと）、親会社が土地等の売却の業務を委託し、入札要綱が作成され、入札要綱には一切の瑕疵担保責任を負わない旨、基準値を超える有害物質が検出された場合には、売主負担で土壌の入替え工事を実施する旨が記載される等したこと、家具等の製造、販売等を業とする会社が媒介業者を介して重要事項の説明を受ける等し、購入を希望したこと、代金155億円余で売買契約が締結されたこと、土地、建物を現況有姿、将来において土壌又は地下水に汚染が発見された場合であっても理由の如何を問わず、瑕疵担保責任を含め一切の責任を負わない旨（本件免責特約）、土壌汚染対策法で定められた調査、分析方法に準拠した土壌調査を実施した結果、一部に基準値超過があったことを確認し、売主が超過部分の土壌改良工事等の工事を一定の期限までに実施することを確約し、買主がこれを了承した旨、地中埋設物の存在が判明し、建物建築に支障が生じる場合には、協議の上、売主が処理費用を負担する旨等の特約が締結されたこと、その後、下水から法令に違反する六価クロムが検出され、売主の依頼に係る調査によって土地の一部から基準値を超える六価クロムの汚染（本件汚染）が判明したこと、売主は、鉛、テトラクロロエチレンによる土地の汚染につき土壌改良工事を完了したこと、買主が売主に対して瑕疵担保責任、債務不履行（付随義務違反）、不法行為に基づき損害賠償責任を追及したこと等というものである。この事案は、鉛、テトラクロロエチレン、六価クロムを扱っていた工場の土地等について、事前に専門業者による調査が実施され、調査結果が開示され、説明が行われる等して締結された売買において、売主の瑕疵担保責任の成否、免責特約の効力、債務不履行責任の成否、不法行為責任の成否等が主要な争点になった。

この判決は、売買契約に至る経緯を詳細に認定した上、瑕疵担保責任の免責特約につき、売主の悪意、重過失を否定したこと、売主の告知義務違反、調査義務違反、保証義務違反を否定したこと（債務不履行責任を否定した）、売主の不法行為を否定したこと、埋設物撤去費用の負担に関する合意の成立を認めたことを判示している。

この判決は、瑕疵担保責任の免責特約について、本件土地上の工場において、かって、六価クロムが使用されていたという事実と本件土地に本件汚染が存在しているということは別個の事実であり、土地上の工場で六価クロムが使用されていれば、土地中に六価クロムが存在するのが一般であるとの経験則が存在するとは認められないとした上、売主の売却に当たっての専門業者に依頼して実施した検査等の事情を考慮し、売主の工場の運営による六価クロムの汚染の悪意、重大な過失を否定し、免責特約の効力を肯定し、本件に適用したものであるが、売買契約前の検査等の対応の重要性を示すものとして参考になる判断である。なお、この判決は、免責特約が瑕疵担保責任のみを対象とすることを前提とするもののようであるが、債務不履行責任、不法行為責任をも対象とする余地があり、免責特約の解釈として問題が残る。

また、この判決は、債務不履行責任の根拠として主張された売主の告知義務違反、調査義務違反、保証義務違反を認めず、債務不履行を否定したものであるが、事例として参考になるものである。

さらに、この判決は、売主の不法行為を否定したものであるが、その旨の事例として参考になるものである。

東京地判　平成24.9.27　判時2170.50　【判例54】

〈事案の概要〉

A株式会社は、石綿紡績品の製造工場を運営していたところ、昭和53年

10月、敷地（本件土地）をＢ株式会社に売却し、都内のＣ区（大田区）は、本件土地を公園用地の使用を前提とし、Ｂに買受の希望を出し、交渉していたが、後に産業再生用地用の使用を前提として購入することにし、平成16年６月、Ｘ区土地開発公社は、Ｂが法令に基づく調査を実施し、調査の結果、有害物質が検出された場合には、法令に基づく対策を実施する、費用は汚染土壌の処理につきＸとＢが各半額を負担するものを除き、Ｂの負担とする旨の覚書を締結し、Ｂは、本件覚書に基づき法令に基づく汚染状況調査を実施したところ、一部にふっ素及びその化合物が基準値を超過して存在することが判明し、汚染拡散防止措置を実施し、ＸとＢは、平成16年８月、Ｂは、本件土地につき法令に基づく調査を行い、有害物質が検出された場合は、法令に基づく対策を実施し、費用は汚染土壌の処理につき各半額を負担するものを除き、Ｂの負担とする特約で本件土地をＸに売却する契約を締結し、Ｃは、平成20年10月頃、調査会社に依頼し、本件土地中における繊維状石綿含有等の調査を実施したところ、表層から1.5ｍ以内の埋土層から大気汚染防止法の基準値を超えない石綿が検出された後、Ｂにつき破産手続開始決定がされたことから、Ｘが瑕疵担保責任に基づく損害賠償請求権につき債権届出をしたのに対し、Ｂの破産管財人Ｙが異議を述べたため、ＸがＹに対し、破産債権の確定を請求した。

本判決は、石綿を含有する土壌又は建設発生土についての法令の定めを検討し、特別管理産業廃棄物である廃石綿等に該当すると解釈することができない等とした上、本件売買契約に至る経緯、本件売買契約当時の実務的取扱いを検討し、石綿を含有する土壌あるいは建設発生土それ自体につき本件売買契約当時法令上の規制がなく、石綿含有量を問わずに廃石綿等に準じた処理をする扱いが確立していたとはいえず、本件土地に含有されていた石綿が人の健康に係る被害を生ずるおそれがある限度を超えていたとはいえない等とし、本件土地の瑕疵を否定し、請求を棄却した。

〈判旨〉

「一　争点①（本件土地に瑕疵が存在したか否か）について

民法570条にいう瑕疵とは、目的物に何らかの欠陥があることをいうところ、何が欠陥かは、契約当事者の合意、契約の趣旨に照らし、通常又は特別に予定されていた品質・性能を欠くか否かによって決せられる。そして、売買契約の当事者間において目的物がどのような品質・性能を有することを予定していたかは、法令の定めを充たすことを前提とし、売買契約の明示の約定のほか、売買契約の取引通念上、当該目的物が通常備えるべき品質・性能が重要な基準となる（最高裁平成22年判決）。

・・・・

（４）　まとめ

以上によれば、①石綿を含有する土壌あるいは建設発生土それ自体については、本件売買契約当時、法令上の規制はなく、②本件売買契約において求められていた性能は、土壌汚染対策法及び環境確保条例が定める有害物質が基準値以下であることであり、③本件売買契約当時の実務的取扱いとしても、石綿含有量を問わずに、石綿を含有する土壌あるいは建設発生土を廃石綿等に準じた処理をするという扱いが確立していたとはいえず、さらに、そもそも本件土地に含有されていた石綿が「土壌に含まれることに起因して人の健康に係る被害を生ずるおそれがある」限度を超えて含まれていた（最高裁平成22年判決参照）とも認められないから、本件土地に瑕疵があったとはいえない。」

〈実務上の留意点〉

この事案は、石綿紡績品の製造工場の敷地が売却されたこと、特別区が本件土地を公園用地の使用を前提とし、購入を希望したこと、特別区がその後産業再生用地用の使用を前提として購入を希望したこと、特別区の土地開発公社が所有者との間で、所有者が法令に基づく調査を実施し、調査の結果、有害物質が検出された場合には、法令に基づく対策を実施する、費用は汚染土壌の処理につき公社と所有者が各半額を負担するものを除き、所有者の負担とする旨の覚書を締結したこと、所有者が本件覚書に基づき法令に基づく汚染状況調査を実施したところ、一部にふっ素及びその化合物が基準値を超過して存在することが判明し、汚染拡散防止措置を実施したこと、公社と所有者は、所有者が本件土地につき法令に基づく調査を行い、有害物質が検出された場合は、法令に基づく対策を実施し、費用は汚染土壌の処理につき各半額を負担するものを除き、所有者の負担とする特約で本件土地につき売買契約を締結したこと、特別区が調査会社に依頼し、本件土地中における繊維状石綿含有等の調査を実施したところ、表層から1.5m以内の埋土層から大気汚染防止法の基準値を超えない石綿が検出されたこと、売主につき破産手続開始決定がされたこと、公社が瑕疵担保責任に基づく損害賠償請求権につき債権届出をしたのに対し、破産管財人が異議を述べたこと、公社が破産債権の確定を請求したことというものである。この事案は、工場として使用されていた土地について、調査、汚染拡散防止措置の実施等を経て、売買契約が締結された後、表層から1.5m以内の埋土層から大気汚染防止法の基準値を超えない石綿が検出されたことから、売主の瑕疵担保責任の成否が問題になった。

この判決は、石綿に関する関係法令、実務上の取扱い等を検討し、石綿を含有する土壌あるいは建設発生土それ自体については、本件売買契約当時、法令上の規制はなかったこと、本件売買契約において求められていた性能は、土壌汚染対策法及び環境確保条例が定める有害物質が基準値以下であること、本件売買契約当時の実務的取扱いとして、石綿含有量を問わずに、石綿を含有する土壌あるいは建設発生土を廃石綿等に準じた処理をするという扱いが確立していたとはいえないこと、そもそも本件土地に含有されていた石綿が土壌に含まれることに起因して人の健康に係る被害を生ずるおそれがある限度を超えて含まれていたとも認められないこと、本件土地に瑕疵があったとはいえないことを判示している。

この判決は、売買契約の締結前に調査等が実施された事案について、石綿の含有する土地の瑕疵を否定し、売主の瑕疵担保責任を否定した事例として参考になるものである。なお、この判決は、石綿の含有につき最判平成22.6.1民集64.4.953、判時2083.77を引用するが、本判決の判断は、この最高裁の判例に従ったものである。

大阪高判　平成25.7.12　判時2200.70　【判例40】

〈事案の概要〉

Ｙ市（御所市）は、昭和38年頃から平成元年末まで土地上にゴミ焼却場を設置して稼働していたところ、その頃、焼却場を閉鎖し、土木、建築業を営むＡ株式会社に焼却場施設の解体工事、ゴミの撤去を依頼した上、Ａに土地の買取りを求め、平成２年３月、Ａとの間で、工業団地用地として代金４億円で同土地を売却する契約を締結し、Ａに引き渡され、Ａは、前記土地と他の土地を併せて合筆した後、26筆の土地に分筆し、問題になった土地は、その一部の３筆の土地である（本件土地）が、本件土地につき整地、造成工事を行い、Ｘ株式会社は、平成18年11月に設立され、新設分割によりＡの本件土地の売買契約上の買主の地位を包括的に承継した後、平成20年６月、隣接地で中間処理業を営んでいたＢ株式会社に、本件土地を代金２億1000万円で売却し、Ｂは、再資源化工場の建設のため仮設道路の設置工事に着手したところ、法面に産業廃棄物を検出したことから、Ｘに連絡し、同年10月、Ｃ株式会社にボーリング調査を依頼し、Ｃの調査の結果、本件土地の地中には、ゴミ、コンクリートガラ、アスファルトガラ、レンガ、鉄片等の産業廃棄物が広範囲に埋設され、一部は鉛に汚染されていることが判明したことから（なお、Ｙの本件売買契約当時のＤ市長は、その就任前はＡの監査役であり、その退任後はＡの取締役であった）、ＸとＢは、平成21年９月、簡裁において、本件土地の隠れた瑕疵により３億400万円の支払義務があること等を内容とする即決和解をし、Ｘは、平成21年12月、Ｙに対して、選択的に瑕疵担保責任、債務不履行責任、不法行為責任に基づき３億円の損害賠償を請求した。

第一審判決は、請求を棄却したため、Ｘが控訴した。

本判決は、廃棄物等を埋設したのがＹであると認定した上、本件焼却場は産業廃棄物の最終処分場ではなかったから、焼却場の存在を知っていたからといって廃棄物が地中に埋設されていることを知っていたとの根拠にはならない等とし、Ａの廃棄物の埋設に関する悪意、過失を認めるに足りる証拠はないとし、不法行為責任について、建物の建築に支障となる質・量の異物が地中に存在するため、土地の外観から通常予測され得る地盤の整備・改良の程度を超える特別の除去工事等を必要とする場合には、宅地として通常有すべき性状を備えていないとし、土地の瑕疵を認めるのが相当であるところ、本件では、本件土地の用途、売買の目的、廃棄物の内容・量、必要な工事の内容等を考慮し、廃棄物の存在が土地の瑕疵に当たるとし、鉛の汚染については、土壌汚染対策法所定の基準を超えているものの、本件売買契約当時には土地の瑕疵と認めるのが困難であるとし、ＹがＡに対して廃棄物を埋設した事実を知りながら、何ら告知・説明しなかったとして、Ｙの不法行為を肯定し（なお、瑕疵担保責任、債務不履行責任に関する主張は、不法行為に基づく損害賠償額以上のものが認められる余地がないとし、判断されていない)、消滅時効については、Xが廃棄物の存在を知ったのが、Cから連絡を受けた平成20年10月であったとし、Yの主張を排斥し、損害額については、即決和解の金額から鉛による汚染の浄化措置費用を控除した額が相当因果関係があるとし、原判決を変更し、請求を一部認容した。

〈判旨〉

「三　中和開発は、本件売買当時、本件土地に本件廃棄物等が埋設されていることを知っていたか、あるいは知らないことに過失があるか（争点（2））について

・・・・

（9）　上記で判示したとおり、被控訴人において、中和開発が本件廃棄物等の存在を知っていたとする根拠はいずれも採用できない。

その上、①前記認定のとおり、本件土地の代金額は、周辺土地の代金単価のほぼ倍額という高額であり、中和開発が本件廃棄物等の存在を知っていれば、このような高額で購入することは考え難いこと、②控訴人は、山本商事が本件土地に大型施設を建築する目的で購入することを知っていたのであるから、本件廃棄物等が埋設されていれば容易に発見されることが明白であり（現に、山本商事に売却後まもなく本件廃棄物等の存在が判明している。）、本件廃棄物等の存在を知りながら、本件土地を山本商事に売却することは考え難いことなどの事実も併せ考慮すると、中和開発は、本件売買契約当時はもちろん、山本商事に本件土地を売却した時点まで、本件廃棄物等の存在を知らなかったと認めるのが相当である。

そして、前記の判示内容や本件売買契約当時は、土壌汚染対策法の制定の10年以上も前であり、土地の造成業や不動産の売買業の慣行として、地下埋設物の調査や地耐力の調査を行わないのが一般的であったこと（甲38）からすると、中和開発が本件廃棄物等の存在を知らなかったことについて、過失があったともいえないというべきである。

四　被控訴人の不法行為責任の有無（争点（5））について

（1）　まず、被控訴人に説明義務が認められる前提としては、本件廃棄物等の存在が本件土地の瑕疵といえることが必要であるので、その点について検討する。

（２）　本件廃棄物の存在について検討する。

土地の売買において、地中に土以外の異物が存在する場合一般が、直ちに土地の瑕疵ということができないことはいうまでもないが、その土地上に建物を建築するについて支障となる質・量の異物が地中に存在するために、その土地の外見から通常予測され得る地盤の整備・改良の程度を超える特別の異物除去工事等を必要とする場合には、宅地として通常有すべき性状を備えないものとして土地の瑕疵になると認めるのが相当である。本件の場合、本件土地は、工業団地用地として中和開発に売却されているのであるから、当然に本件土地上に建物を建築できることが前提であるところ、前記認定のとおり、本件土地の広い範囲の地中に〇.八五ｍ～九.四五ｍ程度の層厚で、ごみ、コンクリートガラ、アスファルトガラ、鉄片、ガラス片、ビニール、焼却灰、木くず等の産業廃棄物（本件廃棄物）が発見され、その量は、一万六三〇九㎥のぼっていたというのであり、これらを除去するためには、後述のように多額の費用を要する特別の工事をしなければならなかったのであるから、本件廃棄物の存在は土地の瑕疵に当たるものというべきである。

（３）　次いで、本件鉛による土壌汚染の点について検討する。

ア　売買契約の当事者間において目的物がどのような品質・性能を有することが予定されていたかについては、売買契約締結当時の取引観念を斟酌して判断すべきである（最高裁判所平成二二年六月一日第三小法廷判決・民集六四巻四号九五三頁参照）。なぜならば、このように解さないと、売買契約締結後に時の経過や科学の発達により目的物の品質・性能に対する評価に変更が生じ、契約当事者において予定されていなかったような事態に至った場合も瑕疵に当たり得ることになり、法的安定性を著しく害することになって相当でないからである。

イ　これを本件についてみると、本件土地の深度一〇・六三ｍ～一一・六三ｍの土壌から検出された「鉛及びその化合物」の含有量は、二八〇㎎/kgであって、平成一四年五月二九日に成立し、平成一五年二月一五日に施行された土壌汚染対策法における含有量基準一五〇㎎/kgを上回っていることが認められる。

しかしながら、本件売買契約が締結された平成二年三月二六日当時は、前記前提事実（９）記載のとおり、土壌汚染について環境基準値は未だ策定されておらず、昭和六一年一月に、環境庁が公共用地として転換される国有地について定めた暫定対策指針において、対策を要する汚染土壌の判定基準とされたのは、鉛及びその化合物につき、乾土一kgにつき六〇〇mgであり、本件土地から検出された鉛の含有量はこれをも大幅に下回っている。

そして、本件売買契約においては、当事者間に土壌汚染に関する何らの特約も認められない。

そうすると、本件売買契約においては、本件鉛による土壌汚染の点は土地の瑕疵と認めるのは困難というべきである。

この点、控訴人は、鉛は古来から有害性が認識されていたから、昔は有害性が認識されていなかったフッ素などと異なり土地の瑕疵と認めるべきであると主張している。

なるほど、鉛は古来から人体に有害であること自体は認識されていたが、大気や水の汚染などと異なり、土壌汚染に関していえば、古来から、土壌に少しでも鉛が含まれていれば人体に有害であるのかについては、科学の発達に伴って、その評価に変更が生じ得るのであり、現に、土壌汚染に関する環境基準値も前記前提事実（9）記載のとおり、時の経過に従って変更されているのである。

したがって、控訴人の上記主張は採用できない。

（4）　以上のとおり、本件廃棄物の存在は、本件土地の瑕疵に当たるが、本件鉛により土壌汚染は、本件土地の瑕疵とはいえない。

そうすると、被控訴人は、本件土地に自ら本件廃棄物を埋設した事実を知りながら、中和開発に対し、本件廃棄物の存在の点を何ら告知・説明することなく、本件廃棄物の存在を前提としない代金額で本件土地を売却し、そのため中和開発ないし控訴人は後記損害を被ったのであるから、被控訴人としては、控訴人に対して不法行為責任を負うものというべきである。他方、本件鉛による土壌汚染については、被控訴人に不法行為は成立しない。」

〈実務上の留意点〉

この事案は、地中物をめぐる問題としても取り上げたものであるが、土地の合筆・分筆、会社の新設、分割等の経緯を省略すると、ゴミ焼却場を稼動していた市から焼却場の解体工事、ゴミの撤去を依頼された土木・建築業者が土地を購入し、転売した後、転売に係る買主が調査を実施したところ、ゴミ、コンクリートガラ、アスファルトガラ、レンガ、鉄片等の産業廃棄物が広範囲に埋設され、一部には鉛に汚染されていることが判明し、転売の当事者間で即決和解がされたことから、転売の売主（前記の土木・建築業者の買主上の地位を包括承継していた）が市の損害賠償責任を追及したものである。この事案は、土地の売買における地中物をめぐる問題のほか、土壌汚染をめぐる問題として取り上げるものである。

この判決は、土地の売買契約当時、鉛の汚染については、土壌汚染対策法は施行されておらず、その後に制定、施行された同法所定の基準を超えているものの、土地の瑕疵と認めるのが困難であるとし、売主の法的な責任を否定したものであり、その旨の事例として参考になる。なお、この判決は、土壌汚染をめぐる法的な責任の判断基準時が売買契約締結の時点であるとし、瑕疵の有無等を判断しているが、当然の事柄とはいっても、これと異なる判決が散見される状況においては参考になる判断を示したということができる。

第３章

現代型リスクに関する法的な諸問題をめぐる判例

1　錯誤をめぐる判例

土地の取引において土壌汚染等の問題をめぐって買主が売主の法的な責任を追及する場合、瑕疵担保責任、債務不履行責任、不法行為責任等に基づく損害賠償責任を追及することが通常であるが（違約金等の合意に基づく損害賠償責任もあり得る）、事案によっては、取引の無効、取消しが主張され（売買等の取引が取り消された場合には、取引が無効になる）、原状回復義務として支払った対価（売買代金等）の返還義務を負うという救済方法が選択されることがある。取引の無効原因としては、公序良俗違反（民法90条）、強行規定違反（同法91条）、錯誤（同法95条）、意思能力の欠如等があるし、取消原因としては、詐欺、強迫（同法96条）等がある。なお、債務不履行責任の場合には、債務の内容どおりの履行（例えば、汚染物質の除去等）の責任を負うことがある。なお、錯誤無効と瑕疵担保責任との関係については、従来から両者が認められる場合にどちらかが優先するか等が理論的に問題にされているが、判例（最一判昭和33.6.14民集12.9.1492）は、錯誤無効が優先して適用されると解している。

売買等の取引が無効であったり、取り消された場合には、取引の当事者は、互いに原状回復義務を負うものであり、原状回復の中で重要なものとして、支払済みの売買代金の返還義務を負わせることによって、買主の救済を図ることができる。前記の損害賠償責任と原状回復責任は、一定の範囲で売主が買主に対して金銭を支払うという内容は類似するところがあるが、その法的な根拠、要件が異なるほか、支払の範囲、過失相殺、消滅時効、土地の所有権の移転等の事項で異なるところがある。なお、取引が解除されたり、解約されたりした場合にも、基本的には原状回復義務を負うものである。

土地の汚染等が問題になった場合において売買契約の錯誤が問題になった判例としては、次のようなものがある。

東京地判　平成18.9.5　判時1973.84　【判例42】

〈事案の概要〉

建設機械等の販売を業とするＹ株式会社は、土地を所有し、土地上に工場を建設し、工場を稼働させるとともに、一部をＡ株式会社に賃貸し、Ａが機械解体事業に使用していたところ、会社更生手続が開始され、弁護士Ｂが更生管財人に選任され、管財業務が行われ、その一環として、平成７年９月、工場敷地と建物を代金40億3900万円で建設業を営むX_1株式会社に販売し、平成11年８月、代金全額の支払がされたが、X_1は、平成14年夏頃、本件土地の一部の買受けの申込みがあり、土壌汚染の調査を行ったところ、鉛、ふっ素による汚染（表層の複数の調査地点から環境基準の基準値を超える分析結果が報告されたが、当時は、土壌汚染対策法は施行されていなかった）が判明したため、X_1がＹに対して錯誤無効、瑕疵担保責任、説明義務違反による債務不履行責任等を主張し、売買代金の返還、損害賠償を請求した（X_1の会社分割によりX_2株式会社がX_1の権利義務を包括的に承継し、訴訟を引き受け、X_1は訴訟から脱退した）。

本判決は、動機の錯誤を認めたものの、動機が表示されていないとして錯誤無効を否定し、隠れた瑕疵を認めたものの、商法526条の適用を認め、引渡し後６か月の経過によって瑕疵担保責任を追及できないとしたが（瑕疵担保責任の期間制限を主張することは信義則に反しないとした）、本件土地が機械解体事業等の用地として使用されていたものであり、本件土地の利用形態につき説明・告知すべき信義則上の付随義務を負っていたにもかかわらず、重要事項説明書に土地の来歴、使用状況についての詳細を記載しなかった説明義務の不履行があるとし、本件土地の浄化費用（１億7603万7000円。もっとも、見積もりによる費用）、調査費用の一部（1260万円）が損害であるとし（大半の調査費用は説明義務の不履行により生じた損害とはいえないとした）、過失相殺を６割認め（結局、7545万4800円の損害を認めた）、請求を認容した。

〈判旨〉

「二　争点②（錯誤の主張）について

(1)　本件土地Cにおける土壌汚染の存在と脱退原告の錯誤

ア　前記第三、一（14）及び（16）のとおり、脱退原告及び原告引受承継人の行った各調査により、本件土地Cの土壌には、環境基準、環境省運用基準及び土壌汚染対策法の定める各基準値を上回る鉛及びふっ素が検出されている。

イ　このような本件土地Cにおける土壌汚染の存在は、本件売買契約当時、土地の外観から明らかなものとはいえず（前記同（6））、上記のような専門家による調査を経て初めて判明したものである。したがって、脱退原告は、本件売買契約締結当時、土壌汚染が生じていたことは認識しておらず、その事実については錯誤に陥っていたと認めるのが相当である。

(2)　脱退原告の錯誤は要素の錯誤といえるか

・・・・

ウ　以上を総合すると、上記各事情及び証人関口の証言によるも前記原告引受承継人の主張事実を認めることはできず、ほかにこれを認めるに足りる証拠はない。したがって、脱退原告が本件土地B及び同Cを転売目的で購入することが本件売買契約の内容となっていたと認めることはできない。

エ　前記第三、一（2）ないし（7）において認定した経緯によれば、平成7年に本件売買契約が締結されるまでの間、遊休資産を売却しようとする売主と、資材置場用地と抱き合わせで本件土地Cを購入することとなった買主が、それぞれ土壌汚染それ自体について特に関心を抱いたり、相手とやりとりした形跡はなく、双方とも土壌汚染には無頓着なまま推移した経緯がうかがわれる。

オ　また、前記同（18）のとおり、本件土地Cの汚染土壌の除去に要する費用は、1億7603万7000円と見積もられており、これは、同土地の売買代金8億5254万8716円の約21パーセントに過ぎず、同土地に存する土壌汚染を考慮しても同土地と代金額との均衡が著しく害されていると評価することもできない。

カ　以上によれば、同土地の土壌汚染の事実について脱退原告は錯誤に陥っていたとはいえ、それは表示されない動機の錯誤にとどまり、要素の錯誤とはいえない。したがって、本件売買契約の意思表示は無効であるとする原告引受承継人の主張には理由がない。」

〈実務上の留意点〉

この事案は、土壌汚染をめぐる判例において取り上げたものであるが、錯誤も問題になったものである。

この判決は、売買契約の買主に土壌汚染の事実につき錯誤があったことを認めたが、動機の錯誤にとどまるものであり、動機が表示されていなかったとし、錯誤による無効を否定したものであり、事例として参考になるものである。

錯誤による無効は、意思表示について法律行為の要素に錯誤があったときは、無効であるとするものであり（民法95条）、売買契約の場合には、当事者が売買の意思表示において要素の錯誤があったときは、売買契約が無効となるものである。動機の錯誤は、意思表示の内容でなく、意思表示をするについての動機に錯誤があるときであり、表意者（当事者）が当該意思表示の内容として相手方（当事者）に表示した場合でなければ、法律行為の要素の錯誤にはならないと解されている（最二判昭和29.11.26民集8.11.2087、最二判昭和45.5.29判時598.55等）。この判決は、従来の判例によって形成された動機の錯誤の法理を前提とし、土地の売買における土壌汚染の事実が契約の動機に当たるとし、この事案では表示されていないことを理由に、錯誤無効を否定したものである。

2　特約をめぐる判例

土地の売買等の取引においては代金額、支払時期、支払方法、土地の面積、引渡しの時期、所有権の移転の時期等を定めるほか、取引の目的、土地の現状、引渡しの際の土地の状況、実測面積との増減、土壌調査、債務不履行、賠償額の予定、違約金、瑕疵担保責任等の法的な責任の免除・制限等、様々な事項につき契約書に規定(特約)を設けることが少なくない(最近は、表明・保証条項と呼ばれる特約が利用される事例が増加している)。特に取引の対象になる土地の規模が大きかったり、契約の双方の当事者が企業であったり、代金額が高額のものであったり、土壌調査が必要であったりしたような場合には、当該取引の内容・特徴を反映した特約を交渉し、契約書に規定として盛り込むことが行われている。

土地の取引において締結される特約は、原則として有効であるが、その内容によっては、あるいは事案によっては全部又は一部の効力が争われることがあり、実際にも全部又は一部の無効が認められることがある。特約の交渉、締結に当たっては、具体的にどのような事態を想定し、その事態に適切かつ合理的な内容の特約であるかを検討することが重要である。

また、締結された特約については、その内容を解釈することが必要であるが、解釈に当たっては、契約書の規定の内容、文言が重視されるべきであり、ほかに規定間の関係、契約の目的、取引慣行、交渉の過程等の事情を考慮し、合理的な内容を解釈すべきである。契約によっては、できる限り曖昧さ、後日の紛争の予防を避けるため、定義規定を設けた上、規定を設ける事例が見られるが、一つの有用な方法であろう。

本書の関心事の観点からみると、土地の取引上重要な特約は、瑕疵担保責任等の法的な責任の免責、制限に関する特約、土壌調査に関する特約であるが、実際に判例上登場した特約であっても様々な内容のものがある。また、これらの特約のうちには、免責・制限する法的な責任を瑕疵担保責任に特定したり、逆に明示しなかったりして、後日、その解釈、適用が問題になったものもあるし、土壌調査の方法、結果に伴う対応等が明確でなかったりして、同様に後日、その解釈、適用が問題になったものもある。これらの特約については、後日、その解釈、適用が問題になる可能性が比較的高いことに照らすと、特約の交渉、締結に当たっては、具体的にどのような事態を想定し、その事態に適切かつ合理的な内容の特約であるかを検討することが一層重要である。

土壌の汚染等が問題になった土地の取引において特約が重要な争点になった判例を取り上げると、次のようなものがある。

東京地判　平成7.12.8　判時1578.83　【判例28】

〈事案の概要〉

Xは、Y都（東京都）に公園用地として所有土地を売却し、昭和60年7月、代替としてYから代金9億5114万120円で土地（従前は食品工場の敷地であった）を購入したが、本件土地は元工場用地であり、売買契約の締結に先立ち、Yが地中埋設物等の調査を実施し、撤去して整地して引き渡したところ、Xが昭和61年7月頃本件土地上にレストランを建設し、その後、平成4年6月、レストランを解体し、A学校法人医学部附属病院の看護婦寮を建設する工事を開始したところ、地中埋設物（従前の建物の基礎部分に当たるコールタールを含んだレンガ等、その下の松杭が土地の全域に存在した）を発見したため、XがYに対して債務不履行責任、瑕疵担保責任に基づき埋設物の撤去費用の損害賠償を請求した。

本判決は、埋設物の調査・撤去の合意を否定したが、信義則上従前の土地の使用形態に見合った利用のため埋設物の調査・撤去義務があるところ、Yの調査・撤去は調査義務違反に当たらないとし、瑕疵担保責任については本件土地は中高層建物の建築のためには相当多額の費用がかかる埋設物の撤去工事が必要であるから、高層建物の可能性のある土地として通常有すべき性状を有していないとし、隠れた瑕疵を認めたものの、瑕疵担保免責特約があり、この特約が無効とはいえない等とし（Yの悪意、重過失を否定した）、請求を棄却した。

〈判旨〉

「2　本件代替地売買契約において、原告と被告は、瑕疵担保責任を免除する合意をしたか。

《証拠略》によれば、被告建設局用地部管理課移転係の訴外朝生は、昭和61年３月３日、被告用地部内において、原告と本件土地の売買契約を締結するに際して、原告に対し、売買契約書の各条項を一条ずつ説明し、特に右契約書の５条２項について、被告に分かる範囲の埋設物はすべて除去しているが、分からなかったものについては、責任を取れず買主の負担になる旨を説明したこと、原告は、その説明を受けた上で契約を締結したことが認められるから、原告と被告との間で、瑕疵担保責任免除の合意をしたことが認められる。

原告は、「被告から瑕疵担保責任免除特約についての説明はなく、本件用地買収契約と本件代替地売買契約について、いずれも被告作成の印刷された契約書が使用されていたため、両者とも同じ内容のものと思っていたところ、本件用地買収契約には瑕疵担保責任の免除特約はなかったので、本件代替地売買契約にもその特約はないものと思った。」と主張し、原告本人尋問の結果中にもこれに符合する供述部分があるが、右認定事実に照らし、右供述部分は信用できず、他に右主張事実を認めるに足りる証拠もないから、右主張は採用できない。

また、原告は、「仮に、瑕疵担保責任免除特約の説明があったとしても、それは、被告に判明している範囲の地中埋設物をすべて除去していることを前提に行われたのであって、実際は除去できない埋設物は埋め戻したのであるから、虚偽の事実に基づく説明であって、説明したとはいえない。」と主張するが、前記認定のとおり、被告は、発見した埋設物をすべて除去したのであるから、この主張も採用できない。

３　瑕疵担保責任免除特約は無効か、あるいは、被告が右免除特約を主張することは信義則に反するか。

原告は、「被告の行う用地買収契約と代替地売買契約は一体であり、その一方の代替地売買契約にのみ瑕疵担保責任免除特約を付すのは著しく公平を欠き、信義則に反するものであり、無効である。被告は、所有地の売却の場合にすべて貸し担保責任の免除特約を付しているのであるから、かかる瑕疵担保責任の免除特約は、単なる例文規定である。仮に無効でないとしても、本件で被告が瑕疵担保責任免除特約を主張することは信義則に反し許されない。」と主張する。

しかし、前記のとおり、代替地売払は、公共事業の施行に伴う損失補償の一環である生活再建のための措置として、移転先の入手が困難な者に対してなされるものであって、本件用地買収契約と本件代替地売買契約とは別個の契約であり、しかも、原告は、本件土地の売買契約の締結の際に、訴外朝生から、瑕疵担保責任の免除特約の説明を受けた上で右売買契約を締結しているのであるから、前記瑕疵担保責任免除特約は無効とは認められず、また、叙上認定の事実関係の下においては、被告が右特約の存在を主張することも信義則に反するとは認められない。」

〈実務上の留意点〉

この事案は、土地の地中物をめぐる判例として取り上げたものであるが、買主である個人が売主である都に対して、埋設物の撤去費用の損害賠償を請求し、その法的な根拠として、債務不履行責任、瑕疵担保責任を主張したものであり、瑕疵担保責任免除特約の効力・適用等が問題になった。

この判決は、売主である都の債務不履行責任を否定したものの、瑕疵担保責任については、この事案では、高層建物が建築される可能性のある土地として通常有すべき性状を備えているかが瑕疵の基準であるとし、本件土地に中高層建物を建築するには、レンガ、松杭等の埋設物を除去しなければ、基礎工事ができない状態にあり、その程度からみて、その除去工事には相当多額の撤去費用を要し、その費用は通常の高層建物を建築するに際して要する基礎工事の費用よりも相当高額になるとして瑕疵を認めたが、瑕疵担保責任免除特約の成立を認め、売主である都がこの特約を援用することが信義則に反しないとし、売主の悪意・重過失を否定し、この特約による免責を肯定したものである。

この判決は、瑕疵担保責任免除特約（民法572条参照）の効力、適用について、瑕疵担保責任免除特約の成立を認めたこと、売主がこの特約を援用することが信義則に反しないとしたこと、売主の悪意・重過失を否定したこと、瑕疵担保責任免除特約の適用を認め、売主の瑕疵担保責任を否定したことに関する事例として参考になるものである。

東京地判　平成9.5.29　判タ961.201　【判例29】

〈事案の概要〉

不動産業を営むX株式会社は、不動産業を営むY株式会社の担当者の知り合いであるＡ株式会社らから土地の購入の話が持ち込まれ、Ｙと交渉を行い、Ｙからマンション用地として土地を代金４億円余で購入し（交渉の過程で地中物に関する条項の交渉が行われ、後記の特約が締結された）、その後、土地を調査したところ、地中に従前存在した建物の地下室を伴う基礎があったため、ＸがＹに対して地中障害はＹの責任と負担において解決する旨の特約（「地中障害が発生した場合は、Ｙの責任と負担で解決する。但し、後記建物基礎の部分については、Ｘの責任と負担で解決する。」との特約）に基づき撤去費用等の損害賠償を請求した。

本判決は、前記特約が木造建物の布基礎程度のものはＸの負担とするが、それを超える地中障害はＹの負担とする趣旨であったとし（瑕疵担保責任免除特約ではないとされた）、Ｙの責任を認め、瑕疵担保責任免除特約を認めず、地中障害の解体撤去工事費用として2987万円の損害を認め（マンションの建設が遅延したことによる損害は否定した）、請求を認容した。

〈判旨〉

「二　右一認定事実によれば、従前建物の基礎については、布基礎程度のものは原告の費用で撤去し、予想外の大規模な基礎があった場合には被告が撤去費用を負担する旨の合意であったといえる。

布基礎程度というのは、正確にはその内容が不明確であるが、本件で実際に発見された地下室を伴う基礎については、それを超えるものであったことは明らかであるといえる。したがって、その撤去費用については、被告が負担すべきである。」

〈実務上の留意点〉

この事案は、土地の地中物をめぐる判例として取り上げたものであるが、売主も買主も不動産業者であり、買主はマンション用地として土地を購入したところ、交渉の過程で地中物の取扱いが話題になり、「地中障害が発生した場合は、Ｙの責任と負担で解決する。但し、後記建物基礎の部分については、Ｘの責任と負担で解決する。」との特約（本件特約）が締結され、買主が本件特約に基づき撤去費用等の損害賠償を請求したものである。

この判決は、本件特約は、従前の建物の基礎につき布基礎程度のものは買主の費用で撤去し、予想外の大規模な基礎があった場合には売主が撤去費用を負担する旨の合意であったとした上、瑕疵担保免責特約の成立を否定し、本件特約にいう布基礎程度は、正確にはその内容が不明確であるが、本件で実際に発見された地下室を伴う基礎は、布基礎を超えるものであったとし、撤去費用は売主が負担すべきであるとしたものである。

この判決は、瑕疵担保免責特約であることを否定し、従前の建物の基礎につき布基礎程度のものは買主の費用で撤去し、予想外の大規模な基礎があった場合には売主が撤去費用を負担する旨の合意であると解したものであるが、特約の解釈事例として参考になる（もっとも、この判決のような解釈が唯一の解釈であるとはいえない）。なお、この事案のような紛争を防止するには、契約交渉の段階で明確な交渉、特約の締結に努めることが重要であるが、この判決はこの重要性を改めて示すものである。

東京地判　平成15.4.10　判時1870.57　【判例8】

〈事案の概要〉

Y_1株式会社は、一級建築士事務所であるY_2株式会社にマンションの設計、工事監理を依頼し、A株式会社に建築工事を注文し、マンションを建築したが（Aは、数年後、会社更生手続開始決定を受けた）、平成６年10月、X_1、X_2がそれぞれ本件マンションの１階部分の専有部分を青田買いとして購入し（代金は、X_1につき4210万円、X_2につき4310万円）、本件マンションが完成後、引渡しを受けたところ、平成８年９月以降浸水が続いたことから、X_1らがY_1に対して基礎杭が基準より短縮されている欠陥がある等と主張し、平成11年10月に瑕疵担保により契約を解除し、瑕疵担保責任、債務不履行等に基づき、Y_2に対して不法行為に基づき損害賠償を請求した。

本判決は、本件マンションの敷地が浸水しやすい地盤であるのに、設計段階から盛り土等の十分な対策をとらなかったことによる瑕疵があるとし、契約の解除を認め、瑕疵担保責任は引渡しから２年間とする特約については、無過失の場合に限られ、本件には適用されないとし、説明義務違反の債務不履行、不法行為もあるとし（マンション購入関係費用、修補費用、慰謝料各100万円、訴訟追行費用（調査鑑定費用、雑損、弁護士費用）等の損害を認めた）、Y_1に対する請求を認容し、Y_2の不法行為を否定し、請求を棄却した。

〈判旨〉

「(1)　被告志村の責任

ア　本件マンションには、上記のとおり、本件浸水被害の発生という欠陥がある。

イ　原告らは、被告志村の責任として、選択的に、債務不履行責任、瑕疵担保責任、不法行為責任などを主張するところ、以上説示したところによれば、本件マンションの上記欠陥は、本件売買契約の目的物の隠れたる瑕疵というのを妨げないから、少なくとも被告志村の瑕疵担保責任を認め得ることが明らかである。

そして、防潮板の設置では瑕疵の修補とならないのは、既に説示したとおりであって、弁論の全趣旨によれば、本件マンションの浸水被害を抜本的に防止するためには、本件マンションを取り壊し、本件マンション1階部分にあたる高さまで盛り土をして、その上に建物を建てるより他に方法がないと認められる。そのような方法は、現段階において、社会通念上不可能であって、修補不能といわざるを得ない。したがって、本件各室を住居として使用するという本件売買契約の目的を達成することが不可能であるといわざるを得ないから、原告らは、瑕疵担保責任に基づき、本件売買契約を解除することができるというべきである。

この点につき、被告志村は、本件売買契約には、同被告が瑕疵担保責任を負う期間が本件各室の引渡しから2年間とする特約によって、平成9年12月20日以降に原告等に生じた損害については、瑕疵担保責任を負わないと主張する。しかし、同特約を締結した際の当事者の合理的意思を推測すれば、同特約の趣旨が売主に瑕疵の存在について故意又は過失があった場合にまで、民法の規定に比べて短期間で、売主の瑕疵担保責任を免除させてしまうことにあったとは解されない。同特約は、要するに、売主が瑕疵の作出あるいは存在について無過失である場合に限定して適用されると解すべきであるが、本件では、被告志村に本件瑕疵の作出について過失があることは、以上説示したところから明らかである。被告志村が同特約の存在を理由に瑕疵担保責任を免れることはできないといわざるを得ないのであって、同被告の主張は失当というほかはない。

また、被告志村は、平成９年４月30日、本件マンションの管理組合との間で、同被告が浸水対策工事を実施することを条件に、以後、雨水浸水については、同被告に異議を述べない旨の合意をし、直ちに浸水対策工事を実施しているから、その合意後に発生した浸水被害については、原告らとの関係でも責任を負わないとも主張する。しかし、この合意が直ちに原告らとの間で効力が及ぶかという点をしばらく置いても、当該合意が、マンション施工業者との間で取り交わされていることからしても、合意の内容である浸水対策工事が実効性のあるものであって、これから生じる浸水被害が自然災害といい得るような被告志村に過失がない場合に、重ねて被告志村の責任を追及しない、いわばアフターサービスにとどまるものであったことは容易に推認することができる。これと異なり、以上認定のとおり、その後も毎年のように浸水被害が生じている本件においてもなお、この点に関する被告志村の主張も理由がない。

したがって、被告志村については、上記した瑕疵担保責任、しかも、その瑕疵の作出について同被告に過失がある場合であることを前提に、原告らが被った損害の有無・額を改めて検討することとする。」

〈実務上の留意点〉

この事案は、土地の地盤等をめぐる判例において取り上げたところであるが、マンションの分譲販売業者がマンションの完成前に分譲販売を開始し、個人らが１階部分の専有部分を購入し、マンションの完成後、１階部分に浸水が続いたことから、個人らが浸水が開始した後、２年余を経て、瑕疵担保責任に基づき売買契約を解除し、売主に対して瑕疵担保責任、債務不履行責任、不法行為責任、設計業者に対して不法行為責任を追及したものであり、瑕疵担保責任免責特約（具体的には、瑕疵担保責任は引渡しから２年間とする特約である）の解釈、効力が問題になったものである。

この判決は、マンションの地表面が浸水しやすい状態であり、地表面を嵩上げしなかったものであり、浸水が不可抗力によるものではないとし、十分な浸水対策をとっていない欠陥があるとした上、分譲販売業者の責任について、前記欠陥が隠れた瑕疵であるとし、瑕疵担保責任を肯定し、瑕疵担保責任免責特約について、契約当事者の合理的な意思を根拠に、売主に瑕疵の存在に故意又は過失があった場合にまで、瑕疵担保責任を免除すると解されないとし（無過失の場合に限定して特約が適用されるとした）、この事案では分譲販売業者に過失が認められ、特約が適用されないとしたものである。この判決は、瑕疵担保責任免責特約を過失がない場合に適用されるとし、限定的に解釈したものであるが、特約の内容等に照らし、このように限定的に解釈すべき根拠はなく、疑問のある判断である。もっとも、法的な紛争が訴訟に発展した場合には、裁判官による予想外、通常の特約の解釈外の判断が示されるおそれがあるが、この判決は、訴訟の選択には予想外の解釈、判断がされるリスクがあることを示すものとして参考になる。

東京地判　平成15.5.16　判時1849.59　【判例32】

〈事案の概要〉

不動産業者であるＸ株式会社は、平成13年５月、木造住宅の建築、敷地の分譲販売を目的としてＹ株式会社から代金２億2000万円、買主の本物件の利用を妨げる地中障害の存在が判明した場合、これを取り除くための費用は買主の負担とする特約（本件免責特約）で土地（従前はＹの社宅の敷地であったが、社宅はRC構造であり、３階建て、４階建て、５階建ての３棟の社宅であったところ、建物の撤去後は、駐車場として使用されていた）を購入し、同土地を区画して分譲したが、一部を掘削したところ、コンクリート埋設物の存在が発見されたことから、瑕疵担保責任、説明義務違反を主張し、Ｙに対して撤去費用等につき損害賠償を請求した。

本判決は、地中にはコンクリートがら、硝子陶器くず、廃プラスチック類、金属くずが存在し、本件土地に一般木造住宅を建築し、浄化槽埋設工事を行うに当たっては本来必要のない地盤調査、地中埋設物の除去、地盤改良工事等を行う必要がある等、地中埋設物の存在が隠れた瑕疵に当たるとし、瑕疵担保責任、説明義務違反による債務不履行を認め、本件免責特約については、Ｙが業者に依頼して行った従前の建物の解体工事の状況によると、Ｙには少なくとも地中埋設物の存在を知らなかったことに悪意と同視すべき重大な過失があったとし、民法572条を類推適用し、Ｙが本件免責特約の効力を主張し得ないとするとともに、Ｙは、本件契約の締結に当たり地中埋設物の存在可能性につき問い合わせがあったときは、誠実にこれに関連する事実関係を説明すべき義務を負っていたところ、本件では調査をしていなかったにもかかわらず、Ｘに問題はない旨事実と異なる意見表明をしたものであるとし、債務不履行も認め、地盤改良工事費用、地盤調査費用、ブロック等の補修工事費用、産業廃棄物の廃棄・処分等の費用の損害（約991万円。なお、分譲が遅滞したことによる借入れの利息分の損害に関する主張は排斥した）を認め、請求を認容した。

〈判旨〉

「四　争点（３）（本件免責特約適用の有無）について

（１）　前記第二の一（３）①記載のとおり、本件免責特約は、単に「買主の本物件の利用を阻害する地中障害の存在が判明した場合」としているのみであって、「地中障害」について、自然条件等によるものか、人工的なものかによって区別する文言は付加されていない上、本件売買契約締結時において、特段その旨の合意がなされたものとも認めるに足りる証拠もない。したがって、本件免責特約は、本件土地の人工的な地中埋設物に関しても適用があると認めるのが相当である。

（２）　原告は、本件売買契約時において、被告側担当者らが、本件土地には地中障害物は存在しないと思うという趣旨の説明をしたことから、本件免責特約が人工的地中障害には適用がない旨主張するが、被告側担当者らは、単に地中障害物の存在可能性についての意見を表明したに過ぎず、積極的に地中障害物の不存在を保証したものとまでは認められないし、被告とすれば、本件免責特約が人工的地中障害物に適用がないとすると、本件免責特約の存在意義は極めて減殺されるものであって、本件免責特約の通常の意思解釈として相当とはいえず、原告の主張は採用しない。

五　争点（５）（免責特約除外事由の有無）について

（１）　前記第三の一（２）②認定の被告自身が従前建物解体業者に依頼して行った従前建物の解体・撤去の態様によれば、本件土地中に本件地中工作物が残置されている可能性があったことは明らかであるとともに、前記第三の一（２）②及び前記第三の一（４）④認定のとおり、従前建物の撤去を自ら業者に依頼して行った被告において、これを把握することもまた極めて容易であったものである。したがって、被告には、少なくとも本件地中埋設物の存在を知らなかったことについて悪意と同視すべき重大な過失があったものと認めるのが相当である。
　そこで、このように被告が本件地中埋設物の存在を知らなかったことにつき被告に重過失が認められる場合にも、民法572条が適用あるいは類推適用されるかどうか、あるいは、本件免責特約を主張することが信義則に反しないか否かについて検討する。
　そもそも担保責任の規定は、特定物売買における対価的不均衡によって生じる不公平を是正するために、当事者の意思を問うことなく、法律が特別に定めた法定責任ではあるが、もともと売買契約当事者間の利害を調整しようとするためのものであるから、当事者間の特約によっても、法定の担保責任を排除・軽減することができるのが原則である。ただし、当事者間の特約によって信義に反する行為を正当化することは許されないから、民法572条は信義則に反するとみられる二つの場合を類型化して、担保責任を排除軽減する特約の効力を否認しているものと解される。そして、本件においては、被告は、少なくとも本件地中埋設物の存在を知らなかったことについて悪意と同視すべき重大な過失があったものと認めるのが相当であるとともに、前記認定のとおり、本件売買契約時における原告からの地中埋設物のないことについての問いかけに対し、原告は、地中埋設物の存在可能性について全く調査をしていなかったにもかかわらず、問題はない旨の事実と異なる全く根拠のない意見表明をしていたものであって、前期のような民法572条の趣旨からすれば、本件において、本件免責特約によって、被告の瑕疵担保責任を免除させることは、当事者間の公平に反し、信義則に反することは明らかであって、本件においては、民法572条を類推適用して、被告は、本件免責特約の効力を主張し得ず、民法570条に基づく責任を負うものと解するのが当事者間の公平に沿うゆえんである。」

〈実務上の留意点〉
　この事案は、土地の地中物をめぐる判例において取り上げたものであるが、不動産業者が木造住宅の建築、敷地の分譲販売を目的として土地を購入し（売買契約には、買主の本物件の利用を妨げる地中障害の存在が判明した場合、これを取り除くための費用は買主の負担とする特約が締結された）、買主は土地を区画して分譲したが、地盤調査を実施したところ、調査の結果、土地の一部にコンクリート埋設物の存在が発見されたことから、買主が売主に対して瑕疵担保責任､説明義務違反の損害賠償責任を追及し、瑕疵担保免責特約の適用が問題になったものである。

この判決は、宅地分譲を目的とする土地の売買において、瑕疵は、一般木造住宅を建築する土地として通常有すべき性状を備えていないことであるとした上、本来必要のない地盤調査、地中埋設物の除去及びこれに伴う地盤改良工事等の必要性、調査・工事等を行うために相当額の費用の支出の必要性等を根拠に隠れた瑕疵を肯定したが、瑕疵担保免責特約について、地中埋設物の存在は従前建物の撤去を自ら業者に依頼して行った売主が把握することは極めて容易であり、少なくとも地中埋設物の存在を知らなかったことについて悪意と同視すべき重大な過失があったものと認めるのが相当であるとし、売主に重過失が認められる場合にも、民法572条が類推適用され、また、地中埋設物の存在可能性について全く調査をしていなかったにもかかわらず、売主が問題はない旨の事実と異なる全く根拠のない意見表明をした場合には、免責特約を主張することが信義則に反するとし、免責特約の適用を否定したものであり、免責特約をめぐる２つの法理を取り上げ、免責特約の適用を否定した事例として参考になるものである。この判決が瑕疵担保責任免責特約の適用に当たって、売主に重過失がある場合には、民法572条の類推適用により、特約の適用を否定する法理を採用し、実際に重過失を認めたことは、特約の解釈事例、重過失の肯定事例を示した意義をもつといえよう。

東京地判　平成16.10.28　判時1897.22　【判例33】

〈事案の概要〉

不動産業者であるＸ株式会社は、Ａ株式会社の仲介により、Ｙから分譲目的、代金7200万円、現状有姿で売り渡す、瑕疵担保責任の範囲を雨漏り等一定の事由に限定する旨の特約で土地建物を購入したところ、本件土地の中央部を横切る、隣接する土地の所有者Ｂ（Ｙの弟）と共有、共用の生活排水管が埋設され、隣地に跨る浄水槽等が設置されていたことから、建物を取り壊して本件土地を分譲することが困難になったため（Ｂが撤去に反対したため、Ａは、Ｂ、Ｙ、Ｘとの間の話し合いの場を設けたが、物別れに終わり、Ｂが撤去に応ずる考えがない旨を明言した）、Ｙに対して瑕疵担保責任、告知義務違反による債務不履行責任に基づき損害賠償を請求した（Ｘは、Ａから仲介手数料の返還を受けた)。

本判決は、排水管、浄水槽等が隠れた瑕疵に当たるとし（損害賠償の範囲は、信頼利益に限られるとした上、転売の解約違約金相当額、解除による原状回復義務のための建物に付した火災保険料の損害を認め、分譲代金の下落分、銀行金利負担分、固定資産税・都市計画税分の損害に関する主張を排斥した)、Ｙが排水管等の存在を知りながら告げなかったとし、特約の適用を制限し、信義則上の告知義務違反による債務不履行は法定責任である瑕疵担保責任とは相容れないし、本件では告知義務違反は認められないとして債務不履行を否定し、請求を認容した。

〈判旨〉

「三　争点（2）について

前記一（４）において認定したとおり、本件売買契約の契約書には売主が買主に本件不動産を現状有姿のまま引き渡すことを前提に売主が負う瑕疵担保責任の範囲を雨漏り等一定の事由に限定する旨の本件特約が記載されていたことが認められる。原告は、本件特約の文言は極めて曖昧かつ不明確であり、それによって瑕疵担保責任を免除する旨の合意があったと解することは不可能であると主張するが、上記文言が曖昧かつ不明確であると解することはできず、原告が不動産の売買、仲介等を業とする会社であることを合わせ考慮すると、原告と被告は、本件特約において、売主が瑕疵担保責任を負う場合を一定の場合に限定することを合意したものと解するのが相当である。そして、本件特約の内容に照らすと、被告は、原告に対し、本件排水管等の存在について瑕疵担保責任を負わないものと解される。

ところで、民法572条は、売主が瑕疵担保責任を負わない旨を特約した場合であっても、瑕疵の存在を知りながらそれを告げなかった場合は責任を免れない旨規定している。そこで、次に、被告が本件排水管等の存在を知りながら原告に告げなかったか否かを検討する。

この点、被告は、本件土地を含む習志野市谷津・・・所在の土地はもともと父甲野太郎の所有であり、同人がそのライフラインの工事を行い、費用を負担してきたこと、甲野太郎が被告に対してライフラインの埋設状況について説明したことは一切なかったこと等から、本件排水管等の存在を知らなかったと主張し、被告本人としても同主張に沿う供述をしている。しかしながら、自己の所有する家屋の浄化槽がどのような状態になっているか、また、その費用がどの程度かかっているか等は、通常、重要な関心事であるはずであるところ、被告本人は、本件浄化槽を使用するためには、電気代、修理代及び維持管理費用がかかることを知っていたことを認めながら、甲野太郎が死亡した平成９年４月25日から平成14年６月８日に甲野二郎から本件浄化槽の存在を指摘されるまでの間自分の知らない誰かが維持管理費用を支払っていたとしか言えないなどと非常に不自然かつ不合理な供述に終始している。そして、一（7）及び（9）において認定しており、相続人の一人である隣地所有者の甲野二郎は本件排水管等が共有共用であることを知っていたこと及び少なくとも同人は被告との間で本件浄化槽等に関する費用の問題をかねてからの懸案事項として位置付けてきたこと、甲野二郎は本件売買契約締結以前から被告に対し自分の承諾なくしては本件土地を売ることはできないと公言していたことが認められることからすると、平成14年６月８日まで本件排水管等が共有共用のものであることを知らなかった旨の上記被告本人の供述を直ちに信用することはできないと解される。そして、上記各事実を総合すると、被告は、少なくとも本件浄化槽が甲野二郎との共有共用であった事実を知っていたものと推認することができ、それを本件売買契約締結時に原告に告げなかったものと認められる。なお、一（2）において認定したとおり、被告はちばリハウスから、本件不動産の浄化槽及び排水管の状況について特に確認を受けなかったことが認められるが、この事実によっても上記認定は左右されないと解される。したがって、被告は、本件特約によって瑕疵担保責任を免れることはできないと解される。」

〈実務上の留意点〉

この事案は、土地の地中物をめぐる判例として取り上げたものでもあるが、不動産業者が分譲目的で土地建物を購入し（建物は取壊し予定であった）、売買契約には現状有姿で売り渡す旨の特約が締結され、引渡し後、買主の担当者が現地の境界等を確認していたところ、土地の中央部を横切る、隣接する土地の所有者（売主の弟）と共有、共用の生活排水管が埋設され、隣地に跨る浄水槽等が設置されていたことが判明し、買主が売主に対して瑕疵担保責任、告知義務違反による債務不履行責任を追及したことから、免責特約の成否が問題になったものである。

この判決は、免責特約の成否等について、買主が不動産業者であること等を考慮し、現状有姿のまま引き渡すことを前提に売主が負う瑕疵担保責任の範囲を雨漏り等一定の事由に限定する旨の特約の成立を認め、売主が瑕疵担保責任を負う場合を一定の場合に限定するものであると解釈したものであり、責任限定特約の解釈事例として参考になるとともに、売主の地中物についての悪意を認め、民法572条により、特約の適用を否定したものであり、特約の適用の否定事例を加えるものである。

札幌地判　平成17.4.22　判タ1203.189　【判例34】

Y_2株式会社は、土地を購入し、ガソリンスタンドを設置し、ガソリンスタンドを営業していたが、平成元年、ガソリンスタンドを閉鎖し、平成５年、Y_3株式会社に依頼し、ガソリンスタンド施設の解体撤去工事を施工し、平成７年８月頃、Y_1株式会社に本件土地を売却し、Y_1は、平成８年６月、担保責任免除特約で本件土地を土木建築業者であるX株式会社に売却し（Xは、本件土地に従前ガソリンスタンドが設置されていたことから、地中埋設物が撤去済みか否かを問い合わせたところ、Y_1は撤去済みと回答した）、Xは、平成14年２月、A株式会社に売却し、境界測量を実施するため境界付近を掘り起こしたところ、ガソリンスタンド施設のコンクリート構造物等が埋設されていることを発見したため、XがY_1に対して債務不履行責任、瑕疵担保責任、埋設物撤去の合意、Y_2、Y_3に対して不法行為責任に基づき撤去等の費用等につき損害賠償を請求した。

本判決は、宅地の売買において地中に土以外の異物があることが直ちに瑕疵とはいえないものの、土地の外見から通常予測され得る地盤の整備・改良の程度を超える特別の異物除去工事等を必要とする場合には、瑕疵に当たるとし、本件では異物の質・量により瑕疵に当たるとした上、地中埋蔵物の存在を前提とした減額交渉が行われなかったこと等から担保責任免除特約の適用を否定し、Y_1の撤去の合意を否定したが、Y_1の瑕疵担保責任を認め、Y_3の不法行為責任を否定したものの、Y_1と同様な損害賠償義務を認めていることからこれを認め（障害物の撤去費用の相当額に限定して損害を認め、転売の際の売買代金の減額分の損害に関する主張を排斥した）、Y_1、Y_3に対する請求を認容し、Y_2の不法行為を否定し、Y_2に対する請求を棄却した。

〈判旨〉

「５　争点④（瑕疵担保責任免除特約）について

（１）　被告潮産業は、本件売買契約において、瑕疵担保責任免除特約があると主張し、証人Ｂもこれに沿う供述をする。そして、前記１で認定した事実によれば、本件売買契約における宅地建物取引業法第35条に基づく重要事項説明書においては、本件売買契約においては、売主である被告潮産業は、原告に対し、瑕疵担保責任を負わない旨が記載されていたとの事実を認めることができる。

しかしながら、他方で、前記１で認定した事実によれば、これに反する次のとおりの事実もまた認めることができる。

ア　被告潮産業及び原告は、本件土地がガソリンスタンドとして使用されていたことを認識した上で、あえて地中埋設物の存在を前提に、本件売買契約の代金を減額するなどの話合いをしたことはない。むしろ、被告潮産業は、原告の問い合わせに対し、本件土地の地中埋設物が撤去済みであると回答している。

イ　被告潮産業及び原告は、本件売買契約の締結の際、本件土地西側の境界線に、本件埋設物④の一部が露出していることを認識していた。被告潮産業主張の瑕疵担保責任免除特約は、この点を指しているとみることもできる。

したがって、被告潮産業の本件売買契約における瑕疵担保責任免除特約を理由に瑕疵担保責任を免れることはない。

（２）　以上から、被告潮産業が本件売買契約において、瑕疵担保責任免除特約を理由に瑕疵担保責任を免れることはない。」

〈実務上の留意点〉

この事案は、土地の地中物をめぐる判例として取り上げたものでもあるが、ガソリンスタンドの経営会社がガソリンスタンドを撤去し、土地を会社に売却し、購入した会社が土地を土木建築業者に売却したが（売買の際に担保責任免除特約が締結された）、ガソリンスタンド施設のコンクリート構造物等が埋設されていることが発見されたため、転売の買主が売主らに対して損害賠償責任を追及し、担保責任免除特約の適用が問題になったものである。

この判決は、従前にガソリンスタンドであり、設備につき解体撤去工事がされた後の土地の売買について、瑕疵担保責任免除特約が売主が買主の問い合わせに対して撤去済みであると回答したこと等の事情を考慮し、特約の適用を否定したものであり、事例を提供するものであるが、その法的な根拠は必ずしも明らかではない。この判決が特約の適用を否定するに当たっては、売主の悪意・重過失であるのか、特約の適用範囲の合理的な解釈によるのか、信義則違反によるのかの解釈があり得るが、判決文上は判然としない。

東京地判　平成20.7.8　判時2025.54　【判例46】

〈事案の概要〉

Ｙ株式会社は、元工場敷地として使用されていた土地等を所有していたが（Ｙが吸収合併する前のＡ株式会社が長年所有し、工場として使用していた）、事業所の統廃合を計画し、隣接地を所有していたＸ株式会社と土地の売買の交渉を行い、Ｘは、本件土地の土壌汚染の有無を確認するため、Ｙに本件土地で使用した薬品につき問い合わせを行い、平成11年11月、専門業者に依頼し、土壌汚染調査を実施し、環境基準を上回る濃度の汚染は発見されず、平成12年３月、専門業者に依頼し、ボーリングによる土壌汚染調査を実施したが、トリクロロエチレン等は発見されなかったことから、Ｘは、平成12年７月、Ｙとの間で、瑕疵担保責任の追及期間を引渡し時から５年間とする特約で本件土地と土地上の建物につき売買代金10億8854万円余で売買契約を締結し、本件土地、建物の引渡しを受けたところ、平成16年４月、本件土地上に研究棟を建設することとし、地下水の水質測定を行ったところ、砒素が環境基本法に基づく地下水環境基準を超えて検出され、さらにボーリングによる土壌汚染調査を実施したところ、PCB含有汚泥、地中埋設物を発見する等したため、ＸがＹに対して本件土地に土壌汚染等が存在したと主張し、瑕疵担保責任に基づき有害物質の除去費用等の損害賠償を求め、また、説明義務違反を主張し、債務不履行に基づき損害賠償を請求した。

本判決は、大量のコンクリートガラ等の廃棄物が存在し、これらが土地の瑕疵に当たるとしたほか、土地中にインキ廃材、焼却灰、油分等のほか、ダイオキシン類、PCB、六価クロム、フッ素、ホウ素等が存在し、土壌汚染がダイオキシン類対策特別措置法に基づいて定められた環境基準値や土壌汚染対策法施行規則において定められた環境基準値を超過したものである場合には、当該汚染の拡散の防止その他の措置をとる必要があるから、環境基準を超過した汚染土壌が土地の瑕疵に該当するとし、調査費用、対策費用等として５億6970万円余の損害のほか、弁護士費用2000万円の損害を認める等し、その余の損害を認めず、説明義務違反を論ずるまでもないとし、Xの主張に係る損害を否定して債務不履行を否定し、期間５年間の消滅時効は、Y_1の担当者が法的責任を認めたことから否定し、請求を一部認容した。

〈判旨〉

「（４）　消滅時効について

ア　本件では、原告と被告が本件売買契約において瑕疵担保責任の追及期間を本件土地の引渡し時から５年間とする旨合意したこと（抗弁（１））、及び被告が平成12年７月26日に原告に対し本件土地を引き渡したこと（抗弁（２））は、当事者間に争いがなく、また、被告が原告に対し上記瑕疵担保責任につき消滅時効を援用するとの意思表示をしたこと（抗弁（３））は、当裁判所に顕著な事実である。

また、被告が平成16年10月６日に原告に対し平成16年埋設物及び汚染土壌につき瑕疵担保責任が認められる範囲でその責任を負担する意思を表明したこと（再抗弁（１））、及び被告が平成18年３月１日に原告に対し平成17年埋設物につき瑕疵担保責任が認められる範囲でその費用を負担する旨の意思を表明したこと（再抗弁（２））は、当事者間に争いがない。

イ　被告は、上記再抗弁（１）及び（２）の意思表明は、瑕疵担保責任の成立が認められる場合にはその責任を負担するというものにすぎず、瑕疵担保責任の成立を認めたものではないから、消滅時効の中断及び援用権喪失事由にはあたらない旨主張する。

しかし、上記認定のとおり、平成16年10月６日に開催された協議では、原告の管財部長から、瑕疵担保責任の追及期間が５年間であるから現在有効であることを前提として、汚染の原因は、①原告、②被告、③被告以外の第三者、④自然由来のいずれかと考えられるが、②被告及び③第三者起因の汚染は調査費や浄化費等の費用を被告が負担して欲しい、④自然由来の汚染については状況をみて別途相談させて欲しい旨の発言があったのに対して、被告の環境部長から、②被告起因の汚染は浄化する、③第三者起因の汚染については持ち帰って検討する旨の発言がされたのであって、被告の環境部長も、瑕疵担保責任の追及期間が存続していることを前提に、瑕疵担保責任が客観的に成立しているのであればその責任を負担する意思がある旨を確定的に表明したものと評価するほかはない。また、平成18年３月１日の被告総務部長作成の書面は、平成17年埋設物を被告が引き取り処理した場合でも必要性と合理性が認められる処分費用で被告の法的責任の範囲内にあるものについてのみ費用負担する意思がある旨を示すものであって、これまた、瑕疵担保責任が客観的に成立しているのであればその責任を負担する意思がある旨を確定的に表明したものと評価するほかはない。

そうすると、瑕疵担保責任の成立が客観的に認められる本件においては、上記意思表明の事実をもって消滅時効の中断及び援用権喪失事由にあたると解するのが相当であり、本件においては、消滅時効の成立を認めることはできない。」

〈実務上の留意点〉

この事案は、土壌汚染をめぐる判例として取り上げたものでもあるが、会社が工場の跡地につき隣接地を所有する会社に売却する交渉を行い、土壌調査を行う等し、調査結果が環境基準を上回る濃度の汚染は発見されなかったことから、瑕疵担保責任の追及期間を引渡し時から５年間とする特約で売却したところ、その数年を経て買主が土壌汚染調査を実施し、土壌汚染等が判明したため、買主が売主に対して損害賠償責任を追及し、前記特約の適用が問題になったものである。

この判決は、土地の汚染、埋設物の存在が土地の瑕疵に当たるとし、売主の瑕疵担保責任を肯定した上、瑕疵担保責任に関する特約については、消滅時効であると判断し、買主の担当者が瑕疵担保責任が客観的に成立しているのであればその責任を負担する意思がある旨を確定的に表明したものであり、瑕疵担保責任の成立が客観的に認められる本件においては、この意思表明の事実をもって消滅時効の中断及び援用権喪失事由にあたるとしたものである。この判決は、瑕疵担保責任の追及期間に関する特約（民法570条、566条３項参照）について、権利の消滅時効に関する特約であると解し、その前提で時効の中断等を検討しているものであるが、民法570条、566条３項の期間は、除斥期間であると解するのが判例、一般の見解であることに照らすと、疑問の多い判断である。もっとも、除斥期間と解した場合には、期間内に権利行使の意思表示をすれば足り、訴訟をその期間内に提起する必要はないと解するのが判例、一般の見解であり、本件においては、買主が瑕疵担保責任に基づく損害賠償請求権を行使する意思表示をしたと解されるときは、結論は異ならないことになる。

東京地判　平成20.11.19　判タ1296.217　【判例48】

〈事案の概要〉

Y_1株式会社は、人工甘味料の原料の製造工場を経営していたところ、平成14年３月、工場の稼働を停止し、本件土地を売却するためにＡ株式会社らに依頼して本件土地の土壌汚染調査を実施し、環境基準値を超えるヒ素が検出されたことから、Y_2株式会社、Y_3株式会社らに依頼して本件土地の浄化工事を実施した後、平成16年８月、不動産業を営むＸ株式会社が本件土地に住宅を建築し、住宅の分譲事業を営むことを目的として、Y_1がＸに本件土地を本件土地の引渡し後６か月を経過したときは隠れた瑕疵につき請求をすることができない旨の特約で売却し、Ｘは、平成16年８月、共同住宅の建築、分譲を目的としてＢ株式会社に本件土地を売却し、ＢがＣ株式会社に依頼して本件土地の地質分析を実施したところ、環境基準値の最大610倍のヒ素が検出されたことから、Ｘが平成17年７月Y_1に対して瑕疵担保責任追及の書面を送付し（Ｂは、Ｘに対して損害賠償を請求する訴訟を提起した）、Y_1に対して瑕疵担保責任、債務不履行責任、不法行為責任に基づき、Y_2らに対して不法行為に基づき、調査費用、浄化処理費用等の損害賠償を請求した。

本判決は、瑕疵担保責任の免責特約は悪意の場合のみに否定されるとした上、本件ではY_1には悪意は認められないとし、瑕疵担保責任を否定し、債務不履行については、信義則上土壌中のヒ素につき環境基準値を下回るよう浄化して引き渡す義務を認め、本件ではこの義務違反が認められるとし、地表から１メートルの土壌汚染との間で相当因果関係のある損害を認め、Y_2らの不法行為については、Y_2らがXとの関係で何らかの義務を負うものではないとし、Y_1に対する請求を認容し、Y_2らに対する請求を棄却した。

〈判旨〉

「(1) 争点1 (1)（被告江南化工の瑕疵担保責任の有無）

・・・・

イ　原告は、本件売買契約の本件瑕疵担保責任期間制限条項について、本件土地に瑕疵のあることにつき被告江南化工に悪意又は重過失がある場合には無効であるとし、被告江南化工は本件土地に環境基準値を大幅に超えるヒ素が含まれていることにつき悪意又は少なくとも重過失があったから無効であって、瑕疵担保責任を負うと主張する。

しかしながら、本件瑕疵担保責任期間制限条項は有効であって、本件土地の引渡しから６か月が経過しているから、被告江南化工が瑕疵担保責任を負うことはないと解される。その理由は、次のとおりである。

(ア)　民法572条は、売主は、567条から前条までの規定による担保の責任を負わない旨の特約をしたときであっても、知りながら告げなかった事実……については、その責任を免れることはできない旨規定している。この規定は、売主が知りながら告げない事実については、公平の見地から瑕疵担保責任の免責特約の効力を否定する趣旨のものである。このような同条の文言及び趣旨に照らせば、本件瑕疵担保責任制限条項は、本件土地に環境基準値を超えるヒ素が残留していたことにつき被告江南化工が悪意の場合に無効となるが、本件土地の土壌に環境基準値を超えるヒ素が残留していたことを知らない場合には、知らなかったことにつき重過失があるとしても、その効力が否定されることはないと解するのが相当である。

(イ)　しかるところ、被告江南化工は本件土地の地表から地下１ｍまでの部分につき環境基準値を超えるヒ素が含まれていないとの前提で、原告と本件売買契約をしたこと、被告江南化工は、本件売買契約に先立ち、土壌汚染を調査した上で、専門業者である被告長谷工らに本件土地の浄化工事を依頼し、その工事完了後の調査の結果として、ヒ素が環境基準値を下回るとの報告を受けていたことは前示のとおりである。これらの事情に照らせば、本件土地の地下１ｍ及びその周辺に環境基準値を超えるヒ素が残留していたことを被告江南化工が知っていたことを認めるに足りる証拠はない（もっとも、調査結果の中には深さ６ｍのところに高濃度のヒ素の汚染があるとの資料が含まれており、被告江南化工はこの事実を知っていた可能性があるが、被告江南化工は本件瑕疵担保責任制限特約において地表から１ｍまでの範囲での土壌汚染について責任を負うことを約束したにとどまるから、深さ６ｍのところに上記汚染があるとの認識があることをもって、悪意であったということはできない。）。なお、念のため付言すると、前記１認定の事実関係の下において、本件土地の地表から地下１ｍまでの部分に環境基準値を超えるヒ素が残留していることを被告江南化工が知らなかったことにつき重過失があるということもできない。

（ウ）　したがって、本件瑕疵担保責任期間制限条項は有効である。そうすると、本件土地の引渡し時である平成16年８月31日から責任制限期間６か月が経過しているから、被告江南化工は瑕疵担保責任を負わない。

（２）　争点１（２）（被告江南化工の汚染浄化義務違反の有無）について

ア　本件売貢契約の売主である被告江南化工は、本件土地に環境基準値を上回るヒ素が含まれている土地であることを事前に知っていたのであるから、信義則上、本件売買契約に付随する義務として、本件土地の土壌中のヒ素につき環境基準値を下回るように浄化して原告に引き渡す義務を負うというべきである。ただし、被告江南化工は原告との間で本件瑕疵担保責任制限特約により、地表から地下１ｍまでの部分に限り瑕疵担保責任を負担する旨の合意をしていることに照らせば、上記汚染浄化義務は本件土地の地表から地下１ｍまでの部分に限定されると解するのが相当である。

しかるに、被告江南化工は、本件売貢契約の時点で本件土地の地表から地下1ｍまでの部分に環境基準値を大幅に超える高濃度のヒ素が残留しているのに、そのままの状態で本件土地を原告に引き渡したことは前示のとおりであるから、被告江南化工は上記汚染浄化義務に違反したというべきである。

イ　被告江南化工は、本件瑕疵担保責任期間制限条項により原告に対し汚染浄化義務を負わないと主張する。しかし、瑕疵担保責任と債務不履行責任とは制度趣旨・要件を異にする別個の制度であるから、被告江南化工が瑕疵担保責任を負わないことをもって債務不履行責任が免責されるものではない。

また、被告江南化工は、本件売買契約に先立ち、専門業者である被告長谷工に依頼して本件浄化工事を完了し、被告田中環境開発の調査結果により土壌のヒ素が環境基準値を下回る旨の調査報告を受けたとし、これをもって汚染浄化義務を尽くしたと主張する。しかし、本件売買契約当時本件土地に上記汚染があったことは前示のとおりであるから、この事実に照らせば、原告主張の上記事実のみをもって被告江南化工が上記汚染浄化義務を尽くしたということはできない。」

〈実務上の留意点〉

この事案は、土壌汚染をめぐる判例として取り上げたものでもあるが、会社が経営していた工場の稼動を停止し、敷地を売却しようとし、土壌汚染調査を実施し、環境基準値を超えるヒ素が検出されたことから、土地の浄化工事を実施し、不動産業者に土地を売却し（土地の引渡し後６か月を経過したときは隠れた瑕疵につき請求をすることができない旨の特約があった）、買主が不動産業者に転売し、転売の買主が土地の地質分析を実施したところ、環境基準値の最大610倍のヒ素が検出されたため、転売に係る買主が売主に対して損害賠償を請求する訴訟を提起し、元の売買に係る買主（転売の売主）が売主に対して損害賠償責任を追及する等し、瑕疵担保責任に関する特約（期間制限特約）が問題になったものである。

この判決は、地表から地下１ｍの間に高濃度のヒ素が売買契約当初から存在したと推定し、隠れた瑕疵を認め、瑕疵担保責任期間制限条項（特約）については、悪意の場合には効力が否定されるものの、重過失の場合には効力が否定されないとし、この事案では売主に悪意がなかったものであり、前記特約により売主は瑕疵担保責任を負わないとしたが、売主は環境基準値を上回るヒ素が含まれている土地であることを事前に知っていたから、信義則上、売買契約に付随するものとして、環境基準値を下回るよう浄化して引き渡す義務を負うとし、この事案では売主は汚染浄化義務に違反するとして売主の債務不履行責任を肯定し、前記特約は瑕疵担保責任に関するものであり､債務不履行責任を免責するものではないとしたものである。この判決は、瑕疵担保責任期間制限特約の効力について、売主の悪意の場合には効力が否定されるものの、重過失の場合には効力が否定されないとし、限定的に解釈したものとして参考になるとともに、この事案では売主の悪意が認められないとし、売主の瑕疵担保責任を否定したものであり、事例的な判断としても参考になるものである。また、この判決は、売主の浄化義務違反による債務不履行責任を認め、前記特約が債務不履行責任を免責するものではないとし、前記特約の効力を否定したものであり、特約の解釈事例として参考になるものである。土地の売買等の取引においては、売主は想定される法的な責任と現実化するリスクを検討し、必要に応じて広く法的な責任を免責したり、制限したりする内容の特約を締結することが多いところ、この事案では、売主の売買交渉等の段階における検討が必ずしも十分でなかったことが窺われるものであり、契約実務に参考になる事例を提供するものである。

東京地判　平成23.1.20　判時2111.48　【判例50】

〈事案の概要〉

Ｙ株式会社は、土地を所有し、本件土地上の所有建物をＡ会社に賃貸し、Ａが製罐業を営んでいたところ、本件土地の土壌調査をＢ株式会社に依頼し、環境基準値以上に有害物質が含まれていることが確認されなかったことから、本件建物を取り壊し、平成18年11月、更地にした本件土地を、代金８億276万円、平成19年８月31日までに土壌調査の作業を完了させる旨、同日までに残代金の授受と引換えに所有権を移転し、本件土地を引き渡す旨、本件土地の引渡し後でも、廃材等の地中障害や土壌汚染等が発見され、買主が本件土地上で行う事業に基づく建築請負契約等の範囲を超える損害(30万円以上）及びそれに伴う工事期間の延長等による損害（30万円以上）が生じた場合には売主の責任と負担において速やかに対処する旨、本件土地の引渡し後でも、隠れた瑕疵が発見された場合は、民法の規定に基づき、売主の負担において速やかに対処する旨の特約でＸ株式会社に売却したが、Ｙが平成19年８月に再度Ｂに土壌調査を依頼したところ、環境基準値以上に有害物質が含まれていることが確認されなかったものの、Ｘがその後、平成20年５月にＣ株式会社に土壌調査を依頼したところ、土壌汚染対策法の指定基準値を超える六価クロム、鉛が検出されたため、ＸがＹに対して瑕疵担保責任に基づき損害賠償を請求した。

本判決は、本件特約は軽微な損害につき売主を免責することに意義があり、本件売買においては買主が土壌汚染調査を行うことが予定されていなかったから、本件特約により商法526条の適用が排除されていたとした上、従前の本件土地の使用状況、調査結果により六価クロム、鉛が本件土地の引渡しの時点で存在していたものと認め、土壌汚染対策法の指定基準値を超える六価クロム、鉛が本件土地に含まれており、これに起因して人の健康に係る被害が生じるおそれがあり、土壌調査によっても発見されなかったから、通常人が買主になった場合に普通の注意を用いても発見できない瑕疵であるとし、瑕疵担保責任を肯定し、土壌汚染対策工事費用の損害を認め（1470万円。転売のための土壌調査費用は損害に当たらないとした）、請求を認容した。

〈判旨〉

「1　争点①（本件特約一は商法526条の適用を排除する合意であるといえるか）について

（1）　商法526条１項２項は、商人間の売買における特則として、買主に目的物受領後の検査通知義務を課し、これを怠った場合には瑕疵等を理由として民法規定の瑕疵担保責任の追及をすることができない旨を定めたものであるが、個別の合意によって検査通知義務を排除することができると解される。

（2）　そこで、本件特約一が商法526条１項２項の適用を排除するとの合意を含むかどうかが問題となる。

ア　被告は、本件特約一は原告自身がマンション建設にとりかかることを前提にして被告の責任を限定したものであるから、原告が本件土地上にマンションを建設することなく本件土地を転売した本件においては、そもそも本件特約一の適用がないと主張する。

そこで、検討するに、本件特約一は、①本件土地引渡後に廃材等の地中障害や土壌汚染が発見され、かつ、②原告が本件土地上において行う事業に基づく建築請負契約等の範囲を超える損害（30万円以上）が生じた場合には、被告の責任と負担において速やかに対処する旨を規定しており、②は原告が本件土地上に建物を建築することを前提とした規定ぶりになっているが、これは、①において、本件土地引渡後に発見された地中障害や土壌汚染について売主である被告に対し責任を追及できることを規定しつつ、②において、原告が本件土地上において行う事業に基づいて被った損害が30万円以下である場合にはその責任を免じる旨を規定して、原告が本件土地上にマンションを建設した際に、土壌汚染等によって30万円以下の損害を被ったにすぎない場合には被告の責任を免責するという点で、被告の責任を限定したものであると解される。しかし、それ以上に、本件特約一の適用範囲を原告自身がマンション建設に取りかかった場合に限定する趣旨のものと解することはできない。すなわち、本件特約二において、「本件物件引渡後といえども」、被告が瑕疵担保責任を負うことを明らかにしており、それ以上に被告の責任の発生根拠を重ねて規定する必要はなかったのであり、この点から考えると、土壌汚染等について被告の責任を規定するだけではなく、むしろ軽微な損害について被告を免責する点に、本件特約一の意義を見出すべきである。

よって、この点についての被告の主張には理由がない。

イ　そこで、本件に本件特約一の適用があることを前提にその意義を検討するに、本件特約一の文言上、本件土地の引渡後も土壌汚染が発見された場合には被告が責任を負うことを想定しており、他方、引渡し後の責任の存続期間については制限がない。

また、本件売買契約においては、売買代金のうち九割を乙山製作所の移転退去を確認した後に、売買代金のうち残り一割を本件土地の土壌調査完了後に支払うこととなっているところ（前提事実（２）、イ（ア）及び（イ）、カ）、これは、原告が本件売買契約締結に先立って行われた本件土壌調査一の結果を信頼してまず代金の九割を支払うこととした上で、本件土壌調査二において基準値（環境基準値も指定基準値も基本的には同一である。）以上に有害物質が確認されないことを条件として残額代金の支払をすることを定めたと解するのが相当である。他方、本件特約一は、原告が本件土地にマンションを建設することを前提として、その建設に先立ち、改めて原告による土壌調査が実施されることを想定し、その結果、基準値を上回る土壌汚染等が発見され、原告が損害を被った場合の被告の責任を規定したものであり、商法526条の検査通知義務を前提としないものと解される。

このように解することは、土壌汚染については法の規制があり、瑕疵（土壌汚染）をそのままにして別の買主に売却することは事実上不可能であること、土壌汚染の場合には、汚染物質が地表からの目視等によって発見できないことが多いこと、土壌汚染の調査には、費用と時間がかかり、引渡後六か月以内に検査すべきことを義務づけることは買主に苛酷であること、本件売買契約において売主である被告に土壌調査義務を課していること、買主である原告は商人であるとしても土壌汚染について専門知識を有しないことに照らすと合理的である。

以上によれば、本件売買契約において、被告による上記二回の土壌調査に引き続いて原告が本件土地受領後「遅滞なく」（商法526条１項）土壌調査を行うことは、そもそも原被告間において想定されておらず、同条の適用は本件特約一により排除されていたと解するのが相当である。」

〈実務上の留意点〉

この事案は、土壌汚染をめぐる判例として取り上げたものでもあるが、会社が所有土地上の建物を賃貸し、賃借人が建物で製罐業を営んでいたところ、建物を取り壊して更地としての土地を売却しようとし、土壌調査を実施し、環境基準値以上に有害物質が含まれていることが確認されなかったことから、土地を会社に売却し（平成19年８月31日までに土壌調査の作業を完了させる旨、同日までに残代金の授受と引換えに所有権を移転し、土地を引き渡す旨、土地の引渡し後でも、廃材等の地中障害や土壌汚染等が発見され、買主が本件土地上で行う事業に基づく建築請負契約等の範囲を超える損害（30万円以上）及びそれに伴う工事期間の延長等による損害（30万円以上）が生じた場合には売主の責任と負担において速やかに対処する旨、土地の引渡し後でも、隠れた瑕疵が発見された場合は、民法の規定に基づき、売主の負担において速やかに対処する旨の特約が締結された）、売主である会社が再度土壌調査を依頼したところ、環境基準値以上に有害物質が含まれていることが確認されなかったものの、買主である会社が土地の引渡し後に専門業者に土壌調査を依頼したところ、土壌汚染対策法の指定基準値を超える六価クロム、鉛が検出されたため、買主が売主に対して損害賠償責任を追及し、特約の解釈、売主の免責が問題になったものである。

この判決は、前記の各特約は、土壌汚染等について売主の責任を規定するだけではなく、むしろ軽微な損害について売主を免責する点に意義があるとし、二度目の土壌調査において基準値以上に有害物質が確認されないことを条件として残額代金の支払をすることを定めたものであるとするとともに、買主が土地にマンションを建設することに先立ち、改めて買主による土壌調査が実施されることを想定し、その結果、基準値を上回る土壌汚染等が発見され、買主が損害を被った場合の売主の責任を規定したものであるとし、商法526条の適用を排除していたものであると解釈したものであり、特約の解釈事例として参考になるものである。

東京地判　平成23.7.11　判時2161.69、判タ1385.173
【判例52】

〈事案の概要〉

味噌、醤油の製造、販売を業とするＹ株式会社は、平成18年４月、ＹのＡ工場（青森工場、味噌工場）の敷地であった土地を、不動産業を営むＸ株式会社に代金41億円、売主は本物件が特定有害物質を使用しない食品工場であり、事業主由来の土壌汚染が存在しえないことを理由に土壌汚染の調査を行わず、土壌汚染の調査は買主の負担により行う旨の特約、土壌汚染の調査の結果、環境省の環境基準及び自治体に指導基準があるときはその基準を上回る土壌汚染があった場合には、買主は汚染の範囲及び費用を売主に明示し、売主は土壌改良若しくは除去の費用を買主に支払うものとし、買主は自ら土壌改良若しくは除去を行う旨の特約で売却し、同年７月、ＸがＢ株式会社に依頼して土壌汚染調査を行ったところ、調査地点10箇所のうち１箇所で環境基準を超える砒素が検出され、同年９月、ＸとＹは、Ｙの費用負担で改良又は除去を行うことを合意したが（覚書を取り交わした）、Ｙが支払を拒否したため、ＸがＹに対して汚染除去費用（２億4007万円余）の支払を請求した。

本判決は、特約について、不動産売買に関する当事者の専門性、売買契約の締結の経緯、環境基準の仕組み等を認定し、自然的原因による場合に環境基準を適用しないこととしている環境基準と同じ趣旨で環境基準を引用しているものと解するのが法令に照らして自然な解釈であり、土壌汚染が専ら自然的原因による場合は、売主が汚染処理費用を負担する原因として定められた環境省の環境基準を上回る土壌汚染があった場合に含まれないと解するのが、当事者の合理的な意思解釈であるとし、土壌汚染が専ら自然的原因による場合には前記要件に当たらないとした上、本件土地から検出された砒素は八甲田山系の温泉水等を原因として青森平野全体に堆積したものであり、専ら自然的原因によるものであるとし、特約による費用負担が適用されない等とし、請求を棄却した。

〈判旨〉

「三　争点に対する判断

（1）　売買契約一〇条の解釈について

上記認定事実を要約すれば、以下のとおりとなる。

①　本件土地の売買は、不動産売買を業とする原告が、味噌・醤油の醸造という食品工場を営む被告からその工場敷地を買い受けた契約であり、その契約は、専ら原告の事業の専門領域に属する法律行為である。

②　売買にあたり、被告は、食品工場という土地利用方法やこれまでの水質検査の結果から本件土地には土壌汚染がないと主張し、被告による土壌汚染調査も拒否した。これに対し、原告が自ら調査することを申し入れた結果、被告がこれに同意し、原告の調査結果に基づき、環境省の環境基準を上回る土壌汚染があった場合には、その処理費用を被告が負担する旨の売買契約一〇条の条項が合意された

③　環境基本法に基づいて環境省が定めた土壌汚染に係る環境基準においては、汚染がもっぱら自然的原因によることが明らかと認められる場所に係る土壌については、環境基準を適用しないこととしている。

以上の事実によれば、原告は、不動産売買を業としてその専門領域に属する土地売買契約をこれを専門としない食品製造業を営む被告との間で締結するにあたり、環境省の環境基準を上回る土壌汚染があった場合には、その処理費用を被告が負担する義務を負わせる契約条項を自ら申し入れて合意したが、土壌汚染に係る環境基準は、汚染がもっぱら自然的原因によ

ることが明らかと認められる場所に係る土壌については適用しないことを告示で明記しているにもかかわらず、不動産売買専門業者でありながら原告は、環境省の環境基準を上回る土壌汚染があったときは、上記環境基準とは異なり汚染が専ら自然的原因による場合でも被告が汚染処理費用を負担することについては、土壌汚染処理費用が巨額に上る可能性もあるのに、何ら申入れもせず、条項に明記することもしなかったと認められるのである。

そうであるとすれば、上記契約条項は、自然的原因による場合に環境基準を適用しないこととしている環境基準と同じ趣旨で環境基準を引用しているものと解するのが法令に照らして自然な解釈である。そして、土壌汚染が専ら自然的原因による場合は、環境基準が適用されないのであるから、契約解釈にあたっても、この場合は、契約条項において被告が汚染処理費用を負担する原因として定められた「環境省の環境基準を上回る土壌汚染があった場合」に含まれないと解するのが、当事者の合理的な意思解釈である。これに反する原告の主張は、不動産売買の専門業者である原告の申入れによって定められた契約条項において、専門業者である原告が少しの注意をすれば明確に定められたのにこれを明記しないで売買代金を含むその他の契約条件を確定させた上で、被告の負担のみが巨額に上る可能性もある土壌汚染処理費用の負担条項に限り、後になって自己に有利な解釈を環境基準の定めに反して主張していると評価されるものである。これは、環境基本法及び環境基準という法令の趣旨に反するばかりでなく、土地売買契約における当事者間の衡平にも反するものであって、契約解釈として到底採用できるものではない。砒素汚染が自然的原因による場合には、原告が本件土地を買い受けても所有者となる原告に土壌汚染対策法七条に定める汚染の除去等の措置を講ずべき義務が生ずる余地はないのであるから、この点からみても、上記のとおり明確な合意条項もないまま費用負担義務を被告に負わせることは合理的でない。

原告は、汚染が存在する場合には、汚染源に関係なく転売価格が下がることになると主張する。しかし、仮にそのようなことがあるとすれば、それは不動産売買を業とする原告が最も良く知っているはずであり、そうであれば、上記の環境基準の定めも考慮して誤解を招かないように、また、不動産売買の素人である土地の売主に予期しない大きな不利益を生じさせないように、むしろ原告自らが明確に合意をする努力をすべきであったといえるのであり、専門業者でありながら不明確な契約をした原告にとって有利な契約解釈をすべき事情となるものではない。

（2）　被告の費用負担義務について

前記認定事実によれば、本件土地において検出された環境基準を超える砒素のうち、宅地造成によって盛土した部分を除く自然地層から検出された砒素は、八甲田山系の温泉水等を原因として青森平野全体に堆積したもっぱら自然的原因によるものである。したがって、これは売買契約一〇条に基づき被告が土壌汚染処理費用を負担する原因となる「環境省の環境基準を超える土壌汚染があった場合」にあたらない。

更に、宅地造成した際に盛土した部分から搬出された砒素については、盛土に砒素が含まれていたとまでは認めるに足りない。仮に、盛土に砒素が含まれていたとしても、それは周辺地域である八甲田山系から青森平野に広く自然的原因により存していた砒素を含む土壌が盛土に使われたためと推認できる。そして、土壌汚染対策法の施行通知に示された環境省による同法の解釈適用においては、専ら自然的原因により高濃度の特定有害物質を含む土壌が、同様の土壌の存する周辺の地域において盛土により土地の造成に用いられた場合には、造成された土地は自然的原因により指定基準に適合しないものと解するものとされている。このような土壌汚染防止法の解釈運用を踏まえ、環境基準が前記のとおり汚染がもっぱら自然的原因によることが明らかと認められる場所に係る土壌については適用しないと定めていることを考慮すれば、仮に盛土に砒素が含まれていたとしても、それが専ら自然的原因により汚染されていた土壌の存していた本件土地の造成に用いても、その盛土行為による土壌汚染も自然的原因によるものであり、環境基準が適用されないと解される。そうすると、盛土による土壌汚染が仮にあるとしても、それも被告が土壌汚染処理費用を負担すべき「環境省の環境基準を超える土壌汚染」にあたらない。」

〈実務上の留意点〉

この事案は、土壌汚染をめぐる判例として取り上げたものでもあるが、会社が味噌工場の敷地を不動産業者に売却し（売買契約には、売主は物件が特定有害物質を使用しない食品工場であり、事業主由来の土壌汚染が存在しえないことを理由に土壌汚染の調査を行わず、土壌汚染の調査は買主の負担により行う旨の特約、土壌汚染の調査の結果、環境省の環境基準及び自治体に指導基準があるときはその基準を上回る土壌汚染があった場合には、買主は汚染の範囲及び費用を売主に明示し、売主は土壌改良若しくは除去の費用を買主に支払うものとし、買主は自ら土壌改良若しくは除去を行う旨の特約を締結した)、買主が土壌汚染調査を行ったところ、調査地点10箇所のうち１箇所で環境基準を超える砒素が検出されたことから、売主と買主が売主の費用負担で改良又は除去を行うことを覚書により合意したため、買主が売買契約、覚書に基づき汚染除去費用の支払を請求し、売買契約上の特約の解釈、覚書の解釈、砒素の原因等が問題になったものである。

この判決は、買主は不動産売買を業としてその専門領域に属する土地売買契約をこれを専門としない食品製造業を営む売主との間で締結するにあたり、環境省の環境基準を上回る土壌汚染があった場合には、その処理費用を売主が負担する義務を負わせる契約条項を自ら申し入れて合意し（土壌汚染に係る環境基準は、汚染がもっぱら自然的原因によることが明らかと認められる場所に係る土壌については適用しないことを告示で明記している)、特約は、自然的原因による場合に環境基準を適用しないこととしている環境基準と同じ趣旨で環境基準を引用しているものと解するのが法令に照らして自然な解釈であるとし、土壌汚染が専ら自然的原因による場合は、環境基準が適用されないから、契約解釈にあたっても、この場合は、契約条項において被告が汚染処理費用を負担する原因として定められた「環境省の環境基準を上回る土壌汚染があった場合」に含まれないと解するのが、当事者の合理的な意思解釈であるとした上、検出された環境基準を超える砒素のうち、宅地造成によって盛土した部分を除く自然地層から検出された砒素は、八甲田山系の温泉水等を原因として青森平野全体に堆積した専ら自然的原因によるものであるとし、売買契約上の特約に基づき売主が土壌汚染処理費用を負担する原因となる「環境省の環境基準を超える土壌汚染があった場合」にあたらないとしたものである。この判決は、売買契約上の特約の解釈、覚書の解釈について、買主が不動産取引の専門業者であることを強調しつつ、特約における「環境省の環境基準を上回る土壌汚染があった場合」には自然的原因による場合は含まれないと解するのが、当事者の合理的な意思解釈であるとした上、この事案の砒素の汚染が専ら自然的原因によるものであるとし、売主の支払責任を否定した事例として参考になるものである。この判決は、売買契約の交渉、締結における特約の内容の定め方が極めて重要であることを示したものとしても参考になる。

東京地判　平成24.9.25　判時2170.40　【判例53】

〈事案の概要〉

自動車部品等の製造、販売を業とするＹ株式会社は、その前身の会社が昭和35年７月以降、自動車部品の製造工場等として使用し、製造過程において鉛、テトラクロロエチレン、六価クロムが使用されていた土地、建物を売却することを計画し、土壌汚染対策法の指定調査機関であるＡ株式会社に土壌汚染の調査を依頼し、平成18年10月、本件土地の一部で鉛、テトラクロロエチレンが基準値を超過していることが判明し、六価クロムは検出されなかったが、親会社であるＢ株式会社に本件土地等の売却の業務を委託し、Ｂが入札要綱を作成する等したが、入札要綱には一切の瑕疵担保責任を負わない旨、基準値を超える有害物質が検出された場合には、売主負担で土壌の入れ替え工事を実施する旨が記載される等していたところ、家具等の製造、販売等を業とするＸ株式会社は、媒介業者を介して、重要事項の説明を受ける等し、購入を希望し、Ｙから、平成19年10月、代金155億円余、工場用地として使用されていた土地、建物を現況有姿、将来において土壌又は地下水に汚染が発見された場合であっても理由の如何を問わず、瑕疵担保責任を含め一切の責任を負わない旨（本件免責特約）、土壌汚染対策法で定められた調査、分析方法に準拠した土壌調査を実施した結果、一部に基準値超過があったことを確認し、Ｙが超過部分の土壌改良工事等の工事を平成20年５月末までに実施することを確約し、Ｘがこれを了承した旨、地中埋設物の存在が判明し、建物建築に支障が生じる場合には、協議の上、Ｙが処理費用を負担する旨等の特約で売買契約を締結し、その後、下水から法令に違反する六価クロムが検出され、Ｙの依頼に係る調査によって本件土地の一部から基準値を超える六価クロムの汚染（本件汚染）が判明し、Ｙは、鉛、テトラクロロエチレンによる本件土地の汚染については土壌改良工事を完了したことから、ＸがＹに対して瑕疵担保責任、債務不履行（付随義務違反）、不法行為、合意に基づき本件土地の土壌汚染の拡散防止措置費用等の損害賠償を請求した。

本判決は、本件免責特約について、本件土地における六価クロムの使用から土地中に六価クロムの存在が一般であるとの経験則がないとし、Ｙの悪意を否定し、Ｙが本件契約に先立ち土壌汚染対策法の指定検査機関に依頼し、本件土地の土壌調査をし、六価クロムが検出されなかったこと等から、本件土地上の工場で六価クロムを取り扱っていたとしても、六価クロムの本件汚染をＹが認識していなかったことにつき重大な過失は認められないとし、本件汚染につき本件免責特約を適用して、Ｙの瑕疵担保責任を認めず、Ｘの主張に係る告知義務、調査義務、保証義務違反、不法行為を否定し、損害賠償請求を棄却し、判明した地中埋設物の処理費用につき合意に基づく負担義務を認め、請求を一部認容した。

〈判旨〉

「一　争点（１）（被告について本件免責特約が適用されないことになる事情があるか。）について

（１）　原告は、被告が本件契約締結時に、本件土地につき六価クロムによる汚染が生じていたことを認識していたから、本件汚染については本件免責特約が適用されないと主張する。

しかし、被告が、本件契約締結時に、本件汚染が生じていたことを認識していたことを直接裏付ける証拠はなく、証人戊田梅夫（以下「証人戊田」という。）も、丙川は本件汚染が生じていたとは思っていなかったようだと証言する。

原告は、被告は、平成18年１月16日の時点で、本件土地においては六価クロムの使用履歴があり、六価クロムによる土壌汚染の可能性があったことを認識していたのであるから、被告は本件汚染について悪意であるとか、被告の主張を前提とすると、六価クロムが使用されていた被告の施設が、本件土地に埋設されていたものではなく、地上にあったから、六価クロムの漏洩を現認できたのであり、本件汚染について悪意であったと推認することができると主張する。しかし、本件土地上の工場において、かって、六価クロムが使用されていたという事実と本件土地に本件汚染が存在して

いるということは別個の事実であり、土地上の工場で六価クロムが使用されていれば、土地中に六価クロムが存在するのが一般であるとの経験則が存在するとは認められないから、原告の主張は採用できない。
（2）　原告は、被告が本件土地上で六価クロムを扱っていた以上、本件契約締結時に本件汚染を認識していなかったことについて重大な過失があったと主張する。

しかし、前提となる事実（3）・・・によれば、被告は、本件土地の土壌汚染機関の選定作業を行っていた平成18年4月18日、東京都環境局環境改善部有害化学物質対策課を訪問し、被告が予定していた調査方法で問題がないことを確認したこと、被告は、同月末ころ、本件土地の土壌調査機関であるDOWAを選定したこと、DOWAは、同年8月14日、同月15日及び同年9月23日に、本件土地の現地調査を実施し、同年10月、その報告書を被告に提出したことが認められる。

以上の認定事実によれば、被告は、本件契約締結に先立って、本件土地の土壌調査を行っており、しかもその方法は、土壌汚染対策法の指定調査機関であるDOWAに対して、土壌汚染対策法や東京都環境確保条例に準拠した方法によって行うよう指示したものであるところ、この土壌調査の結果、本件土地からは、基準値を超える六価クロムは検出されなかったのであるから、被告がかつて本件土地上において六価クロムを使用していたことがあるからといって、本件汚染を認識していなかったことについて、被告に悪意と同視すべき重大な過失があったとは認められない。

他に、本件全証拠によっても、以上の認定を覆すべき事実及び証拠があるとは認められない。」

〈実務上の留意点〉

この事案は、土壌汚染をめぐる判例においても取り上げたが、鉛、テトラクロロエチレン、六価クロムを扱っていた工場の土地等について、事前に専門業者による調査が実施され、調査結果が開示され、説明が行われる等して締結された売買において、売主の瑕疵担保責任の成否、免責特約の効力等が主要な争点になったものである。

この判決は、売買契約に至る経緯を詳細に認定した上、瑕疵担保責任の免責特約につき、その効力を認め、売主の悪意、重過失を否定したこと、免責特約による売主の瑕疵担保責任の免責を認めたことを判示している。
　この判決は、瑕疵担保責任の免責特約について、本件土地上の工場において、かつて、六価クロムが使用されていたという事実と本件土地に本件汚染が存在しているということは別個の事実であり、土地上の工場で六価クロムが使用されていれば、土地中に六価クロムが存在するのが一般であるとの経験則が存在するとは認められないとした上、売主の売却に当たっての専門業者に依頼して実施した検査等の事情を考慮し、売主の工場の運営による六価クロムの汚染の悪意、重大な過失を否定し、免責特約の効力を肯定し、本件に適用し、売主の瑕疵担保責任を否定した事例として参考になるものである。もっとも、この判決は、免責特約が瑕疵担保責任のみを対象とすることを前提とするもののようであるが、債務不履行責任、不法行為責任をも対象すると余地があり、免責特約の解釈として問題が残る。

3　買主の悪意・過失（善意・無過失）をめぐる判例

瑕疵担保責任（民法570条）が認められるための要件の一つとして、瑕疵が「隠れた」ものであることがある。瑕疵があったとしても、その瑕疵が隠れたものでなければ、瑕疵担保責任が認められないが、隠れたものであることは、買主が売買の目的物に瑕疵があることを知らず、かつ、知らないことに過失がないことであると解されている（古い判例であるが、大判大正13.6.23民集3.339参照）。瑕疵担保責任が認められるためには、買主が瑕疵の存在につき善意かつ無過失であることが必要である。

既に紹介した判例においても、瑕疵が「隠れた」ものであるかどうかが重要な争点になったものを見かけることがあるが、瑕疵担保責任が主張された場合、悪意・善意、過失・無過失といった事実は、誰が主張・立証責任を負うかが問題になる。民法570条の規定によると、瑕疵担保責任は、売買の目的物に隠れた瑕疵があったときと明示しているものであり（規定の内容、文言、体裁を考慮することが重要である）、主張・立証責任の分配に関する支配的な見解（法律要件分類説と呼ばれている）によれば、瑕疵担保責任に基づく権利を行使する者（買主）において瑕疵の存在のほか、瑕疵が隠れたものであること（瑕疵につき善意・無過失であること）を主張・立証すべきであると解するのが、民法570条の規定の文言、趣旨から明らかであるというべきである。しかし、従来、判例（大判昭和5.4.16民集9.376）、一部の学説は、特段の合理的な根拠を示すこともなく、また、立証責任の分配に関する支配的な見解との関係を議論することもなく、売主において買主が瑕疵の存在につき悪意であるか、善意であっても、過失があったことにつき主張・立証責任を負うものと解しているが（売主において買主が瑕疵を知っていたか、知らなくても過失があったことにつき主張・立証責任を負うものである）、合理的な見解とはいい難い（なお、この議論については、民法の各種の教科書が参考になるほか、倉田卓次監修・「要件事実の証明責任　契約法上巻」396頁以下が参考になる）。なお、仮に前記の判例（大判昭和5.4.16民集9.376）が軽視できないとしても、この判例は民法570条の規定と調和させて理解するとすると、売買の目的物に瑕疵が認められる場合には、特段の事情のない限り、買主の善意・無過失が事実上推定されるとの意味に理解すべきであろう。

瑕疵担保責任が主張された場合には、前記のとおり、買主の悪意･善意、過失・無過失が重要な争点になることがあるが、瑕疵の内容・態様、瑕疵の認識の容易性・困難性等の事情を考慮しつつ、売買契約の交渉・締結時の買主の認識、売主の説明、売主・買主の属性、売買の目的物の現況等の事情を重視して､瑕疵が隠れたものであるかを判断することが重要である。特に不動産取引においては、買主が不動産業者であったり、不動産取引に相当な経験がある者であったりした場合には、瑕疵が隠れたとの要件は、買主にとって厳格に判断されるべきである。

最一判　昭和41.4.14　民集20.4.649　判時449.43　【判例55】

〈事案の概要〉

売買の目的物である土地の大部分が都市計画街路の境域内にあるため、売買の目的物に隠れた瑕疵があるかどうかが問題になった事案について、瑕疵を認めた上、瑕疵を知らなかったことに過失があるとはいえないとした。

〈判旨〉

「また、都市計画事業の一環として都市計画街路が公示されたとしても、それが告示の形式でなされ、しかも、右告示が売買成立の一〇数年以前になされたという原審認定の事情をも考慮するときは、被上告人が、本件土地の大部分が都市計画街路として告示された境域内にあることを知らなかつた一事により過失があるとはいえないから、本件土地の瑕疵は民法五七〇条にいう隠れた瑕疵に当るとした原判決の判断は正当である。」

〈実務上の留意点〉

この判決は、瑕疵担保責任が問題になった事案について、買主が瑕疵の存在を知らなかったことに過失があるとはいえないとし、隠れた瑕疵であることを認めたものであり、瑕疵が「隠れた」ことの解釈事例、過失を否定した判断事例として参考になるものである。もっとも、この判決は、前期のとおり、過失をめぐる立証責任の所在につき疑問が残る。

千葉地松戸支部判　平成6.8.25　判時1543.149　【判例4】

〈事案の概要〉

Xは、平成２年10月、Y_1株式会社所有の土地、建物を、不動産業を営むY$_2$株式会社の仲介により購入したが（本件土地を含む近隣一帯は元水田等の軟弱な湿地帯であった）、本件土地がA株式会社により宅地造成し、建物を建築したものであり（Aの権利義務は、その後、Y_3株式会社に承継された）、不等沈下があったため（建物には傾斜約70分の１があった）、XがY_1に対しては瑕疵担保責任、Y_2に対して瑕疵を知り又は重大な過失によりこれを知らず瑕疵の存在を告げなかった等と主張し、債務不履行責任、Y_3に対して不法行為責任に基づき対沈下工事費、瑕疵修補費等の損害賠償（約996万円）を請求した。

本判決は、本件建物が傾斜していることの瑕疵を認め、これが隠れた瑕疵であり、買受当時、Xが瑕疵を知らず、過失もなかったとしてY_1の瑕疵担保責任を肯定し、Y_2につき隠れた瑕疵に気付かなかったことに善管注意義務を怠った過失があるとはいえないとし、Y_2の債務不履行責任を否定し、Aが宅地造成を専門業者に請け負わせて実施したこと等を考慮し、過失があるとはいえないとし、Aの不法行為責任を否定し、Y_1に対する請求を認容し（損害賠償の範囲を建物の価格を限度とし、工事費等の損害が約990万円とし、そのうち本件建物の価格として算出される650万円が損害であるとした）、その余の請求を棄却した。

〈判旨〉

「被告富士物産は、右の点をとらえて、原告に過失がある旨主張する。

④　しかしながら、原告は、土地建物の測量を業としたことはない。のみならず、本件不動産の前居住者の訴外八景が、これを被告富士物産に売却するに際し、同被告及び仲介人の被告住友販売に対し、一見して明らかな、一階階段そばの天井に染みがある事実のみを告げ、本件建物に傾斜のある事実を告げなかったこともあり、原告に本件不動産を仲介し、原告と共に本件建物内に入り、これを案内した被告住友販売の社員も、また、本件不動産を、訴外八景から買い受けるに際し、及びこれを原告に売却するに際

し、何度か本件建物内に入り、自らこれを点検した被告富士物産の代表取締役も、同人の依頼により本件建物のリフォーム工事を担当した訴外柏住宅の従業員も、誰も本件建物の傾斜に気付いていない。その理由を推測するに、傾斜の程度が一見して気付く程ではなかったことと、後記のとおり、本件建物を建築するに際し、ベタ基礎工法が採用されたが、ベタ基礎工法を採用すると、建物が傾斜した場合にも、全体に傾斜するため、土台や壁等に亀裂が走る等して建物が損傷することが少ない（そのため、気付くのが遅れることがよく見られる。）うえ、本件建物のリフォーム工事が行われて、きれいになっていたこと等が原因ではないかと推認される。

したがって、原告が、入居前にこれに気付かなかったことについて過失があるとはいえないし、入居後残代金支払日までの一週間についても、本件建物に宿泊したのは三日のみ、（比較的傾斜の少ない二階の和室において）であり、しかも、家中ダンボールだらけの状態であり、落ち着いて家の状態を点検する余裕はなかったものと認められるから、全く予期しない家の傾斜などに気付かなかったとしても、過失があるとはいえない。

２　よって、本件瑕疵は、「隠れた」瑕疵というべきであるから、被告富士物産が、売主として、瑕疵担保責任を負うことは明らかである。」

〈実務上の留意点〉

この事案は、土地の地盤等をめぐる判例でも取り上げたが、元水田等の軟弱な湿地帯であった土地が宅地造成され、建物が建築され、販売され、購入した個人が、土地に不等沈下があり、建物に傾斜約70分の１があったと主張し、売主に対して瑕疵担保責任を追及する等したものであり、瑕疵が隠れたこと等が争点になったものである。

この判決は、売主の瑕疵担保責任について、瑕疵につき買主が気付かず、気付かなかったことにつき過失があるとはいえないとし、隠れた瑕疵であることを認め、売主の責任を肯定したものであり、その旨の事例として参考になる。もっとも、この判決は、瑕疵の存在を知らなかったことに過失があったかどうかを問題にしているものであり、前記のとおり、瑕疵担保責任に関する立証責任のあり方に照らすと、疑問が残る。

東京地判　平成23.1.27　判時2110.83　判タ1365.124【判例51】

〈事案の概要〉

都内のA特別区（大田区）のX土地開発公社は、Y株式会社の所有する土地（土地に一部には鉱物油の貯蔵、保管を目的とするタンクが設置されていた）につきB株式会社に依頼し、都条例、土壌汚染防止指導要綱に基づく土壌調査を行い、総水銀及びフッ素が基準値を超過していること、揮発性の高い油臭があることが判明したものの、Yが要綱に依拠した調査を行ったところ、汚染は認められないとの報告書を提出し、汚染拡散防止計画書を提出したことから、工場アパート用地として代金15億9726万円余、売主が更地とし、整地をした後、買主が有害物質が基準値以下であるか否かにつき土壌汚染調査を行う旨、調査の結果、基準値を超えた有害物質の存在が判明したときは、これを除去し、基準値以内にある状態にして、このことを証する調査結果報告書に提出する旨の特約でYから購入し(水銀、フッ素については汚染拡散防止対策が実施された)、YがC株式会社等に依頼して土壌環境調査等を行ったところ、土地の一部で油分、鉛等が検出されたことから、D株式会社等に依頼して油分等を除去する工事を施工する等した後、Xは、A特別区に本件土地を売却し、A特別区がE財団法人に本件土地からの土の搬入を依頼したものの、これが拒否されたこと等から、A特別区はXに対して瑕疵担保責任に基づき損害賠償を求めたため、XがYに対して油分の処理費用相当額につき瑕疵担保責任に基づき損害賠償を請求した。

本判決は、本件売買契約においては特別区の指導基準をもって瑕疵の判断基準とする合意をしたものと認めるのが相当であるとした上、指導基準を超える油分が存在したことが瑕疵に当たるとしたものの、Xがこのことにつき知っていたか、少なくとも知るべきであったから、Xは瑕疵につき悪意・有過失であったとし、瑕疵担保責任を否定し、請求を棄却した。

〈判旨〉

「二　争点②（原告は本件土地の瑕疵について悪意・有過失であったか）

について

（１）被告は、原告が本件土地の瑕疵について悪意・有過失であったと主張するので、この点について検討する。

前記認定事実によれば、①被告は、平成一四年一〇月二二日、本件報告書一及び本件添付資料を大田区に提出していたものであるが、本件添付資料のうち「３　土質柱状図」において、BM－１地点ないしBM－５地点の土壌の詳細を調査した結果、BM－３地点の深度二・七ｍ地点において「揮発性の高い油臭あり。」との記載がある、②大田区と原告は、平成一五年三月一三日付けの本件覚書において、本件土地の取得を大田区に代わって原告に依頼すること、及び原告において「基礎杭の撤去工事に要する費用及び油による汚染土壌の浄化処理に要する費用の一部として、売買代金の一部を留保できるものとする。」旨合意した、③大田区は、本件土地の取得を依頼した原告に対し、同月二三日ころ発出された本件通知をもって、売買契約の条件等を通知し、その中で、「土壌汚染について環境保全課の指導により調査済、一部汚染が見られるので処理予定。ただし、油についてはタンク下部の土壌についてのみ調査のため、今後、調査及び処理を申し入れる予定。」と連宅した、④本件売買契約の契約書三条では、売買代金の一部である一億円の支払が油分を含む「有害物質が同表の基準以下であることを確認するまで」留保されたというのである。また、⑤その後、原告と大田区の間でされた用地取得契約の当事者は「大田区　大田区長職務代理者　大田区助役　丙川竹夫」と「原告理事長　丙川竹夫」であり、同一人物であったことが認められ、原告が大田区とは別の法人格であると主張するのは建前でしかなく、本件売買契約に係る情報は共有されていたものとみるのが相当である。

そうすると、原告は本件調査検出油分の存在を知っていたから、本件土地に本件指導基準を超える油分が存在することを知っており、少なくともそれを知るべきであるから、本件土地の瑕疵について悪意・有過失であったと認めるべきである。

（２）　これに対し、原告は、本件調査検出油分が存在したからといって、通常の処理方法を超える特別な処理を必要とする大量の油分が存在することを明確に示唆するものではないから、原告は本件土地の瑕疵について悪意だったということはできないと主張する。

しかしながら、瑕疵の有無は油分が大量に存在するが否かで決せられるのではなく、本件指導基準を超える油分が存在するか否かで判断されるべきであるから、本件油分が「大量」であることを知らず、また、知り得なかったとしても、瑕疵について悪意・有過失であることを否定することはできない。原告は、地理的な関係から本件土地からの建設発生土を東京港埠頭公社で処理することは必然であったと主張するが、そうであれば、海洋投入処分を前提とする本件公社基準すなわち昭和五一年告示基準の①検液一リットルにつき油分が一五mg以下であること、及び②投入処分時に視認できる油膜が生じないことを充たすことが必要となるが、原告及び大田区においては、本件土地の油分の含有量を調査したことすらない上、上記の②の基準を充たすためには、およそ油分が認められない程度であることを確認すべきであったのであり、「大量」でなければよいなどという判断は、臨海部の処分場を利用しようとする限り、法令上も許されない判断であったというほかなく、過失を否定する余地はない。」

〈実務上の留意点〉

この事案は、土壌汚染をめぐる判例においても取り上げたが、特別区の土地開発公社と鉱物油を保管するタンクが設置されていた土地の所有者が双方とも土壌調査を実施し、売主が汚染が認められない旨の報告書等を提出したことから、売主が更地にした上で、買主が有害物質が基準値以下であるか否かにつき土壌汚染調査を行う旨、調査の結果、基準値を超えた有害物質の存在が判明したときは、これを除去し、基準値以内にある状態にして、このことを証する調査結果報告書に提出する旨の特約で売買契約を締結し、公社が特別区に売却したものの、油分等が存在し、特別区が公社に対して損害賠償を求め、公社が会社に対して損害賠償責任を追及し、売主の瑕疵担保責任が問題になり、隠れた瑕疵の有無等が争点になったものである。

この判決は、公社と会社との間の土地の売買契約の締結時に土地に指導基準を上回る油分が存在したものであり、瑕疵があるとしたが、土壌調査の結果、指導基準を超える油分の存在が判明し、特別区に連絡される等していたところ、公社の理事長が特別区の幹部職員であった等の事情から、公社が土地に指導基準を超える油分が存在することを知っており、少なくともそれを知るべきであるから、瑕疵につき悪意・有過失であったとし、売主の瑕疵担保責任を否定したものであり、瑕疵があったものの、隠れたとの要件を否定した事例として参考になる。もっとも、この判決は、瑕疵の存在を知っていたか、知らなかったとしても過失があったかどうかを問題にしているものであり、前記のとおり、瑕疵担保責任に関する立証責任のあり方に照らすと、問題である。

4　権利行使の期間をめぐる判例

土地の取引において発生する権利は、所有権を除き、権利の行使期間が限定されているものであり、典型的な権利の行使期間の制限は、民法166条以下の消滅時効である。土地の取引をめぐる法的な紛争においては、瑕疵担保責任のほか、債務不履行責任、不法行為責任等の法的な責任が問題になり得るが、これらのうち、債務不履行責任につき前記の消滅時効に関する規定が適用される。他方、不法行為責任については、民法724条に損害賠償請求権の期間の制限の特則が定められており、期間３年間の短期消滅時効と期間20年間の除斥期間が定められ、これらの期間の制限が適用される。

瑕疵担保責任については、契約の解除又は損害賠償の請求は、買主が事実を知った時から１年以内にしなければならないとされ（民法570条、566条３項）、この期間の性質、権利行使の方法等が問題になることがある。なお、この権利行使の期間の制限については、特約においてこの民法の規定と異なる内容を定めることができるかが問題になることもある（民法572条）。また、商人間の売買においては、買主は、売買の目的物を受領したときは、遅滞なく、その物を検査しなければならず（商法526条１項）、瑕疵があることを発見したときは、直ちに売主に対してその旨を通知しなければ、その瑕疵を理由として契約の解除又は損害賠償の請求をすることができず（同条２項）、売買の目的物に直ちに発見することのできない瑕疵がある場合において、買主が６か月以内にその瑕疵を発見したときも、同様であると定められている（同条２項）。

瑕疵担保責任に基づく買主の権利行使については、これらの民法、商法の各規定が適用されるものであるが、解釈上問題になる事項があり、以下、参考になる判例を紹介したい。

最三判　平成4.10.20　民集46.7.1129　判時1441.77　判タ802.105　【判例56】

〈事案の概要〉

民法566条３項の１年間の期間の性質、期間内の権利行使の性質が問題になった事案について、この期間は除斥期間であるとし、瑕疵担保による損害賠償請求権を保存するには、この請求権の除斥期間内に、売主の担保責任を問う意思を裁判外で明確に告げることをもって足り、裁判上の権利行使をするまでの必要はないとした。

〈判旨〉

「商法五二六条は、商人間の売買における目的物に瑕疵又は数量不足がある場合に、買主が売主に対して損害賠償請求権等の権利を行使するための前提要件を規定したにとどまり、同条所定の義務を履行することにより買主が行使し得る権利の内容及びその消長については、民法の一般原則の定めるところによるべきである。したがって、右の損害賠償請求権は、民法五七〇条、五六六条三項により、買主が瑕疵又は数量不足を発見した時から一年の経過により消滅すると解すべきであり、このことは、商法五二六条の規定による右要件が充足されたこととは関わりがない。そして、この一年の期間制限は、除斥期間を規定したものと解すべきであり、また、右各法条の文言に照らすと、この損害賠償請求権を保存するには、後記のように、売主の担保責任を問う意思を裁判外で明確に告げることをもって足り、裁判上の権利行使をするまでの必要はないと解するのが相当である。

これを本件についてみるのに、原審の確定したところによれば、被上告人は昭和五四年一二月末ないし翌五五年一月初めに、本件売買目的物に瑕疵があることを知ったものであるところ、その瑕疵があったことに基づく損害賠償を求める本訴を提起したのは、右の最終日から一年以上を経過した昭和五八年一二月七日であったことが記録上明らかである。そうすると、除斥期間の経過の有無について何ら判断することなく、被上告人の請求を認容すべきものとした原判決には理由不備の違法があり、原判決はこの点において破棄を免れない。そして、右に説示したところによれば、一年の期間経過をもって、直ちに損害賠償請求権が消滅したものということはできないが、右損害賠償請求権を保存するには、少なくとも、売主に対し、具体的に瑕疵の内容とそれに基づく損害賠償請求をする旨を表明し、請求する損害額の算定の根拠を示すなどして、売主の担保責任を問う意思を明確に告げる必要がある。」

〈実務上の留意点〉

この判決は、瑕疵担保責任に基づく権利行使に対する期間の制限（民法570条、566条３項）の性質等が問題になった事案について、消滅時効ではなく、除斥期間の性質をもつ期間の制限であるとした上、権利を行使する場合、１年以内に裁判上の権利行使をする必要はなく、売主の担保責任を問う意思を明確に告げることが必要であり、それで足りるとしたものであり、理論的に重要な判断を示したものである。

なお、消滅時効と除斥期間の違いは、除斥期間の場合には、当事者の援用が必要ではないこと（民法145条参照）、期間の中断がないこと（同法147条以下参照）、期間の停止がないこと（同法158条以下参照）等の違いがある。

最三判　平成13.11.27　民集55巻６号1311頁
判時1769号53頁　判タ1079号195頁　【判例57】

〈事案の概要〉

瑕疵担保責任に基づく損害賠償請求権につき消滅時効の適用があるか問題になった事案について、消滅時効の規定の適用があるとした。

〈判旨〉

「（１）　買主の売主に対する瑕疵担保による損害賠償請求権は、売買契約に基づき法律上生ずる金銭支払請求権であって、これが民法167条１項にいう「債権」に当たることは明らかである。この損害賠償請求権については、買主が事実を知った日から１年という除斥期間の定めがあるが（同法570条、566条３項）、これは法律関係の早期安定のために買主が権利を行使すべき期間を特に限定したものであるから、この除斥期間の定めがあることをもって、瑕疵担保による損害賠償請求権につき同法167条１項の適用が排除されると解することはできない。さらに、買主が売買の目的物の引渡しを受けた後であれば、遅くとも通常の消滅時効期間の満了までの間に瑕疵を発見して損害賠償請求権を行使することを買主に期待しても不合理でないと解されるのに対し、瑕疵担保による損害賠償請求権に消滅時効の規定の適用がないとすると、買主が瑕疵に気付かない限り、買主の権利が永久に存続することになるが、これは売主に過大な負担を課するものであって、適当といえない。

したがって、瑕疵担保による損害賠償請求権には消滅時効の規定の適用があり、この消滅時効は、買主が売買の目的物の引渡しを受けた時から進行すると解するのが相当である。

（２）　本件においては、被上告人が上告人に対し瑕疵担保による損害賠償を請求したのが本件宅地の引渡しを受けた日から21年余りを経過した後であったというのであるから、被上告人の損害賠償請求権については消滅時効期間が経過しているというべきである。」

〈実務上の留意点〉

この判決は、瑕疵担保責任に基づく損害賠償請求権に民法167条の消滅時効の規定が適用されるかが問題になった事案について、これを肯定した上、消滅時効の起算点が買主において売買の目的物の引渡しを受けた時であるとしたものであり、理論的に重要な判断を示したものである。

なお、前記の【判例64】（最三判平成4.10.20民集46.7.1129、判時1441.77、判タ802.105）は、１年間の期間につき除斥期間であるとしたものであるが、この判決は、この期間の制限とは別に、民法の一般の消滅時効に関する規定の適用があるかが問題になり、これを肯定し、その起算点が目的物の引渡しを受けた時であるとしたことに重要な特徴がある（民法570条、566条３項の期間の起算点は買主が瑕疵を知った時である）。

東京地判　平成19.7.23　判時1995.91【判例36】

〈事案の概要〉

X_1、X_2は、平成12年８月、ＹからＹ所有の土地（雑種地。従前は、X_1

が代表取締役を務めるＡ株式会社が賃借して資材置き場として使用していた）を代金8719万6000円で購入し（X_1が持分３分の２、X_2が持分３分の１）、平成16年５月頃、第三者に土地を売却しようとし、その準備のため土壌調査を実施し、地中を掘削したところ、大量の建築資材、ガラ、ビニール紐が埋設されていたことが判明したため、Ｙに対して瑕疵担保責任に基づき廃棄物の除去費用の損害賠償を請求した。

本判決は、地中に広範かつ大量の廃棄物が埋設されているところ、廃棄物の存在により通常の土地取引の対象とすることが困難になるものであるとし、土地として通常有すべき一般的性質を備えないものであるとし、隠れた瑕疵を認め、X_1らが廃棄物の存在を知っていたとはいえず、X_1らが廃棄物の存在を認識したのは土壌調査を実施した時であり、その後調停を申し立てる等したとして期間（除斥期間。民法570条、566条３項）の制限の適用を否定し、請求を認容した。

〈判旨〉

「(１)　争点（１）（本件契約当時、原告らは本件廃棄物の存在を知っていたか。）について

原告らは、被告から本件土地を買い受けたものであるところ、前記一の認定事実（以下「認定事実」という）はイ、ウのとおり、本件土地の地中には本件廃棄物が存在することが認められる(そして、後記(３)の争点(３)についての判断のとおり、本件廃棄物は本件土地の地中に広範かつ大量に存在するものと認められる。)。そうすると、本件土地は、本－廃棄物の存在によりその使途が限定され、通常の土地取引の対象とすることも困難となることが明らかであり、土地としての通常有すべき一般的性質を備えないものというべきであるから、本件廃棄物の存在は本件土地の瑕疵に当たるものと認めるのが相当である。

これに対し、被告は、原告らが本件廃棄物の存在を知っていたから、被告に対し瑕疵担保責任を問うことはできないと主張するので、以下、判断する。

ア（ア）被告は、原告太郎が代表取締役を務める甲野組が、当初契約ないし本件契約を締結する相当程度以前から本件土地を資材置場として使用し、更には本件土地を繰り返し掘り返していたから、原告らは、本件契約

時に本件廃棄物の存在を知っていたと主張する（第三の二（１）（被告の主張）ア）。
（イ）　しかしながら、認定事実（１）イによれば、甲野組が昭和62年から本件土地を賃借し、資材置場として使用していた事実は認めることができるものの、本件土地を繰り返し掘り返していたというような事実を認めることのできる証拠はない。

また、認定事実（４）ウによれば、本件廃棄物が存在している位置は、盛土部分を除去した後の地表面から表層部分のおおむね0.4メートルより下に存在するものであることからすれば、特段の事情が認められない限り、地表面から直ちに本件廃棄物の存在を知ることは困難であり、原告太郎が代表者を潜める甲野組が本件土地を資材置場として使用していたとしても、そのことから、直ちに原告太郎が本件廃棄物の存在を知っていたものと推認することはできない。そして、他に、原告らが本件契約前から本件廃棄物の存在を知っていたことを認めるに足りる特段の事情があることは、証拠上、認められない。

したがって、被告の上記主張は採用することができない。
（ウ）　なお、認定事実（２）イによれば、本件土地の盛土部分の法面には、本件当初契約以前から所々にコンクリートの破片、木材等が見えており、原告太郎も、本件土地の盛土部分には、残土以外の物が混入している可能性を認識していたことが認められる。

しかしながら、原告らが隠れた瑕疵として主張する本件廃棄物は、上記（イ）のとおり、地表面からおおむね0.4メートルの表層部の更に下に存在していることからすれば、本件土地の盛土部分の法面に外部から異物の混入を認識することができたとしても、原告太郎が、盛土部分を除去した後の地表面から更に地下に掘り進んだ部分に本件廃棄物が存在することまで知ることができるものと認めることはできない。」

〈実務上の留意点〉

この事案は、土地の地中物をめぐる判例としても取り上げたが、資材置場として使用されていた土地が売買され、買主らが購入後、第三者に売却しようとし、土壌調査を実施したところ、大量の建築資材、ガラ、ビニール紐が埋設されていたことが判明し、買主らが売主に対して損害賠償責任を追及し、民法570条、566条３項所定の期間の制限等が問題になったものである。

この判決は、買主の一人が代表取締役である会社が長年土地を資材置場として使用していたことから、残土以外の物の混入している可能性を認識していたが、廃棄物が地表面から表層部分のおおむね０．４メートルより下に存在するものであり、特段の事情が認められない限り、地表面から直ちに廃棄物の存在を知ることは困難であるとし、廃棄物の存在を知っていたと推認することはできないとし、民法５７０条、５６６条３項所定の除斥期間内に訴訟が提起されているとし、その適用を否定したものであり、その旨の事例として参考になる。

大阪高判　平成25.7.12　判時2200.70　【判例40】

〈事案の概要〉

Ｙ市（御所市）は、昭和38年頃から平成元年末まで土地上にゴミ焼却場を設置して稼働していたところ、その頃、焼却場を閉鎖し、土木、建築業を営むＡ株式会社に焼却場施設の解体工事、ゴミの撤去を依頼した上、Ａに土地の買取りを求め、平成２年３月、Ａとの間で、工業団地用地として代金４億円で同土地を売却する契約を締結し、Ａに引き渡され、Ａは、前記土地と他の土地を併せて合筆した後、26筆の土地に分筆し、問題になった土地は、その一部の３筆の土地である（本件土地）が、本件土地につき整地、造成工事を行い、Ｘ株式会社は、平成18年11月に設立され、新設分割によりＡの本件土地の売買契約上の買主の地位を包括的に承継した後、平成20年６月、隣接地で中間処理業を営んでいたＢ株式会社に、本件土地を代金２億1000万円で売却し、Ｂは、再資源化工場の建設のため仮設道路の設置工事に着手したところ、法面に産業廃棄物を検出したことから、Ｘに連絡し、同年10月、Ｃ株式会社にボーリング調査を依頼し、Ｃの調査の結果、本件土地の地中には、ゴミ、コンクリートガラ、アスファルトガラ、レンガ、鉄片等の産業廃棄物が広範囲に埋設され、一部には鉛に汚染されていることが判明したことから（なお、Ｙの本件売買契約当時のＤ市長は、その就任前はＡの監査役であり、その退任後はＡの取締役であった）、ＸとＢは、平成21年９月、簡裁において、本件土地の隠れた瑕疵により３億

400万円の支払義務があること等を内容とする即決和解をし、Ｘは、平成21年12月、Ｙに対して、選択的に瑕疵担保責任、債務不履行責任、不法行為責任に基づき３億円の損害賠償を請求した。

第一審判決は、請求を棄却したため、Ｘが控訴した。

本判決は、廃棄物等を埋設したのがＹであると認定した上、本件焼却場は産業廃棄物の最終処分場ではなかったから、焼却場の存在を知っていたからといって廃棄物が地中に埋設されていることを知っていたとの根拠にはならない等とし、Ａの廃棄物の埋設に関する悪意、過失を認めるに足りる証拠はないとし、不法行為責任について、建物の建築に支障となる質・量の異物が地中に存在するため、土地の外観から通常予測され得る地盤の整備・改良の程度を超える特別の除去工事等を必要とする場合には、宅地として通常有すべき性状を備えていないとし、土地の瑕疵を認めるのが相当であるところ、本件では、本件土地の用途、売買の目的、廃棄物の内容・量、必要な工事の内容等を考慮し、廃棄物の存在が土地の瑕疵に当たるとし、鉛の汚染については、土壌汚染対策法所定の基準を超えているものの、本件売買契約当時には土地の瑕疵と認めるのが困難であるとし、ＹがＡに対して廃棄物を埋設した事実を知りながら、何ら告知・説明しなかったとして、Ｙの不法行為を肯定し（なお、瑕疵担保責任、債務不履行責任に関する主張は、不法行為に基づく損害賠償額以上のものが認められる余地がないとし、判断されていない）、消滅時効については、Ｘが廃棄物の存在を知ったのが、Ｃから連絡を受けた平成20年10月であったとし、Ｙの主張を排斥し、損害額については、即決和解の金額から鉛による汚染の浄化措置費用を控除した額が相当因果関係があるとし、原判決を変更し、Ｘの請求を一部認容した。

〈判旨〉

「五　不法行為の消滅時効の援用の当否（争点（６））について

前記認定事実によれば、控訴人が本件廃棄物の存在を知ったのは、どんなに早くても山本商事から本件廃棄物の存在の連絡を受けた平成20年10月２日であることが認められ、控訴人は、それから３年以内である平成21年12月22日に本件訴訟を提起しているから、不法行為責任の消滅時効期間は未だ満了していない（民法724条）。

したがって、被控訴人の消滅時効の主張は失当である。」

〈実務上の留意点〉

この事案は、土地の地中物をめぐる判例、土壌汚染をめぐる判例としても取り上げたが、ゴミ焼却場を稼動していた市から焼却場の解体工事、ゴミの撤去を依頼された土木・建築業者が土地を購入し、転売した後、転売に係る買主が調査を実施したところ、ゴミ、コンクリートガラ、アスファルトガラ、レンガ、鉄片等の産業廃棄物が広範囲に埋設され、一部には鉛に汚染されていることが判明し、転売の当事者間で即決和解がされたことから、転売の売主が市の損害賠償責任を追及し、不法行為責任の消滅時効の成否等が問題になったものである。

この判決は、土地の売買契約当時、土木・建築業者が地中の産業廃棄物の存在につき悪意・過失がないとした上、土地の瑕疵を何ら告知・説明しなかったとし、売主である市の不法行為責任を肯定した上（鉛の存在については不法行為を否定した）、不法行為責任の消滅時効（民法724条前段参照）による消滅を否定したものであり、事例を提供するものである。

5　債務不履行責任をめぐる判例

土地の取引において、土地が軟弱地盤であったり、地中物が存在したり、土壌が汚染されたりし、土地の性状に土地の使用・収益・処分につき支障があるような場合、法的な責任は、売主、仲介業者、調査業者、土壌改良業者等について問題になり得るし、この場合、契約関係の存否を前提とし、契約上の責任、不法行為上の責任が問題になる。売主の法的な責任については、買主が被害を被ったと主張する場合には、売主の瑕疵担保責任が問題になり、買主から法的な根拠として主張されることが通常であるが、近年は、債務不履行責任、不法行為責任が主張される事例も目立つようになっている。

瑕疵担保責任と債務不履行責任との関係については、従来、瑕疵担保責任の法的な性質等をめぐる議論があり、その議論の中で債務不履行責任との関係も議論されてきたところであるし、土地の性状の不備に関する瑕疵担保責任については、瑕疵が否定される場合には、別に債務不履行責任が認められる可能性があるか等も問題になり得るところである（後者の場合には、別に不法行為責任が認められる可能性があるかが問題になり得る）。

土地の取引において土地の性状が問題になった事例について、以下、債務不履行責任をめぐる判例を紹介したい。

東京地判　平成7.12.8　判時1578.83　【判例28】

〈事案の概要〉

Ｘは、Ｙ都（東京都）に公園用地として所有土地を売却し、昭和60年７月、代替としてＹから代金９億5114万120円で土地（従前は食品工場の敷地であった）を購入したが、本件土地は元工場用地であり、売買契約の締結に先立ち、Ｙが地中埋設物等の調査を実施し、撤去して整地して引き渡したところ、Ｘが昭和61年７月頃本件土地上にレストランを建設し、その後、平成４年６月、レストランを解体し、Ａ学校法人医学部附属病院の看護婦寮を建設する工事を開始したところ、地中埋設物（従前の建物の基礎部分に当たるコールタールを含んだレンガ等、その下の松杭が土地の全域に存在した）を発見したため、ＸがＹに対して債務不履行責任、瑕疵担保責任に基づき埋設物の撤去費用の損害賠償を請求した。

本判決は、埋設物の調査・撤去の合意を否定したが、信義則上従前の土地の使用形態に見合った利用のため埋設物の調査･撤去義務があるところ、Ｙの調査・撤去は調査義務違反に当たらないとし、瑕疵担保責任については本件土地は中高層建物の建築のためには相当多額の費用がかかる埋設物の撤去工事が必要であるから、高層建物の可能性のある土地として通常有すべき性状を有していないとし、隠れた瑕疵を認めたものの、瑕疵担保免責特約があり、この特約が無効とはいえない等とし（Ｙの悪意、重過失を否定した）、請求を棄却した。

〈判旨〉

「(四)　前記認定のとおり、被告は原告から本件土地の地中埋設物についての話を受けており、前記認定事実に照らすと、同土地の売買契約時には、同土地に地中埋設物が存在する可能性を相当程度の確率で予想していたことが推認でき、しかも、同土地が銀ビス工場の跡地であったとの話であることからすれば、その地中埋設物も工場の残置物件としてかなり大規模な物件であることは予想し得たと推認できる。その上、右（三）のとおり、被告としては、原告に対し、従前の土地の使用形態を維持し得るような状態で本件土地を引き渡すことが必要であったのであるから、以上の諸点を総合的に考慮すると、右のような事実関係の下においては、原告と被告との間で本件土地の地中埋設物の調査及び撤去を行う契約が成立したものとまでは認められないものの、被告には、信義則上、本件土地の売買契約に付随する義務として、原告に対して地中埋設物の存在の可能性があることを説明して原告の了解を得るか、あるいは従前の土地の使用形態に見合った利用に支障がないよう、地中埋設物を調査して支障のある埋設物については除去する義務を負っていたと解するのが相当である。

本件では、原告の方から被告に対し、本件土地の地中埋設物を撤去して欲しい旨要求していたのであるから、被告は、従前の土地の使用形態に見合った利用に支障がないよう、本件土地の地中埋設物を調査して支障のある埋設物については除去する義務を負っていたというべきである。

・・・・

（二）　前記説示のとおり、本件土地に関する被告の義務は、従前の土地の使用形態に見合った利用をする場合に、支障がないように地中埋設物を調査し、支障ある埋設物については除去することを内容とすると解するのが相当であるところ、《証拠略》によれば、原告は、本件買収用地において、駐車場を経営していたこと、本件レストランの基礎部分は、約一メートルの深さであったところ、右基礎工事の際には、何ら支障がなかったことが認められ、また、前記のとおり、原告は本件土地取得後、昭和六一年七月ころ本件レストランを建築して翌六二年四月ころから営業を始めたが、本件レストランを解体して本件看護婦寮の建設工事を開始した平成四年六月下旬頃まで､何ら支障なく本件土地を使用していたことも考え合わせると、前記認定に係る本件調査及び撤去の方法は、その義務に違反したものとは認められず、債務不履行にはあたらないといわざるを得ない。

なお、コールタールについては除去不可能として埋め戻されているが、前記のとおり、その後の本件レストランの建築及び営業に何ら支障がなかったことからすれば、右埋戻の事実をもって、債務不履行にあたるとは認められない。」

〈実務上の留意点〉

この事案は、土地の地中物をめぐる判例においても取り上げたが、都内の土地の所有者である個人が都に公園用地として所有土地を売却し、個人が都から代替地を購入したところ、個人がその後に地中に従前の建物の基礎部分に当たるコールタールを含んだレンガ等、その下の松杭が土地の全域に存在することが判明したことから、都に対して埋設物の撤去費用の損害賠償を請求し、債務不履行責任等が問題になったものである。

この判決は、個人と都との間では本件土地の地中埋設物の調査及び撤去を行う契約が成立したものとまでは認められないとしたが、都は、信義則上、本件土地の売買契約に付随する義務として、買主である個人に対して地中埋設物の存在の可能性があることを説明して個人の了解を得るか、あるいは従前の土地の使用形態に見合った利用に支障がないよう、地中埋設物を調査して支障のある埋設物については除去する義務を負っていたとし、この事案では、都は、従前の土地の使用形態に見合った利用に支障がないよう、本件土地の地中埋設物を調査して支障のある埋設物については除去する義務を負っていたとしたものの、都が行った調査及び撤去の方法は、その義務に違反したものとは認められず、債務不履行には当たらないとし、売主である都の債務不履行責任を否定したものであり、その旨の債務不履行責任を否定した事例として参考になる。

東京地判　平成16.10.28　判時1897.22　【判例33】

〈事案の概要〉

不動産業者であるX株式会社は、A株式会社の仲介により、Yから分譲目的、代金7200万円、現状有姿で売り渡す、瑕疵担保責任の範囲を雨漏り等一定の事由に限定する旨の特約で土地建物を購入したところ、本件土地の中央部を横切る、隣接する土地の所有者B（Yの弟）と共有、共用の生活排水管が埋設され、隣地に跨る浄水槽等が設置されていたことから、建物を取り壊して本件土地を分譲することが困難になったため（Bが撤去に反対したため、Aは、B、Y、Xとの間の話し合いの場を設けたが、物別れに終わり、Bが撤去に応ずる考えがない旨を明言した）、Yに対して瑕疵担保責任、告知義務違反による債務不履行責任に基づき損害賠償を請求した（Xは、Aから仲介手数料の返還を受けた）。

本判決は、排水管、浄水槽等が隠れた瑕疵に当たるとし（損害賠償の範囲は、信頼利益に限られるとした上、転売の解約違約金相当額、解除による原状回復義務のための建物に付した火災保険料の損害を認め、分譲代金の下落分、銀行金利負担分、固定資産税・都市計画税分の損害に関する主張を排斥した）、Yが排水管等の存在を知りながら告げなかったとし、特約の適用を制限し、信義則上の告知義務違反による債務不履行は法定責任である瑕疵担保責任とは相容れないし、本件では告知義務違反は認められないとして債務不履行を否定し、請求を認容した。

〈判旨〉

「五　争点（4）について

（1）　特定物の売主の瑕疵担保責任は、売買の目的物に原始的な瑕疵が存在するため売買契約がその給付不能の範囲において無効であることを前提とする法定の無過失責任であるから、契約が有効であることを前提とする債務不履行による損害賠償責任の場合とは異なり、その損害賠償の範囲は、目的物に不完全な点がなかったならば買主が得たであろう利益（履行利益）を失ったことによる損害には及ばず、買主が目的物に不完全な点があることを知ったならば被ることがなかったであろう損害（信頼利益）に限ると解するのが相当であり、その信頼による特別事情から生じた損害については民法416条２項を準用するのが相当である（大阪高判昭和35年８月９日判タ110号62頁、名古屋高判昭和40年９月30日判タ184号132頁参照）。

なお、原告は、上記のとおり、法定責任説に立ち損害賠償の範囲について信頼利益に限るとの立場に立つとしても、不動産という重要な財産の売買契約の当事者となった場合には、売主としては、当該特定物を引き渡せば足りるというだけでなく、買主に損害を与えるような事情が存在する場合には信義則上当該事情を告知する義務を負うとして、債務不履行に基づく損害賠償責任を負うべきと主張する。この原告の見解は、瑕疵担保責任の法定の無過失責任と解する上記の立場とは相容れない独自の見解というべきであって直ちに採用することはできないと解されるが、仮に、そのような立場に立つことができるとしても、売主が信義則上上記のような告知義務を負うのは、瑕疵の内容からして買主に損害を与えることが明白であるにもかかわらず売主がそれを知悉しながらあえて告げなかったような極めて例外的な場合に限られるというべきである。

ところで、三において検討したとおり、本件において、被告は少なくとも本件浄化槽が共有共用であることを認識していたことが認められるが、一方で、一（２）及び（５）において認定したとおり、被告は、ちばリハウスに対し、甲野二郎が他の相続人が土地を売却しようとした際いやがらせをした経緯があったこと及び従前甲野二郎から自分の許可なく本件土地を売ることができないといわれたことがあったこと等を伝え、同人との間で問題がないかどうか確認することを依頼したこと、その上でちばリハウスから特段の問題の指摘を受けなかったことから本件売買契約締結に至ったこと、本件売買契約締結後甲野二郎に対して書面にて本件不動産を売却したことについて意見を求めたが、それに対し甲野二郎は何らの応答をしなかったことが認められる。結局のところ、これらの事実を総合すると、本件売買契約締結当時、甲野二郎が本件排水管等の撤去に反対して原告に損害を与えることが明白であり、それを被告が知悉しながらあえて告げなかったとまで認めることはできないと解される。したがって、この点に関する原告の主張を採用することはできない。」

〈実務上の留意点〉

この事案は、土地の地中物をめぐる判例としても取り上げたが、不動産業者が分譲目的で土地建物を購入し、引渡し後、担当者が現地の境界等の確認を行っていたところ、隣接地と共用の排水管、浄化槽等が存在すること等が判明し、建物の取壊し、土地の分譲が困難になったため、売主の債務不履行責任等が問題になったものである。

この判決は、売主としては売買の目的物を引き渡せば足りるというだけでなく、買主に損害を与えるような事情が存在する場合には信義則上事情を告知する義務を負うとして、債務不履行に基づく損害賠償責任を負うべきであるとの見解は、瑕疵担保責任の法定の無過失責任と解する立場とは相容れない独自の見解であるとしたこと、仮に、この立場に立つことができるとしても、売主が信義則上上記のような告知義務を負うのは、瑕疵の内容からして買主に損害を与えることが明白であるにもかかわらず売主がそれを知悉しながらあえて告げなかったような極めて例外的な場合に限られるとしたこと、本件ではこのような事情が認められないとし、告知義務違反を否定したことを判示したものであり、理論的に参考になる見解を示すとともに、売主の告知義務違反の債務不履行責任を否定した事例としても参考になるものである。

東京地判　平成18.9.5　判時1973.84　【判例42】

〈事案の概要〉

建設機械等の販売を業とするＹ株式会社は、土地を所有し、土地上に工場を建設し、工場を稼働させるとともに、一部をＡ株式会社に賃貸し、Ａが機械解体事業に使用していたところ、会社更生手続が開始され、弁護士Ｂが更生管財人に選任され、管財業務が行われ、その一環として、平成７年９月、工場敷地と建物を代金40億3900万円で建設業を営むX_1株式会社に販売し、平成11年８月、代金全額の支払がされたが、X_1は、平成14年夏頃、本件土地の一部の買受けの申込みがあり、土壌汚染の調査を行ったところ、鉛、ふっ素による汚染（表層の複数の調査地点から環境基準の基準値を超える分析結果が報告されたが、当時は、土壌汚染対策法は施行されていなかった）が判明したため、X_1がＹに対して錯誤無効、瑕疵担保責任、説明義務違反による債務不履行責任等を主張し、売買代金の返還、損害賠償を請求した（X_1の会社分割によりX_2株式会社がX_1の権利義務を包括的に承継し、訴訟を引き受け、X_1は訴訟から脱退した）。

本判決は、動機の錯誤を認めたものの、動機が表示されていないとして錯誤無効を否定し、隠れた瑕疵を認めたものの、商法526条の適用を認め、引渡し後６か月の経過によって瑕疵担保責任を追及できないとしたが（瑕疵担保責任の期間制限を主張することは信義則に反しないとした）、本件土地が機械解体事業等の用地として使用されていたものであり、本件土地の利用形態につき説明・告知すべき信義則上の付随義務を負っていたにもかかわらず、重要事項説明書に土地の来歴、使用状況についての詳細を記載しなかった説明義務の不履行があるとし、本件土地の浄化費用（１億7603万7000万円。もっとも、見積もりによる費用）、調査費用の一部（1260万円）が損害であるとし（大半の調査費用は説明義務の不履行により生じた損害とはいえないとした）、過失相殺を６割認め（結局、7545万4800円の損害を認めた）、請求を認容した。

〈判旨〉

「(２)　信義則上の調査・除去義務違反及び説明義務違反

ア　信義則上の調査・除去義務違反

原告引受承継人は、本件においては、被告が、①昭和45年ころから操業していた被告京都工場の操業を平成５年11月ころ停止したにもかかわらず、それ以降同工場を本件土地Ｃ上に放置したこと、②同土地の一部を京都工場の敷地として自ら使用する傍ら、その残部については、機械製品の解体や廃棄処理の専属業者である関西故金属に賃貸し使用させていたこと、③本件売買契約の停止条件成就の直前に、カドミウム汚染の情報が入り、脱退原告から土壌汚染について疑義が示された際にも、重金属による土壌汚染は存在しないものと脱退原告を誤信させる内容の文書を送付しているといった特段の事情が存在することからすれば、被告には、本件売買契約締結過程において、いわゆる契約締結上の過失があったことは明らかであり、売買契約に付随する信義則上の義務として、土壌汚染の調査・除去義務ないし上記①ないし③の事実に関連する事実について信義則上の説明義務を負っていたと主張する。

しかしながら、③の事実についてみるに、カドミウム汚染についての報告書は、前記第三、三（4）イ及び同（5）ウのとおり、その作成の経緯及び内容に照らすと、本件土地Cに重金属汚染が存在しない旨脱退原告を誤信させるものと認めることはできない。

また、被告が工場を同土地上に放置したこと及び被告が関西故金属に同土地を賃貸したことから直ちに被告が同土地の土壌汚染の事実を認識していたとまで認めることができない以上、それだけの事情から、被告の信義則上の調査・除去義務を肯定することはできない。

イ　説明義務違反

商法五二六条の規定からすれば、買主である脱退原告に売買目的物たる同土地の瑕疵の存否についての調査・通知義務が肯定されるにしても、土壌汚染の有無の調査は、一般的に専門的な技術及び多額の費用を要するものである。したがって、買主が同調査を行うべきかについて適切に判断をするためには､売主において土壌汚染が生じていることの認識がなくとも、土壌汚染を発生せしめる蓋然性のある方法で土地の利用をしていた場合には、土壌の来歴や従前からの利用方法について買主に説明すべき信義則上の付随義務を負うべき場合もあると解される。

そこで本件について検討するに、土壌汚染についての社会的認識としては、昭和四七年の公害対策基本法の改正時に典型公害に加えられて以降、環境基準が定められた平成三年当時から、行政上その除去、防止が求められるようになり、本件土地Cの引渡しがなされた平成一一年には、私人間の取引の場面においても土壌汚染が発見された場合には、それを除去すべきとの認識が形成されつつあったといえる。前記第三､一（14）のとおり、脱退原告がイフジ産業に本件土地Cを売却するために土壌汚染の調査を依頼し、その結果、売却を断念したのは、平成一四年のことであったが、このような売買当事者の認識は、この時期になって急に形成されたものではなく、上記のような社会情勢の影響を受けて平成一一年ころには既に一般的に相当程度形成されつつあったと認めるのが相当である。前記同（10）のとおり、本件土地Cの引渡しの直前にカドミウムに汚染された土壌が同土地に埋立てられているといううわさについて、脱退原告が被告に対して直ちに報告を求めているという事実も、この時期既に重金属による土壌汚染が私法上の取引の場面でも問題とされるようになっていたことを裏付けている。

次に被告の本件土地Ｃの利用状況についての認識につき、検討する。前記同（１）のとおり、被告は、従来田として利用されていた本件土地Ｃに盛土をして埋め立て、その後、同土地を被告京都工場敷地として、また、関西故金属に賃貸することにより、機械の解体等の作業用地として使用を継続してきた。また、同（14）のとおり、同土地表層土壌において、調査地点一〇地点中九地点に相当量の油分（ノルマル－ヘキサン抽出物質）が検出されており、同（11）のとおり、被告が脱退原告に対し、カドミウム汚染についての報告書の「尚書き」部分において同土地は関西故金属が長年使用していたことにより機械解体作業時に流出した油分がその量は不詳ながら土中にしみこんでいる旨報告していることからすれば、被告ないし関西故金属は、同土地地中に機械解体時に発生する相当量の廃油等を流出浸透させるような形態で、機械解体作業等の業務を行っていたと認められ、被告においてもこの点についての認識は有していたと認めるのが相当である。

このような形態で同土地を使用すれば、廃油中に混在する各種の重金属等により、土壌汚染が生じ得ることは否定できないところであり（ちなみに前記第三、一（16）のとおり、脱退原告の第二次調査の報告書には、盛土部の汚染が、盛土上で行われた作業等により、有害物質を含んだ材料、廃棄物等が盛土表面に排出されたことから生じたものと考えられるとの推論が記載されている。）、他方でその発見は困難で、多額の損害につながるから、被告においては、このような形態で同土地を使用し、その点についての認識を有していた以上、前記のような社会情勢も踏まえると、脱退原告が買主として検査通知義務を履践する契機となる情報を提供するため、本件土地Ｃの引渡しまでの間に、脱退原告に対し、昭和四六年当時の同土地の埋立てからの同土地の利用形態について説明・報告すべき信義則上の付随義務を負っていたというべきである。

この点につき、被告は、脱退原告が本件売買契約締結の際に本件土地Ｃの利用状況について説明を受けていたと主張し、行野の陳述書（乙一五）

及び証人豊藏の証言の中にはこれに沿う部分も存在するが、証人関口は、前記第三、一（11）のカドミウム汚染についての報告書の「尚書き」の記載で初めて関西故金属が本件土地Ｃを利用していたことを知ったと証言し、前記同（６）のとおり、同人が本件売買契約を締結する前に本件土地Ｃを使用していなかったと認められること、被告主張の説明の事実を裏付ける証拠はなく、豊藏証言も具体性を欠くことを合わせて考えると、被告において、上記説明をしたとは認めるに足りない。むしろ、《証拠略》によれば、被告から脱退原告に対して交付された同土地の重要事項説明書には、前記同土地の来歴や被告らによる使用状況についての詳細は記載されておらず、また、前記第三、一（11）のカドミウム汚染についての報告書の「尚書き」部分程度の説明では、脱退原告において、本件土地Ｃに盛土がなされた経緯その他同土地の来歴、被告及び関西故金属の同土地上での業務の内容、同土地に油がしみ込んだ経緯等を理解させ、土壌汚染調査を実施すべきか決定するに必ずしも十分なものとはいえないので、同書面の交付によって説明義務が履行されたということもできない。」

〈実務上の留意点〉

この事案は、土壌汚染をめぐる判例としても取り上げたが、工場とその敷地の売買契約が締結され、後日、買主が土地の一部を他に売却するため、土壌汚染調査を実施したところ、鉛、ふっ素の汚染が判明したことから、買主が売主に対して支払済みの代金の不当利得返還、浄化費用の損害賠償を請求し、売主の債務不履行責任等が問題になったものである。

この判決は、土壌汚染対策法は行政的な見地から汚染物質の調査・除去義務を土地の所有者に課していることから、直ちに私人間の売買契約において売主に同義務を負担すべきことになるとはいえないとし、売主の本来的債務の不履行を否定したが、買主が商法526条の検査・通知の前提である調査を行うべきかについて適切に判断をするためには、売主において土壌汚染が生じていることの認識がなくとも、土壌汚染を発生せしめる蓋然性のある方法で土地の利用をしていた場合には、土壌の来歴や従前からの利用方法について買主に説明すべき信義則上の付随義務を負うべき場合もあるとし、この事案では、土地の利用の経緯等の来歴、土地上の業務の内容、土地に油がしみ込んだ経緯等を理解させ、土壌汚染調査を実施すべきか決定するに必ずしも十分なものとはいえないとし、重要事項説明書の交付によって説明義務が履行されたということはできないとして、売主の説明義務違反による債務不履行責任を肯定したものである。この判決は、まず、売主の土壌汚染対策法を根拠とする、私人間の売買契約上の汚染物質の調査･除去義務を否定したが、法律、契約の合理的な解釈である。また、この判決は、買主の商法526条の検査・通知義務の前提として、売主の信義則上の説明義務を肯定したが、この論理は一つの見解であるものの、同条が想定する当事者の専門性、検査・通知義務が説明義務の根拠となる合理性等の議論が予想され、疑問が残るものである。なお、この判決が前記内容の説明義務違反による売主の債務不履行責任を肯定した判断は、事実の認定、判断につき評価が分かれるところであろう。

東京地判　平成20.7.8　判時2025.54　【判例46】

〈事案の概要〉

Ｙ株式会社は、元工場敷地として使用されていた土地等を所有していたが（Ｙが吸収合併する前のＡ株式会社が長年所有し、工場として使用していた）、事業所の統廃合を計画し、隣接地を所有していたＸ株式会社と土地の売買の交渉を行い、Ｘは、本件土地の土壌汚染の有無を確認するため、Ｙに本件土地で使用した薬品につき問い合わせを行い、平成11年11月、専門業者に依頼し、土壌汚染調査を実施し、環境基準を上回る濃度の汚染は発見されず、平成12年３月、専門業者に依頼し、ボーリングによる土壌汚染調査を実施したが､トリクロロエチレン等は発見されなかったことから、Ｘは、平成12年７月、Ｙとの間で、瑕疵担保責任の追及期間を引渡し時から５年間とする特約で本件土地と土地上の建物につき売買代金10億8854万円余で売買契約を締結し、本件土地、建物の引渡しを受けたところ、平成16年４月、本件土地上に研究棟を建設することとし、地下水の水質測定を行ったところ、砒素が環境基本法に基づく地下水環境基準を超えて検出され、さらにボーリングによる土壌汚染調査を実施したところ、PCB含有汚泥、地中埋設物を発見する等したため、ＸがＹに対して本件土地に土壌汚染等が存在したと主張し、瑕疵担保責任に基づき有害物質の除去費用等の損害賠償を求め、また、説明義務違反を主張し、債務不履行に基づき損害賠償を請求した。

本判決は、大量のコンクリートガラ等の廃棄物が存在し、これらが土地の瑕疵に当たるとしたほか、土地中にインキ廃材、焼却灰、油分等のほか、ダイオキシン類、PCB、六価クロム、フッ素、ホウ素等が存在し、土壌汚染がダイオキシン類対策特別措置法に基づいて定められた環境基準値や土壌汚染対策法施行規則において定められた環境基準値を超過したものである場合には、当該汚染の拡散の防止その他の措置をとる必要があるから、環境基準を超過した汚染土壌が土地の瑕疵に該当するとし、調査費用、対策費用等として５億6970万円余の損害のほか、弁護士費用2000万円の損害を認める等し、その余の損害を認めず、説明義務違反を論ずるまでもないとし、Xの主張に係る損害を否定して債務不履行を否定し、請求を一部認容した。

〈判旨〉

「二　説明義務違反について

原告は、説明義務違反の債務不履行責任に基づき、上記瑕疵担保責任に基づく損害賠償請求と同様の損害賠償請求（調査及び対策費用５億6970万5850円、弁護士費用5000万円）に加えて、①新研究棟の建設計画の遅延、②本件埋設物及び汚染土壌の公表及び住民説明会等に関する費用の支出、③原告の社会的信用の失墜による損害として、2000万円の損害賠償を請求している。

しかし、①については、本件において、新研究棟の建設が不当に遅延した事実を認めるに足りる証拠はなく、また、建設計画の遅延によって原告が被った損害の具体的内容も明らかではない。また、②については、本件埋設物及び汚染土壌の公表及び住民説明会等に関する費用の具体的金額およびその内訳が明らかでなく、また、甲116が提出されているものの、その内容には具体性がなく、容易にこれを信用することはできない。また、③については、本件埋設物及び汚染土壌の発生原因が原告でないことは一般に周知されているのであるから（甲35ないし37）、原告の社会的信用が失墜した事実は認められない。したがって、原告主張の上記①ないし③の損害は、いずれもその発生を認めることができない。

また、弁護士費用の賠償額として2000万円が相当であることは、説明義務違反の債務不履行責任に基づく損害賠償請求の場合も、上記瑕疵担保責任に基づく損害賠償請求の場合と同様である。

そうすると、説明義務違反の債務不履行責任に基づく損害賠償請求は、原告主張の説明義務違反の有無を検討するまでもなく、上記瑕疵担保責任に基づく損害賠償請求が認められる範囲を超えてはこれを認めることはできない。」

〈実務上の留意点〉

この事案は、土壌汚染をめぐる判例においても取り上げたが、工場として使用されていた隣接する土地を所有する会社間の土地の売買契約において、事前に土壌調査等が実施され、問題がないものとして取引が実行されたところ、後日、廃棄物の埋設、土壌汚染が判明し、買主が売主に対して瑕疵担保責任、債務不履行責任に基づく損害賠償責任を追及し、説明義務違反による債務不履行責任等が問題になったものである。

この判決は、売主の瑕疵担保責任を肯定し、説明義務違反による債務不履行責任については、買主の主張に係る損害の範囲が瑕疵担保責任と同様であるとし、説明義務違反を論ずる必要がないとしたものである。なお、理論的には、瑕疵担保責任が認められる範囲において債務不履行責任が認められる余地があるか、債務不履行責任が認められる可能性があるとして、どのような注意義務が認められるか、損害賠償の範囲はどの範囲か等が問題になる。また、弁護士費用の損害については、この判決は瑕疵担保責任に基づき認めているが、疑問のある判断である。

東京地判　平成20.11.19　判タ1296.217　【判例48】

〈事案の概要〉

Y_1株式会社は、人工甘味料の原料の製造工場を経営していたところ、平成14年３月、工場の稼働を停止し、本件土地を売却するためにＡ株式会社らに依頼して本件土地の土壌汚染調査を実施し、環境基準値を超えるヒ素が検出されたことから、Y_2株式会社、Y_3株式会社らに依頼して本件土地の浄化工事を実施した後、平成16年８月、不動産業を営むＸ株式会社が本件土地に住宅を建築し、住宅の分譲事業を営むことを目的として、Y_1

がXに本件土地を本件土地の引渡し後6か月を経過したときは隠れた瑕疵につき請求をすることができない旨の特約で売却し、Xは、平成16年8月、共同住宅の建築、分譲を目的としてB株式会社に本件土地を売却し、BがC株式会社に依頼して本件土地の地質分析を実施したところ、環境基準値の最大610倍のヒ素が検出されたことから、Xが平成17年7月Y_1に対して瑕疵担保責任追及の書面を送付し（Bは、Xに対して損害賠償を請求する訴訟を提起した）、Y_1に対して瑕疵担保責任、債務不履行責任、不法行為責任に基づき、Y_2らに対して不法行為に基づき、調査費用、浄化処理費用等の損害賠償を請求した。

本判決は、瑕疵担保責任の免責特約は悪意の場合のみに否定されるとした上、本件ではY_1には悪意は認められないとし、瑕疵担保責任を否定し、債務不履行については、信義則上土壌中のヒ素につき環境基準値を下回るよう浄化して引き渡す義務を認め、本件ではこの義務違反が認められるとし、地表から1メートルの土壌汚染との間で相当因果関係のある損害を認め、Y_2らの不法行為については、Y_2らがXとの関係で何らかの義務を負うものではないとし、Y_1に対する請求を認容し、Y_2らに対する請求を棄却した。

〈判旨〉

「(2) 争点1 (2)（被告江南化工の汚染浄化義務違反の有無）について

ア　本件売買契約の売主である被告江南化工は、本件土地に環境基準値を上回るヒ素が含まれている土地であることを事前に知っていたのであるから、信義則上、本件売買契約に付随する義務として、本件土地の土壌中のヒ素につき環境基準値を下回るように浄化して原告に引き渡す義務を負うというべきである。ただし．被告江南化工は原告との間で本件瑕疵担保責任制限特約により、地表から地下1mまでの部分に限り瑕疵担保責任を負担する旨の合意をしていることに照らせば、上記汚染浄化義務は本件土地の地表から地下1mまでの部分に限定されると解するのが相当である。

しかるに、被告江南化工は、本件売買契約の時点で本件土地の地表から地下1mまでの部分に環境基準値を大幅に超える高濃度のヒ素が残留しているのに、そのままの状態で本件土地を原告に引き渡したことは前示のとおりであるから、被告江南化工は上記汚染浄化義務に違反したというべきである。

イ　被告江南化工は、本件瑕疵担保責任期間制限条項により原告に対し汚染浄化義務を負わないと主張する。しかし、瑕疵担保責任と債務不履行責任とは制度趣旨・要件を異にする別個の制度であるから、被告江南化工が瑕疵担保責任を負わないことをもって債務不履行責任が免責されるものではない。

また、被告江南化工は、本件売買契約に先立ち、専門業者である被告長谷工に依頼して本件浄化工事を完了し、被告田中環境開発の調査結果により土壌のヒ素が環境基準値を下回る旨の調査報告を受けたとし、これをもって汚染浄化義務を尽くしたと主張する。しかし、本件売買契約当時本件土地に上記汚染があったことは前示のとおりであるから、この事実に照らせば、原告主張の上記事実のみをもって被告江南化工が上記汚染浄化義務を尽くしたということはできない。

(３)　争点１（３）（被告江南化工の説明義務違反の有無）について

原告は、本件売買契約の売主である被告江南化工が、信義則上、本件売買契約に付随する義務として、本件土地の土壌汚染を説明する義務を負うのに、これを説明しなかったのは上記説明義務に違反するもので債務不履行に当たると主張する。

しかし、本件土地の地表から地下１ｍまでの部分に環境基準値を超えるヒ素が残留していたことを被告江南化工が知っていたことを認めるに足りる証拠はない。むしろ、被告江南化工は、専門業者である被告長谷工に依頼して本件浄化工事を実施し、被告田中環境開発からヒ素が環境基準値を下回るという調査結果の報告を受けたことは前示のとおりであり、これらの事実からみて、被告江南化工は本件土地の土壌が浄化されたものと信頼していたと推認されるのであって、このような被告江南化工が、信義則上、環境基準値を超えるヒ素が残留していることを説明する義務を負うということはできない。したがって、原告の上記主張は採用することができない。」

〈実務上の留意点〉

この事案は、土壌汚染をめぐる判例としても取り上げたが、会社が経営していた工場の稼動を停止し、敷地を売却しようとし、会社が専門業者に依頼し、土壌汚染調査を実施し、環境基準値を超える砒素が検出され、土地の浄化工事を実施した後、会社が不動産業者に土地を売却したところ、買主がさらに不動産業者に転売し、転売の買主が専門業者に依頼し、土地の地質分析を実施したところ、環境基準値を超える砒素が検出されたことから、転売に係る買主が売主に対して損害賠償を請求する訴訟を提起し、元の売買に係る買主（転売の売主）が売主に対して損害賠償責任を追及し（本件訴訟である）、売主の説明義務違反の債務不履行責任等が問題になったものである。

東京地判　平成24.9.25　判時2170.40　【判例53】

〈事案の概要〉

自動車部品等の製造、販売を業とするＹ株式会社は、その前身の会社が昭和35年７月以降、自動車部品の製造工場等として使用し、製造過程において鉛、テトラクロロエチレン、六価クロムが使用されていた土地、建物を売却することを計画し、土壌汚染対策法の指定調査機関であるＡ株式会社に土壌汚染の調査を依頼し、平成18年10月、本件土地の一部で鉛、テトラクロロエチレンが基準値を超過していることが判明し、六価クロムは検出されなかったが、親会社であるＢ株式会社に本件土地等の売却の業務を委託し、Ｂが入札要綱を作成する等したが、入札要綱には一切の瑕疵担保責任を負わない旨、基準値を超える有害物質が検出された場合には、売主負担で土壌の入れ替え工事を実施する旨が記載される等していたところ、家具等の製造、販売等を業とするＸ株式会社は、媒介業者を介して、重要事項の説明を受ける等し、購入を希望し、Ｙから、平成19年10月、代金155億円余、工場用地として使用されていた土地、建物を現況有姿、将来において土壌又は地下水に汚染が発見された場合であっても理由の如何を問わず、瑕疵担保責任を含め一切の責任を負わない旨（本件免責特約）、土壌汚染対策法で定められた調査、分析方法に準拠した土壌調査を実施した結果、一部に基準値超過があったことを確認し、Ｙが超過部分の土壌改良工事等の工事を平成20年５月末までに実施することを確約し、Ｘがこれを了承した旨、地中埋設物の存在が判明し、建物建築に支障が生じる場合には、協議の上、Ｙが処理費用を負担する旨等の特約で売買契約を締結し、その後、下水から法令に違反する六価クロムが検出され、Ｙの依頼に係る調査によって本件土地の一部から基準値を超える六価クロムの汚染（本件汚染）が判明し、Ｙは、鉛、テトラクロロエチレンによる本件土地の汚染については土壌改良工事を完了したことから、ＸがＹに対して瑕疵担保責任、債務不履行（付随義務違反）、不法行為、合意に基づき本件土地の土壌汚染の拡散防止措置費用等の損害賠償を請求した。

本判決は、本件免責特約について、本件土地における六価クロムの使用から土地中に六価クロムの存在が一般であるとの経験則がないとし、Ｙの悪意を否定し、Ｙが本件契約に先立ち土壌汚染対策法の指定検査機関に依頼し、本件土地の土壌調査をし、六価クロムが検出されなかったこと等から、本件土地上の工場で六価クロムを取り扱っていたとしても、六価クロムの本件汚染をＹが認識していなかったことにつき重大な過失は認められないとし、本件汚染につき本件免責特約を適用して、Ｙの瑕疵担保責任を認めず、Ｘの主張に係る告知義務、調査義務、保証義務違反、不法行為を否定し、損害賠償請求を棄却し、判明した地中埋設物の処理費用につき合意に基づく負担義務を認め、請求を一部認容した。

〈判旨〉

「二　争点（2）（被告に債務不履行（本件契約の付随義務違反）があったか。）について

（1）　告知義務違反

ア　原告は、被告が、売買契約の売主として、信義則に基づいて、原告に対し、六価クロムの使用履歴、使用形態、設置状況及び排出経路や、本件土地に埋土をしたこと等を告げる義務を負っていたにもかかわらず、この告知義務を怠ったと主張する。

しかし、原告は、本件契約締結に先立って、取引の媒介を行う宅地建物取引業者から、宅地建物取引業法35条及び35条の２に基づく重要事項説明書の交付を受け、重要事項説明書中には、本件免責特約の内容が記載され、調査の結果、本件土地からテトラクロロエチレン及び鉛について基準値を超える数値が確認されたことが記載されている（前提となる事実（6））ところ、これ以外の有害物質が存在しない旨の記載は、存在しない。

そして、被告が、前記重要事項説明書の記載内容を超えて、原告が主張する六価クロムの使用履歴等の事実を原告に告知、説明する義務を信義則上負うと解すべき事情は見当たらず、本件契約の条項や法令上の根拠に基づいてこのような義務を負うとも認められない。
イ　原告は、被告が本件土地について本件汚染が生じていたことを認識していたのであり、本件土地の売主として、信義則上、本件汚染が生じていたことや、前期内容の六価クロムの使用履歴等を原告に告知する義務があるとも主張する。
しかし、前記一（1）で説示したとおり、被告が、本件契約締結時に本件汚染を認識していたとは認められず、本件契約に先立って、本件汚染を原告に告知すべき義務を負っていたとは認められないし、原告に対して、六価クロムの使用履歴等の事実を告知、説明する義務を負っていたとも認めることはできない。
ウ　原告は、外出報告書の記載を援用し、被告は東京都から、本件土地の買主に対して、六価クロムの使用履歴等を伝えるよう指導を受けていたとして、被告に告知義務があると主張する。しかし、原告が援用する外出報告書は、被告が、東京都から、土地改変者は地歴等の調査と届出が必要となるので、地歴等を買主に伝達することを求めるとの内容を含む指導を受けたというものにすぎず、これが直ちに、被告が原告に対し、原告の主張するような告知義務を負うことの根拠となるとはいえない。
エ　したがって、被告に告知義務違反があるとする原告の主張は、採用できない。

（2）　調査義務違反

原告は、被告が、本件土地について、都指針に準拠した調査をする義務を負っていたにもかかわらず、これを怠ったところ、仮に、被告が都指針に沿って埋土したところの下15センチメートルを調査していれば、六価クロムによる汚染が確認でき、その場合、被告は当然に本件汚染について土壌等改良工事費用を負担することはなかったと主張する。
しかし、本件契約において、被告が、原告に対し、本件土地について、都指針に準拠した調査を行う義務を負うことを根拠付ける条項が存在するとは認められず､被告が本件契約における本件土地の売主であることから、信義則上、このような調査義務を負うとも解されない。そして、東京都環境確保条例その他の法令上の根拠により、被告が、原告に対し、都指針に準拠した調査を行う義務を負うとも認められない。

また、前記一（３）で説示したとおり、都指針において、地盤面下15センチメートルまでの土壌を採取するとされているのは、東京都環境確保条例117条２項により東京都知事が土地改変者に対して求める土壌汚染調査の場合であって、本件契約により、被告が、このような場合を規定した同条２項に規定する方法による土壌調査をする義務を負う根拠は認めがたいし、本件土地に盛土が行われたと認めるに足りる証拠もない。

以上によれば、被告に調査義務違反があるとする原告の主張は、採用できない。

（３）　保証義務違反

原告は、被告が原告に対し、法令上の調査義務を果たしたことを明言し、本件土地についてテトラクロロエチレン及び鉛以外の物質による土壌汚染は存在しないことを保証したと主張する。

しかし、本件契約には、本件免責特約が盛り込まれているところ、この特約は、本件契約で約定された土壌改良工事及び地下水浄化工事を実施する以外、理由の如何を問わず、本件土地の汚染については、被告が責任を負わないと定めるものであり、将来、本件土地において汚染が発見する可能性を排除していない内容であるといえ、このような本件免責特約を含む本件契約を締結した被告が、原告に対し、本件土地について、テトラクロロエチレン及び鉛以外の物質による土壌汚染が存在しないことを保証したとは認めがたい。そして、被告が、原告に対し、本件土地についてテトラクロロエチレン及び鉛以外の物質による土壌汚染は存在しないことを保証したことを裏付ける的確な証拠はない。

原告は、被告が本件土地における六価クロムの使用履歴を原告に伝えなかったのは、本件汚染がないことを保証したことと同義であると主張する。しかし、前記一（２）で説示したとおり、被告は、本件契約に先立って、本件土地について六価クロムも対象に含めた土壌調査を行っており、その結果、本件土地から六価クロムは検出されなかったのであり、このような状況において、被告が原告に対し本件土地の六価クロムの使用履歴を提出しなかったことが、本件汚染がないことを保証したことと同義であるなどとはいえない。

したがって、被告に保証義務違反があるとする原告の主張は採用することができない。」

〈実務上の留意点〉

この事案は、土壌汚染をめぐる判例としても取り上げたが、鉛、テトラクロロエチレン、六価クロムを扱っていた工場の土地等について、事前に専門業者による調査が実施され、調査結果が開示され、説明が行われる等して締結された売買において、売主の債務不履行責任の成否等が主要な争点になったものである。

この判決は、売買契約に至る経緯を詳細に認定した上、売主の告知義務違反、調査義務違反、保証義務違反を否定したこと（債務不履行責任を否定した）、売主の不法行為を否定したことを判示している。

この判決は、債務不履行責任の根拠として主張された売主の告知義務違反、調査義務違反、保証義務違反を認めず、債務不履行を否定したものであるが、事例として参考になるものである。

この判決は、土地の瑕疵を認めたものの、瑕疵担保責任期間制限条項（特約）により売主は瑕疵担保責任を負わないとしたこと、売主が土地に環境基準値を上回るヒ素が含まれている土地であることを事前に知っていたから、信義則上、売買契約に付随するものとして、環境基準値を下回るよう浄化して引き渡す義務を負うとしたこと（地表から地下１ｍまでの部分に限定されるとした）、この事案では売主は汚染浄化義務に違反するとし、売主の債務不履行責任を肯定したこと、前記特約は瑕疵担保責任に関するものであり、債務不履行責任を免責するものではないとしたこと、売主が土地の調査、浄化を行い、これを信頼していたことから、説明義務を負わないとし、売主の説明義務違反を否定したことに特徴がある。この判決は、まず、土地の瑕疵を認め、瑕疵担保責任期間制限条項（特約）により売主は瑕疵担保責任を負わないとした反面、実質的に瑕疵担保責任を認めるのと同様な内容の土地の汚染浄化義務を認めた上、浄化義務違反による債務不履行責任を肯定したものであり、浄化義務を認めるかどうかは個々の契約の内容の解釈、判断によるものの、疑問の残る判断である。また、この判決は、瑕疵担保責任期間制限条項（特約）は瑕疵担保責任に関するものであり、債務不履行責任を免責するものではないとしたが、これは特約の解釈、判断によるものの、この判決と逆の解釈も十分に可能であり、この判断にも疑問が残る。さらに、この判決が売主の説明義務違反を否定したことは、その旨の事例として参考になるものである。

大阪高判　平成25.7.12　判時2200.70　【判例40】

〈事案の概要〉

Ｙ市（御所市）は、昭和38年頃から平成元年末まで土地上にゴミ焼却場を設置して稼働していたところ、その頃、焼却場を閉鎖し、土木、建築業を営むＡ株式会社に焼却場施設の解体工事、ゴミの撤去を依頼した上、Ａに土地の買取りを求め、平成２年３月、Ａとの間で、工業団地用地として代金４億円で同土地を売却する契約を締結し、Ａに引き渡され、Ａは、前記土地と他の土地を併せて合筆した後、26筆の土地に分筆し、問題になった土地は、その一部の３筆の土地である（本件土地）が、本件土地につき整地、造成工事を行い、Ｘ株式会社は、平成18年11月に設立され、新設分割によりＡの本件土地の売買契約上の買主の地位を包括的に承継した後、平成20年６月、隣接地で中間処理業を営んでいたＢ株式会社に、本件土地を代金２億1000万円で売却し、Ｂは、再資源化工場の建設のため仮設道路の設置工事に着手したところ、法面に産業廃棄物を検出したことから、Ｘに連絡し、同年10月、Ｃ株式会社にボーリング調査を依頼し、Ｃの調査の結果、本件土地の地中には、ゴミ、コンクリートガラ、アスファルトガラ、レンガ、鉄片等の産業廃棄物が広範囲に埋設され、一部は鉛に汚染されていることが判明したことから（なお、Ｙの本件売買契約当時のＤ市長は、その就任前はＡの監査役であり、その退任後はＡの取締役であった）、ＸとＢは、平成21年９月、簡裁において、本件土地の隠れた瑕疵により３億400万円の支払義務があること等を内容とする即決和解をし、Ｘは、平成21年12月、Ｙに対して、選択的に瑕疵担保責任、債務不履行責任、不法行為責任に基づき３億円の損害賠償を請求した。

第一審判決は、請求を棄却したため、Ｘが控訴した。

本判決は、廃棄物等を埋設したのがＹであると認定した上、本件焼却場は産業廃棄物の最終処分場ではなかったから、焼却場の存在を知っていたからといって廃棄物が地中に埋設されていることを知っていたとの根拠にはならない等とし、Ａの廃棄物の埋設に関する悪意、過失を認めるに足りる証拠はないとし、不法行為責任について、建物の建築に支障となる質・

量の異物が地中に存在するため、土地の外観から通常予測され得る地盤の整備・改良の程度を超える特別の除去工事等を必要とする場合には、宅地として通常有すべき性状を備えていないとし、土地の瑕疵を認めるのが相当であるところ、本件では、本件土地の用途、売買の目的、廃棄物の内容・量、必要な工事の内容等を考慮し、廃棄物の存在が土地の瑕疵に当たるとし、鉛の汚染については、土壌汚染対策法所定の基準を超えているものの、本件売買契約当時には土地の瑕疵と認めるのが困難であるとし、ＹがＡに対して廃棄物を埋設した事実を知りながら、何ら告知・説明しなかったとして、Ｙの不法行為を肯定し（なお、瑕疵担保責任、債務不履行責任に関する主張は、不法行為に基づく損害賠償額以上のものが認められる余地がないとし、判断されていない）、消滅時効については、Ｘが廃棄物の存在を知ったのが、Ｃから連絡を受けた平成20年10月であったとし、Ｙの主張を排斥し、損害額については、即決和解の金額から鉛による汚染の浄化措置費用を控除した額が相当因果関係があるとし、原判決を変更し、Ｘの請求を一部認容した。

〈判旨〉

「七　瑕疵担保責任及び債務不履行責任（争点（3）及び（4））について

仮に、被控訴人に瑕疵担保責任や債務不履行責任が認められたとしても、前記六で判示した趣旨からして、上記六で認定した不法行為責任に基づく損害額以上の損害額が認められる余地はない。

したがって、本件においては、被控訴人の瑕疵担保責任や債務不履行責任の有無について判断する必要はない。」

〈実務上の留意点〉

この事案は、土地の地中物をめぐる判例においても取り上げたが、ゴミ焼却場を稼動していた市から焼却場の解体工事、ゴミの撤去を依頼された土木・建築業者が土地を購入し、転売した後、転売に係る買主が調査を実施したところ、ゴミ、コンクリートガラ、アスファルトガラ、レンガ、鉄片等の産業廃棄物が広範囲に埋設され、一部は鉛に汚染されていることが判明し、転売の当事者間で即決和解がされたことから、転売の売主（前記の土木・建築業者の買主上の地位を包括承継していた）が市の損害賠償責任を追及し、売主の債務不履行責任等が問題になったものである。

この判決は、地中物に関する土地の瑕疵を認めた上、売主が買主に対して廃棄物を埋設した事実を知りながら、何ら告知･説明しなかったとして、売主の不法行為を肯定し、債務不履行責任に関する主張は、不法行為に基づく損害賠償額以上のものが認められる余地がないとし、判断する必要がないとしたものであり、債務不履行責任の判断留保事例を加えるものであるが、売主の瑕疵担保責任と不法行為責任、債務不履行責任との理論的な関係を説明するものではなく、より曖昧にするものであり、議論が予想されるものである。

6 不法行為責任をめぐる判例

土地の取引において瑕疵担保責任が問題になる場合、債務不履行責任の項で紹介したように、理論的に債務不履行責任を別途検討する余地があるかが問題になるが、不法行為責任との間でも一応同様な問題が生じ得る。不法行為責任は、民法709条の各要件を満たす場合に認められる損害賠償責任であり、瑕疵担保責任と比較すると、要件が大きく異なり、しかも契約関係を前提としない損害賠償責任であるため、競合する法的な責任と考えられる。しかし、実際に土地の瑕疵をめぐる訴訟を概観すると、買主が不法行為責任に基づき売主に対して損害賠償責任を追及する場合、争点になった土地の瑕疵を肯定すると、売主の故意・過失を認定しがちであったり、故意・過失を推定したりして比較的容易に不法行為を認める判例が登場している。また、売買契約等の取引交渉の締結段階においては、現在、交渉者に信義則上の注意義務、例えば、説明義務、配慮義務等の義務を認め、この注意義務違反があった場合に不法行為を認める判例が形成されており（この注意義務違反は債務不履行責任ではなく、不法行為責任であると解するのが判例であるし、契約が締結された後にもこのような注意義務違反による法的な責任を認めるのが判例である）、不法行為責任と契約責任の境界が不明確になっていることから、瑕疵担保責任と不法行為責任が実際上重複して問題になる場合が増えつつあるように思われる。

土地の瑕疵をめぐる法的な紛争において売主らの不法行為責任が問題になった判例は、次のとおりであり、数は少ないものの、これを紹介したい。

東京高判　平成15.9.25　判タ1153.167　【判例9】

〈事案の概要〉

建売業者で、宅建業者であるＹ株式会社は、Ａから従前は栗林であり、平成元年頃から駐車場として使用されていた土地を購入し、住宅地として区画し、建物を建築して販売していたが、平成10年11月、Ｘに代金3600万円で建物、敷地を販売し、Ｘは、本件建物に居住していたところ、大雨のときなどに土地が冠水したため（建物の敷地、駐車場として利用することに生活上の不便が生じることがあった）、Ｙに対して瑕疵担保責任、説明義務違反による不法行為に基づき損害賠償を請求した。

第一審判決は、通常程度の降雨でも冠水して床下浸水を来すとか、地盤が崩壊するおそれがあることが必要であるところ、このような状態になる証拠がないとし、瑕疵の存在を認めず、また、説明義務違反を否定し、請求を棄却したため、Ｘが控訴した。

本判決は、冠水による生活上の不便が一定程度まで達していることは無視できないものの、居住自体が困難であるとするものではなく、周辺一帯に冠水被害が生じており、土地の価格評価にある程度折り込まれている等とし、瑕疵担保責任を否定し、Ｙが冠水しやすいと知っていたとはいえない等とし、説明義務を否定し、控訴を棄却した。

〈判旨〉

「（３）　説明義務違反について

ア　本件土地は、集中的な大量の降雨等の際にその駐車場部分などが冠水しやすいという性状があるけれども、それが売買の目的物の隠れたる瑕疵といえないことは上記（２）のとおりである。

しかし、このような瑕疵に当たらないからといって、直ちにその販売業者に、上記のような土地の性状等についての説明義務がないといえるものではない。このような事柄は、その程度いかんにもよるけれども、その性質上、当該土地建物の利用者に、日常生活の面で種々の支障をもたらす可能性があるからである。また、本件のように売主が宅建業者としての地位にある場合、当該業者は、宅地建物の専門的知識を有するのに対し、購入者はそのような知識に乏しく、専門家を信頼して宅地建物を購入するのであるから、売主たる当該業者は、この面からも、売買契約に付随する信義則上の義務として、その取引物件に関する重要な事柄については、これを事前に調査し、それを購入者に説明する義務を負うというべきである。

イ　しかし他方、上記のような場所的･環境的要因からする土地の性状は、その地域の一般的な特性として、当該物件固有の要因とはいえない場合も多い。そして、そのような土地の性状等は、長年の土地の取引の積み重ねを通じて、一定程度、土地の評価にも反映し、それが織り込まれて土地の価格を形成している場合も多いと考えられる。また、上記のような事柄は、当該土地の用途地域（工業地域、住居専用地域）などと異なり、簡便に調べられる事柄ではない。

そうすると、当該業者が上記のような土地の性状に関する具体的事実を認識していた場合はともかく、そうでない場合にもその説明義務があるというためには、そのような事態の発生可能性について、説明義務があることを基礎づけるような法令上の根拠あるいは業界の慣行等があり、また、そのような事態の発生可能性について、業者の側で上方を入手することが実際上可能であることが必要であると解される。

ウ　本件についてこれをみるに、被控訴人は、全体土地を有山から買い受けた際も、その付近の雨水の貯留状況等については何も説明を受けていなかったものであり、本件土地建物を分譲して販売するに際し、本件土地の周辺が冠水しやすいという事実を知っていたとは認め難い。」

〈実務上の留意点〉

この事案は、土地の地盤等をめぐる判例においても取り上げたが、不動産業者が元栗林の土地を購入し、宅地として整備し、土地上に建物を建築して販売し、個人らがこれを購入したところ、大雨の際に土地が浸水し、床下浸水したことから、買主が売主である不動産業者に対して損害賠償責任を追及し、不法行為責任の成否等が問題になったものである。

この判決は、売主の瑕疵担保責任を否定するとともに、売主において本件土地が浸水しやすい事実を知っていたとは認め難いとし、説明義務違反を否定し、売主の不法行為を否定したものであり、その旨の事例として参考になるものである。

東京地判　平成20.11.19　判タ1296.217　【判例48】

〈事案の概要〉

Y_1株式会社は、人工甘味料の原料の製造工場を経営していたところ、平成14年３月、工場の稼働を停止し、本件土地を売却するためにＡ株式会社らに依頼して本件土地の土壌汚染調査を実施し、環境基準値を超えるヒ素が検出されたことから、Y_2株式会社、Y_3株式会社らに依頼して本件土地の浄化工事を実施した後、平成16年８月、不動産業を営むＸ株式会社が本件土地に住宅を建築し、住宅の分譲事業を営むことを目的として、Y_1がＸに本件土地を本件土地の引渡し後６か月を経過したときは隠れた瑕疵につき請求をすることができない旨の特約で売却し、Ｘは、平成16年８月、共同住宅の建築、分譲を目的としてＢ株式会社に本件土地を売却し、ＢがＣ株式会社に依頼して本件土地の地質分析を実施したところ、環境基準値の最大610倍のヒ素が検出されたことから、Ｘが平成17年７月Y_1に対して瑕疵担保責任追及の書面を送付し（Ｂは、Ｘに対して損害賠償を請求する訴訟を提起した）、Y_1に対して瑕疵担保責任、債務不履行責任、不法行為責任に基づき、Y_2らに対して不法行為に基づき、調査費用、浄化処理費用等の損害賠償を請求した。

本判決は、瑕疵担保責任の免責特約は悪意の場合のみに否定されるとした上、本件ではY_1には悪意は認められないとし、瑕疵担保責任を否定し、債務不履行については、信義則上土壌中のヒ素につき環境基準値を下回るよう浄化して引き渡す義務を認め、本件ではこの義務違反が認められるとし、地表から１メートルの土壌汚染との間で相当因果関係のある損害を認め、Y_2らの不法行為については、Y_2らがＸとの関係で何らかの義務を負うものではないとし、Y_1に対する請求を認容し、Y_2らに対する請求を棄却した。

〈判旨〉

「2　争点１（被告江南化工の責任）について

・・・・

（4）　争点１（4）（被告江南化工の不法行為の成否）について

本件土地の売主である被告江南化工は本件売買契約に付随する汚染浄化義務に違反しており、債務不履行責任を負うことは前示のとおりであるから、被告江南化工の上記行為につき不法行為が成立すると解するのは相当でない。また、原告は、被告江南化工が本件土地でヒ素を使用して土壌を汚染させたとも主張するが、上記主張事実を認めるに足りる証拠はない。したがって、被告江南化工の行為につき不法行為は成立しない。

・・・・

3　争点２（1）（被告KAIの不法行為の成否）について

（1）　原告は、被告KAIが本件土地に対して行った土壌汚染状況調査は不適切であったとし、これが原告に対する不法行為に当たると主張する。しかし、被告KAIが本件土地に対して行った土壌汚染状況調査が不適切であったことを認めるに足りる証拠はない。この点においても、被告KAIは、被告江南化工との間で本件土地の調査及び報告を行う契約を締結したのであるから、同契約に基づく被告江南化工に対し適切な調査をすべき義務を負うけれども、第三者である原告（後に被告江南化工から本件土地を買い受けることになった者）との関係においてまで、被告江南化工に対する義務と同様の義務を負うということはできない。

また、原告は、被告KAIが板橋区役所に対して故意に虚偽の届出をしたとし、これが原告に対する不法行為に当たると主張する。しかし、被告KAIが板橋区役所に対して故意に虚偽の届出をしたことを認めるに足りる証拠はない。この点をおき、仮に原告が板橋区役所に対し届出をした内容に虚偽が含まれているとしても、その一事をもって直ちに第三者である原告との関係においても義務を負うといえないし、何らかの義務違反があるということもできない。

（2）　原告は、被告KAIが第三者である原告に対しても上記義務を負うとする根拠として、先行調査結果に環境基準値の１４０倍のヒ素の検出が記載されていたのであるから、被告KAIは慎重かつ適切な土壌調査を行い、行政に対しその結果を正確に報告すべきであり、これを怠れば、本件土地の汚染処理が効果的にされず、ひいては本件土地の購入者その他の第三者に損害を及ぼすべきことを十分に予見できたこと等を挙げる。もとより、被告KAIは契約当事者である被告江南化工に対し、適切な土壌調査を行い、その結果を正確に報告する義務を負っているが、原告の指摘する被告KAIの調査・報告行為は、第三者の生命、身体又は財産に積極的に危害を加えるものではないから、このような被告KAIの行為をもって、第三者に対しても被告江南化工に対する義務と同様の義務を負うということはできない（なお、被告KAIが三菱化学が行った土壌汚染で環境基準値の１４０倍を超えるヒ素が検出されていたことを知っていたことを認めるに足りる証拠はないし、仮に被告KAIが上記事情を知っていたとしても、それによって被告KAIの行うべき調査の内容が変わるとも考え難い。したがって、この点からみても、原告の上記主張は失当であるといわざるを得ない。）。

（3）　したがって、被告KAIにつき原告に対する不法行為は成立しない。」

〈実務上の留意点〉

この事案は、土壌汚染をめぐる判例としても取り上げたが、会社が経営していた工場の稼動を停止し、敷地を売却しようとして土壌汚染調査を実施し、環境基準値を超えるヒ素が検出された後、会社が専門業者に依頼し、土地の浄化工事を実施し、不動産業者に土地を売却し、さらに不動産業者に転売した後、転売の買主が専門業者に依頼し、土地の地質分析を実施したところ、環境基準値を超えるヒ素が検出され、転売に係る買主が売主に対して損害賠償を請求する訴訟を提起したのに対し、元の売買に係る買主（転売の売主）が売主、調査業者らに対して損害賠償責任を追及し、売主、調査業者らの不法行為責任等が問題になったものである。

この判決は、土地の汚染による瑕疵を認めたものの、売主の瑕疵担保責任を否定したが、売主の汚染浄化義務違反による債務不履行責任を肯定し、売主の不法行為を否定し、また、土壌調査の専門業者の不法行為は、第三者である買主に対する義務を負うものではないとして否定し、土壌汚染対策措置の施工業者の不法行為は、第三者である買主に対する義務を負うものではないとして否定したことに特徴がある。この判決は、売主、調査業者、汚染浄化工事の施工業者の各不法行為を否定したものであり、それぞれの事例として参考になるものである。

東京地判　平成24.9.25　判時2170.40　【判例53】

〈事案の概要〉

自動車部品等の製造、販売を業とするＹ株式会社は、その前身の会社が昭和35年７月以降、自動車部品の製造工場等として使用し、製造過程において鉛、テトラクロロエチレン、六価クロムが使用されていた土地、建物を売却することを計画し、土壌汚染対策法の指定調査機関であるＡ株式会社に土壌汚染の調査を依頼し、平成18年10月、本件土地の一部で鉛、テトラクロロエチレンが基準値を超過していることが判明し、六価クロムは検出されなかったが、親会社であるＢ株式会社に本件土地等の売却の業務を委託し、Ｂが入札要綱を作成する等したが、入札要綱には一切の瑕疵担保責任を負わない旨、基準値を超える有害物質が検出された場合には、売主負担で土壌の入れ替え工事を実施する旨が記載される等していたところ、家具等の製造、販売等を業とするX株式会社は、媒介業者を介して、重要事項の説明を受ける等し、購入を希望し、Yから、平成19年10月、代金155億円余、工場用地として使用されていた土地、建物を現況有姿、将来において土壌又は地下水に汚染が発見された場合であっても理由の如何を問わず、瑕疵担保責任を含め一切の責任を負わない旨（本件免責特約）、土壌汚染対策法で定められた調査、分析方法に準拠した土壌調査を実施した結果、一部に基準値超過があったことを確認し、Yが超過部分の土壌改良工事等の工事を平成20年５月末までに実施することを確約し、Xがこれを了承した旨、地中埋設物の存在が判明し、建物建築に支障が生じる場合には、協議の上、Yが処理費用を負担する旨等の特約で売買契約を締結し、その後、下水から法令に違反する六価クロムが検出され、Yの依頼に係る調査によって本件土地の一部から基準値を超える六価クロムの汚染（本件汚染）が判明し、Yは、鉛、テトラクロロエチレンによる本件土地の汚染については土壌改良工事を完了したことから、XがYに対して瑕疵担保責任、債務不履行（付随義務違反）、不法行為、合意に基づき本件土地の土壌汚染の拡散防止措置費用等の損害賠償を請求した。

本判決は、本件免責特約について、本件土地における六価クロムの使用から土地中に六価クロムの存在が一般であるとの経験則がないとし、Yの悪意を否定し、Yが本件契約に先立ち土壌汚染対策法の指定検査機関に依頼し、本件土地の土壌調査をし、六価クロムが検出されなかったこと等から、本件土地上の工場で六価クロムを取り扱っていたとしても、六価クロムの本件汚染をYが認識していなかったことにつき重大な過失は認められないとし、本件汚染につき本件免責特約を適用して、Yの瑕疵担保責任を認めず、Xの主張に係る告知義務、調査義務、保証義務違反、不法行為を否定し、損害賠償請求を棄却し、判明した地中埋設物の処理費用につき合意に基づく負担義務を認め、請求を一部認容した。

〈判旨〉

「一　争点（１）（被告について本件免責特約が適用されないことになる事情があるか。）について

（１）　原告は、被告が本件契約締結時に、本件土地につき六価クロムによ

る汚染が生じていたことを認識していたから、本件汚染については本件免責特約が適用されないと主張する。

しかし、被告が、本件契約締結時に、本件汚染が生じていたことを認識していたことを直接裏付ける証拠はなく、証人戊田梅夫（以下「証人戊田」という。）も、丙川は本件汚染が生じていたとは思っていなかったようだと証言する。

原告は、被告は、平成18年１月16日の時点で、本件土地においては六価クロムの使用履歴があり、六価クロムによる土壌汚染の可能性があったことを認識していたのであるから、被告は本件汚染について悪意であるとか、被告の主張を前提とすると、六価クロムが使用されていた被告の施設が、本件土地に埋設されていたものではなく、地上にあったから、六価クロムの漏洩を現認できたのであり、本件汚染について悪意であったと推認することができると主張する。しかし、本件土地上の工場において、かつて、六価クロムが使用されていたという事実と本件土地に本件汚染が存在しているということは別個の事実であり、土地上の工場で六価クロムが使用されていれば、土地中に六価クロムが存在するのが一般であるとの経験則が存在するとは認められないから、原告の主張は採用できない。

（２）　原告は、被告が本件土地上で六価クロムを扱っていた以上、本件契約締結時に本件汚染を認識していなかったことについて重大な過失があったと主張する。

しかし、前提となる事実（３）・・・によれば、被告は、本件土地の土壌汚染機関の選定作業を行っていた平成18年４月18日、東京都環境局環境改善部有害化学物質対策課を訪問し、被告が予定していた調査方法で問題がないことを確認したこと、被告は、同月末ころ、本件土地の土壌調査機関であるDOWAを選定したこと、DOWAは、同年８月14日、同月15日及び同年９月23日に、本件土地の現地調査を実施し、同年10月、その報告書を被告に提出したことが認められる。

以上の認定事実によれば、被告は、本件契約締結に先立って、本件土地の土壌調査を行っており、しかもその方法は、土壌汚染対策法の指定調査機関であるDOWAに対して、土壌汚染対策法や東京都環境確保条例に準拠した方法によって行うよう指示したものであるところ、この土壌調査の結果、本件土地からは、基準値を超える六価クロムは検出されなかったのであるから、被告がかつて本件土地上において六価クロムを使用していたことがあるからといって、本件汚染を認識していなかったことについて、被告に悪意と同視すべき重大な過失があったとは認められない。

他に、本件全証拠によっても、以上の認定を覆すべき事実及び証拠があるとは認められない。

・・・・

二　争点(2)(被告に債務不履行(本件契約の付随義務違反)があったか。)について

(1)　告知義務違反

ア　原告は、被告が、売買契約の売主として、信義則に基づいて、原告に対し、六価クロムの使用履歴、使用形態、設置状況及び排出経路や、本件土地に埋土をしたこと等を告げる義務を負っていたにもかかわらず、この告知義務を怠ったと主張する。

しかし、原告は、本件契約締結に先立って、取引の媒介を行う宅地建物取引業者から、宅地建物取引業法35条及び35条の２に基づく重要事項説明書の交付を受け、重要事項説明書中には、本件免責特約の内容が記載され、調査の結果、本件土地からテトラクロロエチレン及び鉛について基準値を超える数値が確認されたことが記載されている（前提となる事実（６））ところ、これ以外の有害物質が存在しない旨の記載は、存在しない。

そして、被告が、前記重要事項説明書の記載内容を超えて、原告が主張する六価クロムの使用履歴等の事実を原告に告知、説明する義務を信義則上負うと解すべき事情は見当たらず、本件契約の条項や法令上の根拠に基づいてこのような義務を負うとも認められない。

イ　原告は、被告が本件土地について本件汚染が生じていたことを認識していたのであり、本件土地の売主として、信義則上、本件汚染が生じていたことや、前期内容の六価クロムの使用履歴等を原告に告知する義務があるとも主張する。

しかし、前記一（１）で説示したとおり、被告が、本件契約締結時に本件汚染を認識していたとは認められず、本件契約に先立って、本件汚染を原告に告知すべき義務を負っていたとは認められないし、原告に対して、六価クロムの使用履歴等の事実を告知、説明する義務を負っていたとも認めることはできない。

ウ　原告は、外出報告書の記載を援用し、被告は東京都から、本件土地の買主に対して、六価クロムの使用履歴等を伝えるよう指導を受けていたとして、被告に告知義務があると主張する。しかし、原告が援用する外出報告書は、被告が、東京都から、土地改変者は地歴等の調査と届出が必要となるので、地歴等を買主に伝達することを求めるとの内容を含む指導を受けたというものにすぎず、これが直ちに、被告が原告に対し、原告の主張するような告知義務を負うことの根拠となるとはいえない。

エ　したがって、被告に告知義務違反があるとする原告の主張は、採用できない。

（2）　調査義務違反

原告は、被告が、本件土地について、都指針に準拠した調査をする義務を負っていたにもかかわらず、これを怠ったところ、仮に、被告が都指針に沿って埋土したところの下15センチメートルを調査していれば、六価クロムによる汚染が確認でき、その場合、被告は当然に本件汚染について土壌等改良工事費用を負担することはなかったと主張する。

しかし、本件契約において、被告が、原告に対し、本件土地について、都指針に準拠した調査を行う義務を負うことを根拠付ける条項が存在するとは認められず､被告が本件契約における本件土地の売主であることから、信義則上、このような調査義務を負うとも解されない。そして、東京都環境確保条例その他の法令上の根拠により、被告が、原告に対し、都指針に準拠した調査を行う義務を負うとも認められない。

また、前記一（３）で説示したとおり、都指針において、地盤面下15センチメートルまでの土壌を採取するとされているのは、東京都環境確保条例117条２項により東京都知事が土地改変者に対して求める土壌汚染調査の場合であって、本件契約により、被告が、このような場合を規定した同条２項に規定する方法による土壌調査をする義務を負う根拠は認めがたいし、本件土地に盛土が行われたと認めるに足りる証拠もない。

以上によれば、被告に調査義務違反があるとする原告の主張は、採用できない。

（3）　保証義務違反

原告は､被告が原告に対し､法令上の調査義務を果たしたことを明言し､本件土地についてテトラクロロエチレン及び鉛以外の物質による土壌汚染

は存在しないことを保証したと主張する。

しかし、本件契約には、本件免責特約が盛り込まれているところ、この特約は、本件契約で約定された土壌改良工事及び地下水浄化工事を実施する以外、理由の如何を問わず、本件土地の汚染については、被告が責任を負わないと定めるものであり、将来、本件土地において汚染が発見する可能性を排除していない内容であるといえ、このような本件免責特約を含む本件契約を締結した被告が、原告に対し、本件土地について、テトラクロロエチレン及び鉛以外の物質による土壌汚染が存在しないことを保証したとは認めがたい。そして、被告が、原告に対し、本件土地についてテトラクロロエチレン及び鉛以外の物質による土壌汚染は存在しないことを保証したことを裏付ける的確な証拠はない。

原告は、被告が本件土地における六価クロムの使用履歴を原告に伝えなかったのは､本件汚染がないことを保証したことと同義であると主張する。しかし、前記一（2）で説示したとおり、被告は、本件契約に先立って、本件土地について六価クロムも対象に含めた土壌調査を行っており、その結果、本件土地から六価クロムは検出されなかったのであり、このような状況において、被告が原告に対し本件土地の六価クロムの使用履歴を提出しなかったことが、本件汚染がないことを保証したことと同義であるなどとはいえない。

したがって、被告に保証義務違反があるとする原告の主張は採用することができない。

・・・・

四　争点（4）（被告に不法行為が成立するか。）について

原告は、被告が、本件汚染があることを認識し、又は認識していなかったことについて過失があったところ、本件土地を原告に売却し、そのことにより、原告に土壌改良工事費用を負担させて損害を生じさせたのであるから、不法行為に当たると主張する。

しかし、本件免責特約は、将来において土壌又は地下水に汚染が発見された場合、被告が瑕疵担保責任を含め一切の責任を負わないと規定しており、前記一及び三で説示したとおり、本件において本件免責特約の適用がされないとは認められないから、被告が、原告に対し、不法行為に基づく損害賠償義務として、本件汚染が発見されたことによって原告が支出した

工事費用の損害を賠償する義務を負うとは認められない。」

〈実務上の留意点〉

この事案は、土壌汚染をめぐる判例としても取り上げたが、鉛、テトラクロロエチレン、六価クロムを扱っていた工場の土地等について、事前に専門業者による調査が実施され、調査結果が開示され、説明が行われる等して締結された売買において、売主の不法行為責任の成否等が主要な争点になったものである。

この判決は、売買契約に至る経緯を詳細に認定した上、売主の不法行為を否定したものであり、その旨の事例として参考になる。

大阪高判　平成25.7.12　判時2200.70　【判例40】

〈事案の概要〉

Ｙ市（御所市）は、昭和38年頃から平成元年末まで土地上にゴミ焼却場を設置して稼働していたところ、その頃、焼却場を閉鎖し、土木、建築業を営むＡ株式会社に焼却場施設の解体工事、ゴミの撤去を依頼した上、Ａに土地の買取りを求め、平成２年３月、Ａとの間で、工業団地用地として代金４億円で同土地を売却する契約を締結し、Ａに引き渡され、Ａは、前記土地と他の土地を併せて合筆した後、26筆の土地に分筆し、問題になった土地は、その一部の３筆の土地である（本件土地）が、本件土地につき整地、造成工事を行い、Ｘ株式会社は、平成18年11月に設立され、新設分割によりＡの本件土地の売買契約上の買主の地位を包括的に承継した後、平成20年６月、隣接地で中間処理業を営んでいたＢ株式会社に、本件土地を代金２億1000万円で売却し、Ｂは、再資源化工場の建設のため仮設道路の設置工事に着手したところ、法面に産業廃棄物を検出したことから、Ｘに連絡し、同年１０月、Ｃ株式会社にボーリング調査を依頼し、Ｃの調査の結果、本件土地の地中には、ゴミ、コンクリートガラ、アスファルトガラ、レンガ、鉄片等の産業廃棄物が広範囲に埋設され、一部は鉛に汚染されていることが判明したことから（なお、Ｙの本件売買契約当時のＤ市長は、その就任前はＡの監査役であり、その退任後はＡの取締役であった）、ＸとＢは、平成21年９月、簡裁において、本件土地の隠れた瑕疵により３億

400万円の支払義務があること等を内容とする即決和解をし、Xは、平成21年12月、Yに対して、選択的に瑕疵担保責任、債務不履行責任、不法行為責任に基づき3億円の損害賠償を請求した。

第一審判決は、請求を棄却したため、Xが控訴した。

本判決は、廃棄物等を埋設したのがYであると認定した上、本件焼却場は産業廃棄物の最終処分場ではなかったから、焼却場の存在を知っていたからといって廃棄物が地中に埋設されていることを知っていたとの根拠にはならない等とし、Aの廃棄物の埋設に関する悪意、過失を認めるに足りる証拠はないとし、不法行為責任について、建物の建築に支障となる質・量の異物が地中に存在するため、土地の外観から通常予測され得る地盤の整備・改良の程度を超える特別の除去工事等を必要とする場合には、宅地として通常有すべき性状を備えていないとし、土地の瑕疵を認めるのが相当であるところ、本件では、本件土地の用途、売買の目的、廃棄物の内容・量、必要な工事の内容等を考慮し、廃棄物の存在が土地の瑕疵に当たるとし、鉛の汚染については、土壌汚染対策法所定の基準を超えているものの、本件売買契約当時には土地の瑕疵と認めるのが困難であるとし、YがAに対して廃棄物を埋設した事実を知りながら、何ら告知・説明しなかったとして、Yの不法行為を肯定し（なお、瑕疵担保責任、債務不履行責任に関する主張は、不法行為に基づく損害賠償額以上のものが認められる余地がないとし、判断されていない）、消滅時効については、Xが廃棄物の存在を知ったのが、Cから連絡を受けた平成20年10月であったとし、Yの主張を排斥し、損害額については、即決和解の金額から鉛による汚染の浄化措置費用を控除した額が相当因果関係があるとし、原判決を変更し、請求を一部認容した。

〈判旨〉

「四　被控訴人の不法行為責任の有無（争点（5））について

（1）　まず、被控訴人に説明義務が認められる前提としては、本件廃棄物等の存在が本件土地の瑕疵といえることが必要であるので、その点について検討する。

（2）　本件廃棄物の存在について検討する。

土地の売買において、地中に土以外の異物が存在する場合一般が、直ちに土地の瑕疵ということができないことはいうまでもないが、その土地上に建物を建築するについて支障となる質・量の異物が地中に存在するために、その土地の外見から通常予測され得る地盤の整備・改良の程度を超える特別の異物除去工事等を必要とする場合には、宅地として通常有すべき性状を備えないものとして土地の瑕疵になると認めるのが相当である。本件の場合、本件土地は、工業団地用地として中和開発に売却されているのであるから、当然に本件土地上に建物を建築できることが前提であるところ、前記認定のとおり、本件土地の広い範囲の地中に○.八五m～九.四五m程度の層厚で、ごみ、コンクリートガラ、アスファルトガラ、鉄片、ガラス片、ビニール、焼却灰、木くず等の産業廃棄物（本件廃棄物）が発見され、その量は、一万六三〇九㎥にのぼっていたというのであり、これらを除去するためには、後述のように多額の費用を要する特別の工事をしなければならなかったのであるから、本件廃棄物の存在は土地の瑕疵に当たるものというべきである。

（3）　次いで、本件鉛による土壌汚染の点について検討する。

ア　売買契約の当事者間において目的物がどのような品質・性能を有することが予定されていたかについては、売買契約締結当時の取引観念を斟酌して判断すべきである（最高裁判所平成二二年六月一日第三小法廷判決・民集六四巻四号九五三頁参照）。なぜならば、このように解さないと、売買契約締結後に時の経過や科学の発達により目的物の品質・性能に対する評価に変更が生じ、契約当事者において予定されていなかったような事態に至った場合も瑕疵に当たり得ることになり、法的安定性を著しく害することになって相当でないからである。

イ　これを本件についてみると、本件土地の深度一〇・六三m～一一・六三mの土壌から検出された「鉛及びその化合物」の含有量は、二八〇㎎/kgであって、平成一四年五月二九日に成立し、平成一五年二月一五日に施行された土壌汚染対策法における含有量基準一五〇㎎/kgを上回っていることが認められる。

しかしながら、本件売買契約が締結された平成二年三月二六日当時は、前記前提事実（9）記載のとおり、土壌汚染について環境基準値は未だ策定されておらず、昭和六一年一月に、環境庁が公共用地として転換される国有地について定めた暫定対策指針において、対策を要する汚染土壌の判定基準とされたのは、鉛及びその化合物につき、乾土一kgにつき六〇〇mgであり、本件土地から検出された鉛の含有量はこれをも大幅に下回っている。

そして、本件売買契約においては、当事者間に土壌汚染に関する何らの特約も認められない。

そうすると、本件売買契約においては、本件鉛による土壌汚染の点は土地の瑕疵と認めるのは困難というべきである。

この点、控訴人は、鉛は古来から有害性が認識されていたから、昔は有害性が認識されていなかったフッ素などと異なり土地の瑕疵と認めるべきであると主張している。

なるほど、鉛は古来から人体に有害であること自体は認識されていたが、大気や水の汚染などと異なり、土壌汚染に関していえば、古来から、土壌に少しでも鉛が含まれていれば人体に有害であるのかについては、科学の発達に伴って、その評価に変更が生じ得るのであり、現に、土壌汚染に関する環境基準値も前記前提事実（9）記載のとおり、時の経過に従って変更されているのである。

したがって、控訴人の上記主張は採用できない。

（4）　以上のとおり、本件廃棄物の存在は、本件土地の瑕疵に当たるが、本件鉛により土壌汚染は、本件土地の瑕疵とはいえない。

そうすると、被控訴人は、本件土地に自ら本件廃棄物を埋設した事実を知りながら、中和開発に対し、本件廃棄物の存在の点を何ら告知・説明することなく、本件廃棄物の存在を前提としない代金額で本件土地を売却し、そのため中和開発ないし控訴人は後記損害を被ったのであるから、被控訴人としては、控訴人に対して不法行為責任を負うものというべきである。他方、本件鉛による土壌汚染については、被控訴人に不法行為は成立しない。」

〈実務上の留意点〉

この事案は、土壌汚染をめぐる判例としても取り上げられたが、ゴミ焼却場を稼動していた市から焼却場の解体工事、ゴミの撤去を依頼された土木・建築業者が土地を購入し、転売した後、転売に係る買主が調査を実施したところ、ゴミ、コンクリートガラ、アスファルトガラ、レンガ、鉄片等の産業廃棄物が広範囲に埋設され、一部は鉛に汚染されていることが判明し、転売の当事者間で即決和解がされたことから、転売の売主が市の損害賠償責任を追及し、売主である市の不法行為責任等が問題になったものである。

この判決は、土地の売買契約当時、土木・建築業者が地中の産業廃棄物の存在につき悪意・過失がないとした上、土地の瑕疵を何ら告知・説明しなかったとし、売主である市の不法行為責任を肯定したものであるが（鉛の存在については不法行為を否定した）、瑕疵担保責任、債務不履行責任に関する主張は、不法行為に基づく損害賠償額以上のものが認められる余地がないとし、判断しなかったものである。この判決は、土地の売主の告知・説明義務違反による不法行為責任を認め、瑕疵担保責任、債務不履行責任を判断する必要がないとした事例として参考になるものの、地中の廃棄物の存在を土地の瑕疵と認め、これを根拠に告知・説明義務違反による不法行為責任を認めるという従来の判例の傾向に照らすと、珍しい論理を展開したものとして興味深いし、議論を呼ぶ内容の判断である。

7　国家賠償責任をめぐる判例

国、地方公共団体が土地の取引の当事者になる場合、取引が私法上のものであれば、民法上の責任を負う可能性があることは当然であり、土地の売主になった場合には、瑕疵担保責任、債務不履行責任、不法行為責任が問題になり得るものである。

国、地方公共団体は、私法上の取引に当事者として関与するだけでなく、公権力の行使者として関与することがあるが、後者の場合には、国らの公権力の行使に当たる公務員が、その職務を行うについて、故意又は過失によって違法に他人に損害を加えたときは、国らがこれを賠償する責に任ずるとされ（国家賠償法１条１項。国家賠償責任と呼ばれることがある）、この要件を満たす場合には、国らの損害賠償責任が認められることがある。具体的には、土地の汚染等については法律、条令によって規制を受けていることがあるが、これらの法令に基づき国らが権限を行使し、あるいは権限を行使しなかった場合、その行使・不行使が原因で土地の買主らに損害が生じたようなときは、前記の要件を満たす可能性がある。

土地の取引をめぐって国家賠償責任が問題になった判例としては、次のようなものがある。

東京地判　平成24.2.7　判例地方自治361.74　【判例58】

〈事案の概要〉

Ａは、土地上にほうろう釉薬の製造工場を設置し、経営していたところ、製造過程で発生するフッ素を含む排気、排水による農作物被害が問題になり、ＡとY_3市（羽咋市）は、公害防止協定を締結し、被害の防止を図る等し、Y_2県（石川県）は、環境監視、改善指導を行う等したところ、Ｘは、平成３年、Ａから本件土地を購入し、更地のままになっていたが、転売の話が持ち上がり、平成19年、Ｃに依頼して土壌調査を実施した結果、土壌汚染対策法所定の土壌溶出量基準の上限を大幅に超えるフッ素に汚染されていることが判明し、土壌浄化工事を実施し、多額の費用を負担することを約したため、ＸがY_1（国）、Y_2、Y_3に対して国家賠償法１条に基づき損害賠償を請求した（Ａは、既に解散している)。

本判決は、国が土壌汚染対策法の制定、施行に当たり、同法施行前に汚染原因者でない所有者の措置義務を免責する経過措置を定めなかったことや自己資本金３億円以上の法人に対する助成措置を定めなかったことが国家賠償法１条の適用上違法とはいえない等とし、請求を棄却した。

〈判旨〉

「ア　しかし、国会議員は立法に関しては原則として国民全体に対する関係で政治的責任を負うにとどまり、個別の国民の権利に対応した関係での法的義務を負うものではないというべきであって、国会議員の立法行為が国家賠償法１条１項の適用上、違法の評価を受けるのは、立法の内容が国民に憲法上保障されている権利を違法に侵害するものであることが明白であるとか、国民に憲法上保障されている権利行使の機会を確保するために所用の立法措置をとることが必要不可欠でありそれが明白であるにもかかわらず国会が正当な理由なく長期にわたってこれを怠るなどの例外的な場合にとどまるというべきである（最高裁平成17年９月14日大法廷判決・民集59巻７号2087頁参照)。

これを上記①(経過措置)についてみるに、土壌汚染対策法のスキーム上、汚染原因者でない土地所有者でも汚染の除去を内容とする措置命令を受ける可能性があること、その費用負担は、汚染原因者が無資力の場合、結果的に所有者に帰することになりかねないこと、以上の理が、土壌汚染対策法の施行前に土壌汚染を知らずに土地を購入した所有者についても妥当することは、その限度では、原告の指摘するとおりである。しかし、汚染原因者でない土地所有者についても妥当することは、その限度では、原告の指摘するとおりである。しかし、汚染原因者でない土地所有者等を措置命令の対象とすることは、土壌汚染による健康被害を防止するという立法目的を実現するためには有益なことであり、他方、公益的な要請が強い場合、危険責任等の観点から、土地所有者にいわゆる無過失責任を負わせることが相当な場合があり得るということ自体は、我が国の法制上、一般的に承認されていることである。そうすると、措置命令の対象となる者に法施行前に土地を取得した者を含めるかどうかということも、当該対象者の負担とこのような立法目的の実現との兼ね合いにおいて決せられるべき立法裁量に属する事項にほかならず、土壌汚染対策法の制定に当たり原告の主張するような経過措置を定めなかったことが、国家賠償法１条1項の適用上違法とされるような例外的な事情があるとまで認めることはできない。かえって、土壌汚染対策法上の所有者の除去義務が無過失責任に基づくものである以上、同法施行前に所有者となった者を別異に取り扱うべき理由はないと解されるところである（原告が根拠とする予測可能性の問題は、過失責任主義を前提とするものが解される。）。」

〈実務上の留意点〉

この事案は、工場の稼動において地元の市と公害防止協定が締結される等していた土地が売買され、買主が転売の話が持ち上がり、土壌調査を実施した結果、土壌汚染対策法所定の土壌溶出量基準の上限を大幅に超えるフッ素に汚染されていることが判明し、土壌浄化工事を実施し、多額の費用を負担することになったため、国、県、市に対して国家賠償法１条に基づき損害賠償を請求したものである。

この判決は、国が土壌汚染対策法の制定、施行に当たり、同法施行前に汚染原因者でない所有者の措置義務を免責する経過措置を定めなかったことや自己資本金３億円以上の法人に対する助成措置を定めなかったことが国家賠償法１条の適用上違法とはいえない等としたものであり、国家賠償責任を否定した事例として参考になる。

8　求償をめぐる判例

土地の取引は、次々と連続して行われることがあるが、何度かの取引が行われた後、土地の土壌汚染等が判明した場合、取引を遡って順次損害の補填、損失の回復が行われることがある。この場合、土地の取引を遡って取引に関与した当事者に対して損害賠償等が請求される場合、損害賠償等が求償請求とか、求償権の行使とか呼ばれることがあり、求償請求等の根拠、当否、求償額等が問題になることがある。

また、この土地の取引を遡って求償請求等がされる場合を含め、複数の損害賠償等の義務を負う者のうち一部の者が義務を履行した場合、他の義務者に対して損害の補填、損失の回復を請求することがあり、このような場合も求償請求とか、求償権の行使と呼ばれることがあり、前記の場合と同様な法律問題が生じることがある。

本書においても、土地の売買が行われた後、土地が転売され、転売に係る買主がその売主に対して瑕疵担保責任等に基づき損害賠償を求めたことから、転売の売主（元の売買の買主）が元の売買の売主に対して瑕疵担保責任等に基づき損害賠償を請求した事案に関する判例を紹介している。このような求償の事案においては、求償請求等の根拠、当否、求償額、消滅時効等が問題になってきたところである（なお、請求の名目が求償請求でなく、損害賠償請求であったとしても、実質的には求償請求と解されることがある）。

本項では、求償請求が問題になった判例を紹介したい。

東京地判　平成24.1.16　判例地方自治357.70　【判例59】

〈事案の概要〉

鉄道事業を営むＹ株式会社は、Ａ学校法人から土地を購入したところ、土地に鉛、砒素、六価クロム、ホウ素、トリクロロエチレン、シス－１・２－ジクロロエチレン、1・２ジクロロペタン、ベンゼン等の汚染が判明し、これらを除去するために多額の費用を負担したことから、ＹがＸ市（川崎市）において昭和43年10月から昭和45年９月頃までの間に焼却灰等の産業廃棄物を本件土地に搬入し、埋め立てたことが原因である等と主張し、公害等調整委員会に対して前記費用につき国家賠償法1条に基づく損害賠償を求める責任裁定の申請をしたところ、同委員会がXの責任を認め、48億円余の支払を命ずる裁定をしたため、XがYに対して前記損害賠償債務の不存在の確認を請求したのに対し、Yが反訴として前記の損害賠償を請求した。

本判決は、Xの本訴請求につき確認の利益を否定し、訴えを却下し、反訴請求については、本件土壌汚染は、業者が産業廃棄物を搬入し、埋め立て、自然的な因果関係によって拡散したものであり、Yの主張に係るXの平成16年8月の時点における不作為によって生じたとはいえないし、土壌汚染対策法7条3項に基づく作為義務は、土地の所有者が特定できる場合においてまでXに土壌汚染を除去すべき義務を負わないし、Xが業者に廃棄物を無償で譲渡したものであっても、本件土地への埋め立てを承諾等したものではないし、Xが同法7条1項但書にいう汚染原因者とは認められず、同法8条1項の求償権は認められない等とし、反訴請求を棄却した。

〈判旨〉

「ア　被告は、原告は土対法7条1項ただし書によって措置命令の対象者となる「汚染原因者」であるから、本件土地の所有者である被告に対し、原因者負担の原則に基づき、条理上、本件土壌汚染を除去すべき作為義務を負っていた旨を主張する。

イ　土対法7条1項ただし書は、都道府県知事（本件においては川崎市長）が汚染の除去等の措置を講ずることが必要な区域として指定措置を行った場合に、「当該土地の所有者以外の者の行為（汚染原因行為）によって当該土地の土壌の特定有害物質による汚染が生じたことが認められ」、かつ、「これを講じさせることについて当該土地の所有者等に異議がないとき」に前記「所有者以外の者」（汚染原因者）に対し、措置を講ずべきことを指示する（措置命令）ものと規定している。

そして、同条項ただし書にいう「汚染原因行為」とは、特定有害物質又は特定有害物質を含む固体もしくは液体を土壌に埋め、飛散させ、流失させ、又は地下に浸透させる行為をいうものと解されるところ、前記（2）で認定したとおり、原告は、Cから、B所有土地の埋立用資材とするために本件焼却灰を譲り受けたいとの申入れを受けて承諾し、同土地の埋立に用いるために、同土地及び本件土地２の西側部分に原告搬入廃棄物を搬入したものに過ぎず、原告が、Ｃとの間で同人が原告廃棄物を本件土地２に埋め立てることを事前に承諾していた事実も、Ｃに対して同土地の西側部分に同廃棄物を埋めることを依頼（委任）し、あるいは請け負わせた事実も認められないし、原告が、Ｃにおいて実際に原告搬入廃棄物を同土地部分に埋め立てていることを現に認識していたものであるとも認められない。また、本件土地２に埋め立てられた原告搬入廃棄物の中に、本件土壌汚染を生じさせた原因である特定有害物質を含む本件出土物等の廃棄物が含まれていたものと断定することも困難である。むしろ､本件においては、Ｃにおいて、B所有土地及び本件土地２の所有者の了解の下に、自己の責任と計算において、これらの土地に対する埋立てを行っていたものと認められる。

ウ　そうすると、原告を、本件土地２に特定有害物質又は同物質を含む個体もしくは液体を土壌に埋める等の汚染原因行為を行った、土対法７条1項ただし書にいう「汚染原因者」であると認めることはできない。

（なお、仮に、本件訴訟において、原告が前記「汚染原因者」と認められることがあったとしても、被告が本件計画書を原告に提出した平成16年8月25日から被告が本件土壌汚染対策工事を完了するまでの間において、本件土壌汚染が原告の汚染原因行為によって生じたものであることが明らかであったとは言えないから、前記期間中、原告が、土対法７条1項ただし書にいう「汚染原因者」として同工事を行わなければならない立場にあることを認識することができたことを理由に、原告が、条理上、本件土壌汚染を除去すべき作為義務を負っていたものであると認めることもできない。）

・・・・

（6）　予備的請求について

ア　土対法８条の求償権の侵害に基づく損害賠償請求

（ア）　被告は、原告が、本件土壌汚染について、土対法に基づく指定措置及び措置命令を行うことをせずに、被告をして自主対策工場を実施するように仕向ける行為を行ったもので、これらの行為は、被告による土対法８条に定める求償権行使を妨げる行為であるから、原告には、求償権侵害を理由とする国家賠償法１条１項の損害賠償責任があると主張する。

しかし、この点にかかる被告の主張は、前記（４）で認定したとおり、原告が土対法７条１項ただし書にいう「汚染原因者」であるとは認められない以上、その前提を欠くものとして理由がない。

（イ）　なお、仮に、原告が汚染原因者と認められたとしても、前記第二の２（９）のとおり、被告が自ら本件計画書を提出して土壌汚染対策を実施した経緯などに照らせば、被告は、原告に仕向けられたことによって本件土壌汚染の除去工事を行ったものではなく、自らの判断でこれを自主対策工事として実施したものと認められるし、そもそも、本件においては、被告に対して措置命令が出されていないのであるから、同法８条に基づいて被告に求償権が生じ、これが侵害されるという主張は採用できないものである（この点に関し、被告は、土対法８条の求償権に関する規定は、不法行為法の特則として、措置命令に基づいて土地の所有者等が汚染除去による費用を負担させられた場合であると否とを問わず、土地の所有者等が汚染除去による費用を負担させられた場合に、これを汚染原因者による新たな不法行為であるとし、汚染原因者に対する求償権の行使を認めるものである旨の主張をするようである。しかし、土対法は、土壌汚染の状況の把握や、土壌汚染による人の健康被害の防止措置などの実施を図ることによって、国民の健康を保護することを目的《同法１条》とするものであって、土壌汚染を除去する措置を行った土地の所有者等の個人的利益を保護するためのものではないし、同法８条１項は、都道府県知事の措置命令に基づいて当該土地の所有者等が土壌汚染を除去するための工事を行った場合に、これに要した負担を土地の所有者等と汚染原因者との間でどのように負担するかという問題について、土地の所有者等が汚染原因者に求償できる旨を定めたものに過ぎないから、土地所有者に汚染除去工事を行わせたことをもって、汚染原因者の土地所有者に対する不法行為がされたものであるとし、これに基づき損害賠償請求権の発生を認めた規定と解することはできない。そして、同条項の求償権は、汚染原因者に対し、汚染原因行為に関する不法行為に基づく損害賠償請求権について民法７２４条の除斥期間を経過した後においてもその責任を遡及できることを認めるものであるが、これは、土壌汚染対策費用の負担者を合理的に定める観点から、都道府県知事が定める措置命令の内容の限度で責任を遡及させるという特別の規定と解される。そうすると、同条項の請求権は、同法の定める手続を経た場合についてのみ、措置命令によって生ずる負担を汚染原因者に求償できることを定めた特別規定と解すべきであり、措置命令を経ない場合については、特段の事情のない限り、準用ないし類推適用されるものではない。したがって、被告に対する措置命令が出されておらず、被告が自主対策工事として本件土壌汚染対策工事をしたという本件の事実関係の下で、同法８条の求償権が生ずることを前提とする被告の前記主張は採用できない。)。」

〈実務上の留意点〉

この事案は、会社が学校法人から土地を購入したところ、土地に鉛、砒素、六価クロム、ホウ素、トリクロロエチレン、シス－１・２－ジクロロエチレン、１・２ジクロロペタン、ベンゼン等の汚染が判明し、これらを除去するために多額の費用を負担したことから、従前土地を利用していた市が焼却灰等の産業廃棄物を搬入し、埋め立てたことが原因である等と主張し、公害等調整委員会に対して前記費用につき国家賠償法１条に基づく損害賠償を求める責任裁定の申請をしたところ、同委員会が市の責任を認め、48億円余の支払を命ずる裁定をしたため、市が会社に対して前記損害賠償債務の不存在の確認を請求したのに対し、会社が反訴として前記の損害賠償を請求した際、会社が市に対して求償権を有するか、求償権行使の妨害があったかも争点になったものである。

この判決は、本件では市が土壌汚染対策法７条１項但書にいう汚染原因者とは認められないとし、同法８条１項の求償権は認められないとして、求償権行使の妨害による不法行為を否定したものであり、土壌汚染対策法８条１項の求償権を否定した事例として参考になる。

9　損害の範囲・額をめぐる判例

土地の取引において、地盤沈下、地中物の存在、土壌汚染等が問題になった場合には、その被害の救済は、損害賠償によることが多い（ほかにも、原状回復、回復措置、回復工事等による方法もあり得る)。損害賠償による救済の場合には、損害賠償請求権の根拠、成否が問題になるだけでなく、損害賠償額の認定、算定が重要な争点になることが多い。損害賠償請求がされる場合、損害の発生、因果関係の存在（事実的因果関係、法的因果関係)、賠償額については、損害賠償を請求する者が立証責任を負うものであり、事案によってはその立証が困難なことがあるし、その範囲は、損害賠償請求権の法的な根拠によって異なることがある。

債務不履行に基づく損害賠償が請求された場合には、損害賠償の範囲は、民法416条の規定に従って判断される（この規定は、相当因果関係を定めたものと解するのが判例であり、訴訟実務である)。他方、不法行為に基づく損害賠償が請求された場合には、民法416条の規定の類推適用によって判断される（これは判例であり、訴訟実務である)。瑕疵担保責任に基づく損害賠償が請求された場合には、理論的に履行利益の賠償は含まれず、信頼利益の賠償に限られると解するのが下級審の判例の傾向であり、訴訟実務である（この問題につき明確に判断した最高裁の判例はないといえよう)。この下級審の判例の立場に立つ場合、信頼利益の範囲が問題になるし（土地の取引前の状況に回復することと考えることができるが、議論があろう)、信頼利益のうちどの範囲の賠償が認められるかの問題が生じる（相当性とか、通常性による限定がされるか等が問題になる)。

以下、本書で紹介した判例のうち、損害の範囲・額が問題になったものを概説し、参考に供したい。

千葉地松戸支部判　平成6.8.25　判時1543.149　【判例4】

〈事案の概要〉

Xは、平成２年10月、Y_1株式会社所有の土地、建物を、不動産業を営むY_2株式会社の仲介により購入したが（本件土地を含む近隣一帯は元水田等の軟弱な湿地帯であった)、本件土地がＡ株式会社により宅地造成し、建物を建築したものであり（Ａの権利義務は、その後、Y_3株式会社に承継された)、不等沈下があったため（建物には傾斜約70分の１があった)、ＸがY_1に対しては瑕疵担保責任、Y_2に対して瑕疵を知り又は重大な過失によりこれを知らず瑕疵の存在を告げなかった等と主張し、債務不履行責任、Y_3に対して不法行為責任に基づき対沈下工事費、瑕疵修補費等の損害賠償（約996万円）を請求した。

本判決は、本件建物が傾斜していることの瑕疵を認め、これが隠れた瑕疵であり、買受当時、Ｘが瑕疵を知らず、過失もなかったとしてY_1の瑕疵担保責任を肯定し、Y_2につき隠れた瑕疵に気付かなかったことに善管注意義務を怠った過失があるとはいえないとし、Y_2の債務不履行責任を否定し､Ａが宅地造成を専門業者に請け負わせて実施したこと等を考慮し、過失があるとはいえないとし、Ａの不法行為責任を否定し、Y_1に対する請求を認容し（損害賠償の範囲を建物の価格を限度とし、工事費等の損害が約990万円とし、そのうち本件建物の価格として算出される650万円が損害であるとした)、その余の請求を棄却した。

〈判旨〉

「２　ところで、被告富士物産は、仮に同被告が、瑕疵担保責任を負うとしても、その賠償の範囲は、信頼利益に限られるところ、本件損害は、すべて履行利益であって、信頼利益に該当しない旨主張するので、この点について検討する。

なるほど、瑕疵担保責任の賠償の範囲は、信頼利益に限られるといってよい。しかしながら、本件損害が、信頼利益に該当しないというのは、疑問である。

すなわち、一般的に、信頼利益は､「当該瑕疵がないと信じたことによって被った損害｣、或は「当該瑕疵を知ったならば被ることがなかった損害」と、履行利益は､「当該瑕疵がなかったとしたら得られたであろう利益」と定義される。

右の区別は、抽象的には、一見明白である。そして、具体的な適用に当たっても、買主が、契約の目的を達しないとして、当該契約を解除した場合には、信頼利益の範囲を、買主が、当該契約締結のために費やした費用

(調査費用、登記費用、公正証書の手数料、印紙代)、受入れ態勢を準備したことによる費用（建築設計費、材料購入費)、請負人等に支払った違約金、瑕疵担保責任を訴求した費用等の損害に限定し、いわゆる転売利益等の得べかりし利益を排除するものであるとして、右の区別は、比較的明瞭である。

しかしながら、本件のように、契約を解除しないまま、買主が、いわば瑕疵の修補に代わる損害の賠償を求める場合に、右修補費用相当の損害が、信頼利益又は履行利益の、どちらに該当するかを判断することは、一転して、著しく困難になり、果たして、その区別の意味があるのかさえ疑問になる程である。けだし、瑕疵修補費用相当額は、「当該瑕疵がなかったとしたら得られたであろう利益」に該当するだけではなく、まさに、「当該瑕疵を知ったならば被ることがなかった損害」にも該当すると思われるからである（本来であれば、瑕疵担保責任の意義とその本質から説き起こすべきところであるかもしれないが、周知のとおり、瑕疵担保責任をめぐる民法学説の理論的状況は、現在、より一層錯綜を極めており、当裁判所は、この点について深入りすることは差し控えたい)。

もし、瑕疵修補費用相当額は、信頼利益に該当しないというのであれば、右のような場合における信頼利益とは、一体、どのようなものをいうのであろうか？想定することが困難である。もしそうだとすれば、結局、瑕疵担保責任の賠償の範囲は、信頼利益に限られるといっても、それは、転売利益等の得べかりし利益を排除すれば足りるのであって、瑕疵修補費用相当額の賠償責任まで、これを履行利益だとして全面的に否定する必要はないものというべきである。

但し、当裁判所は、公平の見地から、当該物件の売買代金の価格を超えることは許されず、右価格は、最高限度額とすべきであると考える。」

〈実務上の留意点〉

この事案は、土地の地盤等をめぐる判例として取り上げたが、元水田等の軟弱な湿地帯であった土地が宅地造成され、建物が建築され、販売され、土地に不等沈下があり、買主が売主に対して瑕疵担保責任を追及する等したものであり、損害として沈下対策工事費用、建物補修工事費用が主張されたものである。

この判決は、売主の瑕疵担保責任について、土地に隠れた瑕疵があることを認め、売主の責任を肯定し、損害について、売主の瑕疵担保責任の損害賠償は信頼利益と履行利益の区別が困難であるものの、沈下対策工事費用、建物補修工事費用が含まれ、公平の見地から賠償額が当該物件の売買代金の価格を超えることは許されないとし、工事費等の損害が約990万円とし、そのうち本件建物の価格として算出される650万円が損害であるとして損害賠償額を算定したものである。この判決の損害論についての判断は、一つの見解ではあるものの、理論倒れとの印象も否定できないものであり、さほど参考になるものではなく、この判例によることには訴訟実務上注意が必要である。

東京地判　平成10.11.26　判時1682.60　【判例31】

〈事案の概要〉

不動産業者であるＸ株式会社は、平成６年９月、信託銀行業を営むＡ株式会社の仲介により、マンションの建設用地として、Y_1株式会社との間で、土地、建物を代金７億1739万6000円で購入する売買契約、Ｂ株式会社との間で、隣接する土地を代金2761万3100円で購入する売買契約を締結し、同年11月、各代金を支払い、引渡しを受け（本件建物は、当時、飲食店として賃貸されており、平成７年２月に実際に引渡しを受けたが、その間、Ｘは、土地の一部のみの地質調査を実施した）、平成７年５月以降、本件各土地上にマンションを建築するため、建物の解体工事、マンション建設の基礎工事を行ったところ、Y_1の売却地から多数の杭、Ｂの売却地から埋設基礎（耐圧盤）が発見されたため、ＸがY_1、Ｂに対して瑕疵担保責任に基づき撤去費用の損害賠償を請求した（Ｂは、その後、会社更生手続が開始され、Y_2が更生管財人に選任され、Ｘの債権届出につき異議を述べ、更生債権等の確認請求に変更された）。

本判決は、杭等の存在が隠れた瑕疵に当たるとし、商法526条１項の期間内に通知されたとし、現実に撤去工事費用として支払った3090万円の損害を認め、請求を認容した。

〈判旨〉

「三　争点3（損害の額）について

１　《証拠略》によれば、原告は、本件地中障害物が発見された後、本件建物解体及びマンション建設工事の請負先であった多田建設に対し、本件地中障害物の撤去にかかる費用の見積もりを依頼したところ、多田建設は、当初、原告に対し、右撤去費用を合計金三二九〇万円とする見積もりを提示したこと、原告は、多田建設と交渉の上、撤去費用を合計金三〇九〇万円とすることで合意し、同社に依頼して本件地中障害物を撤去させた上、同社に対し、撤去費用として右金額を支払ったことの各事実が認められ、右事実に照らせば、本件各土地に本件地中障害物が埋設されたことによる原告の損害額は、右撤去に要した費用合計金三〇九〇万円と認めるのが相当である。

もっとも、被告の提出した訴外株式会社桐商エアコンによる見積書には、本件地中障害物の撤去費用として金一〇三八万円との記載があるけれども、《証拠略》によれば、右見積書には、工事に要する見込期間ないし単価等の点でその金額の妥当性に疑問があることが窺われるから、右見積書の記載金額をもって本件地中障害物の撤去に要する費用額として相当であるということはできない。

なお、原告は、多田建設による見積額である金三二九〇万円が客観的な損害であると主張するけれども、原告において現実に金三〇九〇万円しか支出しておらず、それ以外に支出を予定しているという事情も窺われない以上、金三〇九〇万円を超えて原告に損害が発生したとみるべき根拠がなく、そもそも、原告において現実に支出を要した以上の金額の賠償を受けられるとすれば、本件各土地に瑕疵があったことにより原告はかえって利得を得ることになるのであって、そのようなことは、民法五七〇条、五六六条一項の予定するところではないといわなければならない。

また、被告らは、本件地中障害物の存在は、低層建物を建築しようとする者にとっては障害となるものでなく、本件各土地の取引価格には影響がないとも主張するけれども、前記判示のとおり、本件各土地は、本件地中障害物が存在することにより、中高層建物を建築する予定の土地として通常有すべき品質・性状を欠くものとして瑕疵があるといわざるを得ず、本件各土地上に中高層建物を建築するためには本件地中障害物を撤去する必要があるというのであるから、右撤去に要する費用をもって本件各土地に存在する瑕疵による損害というほかはなく、本件各土地の取引価格に影響を及ぼすか否かによって右判断が左右されるものではないから、被告らの右主張は、採用することができない。」

〈実務上の留意点〉

この事案は、土地の地中物をめぐる判例としても取り上げたが、不動産業者がマンションの建設用地を購入し、工事に着手したところ、地中に多数の杭、埋設基礎（耐圧盤）が発見され、売主の瑕疵担保責任の成否、損害賠償の範囲が問題になったものである。

この判決は、マンションの建設用地としての土地の売買において、土地の一部に多数の杭、埋設基礎（耐圧盤）の地中障害物が存在したことにつき隠れた瑕疵を認め、売主の瑕疵担保責任を肯定し、損害として、土地上に中高層建物を建築するためには地中障害物を撤去する必要があり、その撤去に要する費用をもって土地に存在する瑕疵による損害というとし、損害賠償額を算定したものであり、瑕疵担保責任に基づく損害賠償額の算定事例として参考になるものである。

福島地郡山支部判　平成14.4.18　判時1804.94　【判例41】

〈事案の概要〉

金属製容器等の製造、販売を業とするＹ株式会社は、Ａ県Ｂ市において工場を設置し、昭和59年頃から稼動していたが、昭和60年４月頃、金属製押し出しチューブの製造を開始し、その製造過程において洗浄液としてテトラクロロエチレンを使用するようになったところ（平成２年８月までの間使用した）、本件工場の近隣に居住し、井戸水を生活用水として使用していたX_1、X_2、Ｃは、各井戸水が本件工場からのテトラクロロエチレンによって汚染された等と主張し、Ｙに対して不法行為に基づき損害賠償を請求した（Ｃは、その後、死亡し、Ｃの妻も死亡し、子X_3ないしX_5が相続し、訴訟を承継した）。

本判決は、Ｙが工場排水に混入させて排出したとのX_1らの主張を排斥したものの、本件工場の洗浄室で滴下したテトラクロロエチレンがコンクリート床から地下に浸透し、地下水の流動系に沿って移動拡散し、各井戸に到達した等と認め、３本の井戸のうち、２本については昭和59年当時の暫定的な水質基準値を上回るテトラクロロエチレンが検出されたことがあるとし、X_1、X_2が継続的長期的に摂取すると、人体に影響が懸念されるとし、不法行為を認め、他の１本の井戸については汚染の程度が軽微であるとし、不法行為を否定し、損害については、新井戸の掘削費用、慰謝料（X_1につき200万円、X_2につき150万円）、水質検査費用、弁護士費用を認め（土地の評価損に関する主張は排斥した）、X_1、X_2の請求を認容し、X_3らの請求を棄却した。

〈判旨〉

「(1)　井戸掘削費用について

《証拠略》によれば、原告甲野は、平成二年七月三〇日付をもって福島県白河保健所から同原告の井戸水からテトラクロロエチレンが検出され、水道水の暫定的水質基準に適合せず、煮沸飲用を指導されたこと、平成三年八月二七日、代替井戸を掘削するため、一四〇万円の費用を支出したこと、原告乙山は、平成二年一一月二六日付をもって福島県郡山公害対策センターから同原告の井戸水からテトラクロロエチレンが検出され、水道水の暫定的水質基準に適合せず、上記保健所の指導を受けるよう指示されたこと、平成四年一〇月二六日、代替井戸を掘削するため、一三四万円の費用を支出したことなどが認められ、これに前記のような同原告らの所在する地域環境、テトラクロロエチレンの毒性、被侵害利益の重大性等の事情も併せ考えると、これらの費用は、被告の前記不法行為と相当因果関係にある損害であると認めるのが相当である。

したがって、原告甲野の井戸掘削費用一四〇万円、原告乙山の井戸掘削費用一三四万円がいずれも損害として認められる。

(2)　土地評価損について

原告らは、被告の前記不法行為により地下水が汚染し、原告ら所有地の評価額が下落したことから、原告甲野、同乙山につき各二〇〇万円の損害を被った旨主張するが、これを認めるに足りる的確な証拠はない。

(3)　慰謝料について

原告甲野及び同乙山が、被告の前記不法行為により、井戸水を汚染され、一定期間テトラクロロエチレンの毒性の脅威に曝されて煮沸飲用を強いられ、新たな井戸を掘削せざるを得なかったことは、前記認定のとおりであり、原告らの精神的損害を算定するにあたっては、前記争点（３）において認定した各事実に加え、他方で、原告らの被害内容として具体的な病気の発生等までは認められないこと等の本件記録に顕れた諸般の事情を総合考慮し、その精神的損害に対する慰謝料としては、それぞれ原告甲野につき、二〇〇万円、原告乙山につき、一五〇万円が相当であるというべきである。

（４）　弁護士費用、調査費用等について

《証拠略》によれば、原告甲野は、被告の前記不法行為により、井戸水の水質調査及び弁護士への相談等の必要に迫られ、それぞれ水質検査費用として四万三七七五円、弁護士費用として合計五万円を支出したことが認められ、これに前記のようなテトラクロロエチレンの毒性、被侵害利益の重大性等の事情も併せ考えると、これらの費用は、被告の前記不法行為と相当因果関係にある損害であると認めるのが相当である。」

〈実務上の留意点〉

　この事案は、土壌汚染をめぐる判例としても取り上げられたが、金属製容器等の製造、販売を業とする会社が工場を設置し、長年稼動していたところ、近隣の住民らの井戸水にテトラクロロエチレンが測定されたことから、住民らに現実に健康被害が発生していないが、住民らが会社に対して不法行為責任を追及し、損害賠償の範囲が争点になったものである。

　この判決は、会社の不法行為については、問題になった３本の井戸のうち、２本については昭和59年当時の暫定的な水質基準値を上回るテトラクロロエチレンが検出されたことがあるとし、人が継続的長期的に摂取すると、人体に影響が懸念されるとして不法行為を認め、他の１本の井戸については汚染の程度が軽微であるとし、不法行為を否定した上、損害については、新井戸の掘削費用、慰謝料（200万円、150万円）、水質検査費用、弁護士費用を認め、土地の評価損に関する損害の主張を排斥したものであり、事例として参考になる。もっとも、この事案では、住民らに現実の健康被害が発生したものではなく、この判決は微妙な判断を示したものである。

東京地判　平成15.4.10　判時1870.57　【判例8】

〈事案の概要〉

Y_1株式会社は、一級建築士事務所であるY_2株式会社にマンションの設計、工事監理を依頼し、A株式会社に建築工事を注文し、マンションを建築したが（Aは、数年後、会社更生手続開始決定を受けた）、平成６年10月、X_1、X_2がそれぞれ本件マンションの１階部分の専有部分を青田買いとして購入し（代金は、X_1につき4210万円、X_2につき4310万円）、本件マンションが完成後、引渡しを受けたところ、平成８年９月以降浸水が続いたことから、X_1らがY_1に対して基礎杭が基準より短縮されている欠陥がある等と主張し、平成11年10月に瑕疵担保により契約を解除し、瑕疵担保責任、債務不履行等に基づき、Y_2に対して不法行為に基づき損害賠償を請求した。

本判決は、本件マンションの敷地が浸水しやすい地盤であるのに、設計段階から盛り土等の十分な対策をとらなかったことによる瑕疵があるとし、契約の解除を認め、瑕疵担保責任は引渡しから２年間とする特約については、無過失の場合に限られ、本件には適用されないとし、説明義務違反の債務不履行、不法行為もあるとし（マンション購入関係費用、修補費用、慰謝料各100万円、訴訟追行費用（調査鑑定費用、雑損、弁護士費用）等の損害を認めた）、Y_1に対する請求を認容し、Y_2の不法行為を否定し、請求を棄却した。

〈判旨〉

「(１)　本件売買代金

原告らは、本件売買契約の解除に基づく原状回復費用として、売買代金相当額である原告甲野においては四二一〇万円を、原告乙山においては四三一〇万円をそれぞれ被告志村に対して請求することができる。

(２)　本件各室の購入に関する費用

ア　原告らは、本件各室を購入する際、原告甲野（一〇五号室）においては、別紙損害目録一（２）①ないし⑩の支出（合計三四一万五五一〇円）、原告乙山（一〇八号室）においては、同目録二（２）①ないし⑭、⑯の支出（合計五五九万八〇八四円）をしたが、これらは、いずれも、原告らにおいて、本件各室に瑕疵がなく、その購入後、本件居室に居住し続けることができるものと考えて支出した費用であることが明らかであるから、本件瑕疵との間に相当因果関係があるといわなければならない。

イ　原告らは、本件各室の取得に関する必要として、さらに、原告甲野においては、上記損害目録一（２）⑪の、原告乙山においては、同目録二（２）⑮、⑰の引越費用も掲げるところ、原告らが本件各室を購入したことに伴い、本件各室に入居するための引越費用（入居費用）は、アと同様に、本件各室に瑕疵がなく、その購入後、本件各室に居住し続けることができると考えて支出した費用ということができるので、本件瑕疵との間に相当因果関係があるということができる。

しかし、本件各室から転居するための引越費用（転居費用）は、要するに、本件売買契約を解除したため、買主である原告らが売主である被告志村に対して負担することになった原状回復義務の履行のために転居を余儀なくされた結果によるものであるから、この転居費用は、当該義務履行の費用として、その義務者である原告らにおいて本来負担すべきものであって、本件瑕疵との間に相当因果関係がある損害ということはできない。

そうすると、原告甲野においては、その賠償を求める引越費用が転居費用にとどまるため、これが全部否定され、原告乙山においては、入居費用及び転居費用の賠償を求めているため、そのうち、入居費用に限って認められるということになるが、原告甲野においても、入居費用を支出していることは否定できないところ、本件訴訟において、転居費用の賠償しか求めないのは、その賠償が否定された場合においてもなお、入居費用の賠償は求めないという趣旨ではなく、入居費用と転居費用とを比較した場合に、転居費用が高額であったため、その賠償を求めることで足りると判断した結果ではないかと推測されるところである。そうすると、同原告の転居費用の賠償請求のうちには、仮にその請求が認められない場合には、入居費用の賠償請求も含まれていると解するのが相当であるところ、《証拠略》によれば、原告甲野の転居費用はその主張する二一万六〇〇〇円であると認められるので、その購入前の同被告の住所地とも考えると、そのほぼ二分の一の一〇万円程度の入居費用を支出していると認められる。

ウ　したがって、本件各室の購入に関する費用のうち、本件瑕疵との間に相当因果関係がある損害として認めることができるのは、原告甲野においては、三五一万五五一〇円、原告乙山においては、五七一万二八九七円ということになる。

(3)　本件各室の修補に関する費用

ア　原告らは、平成一一年七月二一日の本件各室の床下浸水による本件各室の修補のために、概算、原告甲野（一〇五号室）においては、別紙損害目録一（3）①ないし⑩の費用、原告乙山（一〇八号室）においては、同目録二（3）①ないし⑥の費用を支出した。

イ　これらは、被告志村において、本件マンションの浸水事故の発生を防ぐ必要があったのに、その対策として、上記認定の玄関に防潮板を設置した程度の対応しかしていなかったという被告志村自らの既に説示した過失も加わったために、本件各室に浸水被害が発生したものであるから、基本的には、そのような被告志村において、瑕疵担保責任の範囲で、これを賠償する責任を負うものというべきである。

もっとも、原告らが本件各室の修補に関する費用として主張する項目には、本件瑕疵との間に相当因果関係が認められない別紙損害目録一（3）⑩の清掃手伝いのお礼代が存するので、これを損害と認めることができないし、また、同目録一（3）、二（3）のその余の損害については、本件瑕疵との間に相当因果関係が認められるのは、その購入価格ではなく、被害当時の時価ないし購入を早期にしなければならなかったことによる損害に限られるべきものである。

ウ　そこで、上記見地から、平成一一年七月二一日の浸水事故によって使用できなくなったという原告ら主張の物品の性質、その予想される時価を斟酌して、その損害を算定すると、原告らが支出した費用のうち、本件瑕疵との間に相当因果関係にあるのは、原告甲野については、七〇万円、原告乙山については、四〇万円と認めるのが相当である。

(4)　慰謝料

原告らは、その購入した本件各室に浸水被害対策が不十分であったという本件瑕疵がある結果、本件浸水被害を受け、本来であれば必要のない浸水対策に負われ、かつ、瑕疵ある建物を転売することも困難であったため、本件各室に居住し続けたが、最終的には、本件売買契約を解除して、生活の本拠とした本件各室を失うという事態に至ったことなどによって、精神的に多大の打撃を受けたことが窺われる。

そして、被告志村において、既に認定したとおり、本件マンションに本件瑕疵があることを知りながら、《証拠略》によれば、原告らに対し、本件売買契約の締結前後に、本件瑕疵を知らせていなかったことが認められ、そのような被告志村の対応は、原告らに対する説明義務違反の債務不履行ないし不法行為をも構成するものであったといわざるを得ない。

このような場合には、瑕疵担保責任に基づく損害賠償においても、慰謝料の支払を求めることができるというべきであるが、本件瑕疵の内容、これに対する上記した被告志村の対応、本件売買契約の解除が認められて原状回復として売買代金相当額の返還を受けられること、その他、本件に顕れた諸般の事情を総合考慮すると、原告らの受けた精神的損害に対する慰謝料としては、各一〇〇万円をもって相当と認める。

（５）　本件訴訟に関する費用

原告らは、本件訴訟に関する費用の賠償も求めるところ、瑕疵担保責任に基づく損害賠償において、慰謝料と同様、その範囲に訴訟の提起・遂行の費用が当然に含まれるものであるか否かはともかくとして、上記説示した本件においては、相当因果関係の範囲内で、原告らが本件訴訟の提起・遂行のために支出した金銭については、被告志村にこれを賠償する義務があるというべきである。

ア　調査鑑定費用

原告らは、本件マンションの出水及び杭工調査のために各二六万二五〇〇円、合計五二万五〇〇〇円を支出したが、上記認定のとおり、本件マンションの基礎杭には、原告らの主張する瑕疵の存在を認めるに足りる証拠がないことを考慮すると、これに関する費用を除いた、各一三万一二五〇円を本件瑕疵との間に相当因果関係がある損害と認めるのが相当である。」

〈実務上の留意点〉

この事案は、土地の地盤等をめぐる判例として取り上げたが、マンションの分譲販売業者がマンションの完成前に分譲販売を開始し、個人らが１階部分の専有部分を購入し、マンションの完成後、１階部分に浸水が続いたことから、瑕疵担保責任に基づき売買契約を解除し、基礎杭が基準より短縮されたことによる安全性の欠陥、浸水被害が発生する欠陥等を主張し、売主に対して瑕疵担保責任、債務不履行責任、不法行為責任を追及し、損害として売買代金、購入のための費用、修補に関する費用、慰謝料、調査鑑定費用、雑損、弁護士費用が主張されたものである。

この判決は、分譲販売業者の責任について、瑕疵担保責任を肯定した上、損害については、売買代金、購入のための費用（入居のための費用、転居のための費用）、修補に関する費用、慰謝料（各100万円）、訴訟に関する費用、調査鑑定費用（各13万円余）、雑損（建築確認書のコピー代、関係書類の取寄費用）、弁護士費用（各400万円）の損害を認めたものである。

この判決の損害に関する判断は、瑕疵担保責任としては理論的にも、事例的な判断としても逸脱したところがあり（慰謝料、訴訟に関する費用、弁護士費用については特に指摘することができる）、疑問が多い。なお、この判決は、足りない論理を補完するため、瑕疵担保責任のほか、説明義務違反の債務不履行ないし不法行為をも構成するものであったといわざるを得ないとするが、債務不履行、不法行為の成否が厳密に判断されたものではなく、判決の説得力は乏しい。

東京地判　平成15.5.16　判時1849.59　【判例32】

〈事案の概要〉

不動産業者であるX株式会社は、平成13年５月、木造住宅の建築、敷地の分譲販売を目的としてY株式会社から代金２億2000万円、買主の本物件の利用を妨げる地中障害の存在が判明した場合、これを取り除くための費用は買主の負担とする特約（本件免責特約）で土地（従前はYの社宅の敷地であったが、社宅はRC構造であり、３階建て、４階建て、５階建ての３棟の社宅であったところ、建物の撤去後は、駐車場として使用されていた）を購入し、同土地を区画して分譲したが、一部を掘削したところ、コンクリート埋設物の存在が発見されたことから、瑕疵担保責任、説明義務違反を主張し、Yに対して撤去費用等につき損害賠償を請求した。

本判決は、地中にはコンクリートがら、硝子陶器くず、廃プラスチック類、金属くずが存在し、本件土地に一般木造住宅を建築し、浄化槽埋設工事を行うに当たっては本来必要のない地盤調査、地中埋設物の除去、地盤改良工事等を行う必要がある等、地中埋設物の存在が隠れた瑕疵に当たるとし、瑕疵担保責任、説明義務違反による債務不履行を認め、本件免責特約については、Yが業者に依頼して行った従前の建物の解体工事の状況によると、Yには少なくとも地中埋設物の存在を知らなかったことに悪意と同視すべき重大な過失があったとし、民法572条を類推適用し、Yが本件免責特約の効力を主張し得ないとするとともに、Yは、本件契約の締結に当たり地中埋設物の存在可能性につき問い合わせがあったときは、誠実にこれに関連する事実関係を説明すべき義務を負っていたところ、本件では調査をしていなかったにもかかわらず、Xに問題はない旨事実と異なる意見表明をしたものであるとし、債務不履行も認め、地盤改良工事費用、地盤調査費用、ブロック等の補修工事費用、産業廃棄物の廃棄・処分等の費用の損害（約991万円。なお、分譲が遅滞したことによる借入れの利息分の損害に関する主張は排斥した）を認め、請求を認容した。

〈判旨〉

「七　争点（7）（損害額）について

（1）　そこで、本件地中埋設物が存在したことによって原告に生じた損害額について検討するに、前記認定の本件地中埋設物の存在状況等及び前記第三の一（5）認定の各事実によれば、同（5）⑦ないし⑩認定の原告がなした支出は、本件地中埋設物が存在したことによって生じた費用である費用であると認めるのが相当である。

（2）　また、原告は、分譲した区画の引渡しが遅れたことにより、他からの借入でまかなった債務の返済が遅れ、支払う必要のない利息の支払を余儀なくされたとして、利息相当額を損害として請求しているが、前記のとおり、本件地中埋設物の撤去及びこれに伴う地盤改良工事に要した日数は2日程度にとどまることからすると、原告の主張する引渡しの遅れが本件地中埋設物の存在によって生じたものと認めるのは困難である。また、本件利息の支払は、本件地中埋設物除去のために直接必要とした費用に対するものではない上、・・・によれば、本件土地の分譲地の区画のうち、平成14年2月末日までに3棟分の決済がなされ、合計7946万9300円の入金があったことが認められるのに、返済金額と認められるのは3000万円にとどまり、残り4946万9300円を元本として借入を継続していることからすれば、本件地中埋設物の存在により引渡しが遅延したことが原因で適時に返済できなかったものとは認め難い。したがって、本件利息の支払に要したことと本件地中埋設物の存在との間には相当因果関係は認められない。」

〈実務上の留意点〉

この事案は、土地の地中物をめぐる判例として取り上げたが、不動産業者が木造住宅の建築、敷地の分譲販売を目的として土地を購入し、土地を区画して分譲したが、その際の調査の結果、土地の一部にコンクリート埋設物（コンクリートがら、ガス管等）の存在が発見され、売主の瑕疵担保責任、説明義務違反の損害賠償責任を追及し、損害として地盤改良工事費用、地盤調査費用、ブロック等の補修工事費用、産業廃棄物の廃棄・処分等が主張されたものである。

この判決は、土地の売買が宅地分譲を目的とすることを前提とし、隠れた瑕疵に当たるとし、売主は、地中埋設物の存在可能性について全く調査をしていなかったにもかかわらず、問題はない旨の事実と異なる全く根拠のない意見表明をしたものであり、売主に説明義務違反の債務不履行があるとした上、損害として地盤改良工事費用、地盤調査費用、ブロック等の補修費用及び処分費用を認めたものであり（1064万円余の損害の主張について、991万円余の損害を認めた）、債務不履行に基づく損害賠償額の算定事例を提供するものである。

東京地判　平成16.10.28　判時1897.22　【判例33】

〈事案の概要〉

不動産業者であるＸ株式会社は、Ａ株式会社の仲介により、Ｙから分譲目的、代金7200万円、現状有姿で売り渡す、瑕疵担保責任の範囲を雨漏り等一定の事由に限定する旨の特約で土地建物を購入したところ、本件土地の中央部を横切る、隣接する土地の所有者Ｂ（Ｙの弟）と共有、共用の生活排水管が埋設され、隣地に跨る浄水槽等が設置されていたことから、建物を取り壊して本件土地を分譲することが困難になったため（Ｂが撤去に反対したため、Ａは、Ｂ、Ｙ、Ｘとの間の話し合いの場を設けたが、物別れに終わり、Ｂが撤去に応ずる考えがない旨を明言した）、Ｙに対して瑕疵担保責任、告知義務違反による債務不履行責任に基づき損害賠償を請求した（Ｘは、Ａから仲介手数料の返還を受けた）。

本判決は、排水管、浄水槽等が隠れた瑕疵に当たるとし（損害賠償の範囲は、信頼利益に限られるとした上、転売の解約違約金相当額、解除による原状回復義務のための建物に付した火災保険料の損害を認め、分譲代金の下落分、銀行金利負担分、固定資産税・都市計画税分の損害に関する主張を排斥した)、Ｙが排水管等の存在を知りながら告げなかったとし、特約の適用を制限し、信義則上の告知義務違反による債務不履行は法定責任である瑕疵担保責任とは相容れないし、本件では告知義務違反は認められないとして債務不履行を否定し、請求を認容した。

〈判旨〉

「五　争点（４）について

（１）　特定物の売主の瑕疵担保責任は、売買の目的物に原始的な瑕疵が存在するため売買契約がその給付不能の範囲において無効であることを前提とする法定の無過失責任であるから、契約が有効であることを前提とする債務不履行による損害賠償責任の場合とは異なり、その損害賠償の範囲は、目的物に不完全な点がなかったならば買主が得たであろう利益(履行利益)を失ったことによる損害には及ばず、買主が目的物に不完全な点があることを知ったならば被ることがなかったであろう損害（信頼利益）に限ると解するのが相当であり、その信頼による特別事情から生じた損害については民法416条２項を準用するのが相当である（大阪高判昭和35年８月９日判タ110号62頁、名古屋高判昭和40年９月30日判タ184号132頁参照)。

なお、原告は、上記のとおり、法定責任説に立ち損害賠償の範囲について信頼利益に限るとの立場に立つとしても、不動産という重要な財産の売買契約の当事者となった場合には、売主としては、当該特定物を引き渡せば足りるというだけでなく、買主に損害を与えるような事情が存在する場合には信義則上当該事情を告知する義務を負うとして、債務不履行に基づく損害賠償責任を負うべきと主張する。この原告の見解は、瑕疵担保責任の法定の無過失責任と解する上記の立場とは相容れない独自の見解というべきであって直ちに採用することはできないと解されるが、仮に、そのような立場に立つことができるとしても、売主が信義則上上記のような告知義務を負うのは、瑕疵の内容からして買主に損害を与えることが明白であるにもかかわらず売主がそれを知悉しながらあえて告げなかったような極めて例外的な場合に限られるというべきである。

ところで、三において検討したとおり、本件において、被告は少なくとも本件浄化槽が共有共用であることを認識していたことが認められるが、一方で、一（2）及び（5）において認定したとおり、被告は、ちばリハウスに対し、甲野二郎が他の相続人が土地を売却しようとした際いやがらせをした経緯があったこと及び従前甲野二郎から自分の許可なく本件土地を売ることができないといわれたことがあったこと等を伝え、同人との間で問題がないかどうか確認することを依頼したこと、その上でちばリハウスから特段の問題の指摘を受けなかったことから本件売買契約締結に至ったこと、本件売買契約締結後甲野二郎に対して書面にて本件不動産を売却したことについて意見を求めたが、それに対し甲野二郎は何らの応答をしなかったことが認められる。結局のところ、これらの事実を総合すると、本件売買契約締結当時、甲野二郎が本件排水管等の撤去に反対して原告に損害を与えることが明白であり、それを被告が知悉しながらあえて告げなかったとまで認めることはできないと解される。したがって、この点に関する原告の主張を採用することはできない。

（2）　原告の被った損害について

そこで次に、原告の主張する損害について検討することとする。

ア　本件土地の分譲代金の下落分について

これは、本件不動産の瑕疵がなかったならば得られたであろう利益（履行利益）を失ったことによる損害である。したがって、被告は、原告に対し、この点に関し、民法570条に基づく瑕疵担保責任を負わないものと解される。

イ　吉田邸解約違約金

一（9）において認定したとおり、原告は本件排水管等の存在により予定どおりの分譲ができなくなったと判断し、50万円の手付金の倍返しして吉田との契約を合意解除したことが認められる。これは、本件不動産に瑕疵があることを知ったならば被ることがなかったであろう損害（信頼利益）であり、民法416条２項にいう特別損害による損害に当たると解される。そして、先に検討したとおり、被告は、本件浄化槽が共有共用であること及び原告が本件土地を分譲する予定であること等を知っていたことが認められるところ、分譲目的で土地を購入した不動産業者が瑕疵の存在によって予定通り分譲をすることができなくなったため転売契約を合意解除し、それに伴って手付金を倍返しすることは通常予見することができると解されるから、同条２項にいう予見可能性があったものということができる。したがって、被告は、原告に対し、この点に関し、民法５７０条に基づく瑕疵担保責任を負わなければならないと解される。

ウ　本件建物の火災保険料

一（11）及び（13）において認定したとおり、原告は当初の予定では平成14年６月７日に本件不動産の引渡しを受けた後速やかに本件建物を取り壊して本件土地の造成を行うはずであったのが本件排水管等の存在のため本件建物を取り壊すことができなくなったこと、その後予定どおりの分譲ができないと判断して本件売買契約を解除したこと、平成14年７月29日及び平成15年１月28日に本件建物について火災保険を付して保険料合計１万9000円を支払ったこと、最終的に本件売買契約解除の意思表示を撤回したことが認められる。この点、確かに、原告は、上記各支払時点においては本件売買契約を解除していたのであるから、あえて本件建物に火災保険を付して保険料を支払う必要はなかったとも考えられる。しかしながら、一方で、原告は、解除の意思表示をした直後、被告からそれを争う旨の内容証明郵便を受領し、本件訴訟においても同様に解除の効力を争われ、その法律的地位は、不安定なものであったといわざるを得ない。そして、そもそも本件排水管等の存在の問題がなければ、原告は、当初の予定に従い本件不動産の引渡後速やかに本件建物を取り壊すことができたのであって、本来であれば上記保険料を支払わずに済んだはずである。結局のところ、これらの事実を総合すると、上記保険料は、本件不動産に瑕疵があることを知ったならば被ることがなかったであろう損害（信頼利益）に当たると解するのが相当であり（・・・・）、民法416条２項にいう特別事情による損害に当たると解される。そして、損害の公平な分担という損害賠償における基本理念に照らすとき、本件において、被告は本件浄化槽が共有共用であること及び原告が本件建物を取り壊した後本件土地を造成して分譲する予定であること等を知っていたこと並びに本件建物に要する火災保険料は高額とは考えられず、実際に原告が支出した額も高額ではなかったこと等を考慮するならば、不動産業者が瑕疵の存在のため当該建物の所有権について不安定な地位に置かれた場合当該建物に火災保険を付して保険料を支払うことも同条２項にいう予見可能性の範囲内にあるものと解するのが相当である。したがって、被告は、原告に対し、この点に関し、民法570条に基づく瑕疵担保責任を負わなければならないと解される。

エ　銀行金利負担分

一（７）において認定したとおり、原告は本件借入れに基づき平成14年６月７日から平成15年５月30日まで毎月利息として合計220万7629円を支払ったことが認められる。一方で、一（７）、（９）及び（10）において認定したとおり、原告は平成14年６月７日から１年以内に本件土地を転売する予定で本件売買契約を締結し、当初から本件借入れをすることを予定し、それに合わせて弁済期を１年後としたこと、そして、途中一旦本件売買契約を解除する旨の意思表示をしたものの最終的に上記意思表示を撤回し、本件借入れによる資金を当てて本件不動産の所有権を取得したことが認められる。結局のところ、これらの事実を総合すると、上記銀行金利の負担は、本件不動産に瑕疵があることを知ったならば被ることがなかったであろう損害に当たるということはできないと解される。よって、被告は、原告に対し、この点に関し、民法570条に基づく瑕疵担保責任を負わないものと解される。

オ　本件土地の固定資産税及び都市計画税

一（14）において認定したとおり、原告は平成15年４月28日本件土地の平成15年度分の固定資産税等18万4200円を支払ったことが認められる。この点、原告は、上記支払時点においては本件売買契約を解除していたのであるから上記税金を支払う必要がなかったとも考えられるが、それらは平成15年１月１日時点での所有者に課税されるものであること及び上記ウにおいて検討したとおり原告は当時法律的に不安定な地位に置かれていたことを考慮するならば、原告がそれらを支払ったことはやむを得なかったものと解することが一応可能である。しかしながら、一方で、一（７）、（９）及び（15）において認定したとおり、原告は平成14年６月７日から１年以内に本件土地を転売する予定で本件売買契約を締結したこと、すなわち、原告としては当初から本件土地を１年程度は所有する考えであったことが認められる。とするならば、原告は、本件排水管等の存在の問題がなくとも平成15年１月１日時点における本件土地の所有者として上記固定資産税等を支払ったものといえ、最終的に解除の意思表示を撤回して本件土地の所有権を取得したことを合わせ考慮するならば、上記固定資産税等の負担が本件不動産に瑕疵があることを知ったならば被ることがなかったであろう損害に当たるということはできないと解される。よって、被告は、原告に対し、この点に関し、民法570条に基づく瑕疵担保責任を負わないものと解される。」

〈実務上の留意点〉

この事案は、土地の地中物をめぐる判例として取り上げたが、不動産業者が分譲目的で土地建物を購入したが、売主が土地の引渡しまでは現地立入り調査等を実施しないよう申入れしていたところ、引渡し後、土地の中央部を横切る、隣接する土地の所有者（売主の弟）と共有、共用の生活排水管が埋設され、隣地に跨る浄水槽等が設置されていたことが判明し、買主が建物を撤去することが困難になり、買主は仲介業者の責任を追及し、仲介手数料の返還を受け、売主の瑕疵担保責任、告知義務違反による債務不履行責任を追及し、損害賠償の範囲が問題になったものである。

この判決は、排水管等の存在が隠れた瑕疵に当たるとし、売主の瑕疵担保責任を肯定した上、瑕疵担保責任に基づく損害賠償の範囲は、目的物に不完全な点がなかったならば買主が得たであろう利益（履行利益）を失ったことによる損害には及ばず、買主が目的物に不完全な点があることを知ったならば被ることがなかったであろう損害（信頼利益）に限るとするとともに、信頼による特別事情から生じた損害については民法416条２項を準用するのが相当であるとし、売主が信義則上告知義務を負うのは、瑕疵の内容からして買主に損害を与えることが明白であるにもかかわらず売主がそれを知悉しながらあえて告げなかったような極めて例外的な場合に限られるというべきであるとし、本件ではこのような事情が認められないとし、告知義務違反を否定して債務不履行責任を否定し、転売の解約違約金相当額、解除による原状回復義務のための建物に付した火災保険料の損害を認め、分譲代金の下落分、銀行金利負担分、固定資産税・都市計画税分の損害に関する主張を排斥したものである。

この判決は、瑕疵担保責任に基づく損害賠償の範囲、算定について、信頼利益に限定されるとし、従来の判例の流れに沿った判断を示している。また、この判決は、本件における信頼利益の項目を具体的に認定し、算定した事例としても参考になるものである。

札幌地判　平成17.4.22　判タ1203.189　【判例34】

〈事案の概要〉

Y_2株式会社は、土地を購入し、ガソリンスタンドを設置し、ガソリンスタンドを営業していたが、平成元年、ガソリンスタンドを閉鎖し、平成５年、Y_3株式会社に依頼し、ガソリンスタンド施設の解体撤去工事を施工し、平成７年８月頃、Y_1株式会社に本件土地を売却し、Y_1は、平成８年６月、担保責任免除特約で本件土地を土木建築業者であるX株式会社に売却し（Xは、本件土地に従前ガソリンスタンドが設置されていたことから、地中埋設物が撤去済みか否かを問い合わせたところ、Y_1は撤去済みと回答した）、Xは、平成14年２月、A株式会社に売却し、境界測量を実施するため境界付近を掘り起こしたところ、ガソリンスタンド施設のコンクリート構造物等が埋設されていることを発見したため、XがY_1に対して債務不履行責任、瑕疵担保責任、埋設物撤去の合意、Y_2、Y_3に対して不法行為責任に基づき撤去等の費用等につき損害賠償を請求した。

本判決は、宅地の売買において地中に土以外の異物があることが直ちに瑕疵とはいえないものの、土地の外見から通常予測され得る地盤の整備・改良の程度を超える特別の異物除去工事等を必要とする場合には、瑕疵に当たるとし、本件では異物の質・量により瑕疵に当たるとした上、地中埋蔵物の存在を前提とした減額交渉が行われなかったこと等から担保責任免除特約の適用を否定し、Y_1の撤去の合意を否定したが、Y_1の瑕疵担保責任を認め、Y_3の不法行為責任を否定したものの、Y_1と同様な損害賠償義務を認めていることからこれを認め（障害物の撤去費用の相当額に限定して損害を認め、転売の際の売買代金の減額分の損害に関する主張を排斥した）、Y_1、Y_3に対する請求を認容し、Y_2の不法行為を否定し、Y_2に対する請求を棄却した。

〈判旨〉

「11　争点⑩（撤去費用の相当額）について

（1）　前記6で説示したとおり、被告潮産業は、原告に対し、本件埋設物①から④について、本件売買契約における瑕疵担保責任を負う。また、前記10で説示したとおり、被告平和建設は、原告に対し、被告潮産業が負う賠償責任と同額の責任を負うことになる。

（2）　ところで、被告潮産業の負う瑕疵担保責任の範囲は、瑕疵があることによる目的物の減価分、すなわち、本件の場合には、本件埋設物①から④の撤去費用相当額と解すべきである。

この点については、原告は、本件埋設物①から⑥の撤去費用として574万0130円を支出したと主張する。しかし、原告主張の支出額は、ア　原告も認めるように、本件転売契約の引渡時期に間に合わせるために、短期間で行われたため、通常の解体、撤去工事よりも割高となった撤去費用について、そのまま被告潮産業の負う瑕疵担保責任に基づく損害賠償額とみなすことは瑕疵担保責任の趣旨に反することなどから、直ちに採用できない。

他方で、被告らは、本件埋設物①から④の撤去費用としては、明確な主張、立証がないものの、証拠（乙2の2、乙14、乙17、被告平和建設代表者）によれば、本件埋設物の撤去費用の相当額として、137万円から148万2000円程度、本件埋設物の調査費用として43万3400円まではかかることは認めている。

以上からすると、原告において、本件埋設物①から④の撤去費用の相当額としては、180万円までの立証がなされたとみることができるものの、これを超える立証はなされていないというべきである。

（3）　したがって、本件埋設物①から④の撤去費用の相当額につき、180万円と認める。

12　争点⑪（本件転売契約の減額金の賠償性）について

（1）　前記1で認定した事実によれば、原告は、本件埋設物①から④以外の地中埋設物を処理しない代償として、本件転売契約の代金額から700万円の減額をしたことが認められる。

しかしながら、前記6、11で説示したとおり、被告潮産業は、原告に対し、本件埋設物①から④につき瑕疵担保責任を負っており、同瑕疵担保責任の範囲は、本件埋設物①から④の撤去費用相当額に限るというべきである。

したがって、原告は、被告潮産業に対し、本件転売契約の減額金700万円の損害を請求することはできないというべきである。
（2）　上記説示は、原告の被告平和建設に対する請求についても同様である。」

〈実務上の留意点〉
この事案は、土地の地中物をめぐる判例として取り上げたが、従前のガソリンスタンドが設備が解体撤去された後、敷地が転売され、転売に係る買主が境界測量をした際にガソリンスタンド施設のコンクリート構造物等が埋設されていることを発見したことから、売主らに対して瑕疵担保責任、不法行為責任に基づき損害賠償責任を追及し、損害として撤去費用、転売利益等が主張されたものである。
この判決は、土地の売買において、地中に土以外の異物が存在する場合一般が、直ちに土地の瑕疵を構成するものでないとしたが、本件では、土地は一般住宅を建築する予定の土地とみるべきであるとし、埋設物⑤、⑥が存在することは、土地の利用に障害となることはないとし、瑕疵を否定したものの、埋設物①ないし④につき瑕疵を肯定し、売主の瑕疵担保責任を肯定する等し、損害について、損害の範囲として、転売の減額分の損害を否定し、撤去費用の相当額の損害を認めたものである（買主の主張に係る撤去費用が高額すぎるとし、減額した）。この判決は、損害の認定、損害賠償額の算定について、転売の減額分の損害を否定し、撤去費用の相当額の損害を認めたものであるが、事例として参考になるものである。

名古屋地判　平成17.8.26　判時1928.98　【判例35】

〈事案の概要〉
Y_1市（瀬戸市）は、駅前地区市街地の再開発のために、Xから土地（土地上に歯科医院が存在し、Xが歯科医院を経営していた）を購入するため、代替地としてY_2株式会社から土地を購入し（本件土地は、従前建物が存在したが、Y_2が業者に依頼し、建物の取壊工事を実施し、アスファルト舗装をし、駐車場として使用されていた）、Y_2から購入した本件土地を代金8000万3960円でXに売却し（売買交渉時、アスファルト舗装の撤去が問題になり、売買代金を１坪あたり１万円減額することで合意された)、Xは、本件土地上に歯科医院を建築しようとし、A株式会社と建物建築請負契約を締結し、工事を開始し、本件土地のアスファルト舗装を剥がしたところ、地中に陶磁器くず、コンクリート塊、製陶窯等が埋設されていることが判明し、XがAに依頼して埋設物を撤去したことから、XがY_1に対して瑕疵担保責任、Y_2に対して告知義務違反（Y_1に対する告知義務違反）による不法行為に基づき処理費用等の損害賠償等を請求した。

本判決は、本件廃棄物がアスファルト舗装等によって容易に認識できなかったものであり、建物の基礎部分に当たり確認できた範囲で平均で深さ1.184m付近まで存在し、地中において３分の１を超えること等、隠れた瑕疵を認め（既に支出した除去費用として283万5000円、今後の除去費用として控え目にみて360万円が必要であるとし、損害額を算定した)、Y_2の告知義務違反を否定し、Y_1に対する請求を認容し、Y_2に対する請求を棄却した。

〈判旨〉

「(1)　除去費用請求の可否について

原告が瑕疵担保責任に基づく損害賠償として被告瀬戸市に請求し得るのは、原告が実際に除去した費用にとどまらず、本件土地に残っている廃棄物の除去費用を含むと解するのが相当である。

被告瀬戸市は、原告が現に本件建物を建築し、本件土地の買受けの目的を達成しており、それ以上に本件土地全体の地中に埋没されている廃棄物全体を処理する必要性は存しない旨を主張するが、前記認定のように、原告が本件建物の敷地部分の一部に限って本件廃棄物を除去したにとどまったのは、費用と工事期間の制限があったためであるから、損害賠償を本件除去工事の費用に限定するのはその理由に乏しい。また、原告は本件土地について、本件廃棄物が存在しているため、建物の増改築及び新築をするためには、その除去費用を負担しなければならないことになり、また本件土地を売却するにしても本件廃棄物の存在によって売却価格の低下することは避けられないことからしても、本件除去工事後も本件土地に残っている廃棄物の除去費用も損害賠償の対象になると解される。

(2)　本件除去工事に係る費用について

前記認定のとおり、原告は本件除去工事の費用として二八三万五〇〇〇円を支出したことが認められる。被告瀬戸市は甲一一号証（同除去費用に係る見積書）が高額であると主張するが、弁論の全趣旨によれば、原告は、従前歯科医を開業していた土地を平成一五年三月末日までに明け渡さなければならず、この補償費を本件建物の建築費用に充てるため、平成一五年三月末までに本件建物を竣工しなければならなかった等の事情があり、そのため、複数の業者の相見積り及び複数の処分場の費用の比較、選定をする時間の余裕がなかったため、本件除去工事費用が比較的高額になったことが窺われるのであって、いまだ同除去費用が不相当であって、これを被告瀬戸市に負担させるのが不当とまではいえない。

(3)　本件除去工事後に本件土地に残っている廃棄物の除去費用について

被告瀬戸市が主張するように本件除去工事後も本件土地に廃棄物がどれほどの量残されているか（廃棄物がどの範囲で、どの程度の深さまで在り、地中にどの程度の割合で埋まっているか）は、アスファルトを除去した上、全土地を掘削しなければ正確には判明しない。しかし、このことから直ちに損害ないし損害額の立証がないとするのは相当でない。本件建物の敷地部分に限って廃棄物が埋まっていることを窺わせるような証拠はなく、かえって本件廃棄物が根切り部分（本件建物の基礎掘削部分）の全域に埋まっていることが確認されていることに照らすと、本件土地になお相当量の廃棄物が残っていることを前提に、控えめにその損害額を算定するのが相当である。

そこで検討するに、本件廃棄物を含む土全体の量は、本件土地の全体に、本件建物の基礎部分と同程度の廃棄物があることを前提に試算すると、次の計算式のとおり八八六立方メートルとなる。

計算式一.一八四メートル×七四八.四平方メートル（本件土地の面積）≒八八六立方メートル

うち、本件工事によって約三四七立方メートルの廃棄物が混ざっている土が除去されていることから残りは約五三九立方メートルとなる。

甲八、二四号証及び弁論の全趣旨によれば産業廃棄物の処分には一立方メートル当たり九三六八円（直接処分費七二八八円、運搬費二〇八〇円）を要することが認められる（(2）において判示した理由から甲一一号証及び同号証と同様の経緯で作成されたと推認できる甲四号証を同認定の資料とするのは相当でない。)。さらに、同搬出後に埋め戻しに要する土の搬入費用が一立方メートル当たり一八六〇円であることに相応の根拠があることが認められる。そして、上記五三九立方メートルの土の中に廃棄物が約四割の割合（本件除去工事におけるのとほぼ同様の割合）で含まれているとすると、土中の産業廃棄物部分のみ（二一五立方メートル（五三九立方メートル×〇.四））を搬出し、その搬出後にその搬出部分を普通土で埋め戻す方法を採った場合の費用は下記計算式のとおり、二四一万四〇二〇円となる。

記

産業廃棄物処分費

九三六八円×二一五立方メートル＝二〇一万四一二〇円

埋め戻し費用

一八六〇円×二一五立方メートル＝三九万九九〇〇円

上記計算は、最も費用が安くつく工法を採った場合の試算である上、さらに掘削費用、搬出に伴う諸費用（保安施設、ガードマン、飛散防止のための諸費用等)、諸経費を要することが想定できるので、これらを含めた除去費用は三六〇万円と認めるのが相当である（甲二四号証においても直接の処分費用の約一.五倍の金額が上記諸費用を含めた金額として計上されている。)。」

〈実務上の留意点〉

この事案は、土地の地中物をめぐる判例として取り上げたが、地方自治体が駅前の再開発において土地の購入のため、代替地を購入し、駅前の土地の所有者に代替地を売却したところ、地中に陶磁器くず、コンクリート塊、製陶窯等が埋設されていることが判明し、買主が瑕疵担保責任に基づき売主、不法行為責任に基づき元の所有者の損害賠償責任を追及し、損害賠償の範囲が問題になったものである。

この判決は、本件では、地中に僅少の陶器片が埋没されていたような場合ではなく、廃棄物が大量に埋没されていた事案であり、大量の廃棄物が存することが土地の属する地域の一般的性状であるとは認められないとし、売主の瑕疵担保責任を認めた上（元の所有者の不法行為は否定した)、損害として、既に支出した除去費用、今後の除去費用として控え目にみて

360万円が必要であるとし、損害賠償額を算定したものである。

この判決は、売主の瑕疵担保責任に基づく損害の範囲として、除去費用、産業廃棄物処理費用、埋戻費用等の除去費用として360万円と算定したものであり、事例として参考になる。

東京地判　平成18.9.5　判時1973.84　【判例42】

〈事案の概要〉

建設機械等の販売を業とするＹ株式会社は、土地を所有し、土地上に工場を建設し、工場を稼働させるとともに、一部をＡ株式会社に賃貸し、Ａが機械解体事業に使用していたところ、会社更生手続が開始され、弁護士Ｂが更生管財人に選任され、管財業務が行われ、その一環として、平成７年９月、工場敷地と建物を代金40億3900万円で建設業を営むX_1株式会社に販売し、平成11年８月、代金全額の支払がされたが、X_1は、平成14年夏頃、本件土地の一部の買受けの申込みがあり、土壌汚染の調査を行ったところ、鉛、ふっ素による汚染（表層の複数の調査地点から環境基準の基準値を超える分析結果が報告されたが、当時は、土壌汚染対策法は施行されていなかった）が判明したため、X_1がＹに対して錯誤無効、瑕疵担保責任、説明義務違反による債務不履行責任等を主張し、売買代金の返還、損害賠償を請求した（X_1の会社分割によりX_2株式会社がX_1の権利義務を包括的に承継し、訴訟を引き受け、X_1は訴訟から脱退した）。

本判決は、動機の錯誤を認めたものの、動機が表示されていないとして錯誤無効を否定し、隠れた瑕疵を認めたものの、商法526条の適用を認め、引渡し後６か月の経過によって瑕疵担保責任を追及できないとしたが（瑕疵担保責任の期間制限を主張することは信義則に反しないとした）、本件土地が機械解体事業等の用地として使用されていたものであり、本件土地の利用形態につき説明・告知すべき信義則上の付随義務を負っていたにもかかわらず、重要事項説明書に土地の来歴、使用状況についての詳細を記載しなかった説明義務の不履行があるとし、本件土地の浄化費用（１億7603万7000万円。もっとも、見積もりによる費用）、調査費用の一部（1260万円）が損害であるとし（大半の調査費用は説明義務の不履行により生じた損害とはいえないとした）、過失相殺を６割認め（結局、7545万4800円の損害を認めた)、請求を認容した。

〈判旨〉

「ウ　損害

以上のように、脱退原告は、被告の信義則上の説明義務の不履行により、土壌汚染調査を行うべきかを適切に判断するための情報提供を受けることができず、商法上求められる買主としての検査義務を果たせないまま被告に対して瑕疵担保責任を追及する機会を失ったといえる。そこで、被告は、原告引受承継人に対し、同説明義務の不履行により脱退原告が土壌汚染調査を行う必要はないと信頼したことによって被った損害、すなわち瑕疵担保責任を追及する機会を失ったことによって被った損害の賠償をする責任を負うべきである。

前記第三、一（18）のとおり、本件土地を浄化するために必要な費用は、一億七六〇三万七〇〇〇円と見積もられており、また、三次調査は、同土地の土壌のうち浄化が必要な範囲を確定するために行われたものであるから、同調査は浄化作業と一体をなすものとして、その費用一二六〇万円は浄化に付随するものと評価でき、原告引受承継人は、本来であれば、被告に対し、瑕疵担保責任に基づく損害賠償として、これらの合計一億八八六三万七〇〇〇円の支払を請求できたといえる。したがって、前記説明義務の不履行によって、原告引受承継人は、これと同額の損害を被ったと認められる。

原告引受承継人は、一次調査及び二次調査費用も損害であると主張しているが、もともと原告引受承継人は、商法五二六条により買主に課せられている目的物の検査のための費用を負担すべき立場にあるから、直ちに被告の説明義務の不履行により生じた損害とは認められない。

なお、説明義務違反に基づく損害賠償債務は、期限の定めのない債務であり、債務者は、履行の請求を受けたときから遅滞に陥るが、本件においては、訴状の送達の日をもって履行の請求がなされたと認められるところ、被告は、同日をもって遅滞に陥ったといえ、その翌日以降の遅延損害金の支払義務を負うべきである。」

〈実務上の留意点〉

この事案は、土壌汚染をめぐる判例として取り上げたが、工場とその敷地の売買契約が締結され、後日、買主が土地の一部を他に売却するため、土壌汚染調査を実施したところ、鉛、ふっ素の汚染が判明したことから、買主が売主に対してに対して支払済みの代金の不当利得返還、瑕疵担保責任、債務不履行責任に基づき浄化費用の損害賠償責任を追及し、損害賠償の範囲が問題になったものである。

この判決は、錯誤無効、売主の瑕疵担保責任を否定したが、買主が商法526条の検査・通知の前提である調査を行うべきかについて適切に判断をするためには、売主において土壌汚染が生じていることの認識がなくとも、土壌汚染を発生せしめる蓋然性のある方法で土地の利用をしていた場合には、土壌の来歴や従前からの利用方法について買主に説明すべき信義則上の付随義務を負うべき場合もあるとし、本件では土地の利用の経緯等の来歴、土地上の業務の内容、土地に油がしみ込んだ経緯等を理解させ、土壌汚染調査を実施すべきか決定するに必ずしも十分なものとはいえないとし、重要事項説明書の交付によって説明義務が履行されたということはできないとして売主の説明義務違反による債務不履行責任を肯定した上、損害として、土地の浄化費用、調査費用の一部を認めたものである（なお、過失相殺を６割認めた）。

この判決は、説明義務違反を認めた判断は議論を呼ぶものであるが、それはさて置き、この説明義務違反による債務不履行責任に基づき損害賠償の範囲として、説明義務の不履行により買主が土壌汚染調査を行う必要はないと信頼したことによって被った損害、すなわち瑕疵担保責任を追及する機会を失ったことによって被った損害の賠償をする責任を負うべきであるとし、土地の浄化費用、調査費用の一部の損害を認めたものである。この判決は、債務不履行の判断も特徴的であるが、損害の範囲について債務不履行責任の場合に信頼利益に限るとの見解を基に判断しているものであり、理論的に議論を呼ぶ内容の判断である。

東京地判　平成20.7.8　判時2025.54　【判例46】

〈事案の概要〉

Ｙ株式会社は、元工場敷地として使用されていた土地等を所有していたが（Ｙが吸収合併する前のＡ株式会社が長年所有し、工場として使用していた）、事業所の統廃合を計画し、隣接地を所有していたＸ株式会社と土地の売買の交渉を行い、Ｘは、本件土地の土壌汚染の有無を確認するため、Ｙに本件土地で使用した薬品につき問い合わせを行い、平成11年11月、専門業者に依頼し、土壌汚染調査を実施し、環境基準を上回る濃度の汚染は発見されず、平成12年３月、専門業者に依頼し、ボーリングによる土壌汚染調査を実施したが、トリクロロエチレン等は発見されなかったことから、Ｘは、平成12年７月、Ｙとの間で、瑕疵担保責任の追及期間を引渡し時から５年間とする特約で本件土地と土地上の建物につき売買代金10億8854万円余で売買契約を締結し、本件土地、建物の引渡しを受けたところ、平成16年４月、本件土地上に研究棟を建設することとし、地下水の水質測定を行ったところ、砒素が環境基本法に基づく地下水環境基準を超えて検出され、さらにボーリングによる土壌汚染調査を実施したところ、PCB含有汚泥、地中埋設物を発見する等したため、ＸがＹに対して本件土地に土壌汚染等が存在したと主張し、瑕疵担保責任に基づき有害物質の除去費用等の損害賠償を求め、また、説明義務違反を主張し、債務不履行に基づき損害賠償を請求した。

本判決は、大量のコンクリートガラ等の廃棄物が存在し、これらが土地の瑕疵に当たるとしたほか、土地中にインキ廃材、焼却灰、油分等のほか、ダイオキシン類、PCB、六価クロム、フッ素、ホウ素等が存在し、土壌汚染がダイオキシン類対策特別措置法に基づいて定められた環境基準値や土壌汚染対策法施行規則において定められた環境基準値を超過したものである場合には、当該汚染の拡散の防止その他の措置をとる必要があるから、環境基準を超過した汚染土壌が土地の瑕疵に該当するとし、調査費用、対策費用等として５億6970万円余の損害のほか、弁護士費用2000万円の損害を認める等し、その余の損害を認めず、説明義務違反を論ずるまでもないとし、Ｘの主張に係る損害を否定して債務不履行を否定し、請求を一部認容した。

〈判旨〉

「(2)　損害（調査及び対策費用）について

本件では、原告が請求原因（2）カの五億六九七〇万五八五〇円を支出したことは当事者間に争いがない。

被告は、その費用が不当に過大である旨主張するので、以下、検討する。

ア　瑕疵と関係のない調査費用について

被告は、平成一六年埋設物及び汚染土壌の調査（請求原因（2）カ（ア）a）のうち、構内土壌調査追加工事（(a)）、本件建物周辺土壌調査（(b)）及び本件建物下土壌調査（(c)）は、いずれも本件土地の瑕疵の存否を確認するための調査であって、そのような調査は、本来、本件土地の瑕疵の存否にかかわらず、買主である原告が自らの費用を負担して行うべきものであるから、その費用を被告に負担させることはできない旨主張する。しかし、《証拠略》によれば、上記各調査は、いずれも平成一六年埋設物及び汚染土壌の対策工事に向けられたものであって、同埋設物及び汚染土壌が存在したからこそこれを余儀なくされたものと認められる。したがって、被告の上記主張は採用することができない。

イ　実益のない調査費用について

被告は、上記（c）の本件建物下土壌調査は、当該調査によっても、何らの埋設物及び汚染土壌も発見されなかったのであるから、そのような意味のない調査費用を被告に負担させることはできない旨主張する。しかし、当該調査によって何らの埋設物及び汚染土壌も発見されなかったからこそ、その部分についての対策工事が不要であるとの判断を下すことができたのであるから、当該調査は十分に意味のあるものといえる。したがって、被告の上記主張は採用することができない。

また、被告は、上記（b）の本件建物周辺土壌調査及び上記（c）の本件建物下土壌調査のうち、農薬類に関する分析調査については、既に実施されていた表層土壌調査において農薬類が検出されておらずそれ以上の調査をする必要はなかったのであるから、そのような必要のない調査費用を被告に負担させることはできない旨主張する。しかし、表層土壌調査において発見されなかった農薬類が深度調査によって発見されることは十分にありうるから、上記の農薬類に関する分析調査は必要のないものとはいえない。したがって、被告の上記主張は採用することができない。

また、被告は、上記平成一六年埋設物及び汚染土壌の調査（請求原因（２）カ（ア）a）のうち（d）の廃棄物埋設範囲特定調査は、当該調査によっても、本件土地の埋設物及び汚染土壌の処理範囲を確定できなかったのであるから、そのような意味のない調査費用を被告に負担させることはできない旨主張する。しかし、《証拠略》によれば、上記調査は、平成一六年埋設物及び汚染土壌の処理範囲を確定するために行われ、現にその処理範囲の確定に従って平成一六年埋設物及び汚染土壌の対策工事が実施されたものと認められるから、上記調査は十分に意味がある。したがって、被告の上記主張は採用することができない。

ウ　新研究棟の建設を急いだことによる費用の増加について

被告は、原告が、平成一六年埋設物及び汚染土壌に関する調査方法として、当初から詳細な調査を行う異例な方法を採用したとして、これによって増加した調査費用を被告に負担させることはできない旨、また、原告が、新研究棟の建設を急ぎ、本件埋設物及び汚染土壌の対策工事を突貫工事の方法で実施したとして、これによって増加した対策費用を被告に負担させることはできない旨、各主張する。

しかし、《証拠略》によれば、原告の採用した調査方法（一〇メートルメッシュによる調査）が被告の主張する調査方法（三〇メートルメッシュによる調査）に比して明らかに不合理であるとはいえない。証人丁原花子の証言によれば、原告は、費用が高額になっても正確に測定できる調査方法を採用したことが窺われるが、既に廃棄物や汚染土壌が存在することが判明している土地について、おおまかな調査によるのではなく、一〇メートルメッシュで五深度のサンプルを別々に測定するという、より正確な調査方法を採用したことが、不相当、不合理であるとはいえない。また、《証拠略》に照らして、上記対策工事が不相当に高額の費用を要した方法であったとは認めることもできない。

したがって、被告の上記主張は採用することができない。

エ　相見積もりをとらなかったことによる費用の増加について

被告は、原告が本件埋設物及び汚染土壌の対策工事を清水建設に発注した際にその相見積もりをとらなかったことから、本来あるべき競争原理が働かず、清水建設の見積もり額が過大なものになった旨主張する。しかし、証人乙山松夫の証言によれば、清水建設では各工事項目の単価が予め定まっていることが認められるから、原告が相見積もりをとらなかったからといって当然に清水建設による見積もり額が過大になるとはいえない。

したがって、被告の上記主張は採用することができない。

オ　建設残土処理費用の控除について

被告は、原告が本件埋設物及び汚染土壌の対策工事によって新研究棟建設の際の建設残土処理費用を免れたとして、その処理費用相当額を原告主張の損害額から控除するべきである旨主張する。しかし、《証拠略》によれば、原告は、本件埋設物及び汚染土壌の対策工事の際、掘削した箇所の埋戻しを行ったことが認められるから、新研究棟建設の際の建設残土処理費用を免れたとは認められない。したがって、被告の上記主張は採用することができない。

カ　まとめ

以上によれば、原告が支出した上記五億六九七〇万五八五〇円は、その額が不当に過大であるとはいえない。

(3)　損害（弁護士費用）について

原告は、本件土地の瑕疵（本件埋設物及び汚染土壌の存在）を知らなかったために、原告訴訟代理人に本件訴訟の提起及び追行を委任することを余儀なくされたのであるから、瑕疵担保責任に基づき、被告に対し、相当額の弁護士費用の賠償を請求できると解するのが相当である。そして、本件における審理の経過、審理の内容及び難易度、その他一切の事情を考慮すれば、被告が賠償すべき弁護士費用の額は、二〇〇〇万円をもって相当と認める。

二　説明義務違反について

原告は、説明義務違反の債務不履行責任に基づき、上記瑕疵担保責任に基づく損害賠償請求と同様の損害賠償請求（調査及び対策費用５億6970万5850円、弁護士費用5000万円）に加えて、①新研究棟の建設計画の遅延、②本件埋設物及び汚染土壌の公表及び住民説明会等に関する費用の支出、③原告の社会的信用の失墜による損害として、2000万円の損害賠償を請求している。

しかし、①については、本件において、新研究棟の建設が不当に遅延した事実を認めるに足りる証拠はなく、また、建設計画の遅延によって原告が被った損害の具体的内容も明らかではない。また、②については、本件埋設物及び汚染土壌の公表及び住民説明会等に関する費用の具体的金額およびその内訳が明らかでなく、また、甲116が提出されているものの、その内容には具体性がなく、容易にこれを信用することはできない。また、③については、本件埋設物及び汚染土壌の発生原因が原告でないことは一般に周知されているのであるから（甲35ないし37）、原告の社会的信用が失墜した事実は認められない。したがって、原告主張の上記①ないし③の損害は、いずれもその発生を認めることができない。

また、弁護士費用の賠償額として2000万円が相当であることは、説明義務違反の債務不履行責任に基づく損害賠償請求の場合も、上記瑕疵担保責任に基づく損害賠償請求の場合と同様である。

そうすると、説明義務違反の債務不履行責任に基づく損害賠償請求は、原告主張の説明義務違反の有無を検討するまでもなく、上記瑕疵担保責任に基づく損害賠償請求が認められる範囲を超えてはこれを認めることはできない。」

〈実務上の留意点〉

この事案は、土壌汚染をめぐる判例として取り上げたが、工場として使用されていた隣接する土地を所有する会社間の土地の売買契約において、事前に土壌調査等が実施され、問題がないものとして取引が実行されたところ、後日、廃棄物の埋設、土壌汚染が判明し、買主が売主に対して瑕疵担保責任、債務不履行責任に基づく損害賠償責任を追及し、損害として、調査費用、除去費用等が主張されたものである。

この判決は、売主の瑕疵担保責任を肯定し（債務不履行責任は損害賠償の範囲が説明義務違反によるものを判断する必要がないとして否定した）、損害として調査費用・対策費用（５億6970万5850円）、弁護士費用（2000万円）を認め、新研究棟の建設計画の遅延、埋設物及び汚染土壌の公表及び住民説明会等に関する費用の支出、買主の社会的信用の失墜による損害に関する主張を排斥したものである。この判決は、埋設された廃棄物、汚染物質の存在による土地の瑕疵を認め、売主の瑕疵担保責任を肯定し、売買代金の半額を超える損害賠償額を認めた事例として興味深いものであるが、判断全体につき議論が必要であろう。なお、弁護士費用については、瑕疵担保責任に基づく損害賠償の範囲であるとするこの判決の論理には疑問が残る。

東京地判　平成20.11.19　判タ1296.217　【判例48】

〈事案の概要〉

Y_1株式会社は、人工甘味料の原料の製造工場を経営していたところ、平成14年３月、工場の稼働を停止し、本件土地を売却するためにＡ株式会社らに依頼して本件土地の土壌汚染調査を実施し、環境基準値を超えるヒ素が検出されたことから、Y_2株式会社、Y_3株式会社らに依頼して本件土地の浄化工事を実施した後、平成16年８月、不動産業を営むＸ株式会社が本件土地に住宅を建築し、住宅の分譲事業を営むことを目的として、Y_1がＸに本件土地を本件土地の引渡し後６か月を経過したときは隠れた瑕疵につき請求をすることができない旨の特約で売却し、Ｘは、平成16年８月、共同住宅の建築、分譲を目的としてＢ株式会社に本件土地を売却し、ＢがＣ株式会社に依頼して本件土地の地質分析を実施したところ、環境基準値の最大610倍のヒ素が検出されたことから、Ｘが平成17年７月Y_1に対して瑕疵担保責任追及の書面を送付し（Ｂは、Ｘに対して損害賠償を請求する訴訟を提起した）、Y_1に対して瑕疵担保責任、債務不履行責任、不法行為責任に基づき、Y_2らに対して不法行為に基づき、調査費用、浄化処理費用等の損害賠償を請求した。

本判決は、瑕疵担保責任の免責特約は悪意の場合のみに否定されるとした上、本件ではY_1には悪意は認められないとし、瑕疵担保責任を否定し、債務不履行については、信義則上土壌中のヒ素につき環境基準値を下回るよう浄化して引き渡す義務を認め、本件ではこの義務違反が認められるとし、地表から１メートルの土壌汚染との間で相当因果関係のある損害を認め、Y_2らの不法行為については、Y_2らがＸとの関係で何らかの義務を負うものではないとし、Y_1に対する請求を認容し、Y_2らに対する請求を棄却した。

〈判旨〉

「(５)　争点１（５）(原告の損害)

ア　被告江南化工の汚染浄化義務違反（ただし、本件土地の地表から地下１ｍまでの部分に限られる。）という債務不履行により、原告は本件土地の地表から地下１ｍまでの部分の土壌汚染を浄化することを余儀なくされている。そうすると、原告はこれに要する費用分の損害を被ったということができる。本件土地の土壌汚染調査費用及び浄化処理費用計２億4990万円（甲40の１から５まで）は地表から3.5ｍの範囲で行われたものであることに照らせば、上記金額の１ｍ／3.5ｍに当たる7140万円（計算式２億4990万円×１／3.5＝7140万円）が汚染浄化義務違反と相当因果関係のある損害である。

イ　原告が主張する調査費用計1520万円と土壌調査に伴う準備工事30万円については、上記アにおける調査費用と重複するから、必要かつ相当なものとはいえず、被告江南化工の汚染浄化義務違反と相当因果関係のある損害ということはできない。

ウ　原告主張の訴訟追行に要した費用692万7049円は、被告江南化工の汚染浄化義務違反を解明するために必要かつ相当なものとはいえず、被告江南化工の汚染浄化義務違反と相当因果関係のある損害ということはできない。

エ　弁護士費用1960万6450円については、被告江南化工の汚染浄化義務違反は債務不履行であるから、債務不履行による損害として認めるのは相当でない。

オ　原告主張の社会的信用の低下に伴う損害1000万円については、被告江南化工の汚染浄化義務違反により原告の社会的信用が低下したことを認めるに足りる証拠はない。

カ　結局、原告の損害は7140万円の限度で認められる。」

〈実務上の留意点〉

この事案は、土壌汚染をめぐる判例として取り上げたが、会社が経営していた工場の稼動を停止し、敷地を売却しようとし、会社が専門業者に依頼し、土壌汚染調査を実施し、環境基準値を超えるヒ素が検出されたことから、会社が専門業者に依頼し、土地の浄化工事を実施し、会社が不動産業者に土地を売却したところ、買主が共同住宅の建築、分譲を目的として不動産業者に転売し、転売の買主が土地の地質分析を実施したところ、環境基準値を超えるヒ素が検出され、転売に係る買主が売主に対して損害賠償を請求する訴訟を提起し、元の売買に係る買主（転売の売主）が売主に対して瑕疵担保責任、債務不履行責任、不法行為責任に基づき損害賠償責任を追及する等し、損害の範囲が問題になったものである。

この判決は、売主の瑕疵担保責任を否定したものの、売主が土地に環境基準値を上回るヒ素が含まれている土地であることを事前に知っていたから、信義則上、売買契約に付随するものとして、環境基準値を下回るよう浄化して引き渡す義務を負うとし（特約の内容に照らし、地表から地下１ｍまでの部分に限定されるとした）、本件では売主は汚染浄化義務に違反するとして売主の債務不履行責任を肯定した上（売主の説明義務違反、売主の不法行為を否定した）、損害として土壌調査費用と浄化処理費用の一部を認め、調査の準備工事費用、訴訟追行費用、弁護士費用、社会的信用の低下による損害等の主張は排斥したものである。この判決は、売主の浄化義務、その違反を認めた判断につき議論を呼ぶものであるが、損害賠償の範囲については、事例として参考になるものである。

東京地判　平成21.2.6　判タ1312.274　【判例37】

〈事案の概要〉

不動産業者であるＸ株式会社は、平成17年４月、Ｙから代金3150万円で土地（41.81㎡）を購入し、平成17年６月、Ａ株式会社に売却し、Ａが平成18年３月頃に地中調査を実施したところ、地下に井戸（地表から1.5ｍの深さに鉄筋コンクリート製の井戸蓋が敷設され、その下に直径1.35ｍ、深さ約６ｍの井戸。なお、地上には手押しポンプが存在した）が存在することが判明し、Ａから瑕疵担保責任に基づく損害賠償を求められ、580万円を支払う内容の和解が成立したため、ＸがＹに対して瑕疵担保責任に基づき経済的損害の損害賠償を請求した。

本判決は、土地を宅地として利用するためには井戸を撤去し、これに伴う地盤改良工事等を行う必要があり、宅地として通常有すべき性状を備えていないとし、井戸の存在が隠れた瑕疵に当たるとし、建物の建築工事に追加して必要になる撤去工事費用相当額の損害（経済的損害に当たるとする）を認め（97万500円）、請求を認容した。

〈判旨〉

「３　争点（３）（原告の損害）について

（１）　本件井戸の存在による経済的損害は、本件井戸の存在により本件土地の完全な使用が妨げられたことによって生じるものであるから、本件土地の完全な使用を可能とするために本件井戸を撤去する工事費用が買主の経済的損害として評価されるべきである。もっとも、本件土地が宅地であることに照らすと、本件土地には、通常、建物の建築工事等が予定されているものと認められるから、通常予定される建築工事に追加して必要とされる本件井戸の撤去工事費用のみが、本件井戸の存在による買主の経済的損害として評価されるべきである。そして、本件井戸の存在による経済的損害という点は、原告とＡ社とで特に変わりはないということができ、それを評価するに当たって検討すべき上記追加工事費用もＡ社と原告とで変わりがないというべきである。

本件では、Ａ社が、本件土地に地下１階、地上５階建ての建物を建築する計画を有しており（甲20、乙８）、この計画を実行する途中で本件井戸を発見したこと（甲10の１）が認められるところ、上記１（２）で認定したように、本件土地が東京都港区白金台という住宅地帯に所在し、その面積も41.81㎡と宅地として利用するには必ずしも広い土地とまではいえないことに照らすと、Ａ社が本件土地に地下１階付きの建物を建築することは、本件土地にとっては、通常予定される範囲内の使用方法であって、これに必要な工事も通常予定される範囲内の工事であると認められる。そうすると、Ａ社が本件井戸を撤去し、本件土地を宅地として使用するために実際に追加して負担した工事費用が、本件井戸の存在によるＡ社の経済的損害として評価されるべきであって、同額が原告の経済的損害としても評価されるべきものであると認められる。」

〈実務上の留意点〉

この事案は、土地の地中物をめぐる判例として取り上げたが、土地が売買され、転売されたところ、転売の買主が地中調査を行い、地中に井戸が存在することが判明し、最初の売買の売主の損害賠償責任が追及され、瑕疵担保責任に基づく損害の範囲が問題になったものである。

この判決は、井戸の存在が隠れたものであるとし、売主の瑕疵担保責任を肯定した上、井戸を撤去する工事費用が買主の経済的損害として評価されるべきであるとし、損害賠償を認めたものである。もっとも、この判決は、撤去工事費用相当額の損害が経済的損害であるとし、論理を展開しているが、損害賠償の範囲と経済的損害との関係が不明である上、このような損害を経済的損害とする判断は余り例のないものであり、疑問がある。

福岡地小倉支部判　平成21.7.14　判タ1322.188　【判例38】

〈事案の概要〉

Ｙ市（北九州市）は、所有土地を一般競争入札に付したところ、Ｘが代金１億3250万円で落札し、本件土地上に12階建てのマンションを建築しようとし、Ａ株式会社との間で建物建築の請負契約を締結し、Ａが基礎工事に着手したが、地中に岩塊、コンクリート埋設物等が存在したため、工法を変更する等したため、ＸがＹに対して瑕疵担保責任、不法行為責任に基づき増加工事費、工事遅延による逸失利益等の損害賠償を請求した。

本判決は、中高層建物を建築できない程度の異物が地中に存在する場合には、価格を含めた売買契約の内容がそのような事態を反映したものとなっていないときは、土地の瑕疵が存在するとし、瑕疵担保責任を肯定し（工法の変更による工事費用増加額、弁護士費用が損害であるとしたが、工事遅延の逸失利益は相当因果関係が認められないとした）、不法行為を否定し、請求を認容した。

〈判旨〉

「4　争点（3）（損害額）について

ア　基礎工事の工法変更による増加工事費

原告は、本件土地の地中に本件埋設物（瑕疵）が存在したため、本件土地上に本件マンションを建築するためには、当初予定したアースドリル拡底工法及びシートパイル工法を用いることができず、全周回転式オールケーシング工法及び親杭スーパーロック工法を用いなければならないことから、Ａ建託との間で、当初の請負契約の内容を変更し、同変更に伴う工事増額分の費用として2310万2100円を支払ったものと認められる（前記１（４）、（５））。

上記工事増額分の費用は、本件土地に瑕疵があることと相当因果関係のある損害として、損害賠償の範囲に含まれると解するのが相当である。

イ　工事遅延に伴う得べかりし利益相当の損害

原告は、Ａ建託との間で一括賃貸借契約を締結したが、工法変更に伴う工事遅延の結果、遅延期間中の得べかりし利益相当額の損害を被った旨主張する。しかし、本件土地に瑕疵が存在するといっても、買主が地上建物建築工事に着手する前に詳細な地盤調査を行って瑕疵を発見したため当初から全周回転オールケーシング後方及び親杭スーパーロック工法を用いるなどした結果、工事遅延が生じないことも大いに想定できる上、得べかりし利益の存否及び額は買主の当該土地の具体的利用計画のいかん及び同計画と瑕疵との関わり方によって大きく左右されるものであるから、その発生についての具体的予見可能性を買主たる原告において立証できなければ瑕疵との間に相当因果関係を肯定することはできないというべきである。そして、本件においてこの予見可能性の立証はない。

ウ　弁護士費用

原告は、本件土地の地中に本件埋設物が存在したため、原告訴訟代理人に本件訴訟の提起及び追行を委任することを余儀なくされ、相当額の弁護士費用を支出した。

本件事案の内容等に照らすと、本件土地に瑕疵があることと相当因果関係のある弁護士費用の額は、200万円と認める。」

〈実務上の留意点〉

この事案は、土地の地中物をめぐる判例として取り上げたが、市が所有土地を一般競争入札に付し、個人が土地を落札し、12階建てのマンションを建築しようとしたところ、地中に岩塊、コンクリート埋設物等が存在することが判明し、建築の工法を変更する等し、売主である市の瑕疵担保責任、不法行為責任に基づく損害賠償責任を追及し、損害の範囲が問題になったものである。

この判決は、売主である市の瑕疵担保責任を肯定し、不法行為責任を否定した上、損害の範囲については、工法の変更による工事費用増加額、弁護士費用が損害であるとし、工事遅延の逸失利益は相当因果関係が認められないとしたものである。この判決は、瑕疵担保責任に基づく損害の範囲について、工法の変更による工事費用増加額を損害として認めたことは相当であるのに対し、弁護士費用の損害を認めたことには疑問があり、工事遅延の逸失利益は相当因果関係が認められないとしているものの、従来の判例のように信頼利益に限定する法理によらないものであり、議論を呼ぶものである。

東京地判　平成23.1.20　判時2111.48　【判例50】

〈事案の概要〉

Ｙ株式会社は、土地を所有し、本件土地上の所有建物をＡ会社に賃貸し、Ａが製罐業を営んでいたところ、本件土地の土壌調査をＢ株式会社に依頼し、環境基準値以上に有害物質が含まれていることが確認されなかったことから、本件建物を取り壊し、平成18年11月、更地にした本件土地を、代金８億276万円、平成19年８月31日までに土壌調査の作業を完了させる旨、同日までに残代金の授受と引換えに所有権を移転し、本件土地を引き渡す旨、本件土地の引渡し後でも、廃材等の地中障害や土壌汚染等が発見され、買主が本件土地上で行う事業に基づく建築請負契約等の範囲を超える損害（30万円以上）及びそれに伴う工事期間の延長等による損害（30万円以上）が生じた場合には売主の責任と負担において速やかに対処する旨、本件土地の引渡し後でも、隠れた瑕疵が発見された場合は、民法の規定に基づき、売主の負担において速やかに対処する旨の特約でＸ株式会社に売却したが、Ｙが平成19年８月に再度Ｂに土壌調査を依頼したところ、環境基準値以上に有害物質が含まれていることが確認されなかったものの、Ｘがその後、平成20年５月にＣ株式会社に土壌調査を依頼したところ、土壌汚染対策法の指定基準値を超える六価クロム、鉛が検出されたため、ＸがＹに対して瑕疵担保責任に基づき損害賠償を請求した。

本判決は、本件特約は軽微な損害につき売主を免責することに意義があり、本件売買においては買主が土壌汚染調査を行うことが予定されていなかったから、本件特約により商法526条の適用が排除されていたとした上、従前の本件土地の使用状況、調査結果により六価クロム、鉛が本件土地の引渡しの時点で存在していたものと認め、土壌汚染対策法の指定基準値を超える六価クロム、鉛が本件土地に含まれており、これに起因して人の健康に係る被害が生じるおそれがあり、土壌調査によっても発見されなかったから、通常人が買主になった場合に普通の注意を用いても発見できない瑕疵であるとし、瑕疵担保責任を肯定し、土壌汚染対策工事費用の損害を認め（1470万円。転売のための土壌調査費用は損害に当たらないとした)、請求を認容した。

〈判旨〉

「四　争点④（損害）について

ア　本件証拠（・・・）によれば、以下の事実が認められる。

（ア）　原告は、平成20年６月ころ、川崎地質に対し、本件土壌調査三の費用として106万0500円を支払った。

（イ）　原告は、平成20年９月８日、本件汚染の対策工事を大日本土木株式会社に依頼し、平成21年３月２日、請負代金として1470万円を支払った。

イ　上記認定事実のとおり、原告は、土壌汚染調査費用として106万0500円を、土壌汚染対策工事費用として1470万円を各支出したものである。そして、土壌汚染対策工事費用1470万円は、本件汚染に基づき支払を要したものであるといえるから、被告は原告に対しこれを支払う義務を負う。他方、本件土壌調査三の費用は、そもそも原告が転売に要した費用であり、仮に本件汚染が発見されなかった場合には原告自身が負担すべき費用であるから、106万0500円に関する原告の被告に対する請求には理由がないというべきである。よって、被告は原告に対し、1470万円の限度で支払う義務を負う。」

〈実務上の留意点〉

この事案は、土壌汚染をめぐる判例として取り上げたが、製罐業に使用されていた建物を取り壊した後の土地について、売主が土壌調査を行い、環境基準値以上に有害物質が含まれていることが確認され、売却した後、買主が土壌調査を行い、指定基準値を超える六価クロム、鉛が検出されたことから、買主が売主に対して瑕疵担保責任に基づく損害賠償責任を追及し、損害の範囲が問題になったものである。

この判決は、売主の瑕疵担保責任を肯定した上、損害として土壌汚染対策工事費用の損害を認め（1470万円）、転売のための土壌調査費用は損害に当たらないとしたものであり、事例として参考になるものである。

大阪高判　平成25.7.12　判時2200.70　【判例40】

〈事案の概要〉

Ｙ市（御所市）は、昭和38年頃から平成元年末まで土地上にゴミ焼却場を設置して稼働していたところ、その頃、焼却場を閉鎖し、土木、建築業を営むＡ株式会社に焼却場施設の解体工事、ゴミの撤去を依頼した上、Ａに土地の買取りを求め、平成２年３月、Ａとの間で、工業団地用地として代金４億円で同土地を売却する契約を締結し、Ａに引き渡され、Ａは、前記土地と他の土地を併せて合筆した後、26筆の土地に分筆し、問題になった土地は、その一部の３筆の土地である（本件土地）が、本件土地につき整地、造成工事を行い、Ｘ株式会社は、平成18年11月に設立され、新設分割によりＡの本件土地の売買契約上の買主の地位を包括的に承継した後、平成20年６月、隣接地で中間処理業を営んでいたＢ株式会社に、本件土地を代金２億1000万円で売却し、Ｂは、再資源化工場の建設のため仮設道路の設置工事に着手したところ、法面に産業廃棄物を検出したことから、Ｘに連絡し、同年10月、Ｃ株式会社にボーリング調査を依頼し、Ｃの調査の結果、本件土地の地中には、ゴミ、コンクリートガラ、アスファルトガラ、レンガ、鉄片等の産業廃棄物が広範囲に埋設され、一部は鉛に汚染されていることが判明したことから（なお、Ｙの本件売買契約当時のＤ市長は、その就任前はＡの監査役であり、その退任後はＡの取締役であった）、ＸとＢは、平成21年９月、簡裁において、本件土地の隠れた瑕疵により３億400万円の支払義務があること等を内容とする即決和解をし、Ｘは、平成21年12月、Ｙに対して、選択的に瑕疵担保責任、債務不履行責任、不法行為責任に基づき３億円の損害賠償を請求した。

第一審判決は、請求を棄却したため、Ｘが控訴した。

本判決は、廃棄物等を埋設したのがＹであると認定した上、本件焼却場は産業廃棄物の最終処分場ではなかったから、焼却場の存在を知っていたからといって廃棄物が地中に埋設されていることを知っていたとの根拠にはならない等とし、Ａの廃棄物の埋設に関する悪意、過失を認めるに足りる証拠はないとし、不法行為責任について、建物の建築に支障となる質・量の異物が地中に存在するため、土地の外観から通常予測され得る地盤の整備・改良の程度を超える特別の除去工事等を必要とする場合には、宅地として通常有すべき性状を備えていないとし、土地の瑕疵を認めるのが相当であるところ、本件では、本件土地の用途、売買の目的、廃棄物の内容・量、必要な工事の内容等を考慮し、廃棄物の存在が土地の瑕疵に当たるとし、鉛の汚染については、土壌汚染対策法所定の基準を超えているものの、本件売買契約当時には土地の瑕疵と認めるのが困難であるとし、ＹがＡに対して廃棄物を埋設した事実を知りながら、何ら告知・説明しなかったとして、Ｙの不法行為を肯定し（なお、瑕疵担保責任、債務不履行責任に関する主張は、不法行為に基づく損害賠償額以上のものが認められる余地がないとし、判断されていない）、消滅時効については、Ｘが廃棄物の存在を知ったのが、Ｃから連絡を受けた平成20年10月であったとし、Ｙの主張を排斥し、損害額については、即決和解の金額から鉛による汚染の浄化措置費用を控除した額が相当因果関係があるとし、原判決を変更し、請求を一部認容した。

〈判旨〉

「六　控訴人の損害額（争点（７））について

前記認定事実によれば、控訴人は、山本商事との間で、３億3424万3350円の損害賠償義務を確定する即決和解を成立させている。

しかしながら、弁論の全趣旨によれば、上記賠償額は、本件廃棄物の除去及び土壌の浄化措置等に必要な費用の見積書（甲12）の見積額３億3424万3350円を前提にしていることが認められるところ、同見積書には本件鉛による土壌汚染の浄化措置費用が含まれており、前記のとおり、この部分は被控訴人に賠償請求することができないものであるから、上記３億0400万円のうち、本件鉛による土壌汚染の浄化措置費用に相当する金額を控除した金額が控訴人において被控訴人に対して請求し得る損害額となる。

そこで検討するに、前記見積書によれば、直接工事費につき、廃棄物撤去工のうち、本件鉛による土壌汚染の浄化措置費用は、「汚染土壌土」

9739万5172円であり、盛土工のうち、本件鉛による土壌汚染の浄化措置費用は、汚染土壌土の数量3946㎥に相当する580万0620円であり、その合計は１億0319万5972円であることが認められ、これらは直接工事費合計２億8626万1007円の36.05％（小数点第五桁以下四捨五入）となる。そして、現場管理費、一般管理費は、工事規模に比例すると考えられるから、工事費全体に占める土壌汚染の浄化措置費用の占める割合も36.05％となる。

（計算式）

31,510,920×3,946÷21,436＝5,800,620

5,800,620＋97,395,172＝103,195,792

103,195,792÷286,261,007≒0.3605

そうすると、控訴人の山本商事に対する上記賠償金３億0400万円のうち、本件鉛による土壌汚染費用に相当する金額を控除した金額は、以下の計算式のとおり、１億9440万8000円となり、これが被控訴人の不法行為と相当因果関係のある控訴人の損害額となる。

（計算式）

304,000,000×（1－0.3605）＝194,408,000」

〈実務上の留意点〉

この事案は、土地の地中物をめぐる判例等として取り上げたが、ゴミ焼却場を稼動していた市から焼却場の解体工事、ゴミの撤去を依頼された土木・建築業者が土地を購入し、転売した後、転売に係る買主が調査を実施したところ、ゴミ、コンクリートガラ、アスファルトガラ、レンガ、鉄片等の産業廃棄物が広範囲に埋設され、一部は鉛に汚染されていることが判明し、転売の当事者間で即決和解がされたことから、転売の売主（元の買主）が元の売主（市）に対して瑕疵担保責任、債務不履行責任、不法行為責任に基づく損害賠償責任を追及し、損害の範囲が問題になったものである。

この判決は、売主の不法行為責任について、本件では宅地として通常有すべき性状を備えていないとし、土地の瑕疵を認めるのが相当であるところ、売主が廃棄物を埋設した事実を知りながら、何ら告知・説明しなかったとして、市の不法行為を肯定し（瑕疵担保責任、債務不履行責任に関する主張は、不法行為に基づく損害賠償額以上のものが認められる余地がないとし、判断されていない）、損害額については、即決和解の金額から鉛による汚染の浄化措置費用を控除した額が相当因果関係があるとし、損害額を算定したものであり、不法行為責任に基づく損害賠償額の算定事例として参考になるものである。

参考文献

土壌汚染対策研究会：「土壌汚染対策法と企業の対応Q＆A101」産業環境管理協会，2003
小澤英明：「土壌汚染対策法」白揚社，2003
地盤環境技術研究会：「土壌汚染対策技術」日科技連，2003
太田秀夫他：「汚染土地売買の法務税務」中央経済社，2009
森島義博他：「改正土壌汚染対策法と土地取引」東洋経済新報社，2009
小澤英明：「土壌汚染対策法と民事責任」白揚社，2011
八巻淳他：「改正土壌汚染対策法」東洋経済新報社，2013

判例索引　（年代順）

【昭和41年】
［55］　最一判昭和41．4．14 民集 20．4．649、判事 449．43　*294*

【昭和50年】
［11］　東京地判昭和50．4．24 判時 797．113　*60*

【昭和56年】
［21］　仙台地判昭和56．5．8 判時 1007．30　*71*

【昭和58年】
［1］　神戸地判昭和58．12．6 判時 1119．117　*21*
［12］　東京地判昭和58．5．27 判時 1096．83　*61*

【昭和60年】
［2］　横浜地判昭和60．2．27 判タ 554．238　*25*

【昭和63年】
［13］　山形地判昭和63．12．26 判時 1303．3　*61*

【平成元年】
［14］　大阪地判元．1．20 判時 1304．25　*62*
［15］　青森地弘前支部判平成元．5．25 判時 1320．55　*63*
［16］　千葉地松戸支部判平成元．9．29 判時 1330．80　*63*

【平成２年】
［17］　静岡地判平成 2．2．9 判タ 721．84　*64*

【平成３年】
［3］　最三判平成 3．4．2 民集 45．4．349、判時 1386．91、判タ 758．125　*28*

【平成４年】
［18］　静岡地判平成 4．3．24 判時 1428．42　*64*
［22］　仙台地判平成 4．4．8 判時 1446．98　*75*
［56］　最三判平成 4．10．20 民集 46．7．1129、判時 1441．77、判タ 802．105　*302*
［27］　東京地判平成 4．10．28 判時 1467．124　*102*

【平成 6 年】
［4］　千葉地松戸支部判平成 6．8．25 判時 1543．149　*30、295、357*

【平成 7 年】
［28］　東京地判平成 7．12．8 判時 1578．83　*107、258、310*

【平成 8 年】
［23］　仙台地判平成 8．6．11 判時 1625．85　*79*
［19］　東京地判平成 8．9．27 判時 1601．149　*64*

【平成 9 年】
［29］　東京地判平成 9．5．29 判タ 961．201　*113、260*

【平成10年】
［24］　神戸地判平成10．6．16 判タ 1009．207　*84*
［30］　東京地判平成10．10．5 判タ 1044．133　*116*
［31］　東京地判平成10．11．26 判時 1682．60　*118、360*

【平成11年】
［25］　神戸地判平成11．9．20 判時 1716．105　*87*

【平成12年】
［26］　仙台高判平成12．10．25 判時 1764．82　*95*

【平成13年】
［5］　大阪地判平成13．2．14 判時 1759．80　*35*
［6］　東京地判平成13．6．27 判時 1779．44、判タ 1095．158　*38*
［7］　東京高判平成13．12．26 判タ 1115．185　*43*
［57］　最三判平成13．11．27 民集 55巻 6 号1311頁、判時 1769号53頁、
判タ 1079号195頁　*303*

【平成14年】
［41］　福島地郡山支部判平成14．4．18 判時 1804．94　*171、362*

【平成15年】
［8］　東京地判平成15．4．10 判時 1870．57　*45、262、365*
［32］　東京地判平成15．5．16 判時 1849．59　*122、265、369*
［9］　東京高判平成15．9．25 判タ 1153．167　*50、333*

【平成16年】
［33］　東京地判平成16．10．28 判時 1897．22　*128、268、313、371*

【平成17年】
［34］　札幌地判平成17．4．22 判タ 1203．189　*134、271、377*

［35］ 名古屋地判平成17．8．26 判時 1928．98 *139、379*

【平成18年】

［42］ 東京地判平成18．9．5 判時 1973．84 *177、254、315、383*

【平成19年】

［36］ 東京地判平成19．7．23 判時 1995．91 *143、304*

［43］ 東京地判平成19．7．25 金融・商事判例 1305．50 *186*

［44］ 東京地判平成19．10．25 判時 2007．64、判タ 1274．185 *188*

【平成20年】

［45］ 横浜地小田原支部判平成20．3．25 判時 2022．77 *192*

［46］ 東京地判平成20．7．8 判時 2025．54 *197、273、320、386*

［47］ 東京高判平成20．9．25 金融・商事判例 1305．36 *201*

［48］ 東京地判平成20．11．19 判タ 1296．217 *207、276、322、335、391*

【平成21年】

［37］ 東京地判平成21．2．6 判タ 1312．274 *146、393*

［38］ 福岡地小倉支部判平成21．7．14 判タ 1322．188 *150、395*

【平成22年】

［49］ 最三判平成22．6．1 民集 64．4．953、判時 2083．77 *215*

【平成23年】

［50］ 東京地判平成23．1．20 判時 2111．48 *217、280、397*

［51］ 東京地判平成23．1．27 判時 2110．83、判タ 1365．124 *224、297*

［52］ 東京地判平成23．7．11 判時 2161．69、判タ 1385．173 *230、284*

【平成24年】

［59］ 東京地判平成24．1．16 判例 地方自治 357．70 *352*

［58］ 東京地判平成24．2．7 判例 地方自治 361．74 *349*

［39］ 東京地判平成24．7．6 判時 2163．61 *155*

［53］ 東京地判平成24．9．25 判時 2170．40 *235、289、325、338*

［20］ 広島地判平成24．9．26 判タ 2170．76 *65*

［54］ 東京地判平成24．9．27 判時 2170．50 *242*

【平成25年】

［10］ 東京地判平成25．1．16 判事 2192．63 *55*

［40］ 大阪高判平成25．7．12 判時 2200．70 *158、245、307、330、344、399*

著者略歴

升田　純（ますだ　じゅん）
弁護士・中央大学法科大学院教授

1950年島根県安来市生まれ。73年司法試験合格、国家公務員試験上級甲種合格。74年京都大学法学部卒。同年農林省入省。75年司法研修所入所。77年から地方裁判所・高等裁判所の判事を歴任。途中、法務省参事官などをへて、97年判事を退官。同年より弁護士および聖心女子大学教授。04年から現職。

主な著作としては
『名誉毀損の百態と法的責任』民事法研究会，2014
『民事判例の読み方・学び方・考え方』有斐閣，2013
『現代取引社会における継続的契約の法理と判例』日本加除出版，2013
『インターネット・クレーマー対策の法理と実務』民事法研究会，2013
『変貌する銀行の法的責任』民事法研究会，2013
『風評損害・経済的損害の法理と実務（第2版）』民事法研究会，2012
『不動産取引における契約交渉と責任』大成出版社，2012
『平成時代における借地・借家の判例と実務』大成出版社，2011
『マンション判例で見る標準管理規約』大成出版社，2011
『警告表示・誤使用の判例と法理』民事法研究会，2011
『判例にみる損害賠償額算定の実務〔第2版〕』民事法研究会，2011
『一般法人・公益法人の役員ハンドブック』民事法研究会，2011
『最新 PL 関係判例と実務〔第2版〕』民事法研究会，2010
『風評損害・経済的損害の法理と実務』民事法研究会，2009
『モンスタークレーマー対策の実務と法』共著，民事法研究会，2009

『現代社会におけるプライバシーの判例と法理』青林書院，2009
『実務民事訴訟法（第四版）』民事法研究会，2008
『要約マンション判例155』学陽書房，2009
『裁判例からみた内部告発の法理と実務』青林書院，2008
『名誉毀損・信用毀損の法律相談』青林書院，2004
『大規模災害と被災建物をめぐる諸問題』法曹会，1996

他、著書・論文多数

自然災害・土壌汚染等と不動産取引
―現代型リスクをめぐる判例―

2014年９月10日　第１版第１刷発行

著　升田　純

発行者　松林久行

発行所　株式会社大成出版社
東京都世田谷区羽根木１―７―11
〒156-0042　電話03(3321)4131(代)
http://www.taisei-shuppan.co.jp/

印刷　信教印刷

ISBN978-4-8028-3175-8